DERECHO ADMINISTRATIVO. PARTE ESPECIAL

Segunda edición

DERECHO ADMINISTRATIVO. PARTE ESPECIAL

Segunda edición

Joan Manuel Trayter Jiménez (Director)
Josep M. Aguirre i Font (Coordinador)
Irene Araguàs Galcerà (Coordinadora)
Albert Lladó Martínez
Belén Noguera de la Muela
Berta Bastús Ruiz

Atelier
LIBROS JURÍDICOS

Colección: Manuales universitarios

Santa Dorotea 8, 08004 Barcelona
e-mail: atelier@atelierlibros.es
www.atelierlibrosjuridicos.com
Tel. 93 295 45 60

I.S.B.N.: 978-84-10174-80-1
Depósito legal: B 15499-2024

Impresión: Podiprint

ÍNDICE

PRESENTACIÓN

Ve la luz la segunda edición de este manual que completa el de derecho administrativo, parte general, que hicimos hace unos años y que ya va por su novena edición.

Si en aquel incluíamos la denominada parte general del derecho administrativo (los orígenes, las bases constitucionales, las fuentes del derecho con especial mención al reglamento, el principio de legalidad, la teoría del acto administrativo, el procedimiento, los recursos administrativos y la actividad convencional de la administración, la jurisdicción contenciosa, la responsabilidad patrimonial), aquí se incluye la denominada parte especial.

Aquí analizamos la teoría de la contratación y los contratos del sector público; la actividad de policía y limitación, es decir, las técnicas de intervención administrativa sobre la actividad de los particulares y las sanciones administrativas. Asimismo, la actividad expropiatoria, la actividad promocional o de fomento y la prestacional o de servicio público.

Por otro lado, los bienes públicos y el dominio público también son objeto de nuestra atención.

Hemos incluido también un tema sobre Administración Pública y vivienda debido a la importancia que ha adquirido el derecho a la vivienda en el Estado Social de Derecho.

Todo ello se hace con la idea de ser un manual universitario claro y didáctico. Cada afirmación se acompaña de unos ejemplos que normalmente van en una letra más pequeña para ayudar a la comprensión lectora, de un sumario y de una bibliografía para ir más lejos, para el alumno que quiera profundizar.

Por ello creemos que el manual será útil para los grados universitarios de derecho, ciencia política, criminología y gestión y administración pública. También para los distintos profesionales que se acerquen al derecho administrativo, en particular los abogados, procuradores, gestores y notarios, pues se acompaña de las sentencias más recientes de nuestros tribunales.

La filosofía de este libro es y sigue siendo la misma de siempre: el derecho administrativo es el derecho de las garantías, un límite al poder. La Administración ha de poder actuar con eficacia y el derecho le ha de proporcionar las herramientas para hacerlo posible pero siempre respetando los derechos de la ciudadanía. Así y solo así se constituye un auténtico Estado Social y Democrático de Derecho.

Por último, hemos incluido también un tema sobre Administración Pública y vivienda debido a la importancia que ha adquirido el derecho a la vivienda en el Estado Social de Derecho.

Los autores
Barcelona - Girona
Septiembre, 2024

ABREVIATURAS Y SIGLAS

Ar	Aranzadi
BOE	Boletín oficial del Estado
CC	Código Civil
CE	Constitución Española de 27 de diciembre de 1978
DOGC	Diario Oficial de la Generalitat de Cataluña
DOUE	Diario Oficial de la Unión Europea (antes DOCE)
EAC	Ley Orgánica 6/2006, de 19 de julio, por la que se aprueba el Estatuto de Autonomía de Cataluña
EBEP	Ley 7/2007, de 12 de abril, del estatuto básico del empleado público
LBRL	Ley 7/1985, de 2 de abril, reguladora de las bases del régimen local
LCSP	Ley 9/2017, de 8 de noviembre, de Contratos del Sector Público
LDV	Ley 12/2023, de 24 de mayo, por el derecho a la vivienda
LEF	Ley de 16 de diciembre de 1954, de expropiación forzosa
LG	Ley 50/1997, de 27 de noviembre, de organización, competencia y funcionamiento del Gobierno
LGT	Ley 58/2003, de 1 de diciembre, general tributaria
LGS	Ley 38/2003, de 17 de noviembre, general de subvenciones
LJCA	Ley 29/1998, de 13 de julio, reguladora de la jurisdicción contencioso-administrativa
LOPJ	Ley Orgánica 6/1985, de 1 de julio, del poder judicial
LPAP	Ley 33/2003, de 3 de noviembre, del patrimonio de las administraciones públicas
LPACAP	Ley 39/2015, de 1 de octubre, de Procedimiento Administrativo Común de las Administraciones Públicas
LPC	Ley 26/2010, de 3 de agosto, de régimen jurídico y procedimiento de las administraciones públicas de Cataluña

LRJSP	Ley 40/2015, de 1 de octubre, de Régimen Jurídico del Sector Público
Rec	Recurso
RGS	Real Decreto 887/2006, de 21 de julio, por el que se aprueba el Reglamento de la Ley 38/2003, de 17 de noviembre, General de Subvenciones
SAN	Sentencia de la Audiencia Nacional
SAP	Sentencia de la Audiencia Provincial
STC	Sentencia del Tribunal Constitucional
STS	Sentencia del Tribunal Supremo
STSJ	Sentencia del Tribunal Superior de Justicia
STJUE	Sentencia del Tribunal de Justicia de la Unión Europea
TFUE	Tratado de Funcionamiento de la Unión Europea
TJUE	Tribunal de Justicia de la Unión Europea
TRLHL	Real Decreto Legislativo 2/2004, de 5 de marzo, por el que se aprueba el texto refundido de la Ley reguladora de las haciendas locales
TRLMC	Decreto Legislativo 2/2003, de 28 de abril, por el que se aprueba el texto refundido de la Ley municipal y de régimen local de Cataluña
TRLUC	Decreto legislativo 1/2010, de 3 de agosto, por el que se aprueba el texto refundido de la Ley de urbanismo de Cataluña
TRL	Real Decreto Legislativo 781/1986, de 18 de abril, por el que se aprueba el texto refundido de las disposiciones legales vigentes en materia de régimen local
TUE	Tratado de la Unión Europea

TEMA I
LA ACTIVIDAD CONTRACTUAL DEL SECTOR PÚBLICO

Belén Noguera de la Muela

SUMARIO:
I. LA ACTIVIDAD CONTRACTUAL DE LA ADMINISTRACIÓN. DISTINCIÓN DE OTRAS FIGURAS CONVENCIONALES. II. SIGNIFICADO ACTUAL DE LA CONTRATACIÓN PÚBLICA EN EL CONTEXTO DE LA UNIÓN EUROPEA. III. ÁMBITO DE APLICACIÓN DE LA LEY DE CONTRATOS DEL SECTOR PÚBLICO DE 8 DE NOVIEMBRE DE 2017. 1. Ámbito subjetivo de aplicación. A) Poderes adjudicadores-Administraciones Públicas. B) Poder adjudicador-no Administración Pública. C) Resto de entes del sector público que no sean ni Administración Pública ni poder adjudicador. La inclusión de los contratos subvencionados sujetos a una regulación armonizada. 2. Ámbito objetivo de aplicación: contratos y relaciones jurídicas excluidas. IV. CLASES DE CONTRATO DEL SECTOR PÚBLICO. 2. Contratos administrativos especiales o innominados. V. ELEMENTOS DE LOS CONTRATOS: PARTES, OBJETO Y PRECIO. 1. Las partes contratantes. A) La entidad contratante. B) El contratista. 2. Objeto y precio de los contratos. PARA SABER MÁS.

I. LA ACTIVIDAD CONTRACTUAL DE LA ADMINISTRACIÓN. DISTINCIÓN DE OTRAS FIGURAS CONVENCIONALES

La contratación pública constituye uno de los principales carriles por donde discurre el actuar de las Administraciones Públicas. En la actualidad, representa más del 19% del PIB comunitario y el 20% del de España, y no solo es importante desde su consideración como actividad mediata o auxiliar, sino que es clave para la realización de objetivos diversos: medioambientales, sociales, de promoción de la innovación, de lucha contra el cambio climático, de investigación, etc., cuya consecución no debe perjudicar la finalidad última del contrato (GIMENO FELIÚ, 2018, pág. 54).

Desde antiguo, las Administraciones Públicas han necesitado contratar con los particulares o con empresas, tanto para el cumplimiento de las actividades que tienen encomendadas como para su propio funcionamiento. Recordemos que a la contratación se recurrió para la adquisición de suministros militares; también para las expediciones a América; para la construcción de obras públicas que ya se preveía ejecutar a través de *contrata* o por *empresa* (Instrucción de Obras Públicas de 10 de octubre de 1845) (ferrocarriles) y para la prestación de servicios esenciales (correos) (SÁNCHEZ MORÓN, 2020, pág. 590-591; LAGUNA DE PAZ, 2020, pág. 807).

La figura del contrato público siempre ha sido fuente de polémica, puesto que se consideraba que era incompatible con el poder soberano del Estado, ya que aquél comportaba la igualdad de las partes y el respeto a lo pactado.

Así, VÁZQUEZ DE MENCHACA (s. XVI) en sus *Controversias fundamentales*, se refiere a la doble personalidad del Estado y esta teoría se proyectará en muy diversos sistemas jurídicos a lo largo de los siglos: así, en Francia, CORMENIN afirmó: «el Estado no trata por vía de autoridad y poder público, contrata como particular con otro particular»; en el ordenamiento jurídico alemán, la aplicación de la teoría del Fisco: según la cual el monarca pactaría como Fisco, no como poder público, por tanto, como personificación privada de la vertiente patrimonial del monarca; y en España, en la primera mitad del siglo XIX también se recoge la doble personalidad jurídica del Estado, pública y privada (POSADA HERRERA).

Esa tradición común configuró inicialmente la contratación del Estado como materia civil, pero pronto se advirtió que no podía regirse por las mismas reglas que regulan los contratos entre particulares. Así, en Francia y España —desde el primer tercio del siglo XIX— se optó por regulaciones especiales para un determinado tipo de contratos que tenían un especial interés público, y el conocimiento de las impugnaciones de éstos se atribuyó a una jurisdicción especial, distinta de los tribunales civiles ordinarios. Por el contrario, en Alemania y Gran Bretaña se mantuvo la contratación del Estado en el ámbito civil y bajo el control de la jurisdicción ordinaria.

Asimismo, no todos los ordenamientos jurídicos de régimen administrativo reconocen la figura del contrato administrativo (sí lo hacen los de influencia francesa directa, como el español, y no, los ordenamientos jurídicos italiano y alemán), habiendo existido un debate dogmático en torno a su admisibilidad, que se centraba en la necesaria concurrencia en todo contrato de la autonomía de la voluntad, así como de la igualdad entre las partes contratantes. Presupuestos que según determinado sector doctrinal (MAYER) no se dan en el ámbito del derecho administrativo, no se dan en el contrato administrativo donde la Administración contratante ostenta una serie de potestades y prerrogativas exorbitantes que hacen imposible que tenga lugar una igualdad entre ambas partes contratantes. Sin embargo, cabe decir que se trata de un debate hoy superado, nadie duda que los contratos administrativos son verdaderos contratos, de tal manera que existe también autonomía de la voluntad, pudiendo la Administración incluir «cualesquiera pactos, cláusulas y condiciones, siempre que no sean contrarios al interés público, al ordenamiento jurídico y a los principios de buena administración» (art. 34 LCSP). Por otra parte, respecto de la igualdad de las partes en el contrato, no se ha predicado nunca de la posición de las partes, sino de la articulación causal de las respectivas prestaciones, la cual es indudable que se produce en el seno de estos peculiares contratos (T.R. FERNÁNDEZ, 2020, pág. 721; S. MARTÍN RETORTILLO, 1996).

Superado, por tanto, el debate sobre si los contratos administrativos son verdaderos contratos, la discusión doctrinal se desplazó a la consideración o no del carácter singular del contrato administrativo por su relación con el contrato privado o civil. Una distinción que en su origen es exclusivamente a efectos jurisdiccionales y no sustantivos, que a lo largo del siglo XIX la legislación, doctrina y jurisprudencia, tanto española como francesa, reconocieron expresamente.

A estos efectos resulta ilustrativa la legislación española del momento (Leyes 2 de abril y 6 de julio de 1845 sobre los Consejos Provinciales y el Consejo Real, respectivamente, y Reales Decretos de 1 de octubre de 1845 y 30 de diciembre de 1846 sobre el modo de proceder ante aquéllos y éste) que atribuye a la jurisdicción contencioso-administrativa el conocimiento de todos los contratos que celebra la Administración sin distinción alguna. «El propio Real Decreto de 27 de febrero de 1852 no hace tampoco ninguna distinción expresa que imponga el reparto jurisdiccional del bloque contractual y solo por vía interpretativa (...), llega a implantarse el reparto sobre la base de la referencia que el Real Decreto hace a los contratos que tengan por objeto «obras y servicios públicos», expresión que en el contexto de la norma no tenía originariamente ninguna intención limitativa y que se limitaba a designar todos los contratos que se realizasen por cuenta de la Administración. (...). Además, la Ley jurisdiccional Santamaría de Paredes de 1888 seguirá proclamando que los contratos de la Administración, cualesquiera que sean, suscitan simples «cuestiones de índole civil», sin perjuicio de que aquellos que tengan por objeto «obras y servicios públicos» se atribuyan a la jurisdicción contencioso-administrativa y sobre las cuestiones de índole civil, la citada Ley disponía que «continuarán, sin embargo, atribuidas» a la jurisdicción contenciosa «las cuestiones referentes al cumplimiento, rescisión y efectos de los contratos» (T.R. Fernández, 2020).

De cualquier modo, esta distinción entre contratos privados y administrativos no afecta a la identidad de reglas jurídicas sustantivas de fondo aplicables a toda clase de contratos, habida cuenta el carácter de supraconcepto de todo contrato, que pertenece a la Teoría General del Derecho (S. MARTÍN RETOR-

TILLO, 1996). De otra parte, asimismo, como más adelante tendremos ocasión de estudiar, cabe señalar que todos los contratos de las Administraciones Públicas, sean administrativos o privados, están sometidos a unas reglas comunes en cuanto a la preparación y adjudicación. Y por lo que se refiere a los contratos privados de las entidades del sector público que no son Administraciones Públicas, se produce una administrativización de los mismos, sometiendo sus actos de preparación y adjudicación, tanto a los recursos administrativos (y, por tanto, también al recurso especial en materia de contratos), como a los recursos contencioso-administrativos [art. 27.d) LCSP].

Finalmente, en ese marco de la actividad negocial de la Administración en el que se incluyen los contratos (los contratos del sector público a que se refiere la LCSP), se encuentran también otros instrumentos, entre los que podemos destacar los convenios, en los que también tiene lugar un concierto de voluntades entre la Administración y otros sujetos, pero que difieren de los contratos. Así, encontramos convenios de colaboración que celebran dos o más Administraciones (así la Administración General del Estado con la Seguridad Social, las Comunidades Autónomas, las Entidades Locales, sus respectivos organismos autónomos y las restantes entidades públicas o cualquiera de ellas, al que son de aplicación la LRJSP015 (art. 47.1), la legislación de régimen local, y el TRLGSS94), esto es, *convenios administrativos* (calificados por la LCSP como sistemas de cooperación horizontal [art. 3.1.a)]), que quedan excluidos del ámbito de la LCSP, cuando su «contenido no esté comprendido en el de los contratos regulados en esta Ley o en normas administrativas especiales» (art. 6.1 LCSP) (STJUE de 13 de enero de 2005, As. C-84/03 Comisión contra Reino de España), sometiéndolos a la normativa de contratos cuando no cumplan algunas de las condiciones enumeradas en el art. 6.1: a) Las entidades intervinientes no han de tener vocación de mercado; b) Que el convenio tenga como finalidad garantizar que los servicios públicos encomendados a las entidades intervinientes se prestan de modo que se logren los objetivos que tienen en común («misión de servicio público común» a la que se ha referido la TJUE en Sentencia de 9 de junio de 2009, caso Hamburgo, y así lo ha declarado identificando como tales la eliminación de residuos, la gestión de redes y servicios de teledistribución locales (SSTJUE de 13 de noviembre de 2008, de 9 de junio de 2009 y de 20 de mayo de 2020, caso Ise-Colonia); c) Que el desarrollo de la cooperación a través del convenio de que se trate se guíe únicamente por consideraciones relacionadas con el interés público (STJUE de 4 de junio de 2020, caso Remondis 2).

Asimismo, otros convenios se celebran entre la Administración y personas físicas o jurídicas de derecho privado con fines de cooperación (conciertos educativos), que también están excluidos de la LCSP siempre que su objeto no esté comprendido en el de los contratos regulados en dicha Ley o normas administrativas especiales (art. 6.2).

II. Significado actual de la contratación pública en el contexto de la Unión Europea

Como ha puesto de relieve MUÑOZ MACHADO, el Derecho de la Unión Europea ha jugado un importante papel en la consolidación de un Derecho administrativo europeo y, ciertamente, junto a un proceso de transformación política, la construcción europea ha sido un impulso para la configuración de un nuevo Derecho administrativo (MUÑOZ MACHADO, 2020).

Así, la incorporación de nuestro país en 1986 a la entonces Comunidad Económica Europea, ha tenido importantes repercusiones en la determinación de los contornos y principios del derecho administrativo. Nos ha inmerso en un proceso que nos ha conducido hacia una «comunitarización» de las distintas políticas nacionales, pero también ha alcanzado a la «comunitarización» de las principales instituciones jurídicas, avanzando hacia un «lenguaje conceptual común». (Pensemos, por ejemplo, en el concepto «poder adjudicador», el concepto de contratos públicos para trascender de la idea de contratos administrativos).

Es un hecho evidente que numerosas materias jurídico-administrativas han sido asumidas en mayor o menor medida por la Unión Europea, lo que ha dado lugar a una profunda europeización del derecho administrativo a partir de la formación de un cuerpo de principios generales comunes, produciéndose una clara convergencia jurídica entre los distintos ordenamientos nacionales y una intensa transformación de las estructuras organizativas y de la actividad administrativa de los Estados-Nación miembros de la Unión (CARRO FERNÁNDEZ-VALMAYOR, 2014, pág. 29).

Así, tal como hemos señalado, la contratación pública ha adquirido en los Estados del siglo XXI un gran impulso económico, político y social, y se presenta no solo como una forma de aprovisionamiento sino como un instrumento de política económica que puede contribuir a la consecución de otras políticas públicas (medioambientales, de promoción de la innovación, de lucha contra el cambio climático, de investigación, sociales, etc.), contando con una indudable trascendencia en la consolidación del mercado común europeo. En este sentido, desde los años setenta, se ha venido conformando en la Unión Europea un derecho propio de la contratación pública, y es éste uno de los ámbitos en el que el desarrollo del derecho de la Unión Europea ha llegado más lejos, teniendo una influencia decisiva en la promulgación de la normativa española de contratación pública. Influencia, que desde el ingreso de España en 1986 en la entonces Comunidad Económica Europea, provocó la aprobación de la Ley 13/1995, de 18 de mayo, de Contratos de las Administraciones Públicas (ya no del Estado, como constaba en la Ley de Contratos de 1965), norma que marcó un punto de inflexión en nuestra regulación sobre contratos, y a la que ha sucedido un verdadero aluvión de normas que han tratado de dar cumplimiento a las diversas Directivas y jurisprudencia comunitariaexistentes en materia de contratos públicos (autentico derecho pretoriano en palabras de GIMENO FELIÚ, 2015, pág. 81). Pocos ámbitos como el de la contratación pública ejemplifican mejor la «legislación motorizada» en expresión de GARCÍA DE ENTERRÍA, característica de los ordenamientos jurídicos contemporáneos y, especialmente de nuestro país, en los últimos decenios, que durante el Estado de alarma decretado con motivo de la COVID-19 se ha agravado a pasos agigantados (Reales Decretos-Ley 7/2020, 8/2020, 11/2020, 15/2020, 16/2020, 17/2020, más la normativa adoptada por las Comunidades Autónomas).

Así, en los Tratados originarios no hay precepto alguno que se refiera de forma expresa a los contratos públicos, pero sí se recogen una serie de principios de directa aplicación a la contratación. En el Tratado de Funcionamiento de la Unión Europea (antes también en el Tratado de Roma), se contiene el reconocimiento de las libertades comunitarias, a saber: libre circulación de personas, mercancías, servicios y capitales que, en todo caso, justifican el desarrollo del derecho europeo de contratos, así como los principios generales que en materia de contratación se concretan en el principio de igualdad, no discriminación, transparencia, proporcionalidad y reconocimiento mutuo.

Este derecho originario se completa con normas de derecho derivado, esto es, las Directivas comunitarias que se han ido dictando, y la decisiva jurisprudencia del Tribunal de Justicia de la Unión Europea que las ha interpretado y cuya doctrina han ido incorporando las sucesivas Directivas europeas de contratos.

El derecho europeo sobre contratos públicos se contiene tanto en Directivas sustantivas como procesales, directivas que buscan evitar la «compra nacional», favorecer la libre concurrencia y la transparencia, y eliminar los obstáculos que impiden el acceso a los procedimientos de adjudicación de los contratos. Entre las primeras se encuentran la Directiva 2014/24/UE, del Parlamento Europeo y del Consejo, de 26 de febrero de 2014, sobre contratación pública; la Directiva 2014/23/UE, del Parlamento Europeo y del Consejo, de 26 de febrero de 2014, relativa a la adjudicación de contratos de concesión; también la Directiva 2014/25/UE, del Parlamento Europeo y del Consejo, de 26 de febrero de 2014, relativa a la contratación por entidades que operan en los sectores del agua, la energía, los transportes y los servicios postales y por la que se deroga la Directiva 2004/17/CE y la Directiva 2009/81/CE del Parlamento Europeo y del Consejo de 13 de julio de 2009, sobre coordinación de los procedimientos de adjudicación de determinados contratos de obras, de suministro y de servicios por las entidades o poderes adjudicadores en los ámbitos de la defensa y la seguridad.

Por lo que se refiere a las Directivas de recursos o «procesales», en la actualidad están vigentes la Directiva 89/665/CEE, aplicable a los contratos de obras y suministros; y la Directiva 92/13/CEE, para los contratos en los sectores especiales. Ambas normas fueron modificadas por la Directiva 2007/66/CE, del Consejo y el Parlamento Europeo.

Hoy se impone una visión estratégica de la contratación pública cuya finalidad es una modernización profunda del sistema público de contratación, para ser más eficiente y diseñar políticas que permitan un mayor crecimiento en un contexto de globalización económica. En este sentido, la Unión Europea en el cuarto paquete legislativo sobre contratación pública de 2014 (esto es, 2014/24/UE del Parlamento Europeo y del Consejo, de 26 de febrero de 2014, sobre contratación pública; la Directiva 2014/23/UE, del Parlamento Europeo y del Consejo, de 26 de febrero de 2014, relativa a la adjudicación de contratos de concesión; también la Directiva 2014/25/UE, del Parlamento Europeo y del Consejo, de 26 de febrero de 2014, relativa a la contratación por entidades que operan en los sectores del agua, la energía, los transportes y los servicios postales), así como en la Comunicación de la Comisión Europea «Conseguir que la contratación pública funcione en Europa y para Europa», de 3 de octubre de 2017, identifica seis áreas prioritarias cuya acción clara y concreta puede transformar la contratación pública en un instrumento poderoso de la cartera de políticas económicas de cada Estado miembro, que son: garantizar una mayor aceptación de la contratación pública estratégica; la profesionalización de los compradores públicos; mejorar el acceso a los mercados de contratación; el aumento de la transparencia, integridad y mejores datos; el impulso de la transformación digital de la contratación pública y la cooperación para contratar de forma conjunta.

Ya en el ámbito de nuestro derecho interno, la ley vigente es la Ley 9/2017, de 8 de noviembre, de Contratos del Sector Público (LCSP), dictada al amparo del art. 149.1.18 de la Constitución, que atribuye al Estado la competencia para dictar «la legislación básica sobre contratos y concesiones administrativas», así como también en base al ejercicio de las competencias estatales en materia de «legislación procesal» (art. 149.1.6 CE); «legislación civil y mercantil» (art. 149.1.8 CE) y «bases del régimen jurídico de las Administraciones Públicas» (art. 149.1.18 CE). Una ley que, junto a la transposición de las Directivas de contratación pública de «cuarta generación», tiene como principales objetivos mejorar la eficiencia en la contratación pública; incrementar la transparencia y fortalecer el principio de igualdad en aras de un control más eficiente que pivote sobre el principio de integridad, e incorporar la visión estratégica de la contratación pública, incluyendo también la consecución de objetivos de tipo social, medio ambiental, de innovación y de defensa de la competencia. Junto a ella, continúan en vigor en tanto en cuanto no sean incompatibles con la LCSP, el Real Decreto 817/2009, de 8 de mayo, y el Real Decreto 1098/2001, de 12 de octubre, modificado por el Real Decreto 773/2015, de 28 de agosto.

Además, a la LCSP, cuyos preceptos son en su mayoría básicos, debemos sumar la existencia de algunas leyes autonómicas como la Ley Foral 2/2018, de 13 de abril, de Contratos Públicos de Navarra; la Ley 3/2011, de 24 de febrero, de medidas en materia de Contratos del Sector Público de Aragón (anulada en parte por la STC 237/2015); el Decreto-ley 1/2018, de 20 de marzo, también del Gobierno de Aragón, de medidas urgentes para la agilización, racionalización y transparencia de contratos del sector público de pequeña cuantía; la Ley 3/2016, de 7 de abril, para la inclusión de determinadas cláusulas sociales en la contratación pública del País Vasco; el Decreto 116/2016, de 27 de julio, sobre el régimen de la contratación del sector público, también de la Comunidad Autónoma del País Vasco; y el Decreto-ley 3/2016, de 31 de mayo, de medidas urgentes en materia de contratación pública de Cataluña.

La LCSP (igual que hizo por primera vez la Ley 13/1995) para la delimitación de lo básico en materia de contratos, utiliza un sistema de delimitación negativo del contenido básico de la regulación —detalla los preceptos que tienen la consideración de no básicos y establece que el resto son básicos— (disposición final 1.3 LCSP), que son de aplicación general a todas las Administraciones Públicas y organismos y entidades dependientes de ellas, añadiendo en el apartado 4 de la citada disposición, que las previsiones de esta Ley serán de aplicación a las Comunidades Autónomas de acuerdo con lo establecido en los apartados 1, 2 y 3 de la disposición final primera, «sin perjuicio de las posiciones singulares que, en materia de sistema institucional, y en lo que respecta a las competencias exclusivas y compartidas, en materia de función pública y de autoorganización, en cada caso resulten de aplicación en virtud de los dispuesto en la Constitución Española y en los Estatutos de Autonomía».

Esta forma de delimitar lo básico, dificulta el ejercicio por parte de las Comunidades Autónomas, de las competencias asumidas en esta materia en su propio Estatuto, que se sujetan al desarrollo de la legislación básica estatal, pero que pueden también tener lugar en base a títulos competenciales horizontales de los que disponen las Comunidades Autónomas, que pueden posibilitar el desarrollo de políticas propias en materia de contratación pública, especialmente en los ámbitos social, medioambiental y de innovación (BERNAL BLAY, 2018). Por tratarse de competencias «compartidas», el ejercicio de la competencia estatal, calificando de forma genérica la casi totalidad de la regulación como básica, puede de facto suponer el vaciamiento de las competencias autónomas.

Al respecto, cabe tener presente la Sentencia del Tribunal Constitucional de 18 de marzo de 2021, por la que se declara la inconstitucionalidad de determinados preceptos de la LCSP017 (la exclusión de la eficacia territorial de las decisiones adoptadas por los órganos competentes autonómicos y la obligación de los entes locales de publicar sus perfiles en una única y concreta plataforma de contratación), y asimismo se declaran otros preceptos no conformes con el orden constitucional de competencias (por ejemplo, entre otros aspectos, los relativos al órgano competente para declarar la prohibición de contratos; la definición de prescripción o especificación técnica; contenido de los pliegos de cláusulas administrativas particulares).

De otra parte, rige también el Real Decreto-ley 3/2020, de 4 de febrero, que transpone la Directiva 2014/25/UE, que regula los procedimientos de contratación en los sectores del agua, energía, transportes y servicios postales (y también, en parte, la Directiva 2014/23/UE). Esta norma recoge un régimen menos estricto que el común de la contratación pública en relación con determinados aspectos de la ordenación de la actividad contractual de determinadas entidades del sector público en los sectores del agua, energía, transportes y servicios postales, imponiendo, asimismo, un sistema de contratación de inspiración pública a entidades del sector privado por razón de derechos especiales o exclusivos de que disfrutan.

La razón de ser de este régimen singular se encuentra en que las autoridades nacionales siguen pudiendo influir en el comportamiento de las entidades que operan en esos sectores mediante la participación en su capital y la representación en sus órganos de administración, gestión o supervisión y, además, que tales actividades se desenvuelven en mercados con un marcado carácter cerrado, puesto que los Estados miembros conceden derechos especiales o exclusivos para el suministro, puesta a disposición o explotación en redes para la prestación de estos servicios.

Para que se aplique el Real Decreto-ley 3/2020 deben concurrir conjuntamente tres requisitos: a) el contrato celebrado debe referirse a alguna de las actividades incluidas expresamente en su ámbito de aplicación; b) debe formalizarse por alguna de las entidades incluidas en su ámbito de aplicación; y c) el contrato a formalizar debe ser alguno de los incluidos en su ámbito de aplicación y debe alcanzar un umbral cuantitativo. Por debajo de los umbrales previstos en el mencionado Real Decreto-ley, las entidades privadas no están sometidas al derecho público en la adjudicación de sus contratos, y las entidades pertenecientes al sector público adjudicarán los contratos con sometimiento a las disposiciones que resulten pertinentes de la LCSP.

Finalmente, contamos también con la Ley 24/2011, de 1 de agosto, de contratos del sector público en los ámbitos de la defensa y la seguridad, que transpone la Directiva 2009/81/CE, debiéndose siempre tener en cuenta el carácter supletorio de la LCSP sobre dicha norma.

III. ÁMBITO DE APLICACIÓN DE LA LEY DE CONTRATOS DEL SECTOR PÚBLICO DE 8 DE NOVIEMBRE DE 2017

1. Ámbito subjetivo de aplicación

Como hemos señalado con anterioridad, y con el propósito de hacer realidad las libertades comunitarias, se inició en los años setenta una importante actividad legislativa, que ha proseguido, y se plasmó en un amplio y relevante abanico de Directivas (70/32/CEE, 89/440/CEE, 92/50 CEE, 93/36/CEE, 93/37/CEE, 93/38/CEE), que prestaban singular atención al «ámbito subjetivo» de los contratos públicos y, en especial, a los llamados «poderes adjudicadores», pasando por la Directiva 2004/18/CEE (art. 1.9), que se limitó a reproducirlas con ligerísimas variantes, añadiéndose como poder adjudicador a las «centrales de compra», papel que pueden jugar las Diputaciones Provinciales. Para llegar a la actual Directiva de contratación pública, la 2014/24/UE (art. 2.1.1) (art. 2.2.) donde se añade a las «autoridades regionales o locales» y los «poderes adjudicadores subcentrales» (art. 2.1.3), para las cuales establece un régimen específico de contratación, pudiendo utilizar un anuncio de información previa como convocatoria de licitación, en cuyo caso, no tendrán que publicar un anuncio de licitación antes de poner en marcha el procedimiento de contratación.

A estos efectos, la cuestión relativa a la regulación del ámbito subjetivo de la legislación de contratos es ciertamente decisiva a la hora de concluir si la aplicación del derecho comunitario de la contratación pública en nuestro Estado es o no correcta, sobre todo cuando las Cortes y el Gobierno Central, desde 1986 hasta la actualidad, se han esforzado por incorporar a nuestro ordenamiento las obligaciones comunitarias en materia de contratos públicos, pero lo han hecho de una manera peculiar: se ha integrado el derecho comunitario en el seno mismo de la legislación administrativa. Así, si al definir el ámbito subjetivo, por ejemplo, nuestra Ley de contratos recoge conceptos del derecho comunitario (como efectivamente lo hace), no pueden la Administración o el juez, al aplicarla, prescindir de su significado en este ordenamiento. El principio de seguridad jurídica (art. 9.3 CE) aconseja que los conceptos jurídicos se interpreten unívocamente. No pudiéndose desconocer la existencia de un derecho pretoriano que vertebra el sistema, plasmado en la jurisprudencia del TJUE que sirve de fuente interpretativa, de manera que los conceptos comunitarios deben interpretarse de acuerdo con la doctrina fijada por el TJUE.

Como dijo el TJUE en su Sentencia de 14 de julio de 1994, Faccini Dori «se debe interpretar la legislación estatal existente con el referente de la (incumplida) directiva comunitaria», criterio que corrobora la STJUE de 2 de junio de 2005,

Kuppensteiner GMBH, al señalar: «cuando una norma comunitaria establece previsiones que «son incondicionales y suficientemente precisas para conferir un derecho a favor de un particular que éste puede invocar, en su caso, frente a una entidad adjudicadora como BIG, en estas circunstancias, el órgano jurisdiccional competente debe dejar sin aplicar las normas nacionales que le impiden cumplir la obligación que se desprende de los artículos 1, apartado 1 y 2, apartado 1, letra b), de la Directiva 89/665»» [STJUE de 12 de diciembre de 2013, Portgás (asunto C-425/12)].

En consecuencia, los preceptos de las Directivas de contratación de 2014 que sean claros, precisos e incondicionados despliegan efectos jurídicos de obligada aplicación por los operadores jurídicos y son parámetros de control por parte de los tribunales administrativos de recursos contractuales. Por tanto, los contenidos que definen el ámbito subjetivo de aplicación de las directivas comunitarias de contratación pública prevalecen sobre los artículos de la LCSP y tienen efectos directos. En este sentido, las sentencias del TJUE de 20 de septiembre de 1988, Beentjes, y de 22 de junio de 1989, Fratelli, reconocen este efecto directo por no transposición en plazo de las directivas comunitarias.

En esta línea, una de las primeras preocupaciones que mostraron el inicial abanico de directivas y que hoy confirman el cuarto paquete de Directivas, fue unificar su ámbito subjetivo de aplicación y, en especial, el concepto de *poder adjudicador*, término con que se alude a lo que nosotros conocemos como entidades contratantes, centrándose en la definición del concepto de *organismo de derecho público* (NOGUERA DE LA MUELA, 2001, pág. 51; 2018, pág. 242; DÍEZ SASTRE, 2018, pág. 520).

La noción de *organismo de derecho púbico* como entidad adjudicadora, exige la concurrencia de tres requisitos: a) «creado para satisfacer específicamente necesidades de interés general que no tengan carácter industrial o mercantil; b) dotado de personalidad jurídica; y c) cuya actividad esté mayoritariamente financiada por el Estado, los entes públicos territoriales u otros organismos de derecho público, cuya gestión se encuentre sometida a un control por parte de estos últimos, o cuyo órgano de administración, de dirección o de vigilancia estén compuestos por miembros más de la mitad de los cuales sean nombrados por el Estado, las autoridades regionales, locales u otros organismos de derecho público» [art. 2.1.4)].

Criterios, los de la normativa comunitaria, que guardan identidad con los criterios que el legislador estatal de la actual LCSP ha utilizado para la delimitación de su ámbito subjetivo de aplicación, por lo que las pautas interpretativas dadas por la jurisprudencia del Tribunal de Justicia representan pautas clarificadoras en orden a comprender el intrincado ámbito subjetivo de aplicación dibujado por la nueva Ley, que se erige en norma básica y general, de cabecera, que disfruta de un plusvalor normativo en el sistema formal de fuentes por su ineludible conexión con los objetivos del Tratado de la Unión Europea en relación con los criterios que sobre la contratación y sus principios inspiradores fueron establecidos.

Por tanto, cabe resaltar cómo el Tribunal de Luxemburgo ha reiterado en repetidas ocasiones que el concepto de *poder adjudicador*, de *organismo de derecho público*, ha de recibir una interpretación funcional, por tanto, superadora de envoltorios meramente formales, ya que lo que se busca es la finalidad pragmática de que las directivas se cumplan, con independencia de la forma y de cómo actúe la concreta organización de cada Estado miembro.

Así, las aportaciones del TJUE en materia de contratos públicos son, sin duda, de capital importancia; de manera que, a la vista de algunas de las sentencias más destacables, recaídas a la hora de dilucidar los criterios que definen el concepto *organismo de derecho público*, entre otras, destaca la del 15 de enero de 1998 (Asunto C-44/96, Mannesmann); de 10 de noviembre de 19980 (Asunto C-360/96, ARA); de 17 de diciembre de 1998 (Irish Forestry Board); de 20 de septiembre de 1998 (caso Beentjes); de 1 de febrero de 2011; de 27 de febrero de 2003 (Adolf Truley)). Y es en la Sentencia del TJUE, de 15 de mayo de 2003, *Comisión*/España C-214/00, y la Sentencia de 16 de octubre de 2003 (*SIEPSA*), donde el Tribunal de Justicia, señala que no hacen «*las directivas ninguna mención al régimen público o privado, de acuerdo al cual se han constituido los organismos de Derecho público ni a la forma jurídica adoptada...*», y añade, «*este concepto (...) engloba a las sociedades mercantiles bajo control público..., sin que la forma jurídica de las entidades de que se trate tenga relevancia*» (STJCE 15 de mayo de 2003, FJ 31.º). Así, en línea con ello, el Tribunal entendió que la sociedad anónima ARA, creada por los municipios Arnhem y Rheden para la recogida de residuos era poder adjudicador.

Consideraciones éstas que vienen a confirmar, una vez más, la postura clara y determinante que mantiene el TJUE en orden a calificar como *organismo de derecho público* a diferentes entidades de derecho privado que reúnen cumulativamente los tres requisitos enunciados en el art. 1, letra b) párrafo segundo de las Directivas 92/50, 93/36 y 93/37, estimando que la forma de constitución es indiferente a este respecto (STJCE 15 de mayo de 2003, FJ 54.º). Añadiéndose que «*... el estatuto de Derecho privado no constituye un criterio que pueda excluir su calificación como entidad adjudicadora en el sentido del art. 1, letra b) de las Directivas 92/50, 93/36 y 93/37 y, por tanto, del art. 1, apartado 1 de la Directiva 89/665*» (FJ 55º).

En conclusión, para el derecho y la jurisprudencia comunitarios, el concepto de *poder adjudicador* engloba: «*El Estado, los entes territoriales, los organismos de derecho público y las asociaciones constituidas por uno o más de los citados entes o de los citados organismos de derecho público*».

Asimismo, dentro de la noción de *organismo de derecho público* (que ha sido examinada de forma reiterada en la jurisprudencia del TJUE) se incluye a cuantas personas jurídicas de derecho público o de derecho privado respondan a ciertas características que vienen definidas en el artículo 2.1.4 de las Directivas, de forma acumulativa (STJUE de 1 de febrero de 2001, Comisión contra Francia, As. C-237/99), y que se refiere a:

a) que se haya creado específicamente para satisfacer necesidades de interés general que no tengan carácter industrial o mercantil;
b) que esté dotado de personalidad jurídica propia; y

c) que esté financiado mayoritariamente por el Estado, las autoridades regionales o locales, u otros organismos de Derecho público o cuya gestión esté sujeta a la supervisión de dichas autoridades u organismos, o que tenga un órgano de administración, de dirección o supervisión, en el que más de la mitad de los miembros sean nombrados por el Estado, las autoridades regionales o locales, u otros organismos de Derecho público.

A efectos de concretar estos requisitos, en la Directiva 2014/24/UE se precisa que un organismo que opera en condiciones normales de mercado, tiene ánimo de lucro y soporta las pérdidas derivadas del ejercicio de su actividad no debe ser considerado un «organismo de Derecho público», ya que puede considerarse que las necesidades de interés general (...) que se le ha encargado satisfacer, tienen carácter industrial o mercantil (considerando 10).

De modo similar, la condición relativa al origen de la financiación del organismo considerado también ha sido examinada en la jurisprudencia, que ha precisado, entre otros aspectos, que la financiación «en su mayor parte» significa «en más de la mitad» y que dicha financiación puede incluir pagos procedentes de usuarios que son impuestos, calculados y recaudados conforme a las normas de Derecho público (considerando 10).

En todo caso, la Directiva 2014/24/UE introduce en el primero de los requisitos señalados para tener la condición de «organismo de derecho público» su novedad más destacable, al respecto basta leer el considerando 10 al que hemos hecho referencia supra, recogiéndose, además, la reiterada jurisprudencia comunitaria (SSTJUE Adolf Truley, Korhonen y otros), según la cual constituyen necesidades de interés general, aquellas necesidades que, por una parte, no se satisfacen mediante la oferta de bienes o servicios en el mercado, y que, por otra, por razones de interés general, el Estado decide satisfacerlas por sí mismo, o respecto de las cuales quiere conservar una influencia determinante. Advirtiéndose, también, que la existencia o la ausencia de una necesidad de interés general que no tenga carácter industrial o mercantil, debe apreciarse teniendo en cuenta todos los elementos jurídicos y fácticos pertinentes, tales como las circunstancias que hayan rodeado la creación del organismo de que se trate y las condiciones en que ejerce su actividad, incluidas, en particular, la falta de competencia en el mercado, la falta de ánimo de lucro como objetivo principal, la no asunción de los riesgos derivados de dicha actividad, así como la eventual financiación pública de la actividad de que se trate. Por tanto, si el organismo opera en condiciones normales de mercado, tiene ánimo de lucro y soporta las pérdidas derivadas del ejercicio de su actividad, es poco probable que las necesidades que pretende satisfacer no tengan carácter industrial o mercantil.

En suma, la existencia de una definición de *organismo de derecho público* centra la cuestión en su interpretación, y no en la inclusión de un organismo concreto en las listas contenidas en los correspondientes anexos de las directivas; «*listas que no son exhaustivas, aunque sí pretendan ser lo más completas posibles*» (STJUE de 10 de noviembre de 1998, Bfi holding), incluyéndose, también, en el concepto organismo de derecho público, sociedades de derecho privado (SSTJUE de 15 de mayo y 16 de octubre de 2003), listas que han sido actualizadas por decisión de la Comisión de 9 de diciembre de 2008.

En definitiva, ya que las directivas comunitarias de contratación pública han elaborado una noción funcional de ente público, y el ámbito subjetivo de aplicación de la nueva Ley se ha hecho con los mimbres del derecho comunitario, resulta obligado interpretarla de acuerdo con aquel derecho y las pautas interpretativas dadas por la jurisprudencia del Tribunal de Justicia de la Unión Europea, que son de gran importancia al dilucidar los criterios que definen el concepto de organismo de Derecho público [Sentencias de 15 de enero de 1998 (Mannesmann Anlagenbau Austria y otros); de 10 de noviembre de 1998 *(ARA)*, de 17 de noviembre de 1998 (Irish Forestry Board); de 20 de septiembre de 1998 (Beentjes); de 1 de febrero de 2001; de 27 de febrero de 2003 (Adolf Truley); de 15 de mayo de 2003; de 22 de mayo de 2003; de 16 de octubre de 2003; de 13 de octubre de 2007 (Bayerischer); de 12 de septiembre de 2013, entre otras] (BAÑO LEÓN, 2004, pág. 13).

La actual LCSP toma como punto de partida el TRLCSP de 2011, pero con ciertas novedades entre las que destaca —respecto del ámbito subjetivo— una uniformización del régimen jurídico en la licitación sea cual sea la naturaleza del poder adjudicador, esto es, pública o privada; se amplía su ámbito subjetivo «con la idea de aplicar estas normas a entidades no sujetas», así «se han incluido los partidos políticos, las organizaciones sindicales y empresariales, así como las fundaciones y asociaciones vinculadas a cualquiera de ellos siempre que se cumplan determinadas circunstancias como que su financiación sea mayoritariamente pública y, respecto de los contratos sometidos a regulación armonizada» (exposición de motivos); se lleva a cabo una adaptación a la tipología prevista en la Ley 40/2015, de 1 de octubre, de Régimen Jurídico del Sector Púbico, así como una regulación más estricta de los encargos a medios propios, y respecto a la contratación de las entidades locales se hacen ciertos cambios en su organización, cuantías de contratos menores en función de población y elementos de control, entre otras.

En relación con el tenor del actual artículo 3, cabe decir cómo una primera lectura del mismo nos confirma, como sucedía con el artículo 3 TRLCSP de 2011 (y antes LCSP de 2007) que estamos ante una transposición barroca (GIMENO FELIU, 2008, pág. 23; 2018, pág. 96) y peculiar (MORENO MOLINA, 2008, pág. 66-70) donde se dibujan, una vez más, tres círculos concéntricos, que arrojan continuas dificultades interpretativas, uniéndose esta Ley al criterio de las leyes de contratos precedentes, así como leyes de procedimiento (y hoy LRJSP) y de la jurisdicción contencioso-administrativa, de expresar «lo que, a sus efectos» se entiende que tienen en esta ocasión, la consideración de sector público, de Administraciones Públicas y de poder adjudicador (NOGUERA DE LA MUELA, 2018, pág. 250).

Así, la LCSP 2017 se refiere a los contratos del sector público como a los contratos onerosos, cualquiera que sea su naturaleza jurídica, que celebren las entidades enumeradas en el art. 3. Por ello, debe estarse no sólo al criterio sustantivo de los contratos, sino también al subjetivo que se expresa en el concepto de «sector público», y que a los efectos de la LCSP 2017, ésta define, y que es más amplio que el previsto en la LRJSP y la LPAC (el de éstas alineado con el previsto en la Ley Orgánica 2/2012, de 27 de abril, de Estabilidad Presupuestaria y Sostenibilidad Financiera).

Veamos cada uno de los niveles:

A) Poderes adjudicadores-Administraciones Públicas

Al respecto, debemos incluir a los efectos de la nueva LCSP 2017, según dispone el artículo 3.2, las siguientes:

1) Las Administraciones territoriales, esto es, Administración General del Estado, Administración de las Comunidades Autónomas y Entidades que integran la Administración Local. Por ejemplo, y por lo que se refiere a la Administración Local: municipios, provincias, en su caso islas, comarcas, entidades inferiores: mancomunidades de municipios, áreas metropolitanas [arts. 3.1.a) y 3.2].
2) Las entidades gestoras y servicios comunes de la Seguridad Social, que son organismos autónomos que presentan singularidades [art. 3.1.b)], a los que se aplica en parte el régimen de estos organismos (disposición adicional 13 LRJSP) que no adoptan la forma de organismos públicos.
3) Los organismos autónomos (estatales) que, de acuerdo con el artículo 98.1 LRJS, se caracterizan por desarrollar actividades propias de la Administración General del Estado, tanto actividades de fomento, prestacionales, de gestión de servicios públicos o de producción de bienes de interés público, susceptibles de contraprestación [art. 3.1.c)]. Sería el caso de: la Jefatura Central de Tráfico, MUFACE, el Instituto Nacional de Consumo, TURESPAÑA, el Centro de Estudios Políticos y Constitucionales, entre otros.
4) Las Universidades públicas [art. 3.1.c)], a las que, sorprendentemente, ni la Ley 39/2015 (LPAC) ni la Ley 40/2015 (LRJSP) consideran expresamente como Administraciones Públicas a sus efectos, y lo cierto es que la personalidad jurídica de las Universidades públicas no puede ser sino de Derecho público.
5) Las autoridades administrativas independientes (art. 3.1.c)], que, por ejemplo, son: Comisión Nacional de los Mercados y de la Competencia,

Consejo de Seguridad Nuclear, Agencia de Protección de Datos, entre otras que, de acuerdo con el art. 110.1 LRJSP quedan directamente sujetas a la LPAC, a la legislación de patrimonio y de contratos del sector público, y a las demás normas de derecho administrativo general y especial.

6) Las Diputaciones Forales y las Juntas Generales de los Territorios Históricos del País Vasco [art. 3.1.l)]
7) Los consorcios [art. 3.2.b)], que son definidos por la LRJSP [art. 118.1] como entidades de derecho público, estableciendo su régimen jurídico básico y también a ellos se refiere la legislación de régimen local y la legislación aduanera. Los consorcios pueden realizar actividades de fomento, prestacionales o de gestión común de servicios públicos y cuantas obras estén previstas en las leyes. De ahí que sean estructuras organizativas para la cooperación interadministrativa, allí cuando esta cooperación, por su continuidad en el tiempo, y su complejidad, requiere de una organización específica.
   En todo caso, hoy ha desaparecido la exigencia de que la posible participación de entidades privadas se restrinja a entidades sin ánimo de lucro, derogándose expresamente el art. 87 LBRL que así lo establecía.
8) Otras entidades de derecho público, en las que dándose las circunstancias establecidas en el artículo 3.3.d) de este texto legal (coincide con la noción de organismo de derecho público) para poder ser considerados poder adjudicador y estando vinculados a una o varias Administraciones Públicas o dependientes de las mismas, no se financien mayoritariamente con ingresos de mercado. Y se añade, «se entiende que se financian mayoritariamente con ingresos de mercado cuando tengan la consideración de productor de mercado de conformidad con el Sistema Europeo de Cuentas» [art. 3.2.b)].
9) Por asimilación, los órganos competentes del Congreso de los Diputados, del Senado, del Consejo General del Poder Judicial, del Tribunal Constitucional, del Tribunal de Cuentas, del Defensor del Pueblo, de las Asambleas Legislativas de las Comunidades Autónomas, y de las instituciones análogas al Tribunal de Cuentas y al Defensor del Pueblo, ajustarán su contratación a las normas establecidas en esta Ley para las Administraciones Públicas.
   Asimismo, los órganos competentes de las Cortes Generales, establecerán, en su caso, el órgano que deba conocer en su ámbito de contratación, del recurso especial regulado en el Capítulo V del Título I del Libro I de esta Ley, respetando las condiciones de cualificación, independencia e inamovilidad previstas en el art 45 de la LCSP (Disposición adicional 44 de la LCSP).

B) Poder adjudicador-no Administración Pública

1) Las fundaciones públicas. Que a los efectos de esta Ley de contratos serán todas aquellas que reúnan alguno de los siguientes requisitos [art. 3.3.b)] y que coinciden con los previstos para las «fundaciones del sector público estatal» (arts. 128 a 136 LRJSP):

   1º Que se constituyan de forma inicial, con una aportación mayoritaria, directa o indirecta, de una o varias entidades integradas en el sector público, o bien reciban dicha aportación con posterioridad a su constitución.
   2º Que el patrimonio de la fundación esté integrado en más de un 50 por ciento por bienes o derechos aportados o cedidos por sujetos integrantes del sector público con carácter permanente.
   3º Que la mayoría de derechos de voto en su patronato corresponda a representantes del sector público [art.3.1.e)].

   Caracterización la señalada en la LCSP 2017 que coincide con la establecida en el art. 128 LRJSP, que no tiene carácter de norma básica, de manera que no alcanza a las fundaciones del sector público institucional, tanto autonómico como local, que podrán reunir otros requisitos. En cualquier caso, para las fundaciones del sector público estatal, se establece en el art. 13.1 LRJSP que «la contratación (...) se ajustará a lo dispuesto en la LCSP».

2) Las Mutuas colaboradoras con la Seguridad Social [art. 3.3.c)].
3) Todas las demás entidades con personalidad jurídica propia distintas de las expresadas en las letras a, b y c del artículo 3.3 (esto es, Administraciones Públicas, Fundaciones públicas y Mutuas colaboradoras con la Seguridad Social) que hayan sido creadas específicamente para satisfacer necesidades de interés general que no tengan carácter industrial o mercantil, siempre que uno o varios sujetos que deban considerarse poder adjudicador de acuerdo con los criterios del apartado 3 del artículo 3, bien financien mayoritariamente su actividad; bien controlen su gestión; o bien nombren a más de la mitad de los miembros de su órgano de administración, dirección o vigilancia [art. 3.3.d)]. Esto es, se trata de la noción de «organismo de derecho público» manejada por el Derecho comunitario. Una noción, como hemos ya remarcado, de carácter funcional, superadora de envoltorios formales, puesto que lo que se busca es la finalidad de que las directivas se cumplan, con independencia de la forma y de cómo actúa la concreta organización de cada Estado miembro, y que nosotros, una vez más, incorporamos «*ad pedem literae*».
4) Las asociaciones constituidas por las entidades mencionadas en las letras a, b, c, y d del artículo 3.3. Por ejemplo, aquí tendría cabida la Fe-

deración Española de Municipios y Provincias (FEMP) o la «Federación de Organismos y Entidades de Radio y Televisión Autonómicos» (FORTA), a la que se refirió el Informe de la Junta Consultiva de Contratación Administrativa 74/2008, de 2 de diciembre (BLANQUER, 2013, pág. 79) [art. 3.3.e)].

5) Las sociedades mercantiles en cuyo capital social la participación directa o indirecta, de entidades de las mencionadas en el artículo 3.1.a), b, c), d), e), g) y h) (esto es, las Administraciones territoriales; entidades gestoras y servicios comunes de la Seguridad Social; organismos autónomos, universidades públicas y autoridades administrativas independientes; consorcios, fundaciones públicas, entidades públicas, empresariales) sea superior al 50 por 100, o en los casos que sin superar ese porcentaje, se encuentren respecto a las referidas entidades en el supuesto previsto en el artículo 4 (erróneamente la LCSP 2017 pone art. 5) del Texto refundido de la Ley del Mercado de Valores de 2015, esto es, conformando grupo de sociedades del artículo 42 del Código de Comercio [art. 3.1.h)]. Grupo de sociedades que existe «cuando una sociedad ostente o pueda ostentar, directa o indirectamente, el control de otra u otras», añadiendo que «en particular, se presumirá que existe control cuando una sociedad, que se calificará como dominante, se encuentre en relación con otra sociedad, que se calificará como dependiente, en alguna de las siguientes situaciones: a) Posea la mayoría de los derechos de voto. b) Tenga la facultad de nombrar o destituir a la mayoría de los miembros del órgano de Administración. c) Pueda disponer, en virtud de acuerdos celebrados con terceros, de la mayoría de los derechos de voto. d) Haya designado con sus votos a la mayoría de los miembros del órgano de Administración, que desempeñen su cargo en el momento en que deban formularse las cuentas consolidadas y durante los dos ejercicios inmediatamente anteriores».

   Y esta caracterización de la LCSP 2017 trae causa del propio art. 111 LRJSP que se refiere a las sociedades mercantiles estatales (art. 111 a 117 LRJSP), no siendo extrapolable a las sociedades mercantiles autonómicas, que se regirán por la normativa autonómica correspondiente, y contando las de titularidad local con una regulación básica en los art. 85 y siguientes de la Ley reguladora de las Bases de Régimen Local de 1985.

6) Los Fondos sin personalidad jurídica [art. 3.1.i)]. Aún carentes de personalidad jurídica formal, actúen en el tráfico como sujetos formales de imputación de intereses y, por tanto, como actores en la contratación pública.

7) Las Entidades Públicas Empresariales (EPES) a las que se refiere la LRJSP en sus arts. 103.1 y 107.3 para establecer como dato relevante, que

deben financiarse mayoritariamente con ingresos de mercado, y ello se da cuando tengan la consideración de productor de mercado de conformidad con el Sistema Europeo de Cuentas, integrándose, por tanto, en el sector público empresarial (art. 3.2 Ley General Presupuestaria). Por tanto, las entidades de derecho público autonómicas tendrán naturaleza análoga a las EPES si también cumplen con la exigencia de que su financiación proceda mayoritariamente de ingresos de mercado, si no, deberán someterse íntegramente a las disposiciones de la Ley de Contratos del Sector Público [Informe 20/2016, 20 de diciembre, de la Junta Consultiva de Contratación Administrativa de Aragón, en el que se refiere al Instituto Aragonés de Ciencias de la Salud (IACS)].

8) Por asimilación, en relación con la actividad comercial del Museo Nacional del Prado y Museo Nacional Centro de Arte Reina Sofía (arts. 16.2 de la Ley 46/2003 y 18.2 de la Ley 34/2011, respectivamente) estas entidades seguirán aplicando las normas previstas para los contratos de poderes adjudicadores no Administración Pública. Estos contratos no tendrán carácter administrativo (DA 42 LCSP).
9) También tendrán la consideración de «poder adjudicador» las empresas públicas que sean «medio propio personificado» (art. 32), como explicaremos más adelante.
10) De acuerdo con el artículo 3.4, «quedan sujetos también a esta Ley, los partidos políticos, en el sentido definido en el artículo 1 de la Ley Orgánica 8/2007, de Financiación de los Partidos Políticos, y sin perjuicio de lo establecido en la disposición adicional decimotercera de dicha Ley Orgánica; así como las organizaciones sindicales reguladas en la Ley Orgánica 11/1985, de 2 de agosto, de Libertad Sindical, y las organizaciones empresariales y asociaciones profesionales a las que se refiere la Ley 19/1977 de 1 de abril sobre regulación del derecho de asociación sindical, además de las fundaciones y asociaciones vinculadas a cualquiera de ellos cuando cualquiera de las entidades citadas anteriormente cumpla los requisitos para poder ser adjudicador, de acuerdo con la letra d) del apartado 3 del presente artículo, y respecto de los contratos sujetos a regulación armonizada, ya no dice: «siéndoles de aplicación respecto a los mismos la regulación establecida en el Título I del Libro Tercero de la presente Ley» [que regula los contratos de los poderes adjudicadores que no tengan la condición de Administración Pública que para los contratos SARA se rigen en la preparación y adjudicación por las reglas previstas para los contratos de las Administraciones Públicas (arts. 115 a 187 LCSP 2017], sino que ahora dispone: «deberán actuar conforme a los principios de publicidad, concurrencia, transparencia, igualdad y no discriminación, sin perjuicio del

respeto a la autonomía de la voluntad y de la confidencialidad cuando sea procedente».

Añadiéndose, los sujetos obligados deberán aprobar unas instrucciones internas en materia de contratación que se adecuarán a lo previsto en el párrafo anterior y a la normativa comunitaria, y que deberán ser informadas antes de su aprobación por el órgano al que corresponda su asesoramiento jurídico. Estas instrucciones deberán publicarse en sus respectivas páginas web (art. 3.4, párrafo 2º LCSP).

La exigencia del sometimiento de los partidos políticos a la normativa y a los principios de la contratación pública deriva de las Directivas comunitarias de contratación pública de 2014, debido al encaje de aquéllos en el concepto de «poder adjudicador» previsto en la jurisprudencia del TJUE (personalidad jurídica propia, actividad de interés general y financiación pública mayoritaria), resultando importante la matización recogida en el artículo 10.j) de la Directiva 2014/24/UE al detallar las exclusiones específicas relativas a los contratos de servicios donde señala «cuando son adjudicados por un partido político en el contexto de una campaña electoral». Luego, fuera del mismo, los contratos de servicios relacionados en el referido precepto, esto es, servicios de campañas de publicidad, así como la producción de películas de propaganda y la producción de videocintas de propaganda y, por supuesto, el resto de contratos, no quedaría excluida de la aplicación de la Directiva.

Hoy, con la expresa previsión que se recoge en el artículo 3.4 de la LCSP 2017 sobre el carácter de poder adjudicador-no Administración Pública de los partidos políticos, hemos conseguido la extensión del Derecho público a otro ámbito, el de la actividad contractual de los partidos políticos, superándose, por tanto, las tradicionales concepciones subjetivas manejadas para definir el sector público, aunque, como se ha indicado supra, rigen para ellos las «instrucciones internas».

11) Las Corporaciones de Derecho público cuando cumplan los requisitos para ser poder adjudicador de acuerdo con el artículo 3.3.d) (art. 3.5), esto es tener personalidad jurídica propia, siendo indiferente si la personalidad es de derecho público o de derecho privado; habiendo sido creados para satisfacer necesidades de interés general que no tengan carácter industrial o mercantil, y una de las tres siguientes: que otro poder adjudicador financie mayoritariamente su actividad, controle su gestión o nombre a más de la mitad de los miembros de su órgano de administración, dirección o vigilancia.

En concordancia con ello, el Tribunal de Justicia de la Unión Europea en Sentencia de 12 de septiembre de 2013, Colegio de Médicos de Westfaliz-Lippe, entendió que este Colegio Profesional no tenía la condición de poder adjudicador, por no cumplir el criterio de financiación mayoritaria por parte de los poderes públicos cuando dicho organismo está mayoritariamente financiado por las cuotas abonadas por sus colegiados, ni tampoco el criterio relativo al control de la gestión por parte de los poderes públicos ya que no puede considerarse como tal el hecho de que el importe de las citadas cuotas deba ser aprobado por la autoridad de supervisión.

C) Resto de entes del sector público que no sean ni Administración Pública ni poder adjudicador. La inclusión de los contratos subvencionados sujetos a una regulación armonizada

En este nivel, se encuentran aquellas entidades o sociedades que han sido creadas para satisfacer necesidades de interés general que tengan carácter industrial o mercantil. Por tanto, entidades que pugnan en el mercado con otros operadores económicos en la captación de clientes. Sería el supuesto de sociedades mercantiles en mano pública (capital social público superior al 50%) que cumplan con el dato objetivo de los fines que persiguen ya señaladas supra.

Asimismo, por último, cabe recordar que la nueva Ley de Contratos se aplica también —cuando el importe del contrato es de umbral comunitario— a los contratos públicos de quienes no son poder adjudicador ni sector público y a los que por imperativo de la Ley (art. 23 LCSP 2017), extiende su aplicación: contratos subvencionados. Categoría ésta en la que se incluyen contratos de obras y servicios celebrados entre empresas privadas, pero que son **subvencionados** de forma directa y en más de un 50% de su importe, **por entidades que tengan la consideración de poderes adjudicadores** (entre los que puede haber Administraciones Públicas o no), y que se concreten en alguno de los siguientes [art. 23.1.a) y b)].:

> *«a) Contratos de obras que tengan por objeto actividades de ingeniería civil de la sección F, división 45, grupo 45.2 de la Nomenclatura General de Actividades Económicas de las Comunidades Europeas (NACE), (esto es, construcción de puentes, túneles, tejados, autopistas, carreteras, campos de aterrizaje, vías férreas, centros deportivos, obras hidráulicas), o la construcción de hospitales, centros deportivos, recreativos o de ocio, edificios escolares o universitarios y edificios de uso administrativo, siempre que su valor estimado sea igual o superior a 5.350.000 euros.*
>
> *b) Contratos de servicios vinculados a un contrato de obras de los definidos en la letra a), cuyo valor estimado sea igual o superior a 214.000 euros»*

Además, el artículo 23.2 dispone que las normas previstas para los contratos subvencionados se aplicarán a aquellos **celebrados por particulares o entidades del sector público que no tengan la consideración de poderes**

adjudicadores, en conjunción, en este último caso, con las establecidas en el Título II del Libro Tercero de esta Ley, esto es, por tanto, comporta aplicar las reglas del artículo 321 donde se mantiene la aprobación de unas instrucciones por los órganos competentes de estas entidades del sector público no poder adjudicador, en las que se regulan los procedimientos de contratación. Práctica ésta que, como ha venido insistiendo GIMENO FELIU (2008, pág. 9-54; 2017, pág. 197) desde hace tiempo, introduce inseguridad jurídica y fomenta prácticas clientelares, favoreciendo la proliferación de variados procedimientos que se han convertido en una barrera de entrada para los operadores económicos, recogiéndose igualmente, que la regulación de los procedimientos de contratación se haga de forma que quede garantizada la efectividad de los principios de publicidad, concurrencia, transparencia, confidencialidad, igualdad y no discriminación, así como que los contratos se adjudiquen a quienes presenten la mejor oferta de acuerdo con el art. 145.

Instrucciones que se publicarán en el perfil de contratante de la entidad, y se pondrán a disposición de todos los interesados en participar en los procedimientos de adjudicación de los contratos que regulen aquéllas. Y, cuya aprobación requerirá —para el sector público estatal— el informe previo del órgano al que corresponda el asesoramiento jurídico de la entidad.

Asimismo, de acuerdo con el artículo 321.2, pese a lo que hemos indicado supra, cabe también, que se adjudiquen contratos sin aplicar las instrucciones aprobadas, sujetándose a una serie de reglas, como:

«a) Los contratos de valor estimado inferior a 40.000 euros, cuando se trate de contratos de obras, o a 15.000 euros, cuando se trate de servicios y suministros, podrán adjudicarse directamente a cualquier empresario con capacidad de obrar y que cuente con la habilitación necesaria para realizar la prestación objeto del contrato.

b) Los contratos o acuerdos de valor estimado igual o superior a los indicados en la letra anterior o los que se concierten para la selección de proveedores se sujetarán, como mínimo, a las siguientes reglas, respetándose en todo caso los principios de igualdad, no discriminación, transparencia, publicidad y libre concurrencia:

1º. El anuncio de licitación se publicará en el perfil de contratante de la entidad, sin perjuicio de que puedan utilizarse otros medios adicionales de publicidad. Toda la documentación necesaria para la presentación de las ofertas deberá estar disponible por medios electrónicos desde la publicación del anuncio de licitación.

2º. El plazo de presentación de ofertas se fijará por la entidad contratante teniendo en cuenta el tiempo razonablemente necesario para la preparación de aquéllas, sin que en ningún caso dicho plazo pueda ser inferior a diez días a contar desde la publicación del anuncio de licitación en el perfil de contratante.

3º. La adjudicación del contrato deberá recaer en la mejor oferta de conformidad con lo dispuesto en el art. 145. Excepcionalmente, la adjudicación podrá efectuarse atendiendo a criterios objetivos que deberán determinarse en la documentación contractual.

4º. La selección del contratista, que deberá motivarse en todo caso, se publicará en el perfil de contratante de la entidad».

Igualmente, cabe tener presente que cuando el contrato subvencionado sea adjudicado por **entidades del sector público que sean poder adjudicador**, se aplicarán las normas de contratación previstas para tales entidades de acuerdo con su naturaleza —esto es, según sean Administración Pública o no—, salvo la relativa a la determinación de la competencia para resolver el recurso especial en materia de contratos y la adopción de medidas cautelares en el procedimiento de adjudicación que la competencia corresponderá al órgano independiente que ejerza sus funciones respecto de la Administración a que esté adscrito el ente u organismo que hubiese otorgado la subvención, o al que esté adscrita la entidad que la hubiese concedido, cuando ésta no tenga el carácter de Administración Pública. En el supuesto de concurrencia de subvenciones por parte de distintos sujetos del sector público, la competencia se determinará atendiendo a la subvención de mayor cuantía y, a igualdad de importe, al órgano ante el que el recurrente decida interponer el recurso de entre los que resulten competentes con arreglo a las normas de este apartado (art. 47.2).

Una vez hemos dado cuenta del elenco de entes y de su posible clasificación, la inclusión en una u otra categoría comporta consecuencias distintas en orden a la intensidad en la aplicación de la normativa de contratación, Pero, además, en la presente Ley, pervive la bipolaridad característica de la Ley de Contratos del Sector Público de 2007. De tal manera que continúa recogiéndose el criterio central de la legislación española de contratos tradicional —en torno a la distinción del carácter administrativo o privado del contrato— y, de otro lado, «el otro eje fundamental en el que se apoya el sistema de regulación de los contratos públicos es el relativo a la distinción entre los contratos sujetos a regulación armonizada y aquellos que no lo están...» (Exposición de motivos de la actual Ley). Por tanto, todo ello arroja, en definitiva, variados regímenes jurídicos que se superponen los unos a los otros y que comportan una mayor complejidad (GIMENO FELIÚ, 2017, pág. 196; MORENO MOLINA y PLEITE GUADAMILLAS, 2007, pág. 191).

Por lo que se refiere a los **entes que son poder adjudicador-Administración Pública**, la Ley de Contratos del Sector Público, se aplica en su integridad. Si bien, sólo tendrán carácter administrativo los contratos que se recogen en el artículo 25.1, «siempre que se celebren por una Administración Pública» (art. 25.1), que se regirán en cuanto a su preparación, adjudicación, efectos, modificación y extinción por esta Ley y sus disposiciones de desarrollo, aplicándose con carácter supletorio las restantes normas de derecho administrativo y, en su defecto, las normas de derecho privado. Aunque para los contratos administrativos especiales en primer término les serán de aplicación sus normas específicas [art. 25.1.b)].

En cuanto a los contratos privados (art. 26), el nuevo texto legal establece que, con independencia de las prestaciones que sean objeto del contrato, tienen esta consideración tanto los que celebren las Administraciones Públicas (cuyo objeto sea distinto de los referidos en el artículo 25.1.a) y b), como los celebrados por entidades del sector público que sean poder adjudicador pero no Administración Pública, y por las entidades del sector público que no sean poder adjudicador.

Asimismo, por razón de las prestaciones que constituyen su objeto, en la Ley se califican expresamente como privados a determinados tipos de contratos: en concreto, los contratos de servicios que tengan por objeto servicios financieros, los que tengan por objeto la creación e interpretación artística y literaria y los de espectáculos [art. 25.1.a)1º], y aquéllos cuyo objeto sea la suscripción a revistas, publicaciones periódicas y bases de datos [art. 25.1.a)2º].

Pero tan importante como la distinción conceptual de las categorías de contratos administrativos y privados es la cuestión de su régimen jurídico, que se aborda en los artículos 25 y 26; así como cuál es la jurisdicción competente para el control jurisdiccional de la contratación del sector público previsto en el artículo 27.

En relación con el régimen jurídico de los contratos privados, como ocurría con las normas de contratación precedentes a la actual Ley de Contratos, los **contratos privados celebrados por las Administraciones Públicas**, se regirán en cuanto a su preparación y adjudicación (actos separables) por el Derecho administrativo, concretamente «...por las Secciones 1º y 2º del capítulo I del título I del libro II de esta Ley con carácter general (expediente de contratación, procedimientos y criterios de adjudicación), y por sus disposiciones de desarrollo, aplicándose supletoriamente las restantes normas de derecho administrativo (...)» «o en su caso, las normas de derecho privado, según corresponde por razón del sujeto o entidad contratante». Y, en lo que se refiere a efectos, modificación y extinción por el derecho privado.

Por consiguiente, la antesala del negocio jurídico-privado que celebre la Administración Pública se rige por las reglas del derecho administrativo de la contratación pública, si bien durante la «vida del contrato» (cumplimiento, modificación, interpretación y extinción) se aplica el derecho privado. Además, cuando se trate de alguno de los contratos mencionados en el art. 25.1.a)1º y 2º (contratos de servicios que tengan por objeto servicios financieros, los que tengan por objeto creación e interpretación artística y literaria, los de espectáculos, los que tengan por objeto subscripción a revistas, publicaciones periódicas y bases de datos), le serán de aplicación el Libro Primero y Segundo de la LCSP de 2017 en la preparación y adjudicación, salvo lo establecido en esta Ley en lo relativo a las condiciones especiales de ejecución, modificación, cesión, subcontratación y resolución de contratos que les serán de aplicación cuando el contrato esté sujeto a regulación armonizada (SARA).

En línea con todo ello, el artículo 27 de la Ley prevé la jurisdicción competente para conocer de los distintos tipos de contratos, distinción trazada en función del carácter privado o administrativo del contrato, además de otras.

Así, en todo caso, la preparación, adjudicación, efectos, modificación y extinción de los contratos administrativos serán conocidos por la jurisdicción contencioso-administrativa sin excepción alguna. En cuanto a los contratos privados de las Administraciones Públicas, acertadamente se establece que el control de preparación y adjudicación de aquéllos también corresponde a la jurisdicción contenciosa [art. 27.1.a) y b), respectivamente], pero se extenderá también respecto de los contratos privados previstos en el artículo 25.1.a) 1º y 2º (esto es, contratos de servicios que tengan por objeto servicios financieros; la creación e interpretación artística y literaria; los de espectáculos; y aquellos cuyo objeto sea la suscripción a revistas, publicaciones periódicas y bases de datos) que estén sujetos a regulación armonizada (contratos que alcanzan determinado umbral y la entidad contratante es un «poder adjudicador»), respecto de los cuales adicionalmente conocerá de las impugnaciones de las modificaciones basadas en el incumplimiento de lo establecido en los artículos 204 y 205 de la Ley de Contratos, por entender que la modificación debió ser objeto de una nueva adjudicación.

Hasta aquí, por tanto, nos hemos referido a contratos administrativos y contratos privados de las Administraciones Públicas, pero debemos añadir, en consonancia con las Directivas comunitarias de contratación pública y jurisprudencia del Tribunal de Justicia de la Unión Europea, **los contratos privados que celebren los poderes adjudicadores que no sean Administraciones Públicas** (art. 26.3), como puede ser el sector público empresarial y fundacional, que se regirán por el Título I del Libro Tercero de la Ley de Contratos en cuanto a la preparación y adjudicación, distinguiéndose según se trate de contratos sujetos a regulación armonizada o no (arts. 317 y 318, respectivamente) (MORENO MOLINA, 2009, pág. 178).

Si son contratos SARA, se les aplicará reglas públicas de la contratación, por cuanto el artículo 317 remite en la preparación y adjudicación a las normas establecidas en el Libro Segundo (De los contratos de las Administraciones Públicas), concretamente en el Título I, su Capítulo I y dentro de él las Secciones 1a y 2ª.

En cuanto a los efectos y extinción les serán aplicables las normas de derecho privado, salvo lo establecido en materia medioambiental (art. 201), social (art. 201), o laboral, de condiciones especiales de ejecución (art. 202), de modificación del contrato (art. 203 a 205), de cesión y subcontratación (art. 214 a 217), de racionalización técnica de la contratación (art. 218 a 228); así como las condiciones de pago establecidas en los arts. 198.4, 210.4 y 243.1.

En consonancia con esto, compete a la jurisdicción contencioso-administrativa la preparación, adjudicación y modificaciones contractuales, cuando la impugnación de estas últimas se base en el incumplimiento de lo establecido en los artículos 204 y 205 de la LCSP, cuando se entienda que dicha modificación debió ser objeto de una nueva adjudicación de los contratos celebrados por los poderes adjudicadores que no tengan la consideración de Administración Pública.

En cambio, el orden jurisdiccional civil será el competente para conocer de los efectos y extinción de los contratos privados de las entidades que sean poder adjudicador-Administración Pública o no Administración Pública, con excepción de las modificaciones [art. 27.2.a)] de los contratos privados de las Administraciones Públicas y modificaciones de los contratos de poderes adjudicadores-no Administración Pública, basadas en el art. 204-205.

Finalmente, los **contratos (privados) que celebren las entidades del sector público que no sean poder adjudicador** (art. 321), se regirán en las fases de preparación y adjudicación por el Título II del Libro tercero de esta Ley, donde se establece la obligación de elaborar y aprobar unas «instrucciones internas» (que deben adecuarse a lo que prevé el art. 321 en el plazo máximo de cuatro meses desde la entrada en vigor de la LCSP 2017, y hasta entonces rigen las instrucciones vigentes en tanto no contradigan el art. 321) para desarrollar el procedimiento de adjudicación de sus contratos (que también se exigía para el supuesto de contratos no SARA de los poderes adjudicadores-no Administración Pública, pero que ahora no se recoge). Instrucciones que, como hemos ya indicado más atrás, deben ponerse a disposición de todos los interesados en participar en los procedimientos de adjudicación de los contratos a que aquéllas se refieran y deben publicarse en el perfil de contratante de la entidad, y que ya con la LCSP07 y TRLSCP11, la inmensa mayoría de los entes obligados a elaborarlas elaboraron y aprobaron con rapidez, habida cuenta que a través de ellas se abre el portillo al escape de los principios generales de la contratación pública. Y será también la jurisdicción contenciosa la competente en materia de preparación y adjudicación de los contratos de tales entidades del sector público no poder adjudicador, y corresponderá a la civil las cuestiones referidas a efectos y extinción de los contratos de aquéllas [art. 27.1.d) y 27.2.b)].

En suma, se acaba con la dualidad jurisdiccional y se recupera la teoría de los actos separables. Y todas las cuestiones de preparación y adjudicación, al margen del importe y naturaleza del poder adjudicador, se residencian en el orden contencioso administrativo.

Vista, por tanto, la primera línea de distinción prevista en la LCSP 2017: contratos administrativos-contratos privados (sea cual sea el ente contratante), nuestra normativa de contratos mantiene aquella nueva categoría introducida por la LCSP de 2007, que deriva de la diferenciación entre «contratos sujetos a regulación armonizada» (SARA) (arts. 19 y 23) y no sujetos a regulación armonizada (no SARA), distinción que se basa sólo en cuestiones procedimentales referidas a la selección del adjudicatario.

Los contratos SARA vienen determinados por su objeto tal como establece su art. 19 al hacer su delimitación general, y lo son los contratos de obras, los de concesión de obras, los de concesión de servicios, los contratos de suministros, y los de servicios. Además, cuyo valor estimado sea igual o superior a las cuantías que se establecen para cada tipo de contrato en los arts. 20 a 23 de la LCSP 2017 y, en tercer lugar, los contratos SARA requieren que el sujeto contratante sea siempre un poder adjudicador (art. 19.1) que, como hemos advertido en páginas precedentes, puede incluir a las Administraciones Públicas, pero también a todos los demás entes y organismos que, de acuerdo con la legislación comunitaria, reúnen los requisitos exigidos por ella para calificarlos como «organismos de derecho público», concepto que se ha plasmado en la LCSP 2017 en su art. 3.3.d) y que resulta determinante. Por ejemplo, pensemos en el supuesto de una sociedad mercantil creada por una Administración territorial.

Relacionado con esta distinción proveniente del Derecho comunitario, es indiferente que los poderes adjudicadores tengan carácter administrativo o carácter privado. Por tanto, las normas de adjudicación cuyo origen reside en aquel Derecho tienen carácter jurídico público, y de ahí que se atribuya en el art. 27.1.c) a la jurisdicción contencioso-administrativa el conocimiento de las cuestiones que se susciten en relación con la preparación, adjudicación y modificaciones contractuales, cuando la impugnación de éstas se base en el incumplimiento de los arts. 204 y 205, cuando se entiende que dicha modificación debió ser objeto de una nueva adjudicación de los «contratos celebrados por los poderes adjudicadores que no tengan la consideración de Administración». Incluyéndose, por tanto, a los contratos SARA, pese a que la letra de la Ley no haga mención expresa, y como no, también a los no SARA, que se incluirían por la misma razón. Además, de los contratos subvencionados a los que sí se hace referencia en el art. 27.1.f) LCSP 2017.

Finalmente, destacar también cómo respecto a la distinción SARA/no SARA y en relación al recurso especial, éste ya no se circunscribe con carácter exclusivo a los contratos de importe armonizado, pues se extiende a cuantías inferiores, previsión que venía reclamando tanto la doctrina como diversos órganos como el Consejo de Estado (Dictamen 514/2006, 25 de mayo), el Comité Económico y Social (Dictamen 8/2015, 25 de junio), la Comisión Nacional de los Mercados y de la Competencia (Informe de Propuestas Normativas 010/2015), y Transparencia Internacional España (Documento sobre Medidas de transparencia y prevención de la corrupción en Subvenciones, Licitaciones y Contratos Públicos de 2015). En línea con ello, y tal como se avanzó en estos términos en la legislación contractual de Aragón y de Navarra, se sientan las bases para ir hacia la extensión del recurso especial a cualquier contrato al margen del importe, debiéndose dotar a los órganos administrativos de recursos contractuales de los medios y recursos necesarios (GIMENO FELIÚ, 2014, pág. 28.31; NOGUERA DE LA MUELA, 2016, pág. 2566-2571, SANTAMARÍA PASTOR, 2015).

Respecto a la adjudicación de los contratos que no alcanzan el umbral de los sujetos a regulación armonizada (art. 318), los poderes adjudicadores-no Administración Pública (título I del libro III) ya no podrán, afortunadamente, aprobar las consabidas «instrucciones» en las que regulen los procedimientos de contratación de forma que quede garantizada la efectividad de los principios de publicidad, concurrencia, transparencia, confidencialidad, igualdad y no discriminación, ni los contratos podrán ser adjudicados a quienes presenten las ofertas económicamente más ventajosas, como contemplaba el PLCSP en su versión de 2 de diciembre de 2016. Se ha procedido, por tanto, a uniformar el régimen jurídico siendo indiferente el carácter de Administración Pública o no del poder adjudicador para aplicar las reglas de contratación pública en los contratos de importe no armonizado (excluidos los partidos políticos, sindicatos y organizaciones empresariales si hay financiación pública mayoritaria).

2. Ámbito objetivo de aplicación: contratos y relaciones jurídicas excluidas

No todas las relaciones contractuales que celebran las Administraciones Públicas están reguladas por la LCSP. Así, en sus arts. 4 a 11 recoge una serie de contratos y negocios excluidos de su ámbito de aplicación que responden a diversas razones. Se rigen por normas especiales, pero les son de aplicación los principios de la normativa pública de contratos para resolver las dudas y lagunas que puedan presentarse (art. 4 LCSP).

Al respecto, entre otras, se hace referencia a la relación de servicio de los funcionarios públicos, que tiene carácter estatutario, y a los contratos regulados en la legislación laboral, que se regulan, en su caso, por ésta o por la normativa de función pública (art. 11.1 LCSP). También se excluyen la prestación de servicios sociales por entidades privadas siempre que ésta se realice a través de la simple financiación o concesión de licencias o autorizaciones previo cumplimiento de determinadas concesiones (art.11.6); los contratos de compraventa, donación, permuta, arrendamiento y demás negocios jurídicos análogos sobre bienes inmuebles, valores negociables y propiedades incorporales, a no ser que recaigan sobre programas de ordenador y deban ser calificados como contratos de suministro o servicios, que tendrán siempre el carácter de contratos privados y se regirán por la legislación patrimonial (art. 9.2 LCSP); los contratos de I+D+i (art. 8); a determinados contratos relativos a servicios financieros relacionados con la emisión, compra, venta o transferencia de valores u otros instrumentos financieros (art. 10); los contratos relativos a servicios de arbitraje y conciliación (art. 11.3), etc.

En otros casos, aunque sí tienen naturaleza contractual, como los acuerdos internacionales (art. 7 LCSP) y los contratos en el sector de la defensa y la seguridad (art. 5 LCSP), su régimen jurídico está en su propia normativa, esto es la Ley 24/2011, de 1 de agosto, de contratos del sector público en los ámbitos de la defensa y la seguridad.

Finalmente, mención especial merecen las conocidas como técnicas de autoprovisión administrativa, esto es, los encargos a medios propios personificados o contratos «in house providing» (o sistema de cooperación vertical en terminología comunitaria) y los convenios de colaboración interadministrativa (cooperación público-público horizontal a los que nos hemos referido en páginas precedentes) mediante las cuales las Administraciones Públicas pueden satisfacer aquellas necesidades vinculadas al cumplimiento de sus misiones de servicio público. Técnicas que la vigente Ley de contratos del sector público de 2017 (LCSP) incorpora en el capítulo destinado a la «Racionalidad y consistencia de la contratación en el sector público» (capítulo I del título I del libro I), donde su art. 31 las enmarca en la potestad de autoorganización, y sobre las que ha vuelto a incidir el Tribunal de Justicia de la Unión Europea en tres recientes Sentencias: el caso ISE-Colonia, de 28 de mayo de 2020 (asunto C-796/18); la de 4 de junio de 2020 (asunto C-429/19), caso Remondis 2 (para distinguirla del asunto C-51/15 (Remondis 1)]; la de 18 de junio de 2020 (asunto C-328/19), caso Porin; y la de 12 de mayo de 2022 (asunto C-719-20), caso IREN spa (Noguera de la Muela, 2020, p. 269; 2024, p. 787).

> El fundamento de este tipo de relaciones «*in house*», habitual en el Derecho administrativo, no está en la existencia de un vínculo contractual, sino que se encuentra en la capacidad autoorganizativa de las Administraciones Públicas, resultando irrelevante el reconocimiento de una personalidad jurídica independiente, que es tan solo una herramienta que no significa la desvinculación de la organización empresarial de las entidades públicas de que trae causa. Por tanto, las sociedades públicas u otras formas de personificación son simples opciones de organización, y el otorgamiento de personalidad jurídica lo es solo a efectos instrumentales, por lo que en modo alguno pueden considerarse terceros respecto de la Administración (Sosa Wagner, 2007, pág. 175-190).

Por lo que se refiere al encargo por parte de las Administraciones territoriales, en cuanto entidades adjudicadoras, de prestaciones típicamente contractuales a sus entes instrumentales personificados («**medios propios**»), sin aplicación de la normativa de contratación pública, de acuerdo con determinadas condiciones, viene siendo una temática de gran repercusión práctica, que ha generado una importante controversia. La causa principal de la misma se encuentra en la dialéctica entre la interpretación realizada por el Tribunal de Justicia de la Unión Europea del alcance de las Directivas de contratación pública y las prácticas internas, pero no debemos olvidar que no es posible comprender el actual régimen de los «encargos in house providing» sin tener presente la doctrina que el TJUE viene conformando desde 1999, precisando sus contornos como supuesto excluido de la normativa de contratos (STJUE de 18 de noviembre de 1999, caso Teckal, hasta STJUE de 18 de junio de 2020, caso Porin). Si bien cabe señalar, de una parte, cómo el recurso a esta técnica no ha sido vista con buenos ojos en nuestro país por propiciar una «huida del Derecho administrativo» generándose ciertas patologías de las Administraciones Públicas (clientelismo, precarización laboral, corrupción...) y, de otra, se ha considerado que con ella se puede estar falseando la libre competencia de mercado, favoreciendo prácticas cuasi monopolísticas de Estado. Argumento este último, que desde el Derecho europeo de la contratación pública ha sido invocado reiteradamente para sostenerse que la utilización de los encargos a medios propios debe ser no solo de interpretación restrictiva, sino también excepcional (AMOEDO SOUTO, 2018, pág. 84; FUERTES LÓPEZ, 2008).

En suma, se hacía sentir la necesidad de una regulación más precisa de los encargos a medios propios personificados, para distinguirla de las encomiendas de gestión, y tratar de poner claros límites a su uso, resultando clave la aprobación y necesaria transposición del cuarto paquete de Directivas de contratación, que ha positivizado la doctrina del TJUE en esta materia.

Así, la **«encomienda de gestión»** del art. 11 LRJSP habilita a las Administraciones Públicas para encargar a otros órganos o entidades de Derecho público de la misma o distinta Administración (no cabe, por tanto, que se haga respecto de personas jurídico-privadas), la realización de actividades de carácter material o técnico de su competencia, por razones de eficacia o cuando no se posean los medios técnicos idóneos para su desempeño. Si bien, en ningún caso, ello puede comportar cesión de titularidad de la competencia ni de los elementos sustantivos de su ejercicio, siendo responsabilidad del órgano o entidad encomandante dictar cuantos actos o resoluciones de carácter jurídico den soporte o en los que se integre la concreta actividad material objeto de encomienda. Se presenta, por tanto, como una técnica muy dúctil que puede ser empleada tanto en las relaciones interorgánicas como interadaministrativas.

En todo caso, esta técnica de las encomiendas de gestión no podrá tener por objeto prestaciones propias de los contratos regulados en la legislación de contratos del sector público, quedando excluidas del ámbito de la LCSP 2017 tal como dispone el art. 6.3. De darse lo contrario, su naturaleza y régimen jurídico se ajustará a lo previsto en tal legislación para los encargos a medios propios o *in house providing*.

La encomienda de gestión requiere para su perfección, la formalización de un acuerdo (encomienda de gestión intradministrativa) o convenio (encomienda de gestión interadministrativa) según se trate entre órganos administrativos o entidades de Derecho público pertenecientes a la misma o distinta Administración. En todo caso, el instrumento de formalización de la encomienda de gestión y su resolución deberá ser publicado para su eficacia en el BOE, Boletín Oficial de la CCAA o el de la provincia, según la Administración a que pertenezca el órgano encomendante (art. 11.3 LRJSP, imponiéndose también su publicación en el correspondiente Portal de Transparencia según el art. 8.1.b) de la Ley 19/2013, de 9 de diciembre, de Transparencia, acceso a la información y Buen Gobierno.

La LCSP 2017 establece, con carácter básico, la regulación sustantiva de los **encargos a medios propios personificados** en los arts. 32 y 33, según que el ente encomendante sea poder adjudicador o no, precepto este último que ha sido modificado a través del Real Decreto-ley 17/2020, de 5 de mayo, por el que se aprueban medidas de apoyo al sector cultural y de carácter tributario para hacer frente al impacto económico y social del COVID-19, cuya disposición final octava da una nueva redacción a los apartados 2 [en concreto, letra a)] y 3 del mencionado art. 33. Fruto de tal modificación se da una uniformidad en la exigencia de los requisitos materiales (art. 32.2 y 33.2) a cumplir para tener la condición de medio propio personificado, siendo indiferente que sea o no poder adjudicador el ente encomendante, puesto que aquellos son los mismos.

Asimismo, destacar que no basta con cumplir los requisitos materiales que impone la legislación de contratos de 2017 para ser medio propio, sino que se exige en el art. 86.2 de la Ley 40/2015 acreditar de forma inexcusable la existencia de medios suficientes e idóneos para la realización de las prestaciones encomendadas en el sector de actividad que se corresponde con su objeto social, de acuerdo con su norma o acuerdo de creación. Pudiéndose así, con tal previsión, evitar incurrir en situaciones de fraude de la legislación de contratos públicos, ya que tal como ha evidenciado el Tribunal de Cuentas, se ha recurrido en exceso por parte de los entes instrumentales a la subcontratación, de tal manera que al configurarse la encomendataria como una mera actividad intermedia, se habilita un cambio de régimen jurídico en materia de contratación pública, mucho más rápido y flexible en su tramitación, pero también con muchas menos garantías para el interés público, al substituir un eventual contrato administrativo (si lo hubiera celebrado directamente la Administración) por uno privado (celebrado por un ente instrumental sometido al derecho privado) (LOZANO CUTANDA y FERNÁNDEZ PUYOL, 2017, pág. 15).

En todo caso, para recurrir al medio propio el sector público estatal deberá, además, justificar que resulta más eficiente, sostenible y eficaz —aplicando criterios de rentabilidad económica— que la contratación pública, o que resulta necesario por razones de seguridad pública o de urgencia.

Y todo ello se somete a un doble control. De una parte, un control de carácter previo, de manera que a la propuesta de declaración de medio propio y servicio técnico deberá acompañarse una memoria justificativa que acredite lo dispuesto en el apartado anterior y deberá ser informada por la Intervención General de la Administración del Estado que vaya a declarar el medio propio y servicio técnico. Y de otra, un control permanente, puesto que la comprobación de la concurrencia de los requisitos más atrás señalados formará parte del control de eficacia de los medios propios y servicios técnicos.

Exigencias del art. 86 LRJSP que por el juego combinado de las Disposiciones finales cuarta y primera, devienen básicas y aplicables a todas las Administraciones Públicas, a todo el sector público.

Respecto a este criterio de idoneidad la LCSP señala, además expresamente, la necesidad de que la entidad pública que hace el encargo verifique que el medio propio cuenta con «medios personales y materiales apropiados para la realización de los encargos de conformidad con su objeto social». Requisito que se presumirá cumplido cuando haya obtenido la correspondiente clasificación respecto a los grupos, subgrupos, y categorías que ostente [art. 32.2.d.)], último párrafo LSCP.

Asimismo, los estatutos o actos de creación del medio personificado deberán determinar el poder adjudicador respecto del cual tiene esa condición, reconocer expresamente la condición de medio propio, precisar el régimen jurídico y administrativo de los encargos que se le puedan conferir y establecer la imposibilidad de que participe en las licitaciones públicas convocadas por el poder adjudicador del que sean medio propio personificado sin perjuicio de que, cuando no concurra ningún licitador pueda encargársele la ejecución de la prestación objeto de las mismas.

Para la consideración de medio propio personificado, **tanto respecto de una única entidad del sector público (art. 32.2) como respecto de dos o más poderes adjudicadores** (art. 32.4), la LCSP exige la concurrencia de todos y cada uno de los requisitos que se especifican en el art. 32.3, que fielmente recoge la jurisprudencia sentada por el TJUE, esto es: 1) la ausencia de autonomía decisoria respecto de la entidad encomendante, al ejercer ésta un control análogo al que ejerce sobre sus propios servicios; 2) que la parte esencial de la actividad del medio propio se realice con el ente que lo controla: su concreción en más de un 80% de la actividad; y 3) cuando el ente destinatario del encargo sea un ente de personificación jurídico-privada, además, la totalidad de su capital o patrimonio tendrá que ser de titularidad o aportación pública. Y, además, se adiciona algunas prescripciones sobre su régimen jurídico.

Al objeto de cumplir con el principio de transparencia y en concordancia con la Ley 19/2013, de 9 de diciembre de Transparencia, Acceso a la Información Pública y Buen Gobierno (LTBG), se introduce como novedad en la LCSP 2017, concretamente, en el art. 32.6, que:

a) El **medio propio personificado** deberá haber publicado en la Plataforma de Contratación correspondiente su condición de tal; respecto de qué poderes adjudicadores la ostenta; y los sectores de actividad en los que, estando comprendidos en su objeto social, sería apto para ejecutar las prestaciones que vayan a ser objeto de encargo.
b) El **encargo** deberá ser objeto de **formalización en un documento** que será publicado en la Plataforma de Contratación correspondiente en los supuestos previstos del artículo 63.6, que se refiere a que la formalización de encargos a medios propios por importe superior a 50.000 € (excluido IVA) se publicará en el «perfil de contratante».

De otra parte, la información relativa a los encargos de importe superior a 5.000 € se deberá publicar al menos trimestralmente. Y la información que se deberá publicar será, **al menos**: su objeto, duración, las tarifas aplicables y la identidad del medio propio destinatario del encargo, ordenándose los encargos por la identidad del medio propio [art. 63.6 párrafo 2º LCSP). El documento de formalización establecerá el plazo de duración del encargo.

IV. Clases de contratos del sector público

Los contratos del sector público pueden ser objeto de diversas clasificaciones, además de los contratos sujetos a regulación armonizada, y de los contratos administrativos y privados, a los que ya nos hemos referido en páginas precedentes. Contamos, también, con la tradicional distinción entre contratos administrativos típicos o nominados, frente a los contratos administrativos especiales.

1. A este respecto, son **contratos administrativos típicos** según el art. 12.1, los contratos de obras, concesión de obras, concesión de servicios, suministro y servicios, que celebren las entidades pertenecientes al sector público. Contratos administrativos a los cuales la LCSP se refiere, tanto en los arts. 13 a 17, al fijar el objeto de cada uno de ellos, como en su art. 25, cuando los define con carácter general, para desarrollar el régimen jurídico de cada uno de estos tipos contractuales en los arts. 231 a 315, sobre el que no vamos a detenernos en estas páginas.

Antes de adentrarnos en cada uno de los contratos administrativos típicos, cabe destacar una serie de novedades que ha traído la nueva LCSP, como son: la desaparición del contrato de colaboración público-privada (previsto en la LCSP de 2007), cuya supresión obedece, según recoge la exposición de motivos, a su escasa utilidad práctica, y a la posible subsunción de su funcionalidad a través de otras figuras contractuales como la concesión.

Otra novedad es la supresión del contrato de gestión de servicios públicos, que se ve sustituido por el contrato de concesión de servicios, a cuyo contenido nos referiremos más adelante.

Y, también, se ha suprimido el doble catálogo de contratos de servicios que se contenían en el Texto refundido de la Ley de Contratos del Sector Público de 2011 (sujetos o no a la regulación armonizada), estando ahora todos sujetos a regulación armonizada, pero determinados contratos de servicios tienen un régimen especial y un umbral distinto de armonización, de carácter más elevado.

a) **Contrato de obras** (arts. 13 y 231 a 246 LCSP). Este contrato ha tenido originariamente un papel clave en la consolidación de nuestra normativa pública de contratos, cuyo protagonismo respondía a la relevancia que tuvo la «obra pública» en nuestro derecho administrativo moderno, equiparable a la del «servicio público» (VALCÁRCEL FERNÁNDEZ, 2018).

   De acuerdo con el art. 13, se incluye en este tipo contractual tanto la ejecución de una obra, aislada o conjuntamente con la redacción del proyecto, o la realización de alguno de los trabajos enumerados en el anexo I (construcción y demolición de inmuebles, construcciones nuevas, obras de restauración y reparaciones corrientes, movimientos de tierras, perforaciones y fondeos, obras de ingeniería civil como puentes, túneles, y pasos subterráneos, redes de energía, etc., construcción de autopista, carreteras, campos de aterrizaje, vías férreas y centros deportivos; obras hidráulicas, instalaciones eléctricas, etc.) [art. 13.1.a)], así como la realización por cualquier medio de una obra que responda a los requisitos especificados por la entidad del sector público contratante que ejerza una influencia decisiva en el tipo o proyecto de la obra [art. 13.1.b)].

   De acuerdo con las previsiones de la Directiva 2014/24/UE sobre el contrato de obras que lo configura como contrato de resultado, la LCSP preceptúa que por «obra» se entenderá el resultado de un conjunto de trabajos de construcción o de ingeniería civil, destinado a cumplir por sí mismo una función económica o técnica, que tenga por objeto un bien inmueble. Añadiendo que también lo será la realización de trabajos que modifiquen la forma o sustancia del terreno o de su suelo, o de mejora del medio físico o natural.

   La adjudicación de un contrato de obras requerirá la previa elaboración, supervisión, aprobación y replanteo del correspondiente proyecto, que definirá con precisión el objeto del contrato (art. 231.1). La adjudicación del proyecto y de la obra puede ser separada o conjunta. Si es conjunta (que tendrá carácter excepcional según el art. 234) la ejecución de la obra quedará condicionada a la supervisión, aprobación y replanteo del proyecto por el órgano de contratación (art. 231.2).

Estos contratos en que tiene lugar el proyecto y la ejecución de las obras de forma conjunta son considerados contratos mixtos (Informe de la JCCAE 3/2006, de 24 de marzo, y 19/2006, de 4 de abril). Y tal como ha remarcado el TACRC en su Resolución 804/2015, de 11 de septiembre, su carácter excepcional tiene que ver con la complejidad técnica del contrato que exige la participación del empresario contratista —que ha redactado el proyecto— también en la ejecución de las obras, no pudiendo ostentar la dirección técnica de las obras.

La aprobación del proyecto corresponderá, con carácter general, al órgano de contratación, si bien cuando se trate de grandes infraestructuras cuyo presupuesto base de licitación del contrato sea igual o superior a 500.000 euros (IVA excluido), así como cuando se trate de obras que afecten a la estabilidad, seguridad o estanqueidad independientemente del importe, deberán recabar con carácter previo el informe preceptivo de las oficinas o unidades de supervisión de proyectos encargadas de comprobar que se hayan tenido en cuenta las disposiciones legales y reglamentarias y las normas técnicas de aplicación (art. 235). Una vez aprobado el proyecto, se ha de proceder a efectuar el replanteo del mismo sobre el terreno, que consiste en comprobar tanto la realidad geométrica de la obra proyectada, esto es que no haya errores en la medición, como la efectiva disponibilidad de los terrenos precisos para su ejecución según el art. 236.1 LCSP. La ejecución de las obras comenzará con el acta de comprobación del replanteo cuyo plazo de aprobación no podrá ser superior a un mes desde la fecha de formalización del contrato, salvo causa justificada (art. 237).

b) **Contrato de concesión de obras** (arts. 14 y 247 a 284). Este contrato tiene por objeto la realización por el concesionario de cualquiera de las prestaciones propias del contrato de obras —incluidas las de restauración y reparación de construcciones existentes, así como la conservación y mantenimiento de los elementos construidos—, y en el que la contraprestación a favor de aquél consiste, o bien únicamente en el derecho a explotar la obra (que implicará la transferencia al concesionario de un riesgo operacional, concepto al que nos referiremos más adelante al tratar el contrato de concesión de servicios, y que comporta el riesgo de demanda, el de suministro o ambos (art. 14.4), o bien en dicho derecho acompañado del de percibir un precio (art. 14.1). Pensemos, por ejemplo, en el caso de la construcción de las autopistas, donde el concesionario se resarce de la construcción y explotación de las infraestructuras mediante el pago por parte de los usuarios de un peaje. También se le reconoce ese derecho a percibir una retribución en el supuesto de la explotación de zonas comerciales complementarias de las obras (arts. 260, 266 y 268), e incluso la propia Administración concedente cabe que abone la retribución por la utilización de la infraestructura, atendiendo a la intensidad del uso o demanda de la infraestructura, modalidad que se conoce como «peaje en sombra» (fórmula que empezó siendo utilizada en Gran Bretaña cuando en 1992 se introdujo la *Private Finance Initiative* (PFI) —aplicable a determinados servicios enmarcados en el sector público (como transportes, hospitales, tratamiento de aguas, etc.) como una modalidad específica de los modelos DBFO (*design, build, finance, operate*) previstos para carreteras—.

c) **Contrato de concesión de servicios** (arts. 15 y 284 a 297). La tipificación de este contrato se recoge en el art. 15.1 como aquél en cuya virtud uno o varios poderes adjudicadores encomiendan a título oneroso a una o varias personas, naturales o jurídicas, la gestión de un servicio cuya prestación sea de su titularidad o competencia, y cuya contrapartida venga constituida bien por el derecho a explotar los servicios objeto del contrato, o bien por dicho derecho acompañado del de percibir un precio.

Este contrato viene a sustituir, en parte, al contrato de gestión de servicios públicos (art. 8 TRLLCSP 2011), figura tradicional en nuestra normativa pública de contratos, al que se recurría en la prestación indirecta de un servicio público (cuyas manifestaciones eran: la concesión, la gestión interesada; el concierto y la sociedad de economía mixta), y en el que toda su regulación (como sucede también en el contrato de concesión de obras) pivota sobre el concepto de riesgo operacional. De tal manera, que cuando el contrato no implique transferencia de tal riesgo, se tratará de un contrato de servicios (art. 17).

De la letra del art. 15 se deduce cómo el legislador de la actual LCSP no circunscribe el contrato de concesión de servicios a la prestación de los servicios públicos, puede referirse tanto a éstos como no. Así, «en el caso de que se trate de servicios públicos» (art. 284.2) se aplicarán una serie de normas, de importancia no menor, como la imposibilidad de embargo de los bienes afectos a dichos servicios; el secuestro o la intervención del servicio público o el ejercicio de poderes de policía en relación con la buena marcha del servicio público (VALCÁRCEL FERNÁNDEZ, 2018, pág. 435).

Como decíamos, el derecho de explotación de los servicios implica la transferencia al concesionario del riesgo operacional, igual como sucede para el contrato de concesión de obras. Luego, se trata de determinar en qué consiste el riesgo operacional, qué comporta dicho riesgo, y cuándo tiene lugar su transferencia efectiva.

No olvidemos que a ambos tipos concesionales: contrato de concesión de obras y de concesión de servicios, se refiere el art. 5.1 de la Directiva 2014/23/UE. Donde presenta la «concesión de obras», como aquel «contrato a título oneroso celebrado por escrito, en virtud del cual uno o más poderes o entidades adjudicadores confían la ejecución de obras a uno o más operadores económicos, cuya contrapartida es bien el derecho a explotar las obras objeto del contrato únicamente, o este mismo derecho en conjunción con un pago». A su vez, la letra b) alude a la «concesión de servicios» como aquel «contrato a título oneroso celebrado por escrito, en virtud del cual uno o más poderes o entidades adjudicadores confían la prestación y la gestión de servicios distintos de la ejecución de las obras contempladas en la letra a) a uno o más operadores económicos, cuya contrapartida es bien el derecho a explotar los servicios objeto del contrato únicamente, o este mismo derecho en conjunción con un pago». Ambas definiciones se completan para ambos contratos en el mismo precepto cuando se indica que «la adjudicación de las concesiones de obras o servicios implicará la transferencia al concesionario de un riesgo operacional en la explotación de dichas obras o servicios (...)».

Luego, es capital la asunción del riesgo operacional de explotación de la obra o servicio de que se trate por el concesionario, que con toda claridad se plasma en el considerando 18 de la Directiva 2014/23/UE al indicar que no hay concesión «si el poder o entidad adjudicadora aliviase al contratista de cualquier pérdida potencial garantizando unos ingresos mínimos iguales o superiores a los costes que el contratista deba asumir en relación con la ejecución del contrato».

Así, en la Directiva 2014/23/UE, en su considerando 20 se detalla qué debe entenderse por riesgo operacional y cómo debe acotarse, al afirmar: «Un riesgo operacional debe derivarse de factores que escapan al control de las partes. Los riesgos vinculados, por ejemplo, a la mala gestión, a los incumplimientos de contrato por parte del operador económico o a situaciones de fuerza mayor, no son determinantes a efectos de la clasificación como concesión, ya que tales riesgos son inherentes a cualquier tipo de contrato, tanto si es un contrato público como si es una concesión. Un riesgo operacional debe entenderse como el riesgo de exposición a las incertidumbres del mercado, que puede consistir en un riesgo de demanda o en un riesgo de suministro, o bien en un riesgo de demanda y suministro. Debe entenderse por «riesgo de demanda» el que se debe a la demanda real de las obras o servicios objeto del contrato. Debe entenderse por «riesgo de oferta» el relativo al suministro de las obras o servicios objeto del contrato, en particular el riesgo de que la prestación de los servicios no se ajuste a la demanda. A efectos de la evaluación del riesgo operacional, puede tomarse en consideración, de manera coherente y uniforme, el valor actual neto de todas las inversiones, costes e ingresos del concesionario» (LAZO VITORIA, 2018, pág. 62).

Se deduce, por tanto, que el riesgo operacional que debe transferirse en el contrato de concesión, es un riesgo de carácter económico vinculado a la fase de explotación del contrato, y debe suponer la posibilidad de que el concesionario no recupere las inversiones realizadas ni cubra los costes que haya sufragado para explotar las obras o servicios adjudicados en condiciones normales de funcionamiento sea por insuficiencia de uso (riesgo de demanda) o por no ser capaz de suministrar la cantidad pactada contractualmente o con los estándares de calidad determinados en el contrato (riesgo de suministro) (SSTJUE de 27 de octubre de 2005, Contse y otros, asunto C-234/03; de 18 de julio de 2007, Comisión/Italia, asunto C-382/05, de 10 de marzo de 2011, asunto C-274/09, sobre servicios de socorro, entre otras).

d) **Contrato de suministro (arts. 16 y 298 a 307)**. El origen de este tipo de contrato se remonta al siglo XIX y básicamente respondía a la celebración de contratos para el aprovisionamiento del ejército (COSCULLUELA MONTANER, 2004, pág. 981). Hoy, el art. 16 LCSP lo define como aquél que tiene por objeto la adquisición, el arrendamiento financiero (*leasing back*) o el arrendamiento con o sin opción de compra (*renting* o *leasing* operativo), de productos o bienes muebles. Excluyéndose de esta categoría los contratos sobre valores negociables y propiedades incorporales (art. 16.2), así como la adquisición de bienes inmuebles que son contratos patrimoniales.

En todo caso, se consideran contratos de suministro los que tengan por objeto la adquisición de energía primaria o energía transformada [art. 16.3.d)] y, además, toda una relación de entregas que se detallan en las letras a), b) y c) del art. 16 para diferenciarlas del contrato de servicios, esto es:

— Aquellos en los que el empresario se obligue a entregar una pluralidad de bienes de forma sucesiva y por precio unitario sin que la cuantía total se defina con exactitud al tiempo de celebrar el contrato, por estar subordinadas las entregas a las necesidades del adquirente.

— Los que tengan por objeto la adquisición y el arrendamiento de equipos y sistemas de telecomunicaciones o para el tratamiento de la información, sus dispositivos y programas, y la cesión del derecho de uso de estos últimos, en cualquiera de sus modalidades de puesta a disposición, a excepción de los contratos de adquisición de programas de ordenador desarrollados a medida, que se considerarán contratos de servicios.

— Los de fabricación, por los que la cosa o cosas que hayan de ser entregadas por el empresario deban ser elaboradas con arreglo a características peculiares fijadas previamente por la entidad contratante, aun cuando ésta se obligue a aportar, total o parcialmente, los materiales precisos.

e) **Contrato de servicios (arts. 17 y 308 a 315)**. Este contrato tiene por objeto prestaciones de hacer consistentes en el desarrollo de una actividad o prestaciones dirigidas a la obtención de un resultado distinto de una obra o suministro, incluyendo aquellos en que el adjudicatario se obligue a ejecutar el servicio de forma sucesiva y por precio unitario (art. 17.1). Igual que sucede con el contrato de concesiones de servicio, no podrán ser objeto de estos contratos los servicios que impliquen ejercicio de autoridad inherente a los poderes públicos. Por tanto, la configuración de un tipo residual a la vista del art. 17.1.

   Además, las prestaciones en qué consisten pueden tener por destinatario directo no solo a la propia Administración contratante sino también a los ciudadanos, implicando servicios o prestaciones directas a la ciudadanía (prestaciones sanitarias, sociales). Por tanto, por esta vía se ha ampliado el alcance del contrato de servicios.

   Asimismo, ha desaparecido la distinción existente en su día entre el contrato de servicios y el contrato de gestión de servicios públicos en su variante de concesión de servicios públicos, que se centraba en el hecho de que un servicio público no se pudiese erigir o sí, en objeto del negocio en cuestión. Hoy, la distinción entre el contrato de servicios y el de concesión de servicios se busca en la transferencia o no del riesgo operacional, tal y como hemos indicado en páginas precedentes (SSTJUE de 18 de febrero de 2007, Parking Brixen; 10 de noviembre de 2011, Normas-A SIA; 19 de marzo de 2011, Privater Rettungdienst, entre otras). Si bien, en todo caso, cuando los contratos de servicios tengan por objeto servicios públicos, es preciso garantizar que todo lo relativo al régimen de la prestación del servicio no se vea afectado. A estos efectos, en el art. 312 de la LCSP se recoge un régimen de los contratos de servicios (a las personas) que es común al contrato de concesión de servicios, cuando en ambos casos el objeto de los mismos se corresponda con la prestación de un servicio público: establecimiento previo por la Administración competente del régimen jurídico, económico y administrativo relativos a la prestación del servicio; asegurar la continuidad del servicio y garantizar a los particulares el derecho a utilizarlo en las condiciones que se hayan establecido; cuidar del buen orden del servicio; prohibición de embargo de los bienes afectos al servicio; posibilidad de secuestro o intervención del contrato, etc.

   De otra parte, los contratos de servicios que tengan por objeto el desarrollo y la puesta a disposición de productos protegidos por un derecho

de propiedad intelectual o industrial llevarán aparejadas la cesión de éste a la Administración contratante (art. 308.1).
Asimismo, en ningún caso, la entidad contratante podrá instrumentar la contratación de personal a través del contrato de servicios, incluidos los que se tramiten como contratos menores. Y a la extinción de los contratos de servicios, no podrá producirse en ningún caso la consolidación de las personas que hayan realizado los trabajos objeto del contrato como personal de la entidad contratante (art. 308.2). Previsiones todas ellas, con las que se pretende atajar la práctica recurrente en incurrir en la cesión ilegal de trabajadores.

Finalmente, vista la tipología de contratos nominados, cabe decir que cuando un contrato contenga prestaciones correspondientes a otro u otros de distinta clase, nos hallaremos ante lo que se denominan **contratos mixtos**, a los que se refiere el art. 18 LCSP. Para la determinación de las normas que deban observarse en su adjudicación se estará al carácter de la prestación que tenga más importancia desde el punto de vista económico.

Además, solo podrán fusionarse prestaciones correspondientes a diferentes contratos en un contrato mixto cuando esas prestaciones se encuentren directamente vinculadas entre sí y mantengan relaciones de complementariedad que exijan su consideración y tratamiento como una unidad funcional dirigida a la satisfacción de una determinada necesidad o a la consecución de un fin institucional propio de la entidad contratante (art. 34.2).

2. Contratos administrativos especiales o innominados

Son contratos cuyo objeto no viene específicamente delimitado en la Ley, pero que tienen naturaleza administrativa porque les acompañan una serie de circunstancias que aconsejan una especial protección del interés general también en su fase de ejecución (LAGUNA DE PAZ, 2020, pág. 840). Así, se consideran contratos administrativos especiales [art. 25.1.b) LCSP]: los que están vinculados al giro o tráfico específico de la Administración contratante; los que satisfacen de forma directa o inmediata una finalidad pública de su específica competencia de aquella; o cuando así lo declare una ley.

Por ejemplo, lo será el contrato de gestión del servicio de cafetería en un hospital, que es de carácter administrativo, vinculado al desenvolvimiento regular del establecimiento sanitario (STS de 17/7/1995, Ar. 5856).

V. Elementos de los contratos: partes, objeto y precio

1. Las partes contratantes

Como sucede en todo negocio jurídico bilateral, también en los contratos del sector público existen dos partes: la entidad contratante y el contratista. Veamos cada una de ellas.

A) La entidad contratante

A su vez, cada entidad contratante (que puede ser una Administración Pública o bien un poder adjudicador que sea o no Administración Pública, tal como vimos al analizar el ámbito subjetivo de aplicación) actúa en materia de contratación a través del correspondiente órgano de contratación, unipersonales o colegiados que, en virtud de norma legal o reglamentaria, tengan atribuidas la facultad para celebrar contratos en su nombre (art. 61). Este tiene, entre otras, la competencia para la tramitación y aprobación del expediente de contratación (arts. 116 y 117), así como la aprobación de los pliegos de cláusulas administrativas pertinentes y pliegos de prescripciones técnicas, la aprobación del contrato y la adopción de las decisiones que procedan en la fase de ejecución del contrato. En todo caso, los órganos de contratación podrán delegar o desconcentrar sus competencias y facultades en esta materia con cumplimiento de las normas y formalidades aplicables en cada caso para la delegación o desconcentración de competencias, en el caso de que se trate de órganos administrativos, o para el otorgamiento de poderes, cuando se trate de órganos societarios o de una fundación.

Además, otra de las funciones del órgano de contratación es difundir exclusivamente a través de internet su perfil de contratante, en el que se publica la información y documentos relativos a su actividad contractual con el objeto de asegurar la transparencia y el acceso público a los mismos.

En el ámbito de la Administración General del Estado, sus órganos de contratación son los Ministros y los Secretarios de Estado (art. 323.1), y para los organismos autónomos, las entidades públicas empresariales y demás entidades públicas integrantes del sector público estatal se atribuye la competencia a Presidentes o Directores (art. 323.2), sin perjuicio de que pueda atribuirse a las Juntas de Contratación que se constituyan en los departamentos ministeriales y en las entidades institucionales *supra* mencionadas que actuarán como órganos de contratación con los límites cuantitativos o referentes a las características de los contratos que determine el titular del departamento, de acuerdo con lo dispuesto en el art. 323.4 LCSP (por ejemplo, para los contratos de obras comprendidas en las letras b) y c) del art. 232.1, esto es, de reparación simple y de conservación y mantenimiento). Asimismo, para contratos cuyo valor estimado sea igual o superior a doce millones de euros [art. 324.1.a)] y ciertos contratos de carácter plurianual salvo los contratos que se celebran para la ejecución del Plan de Recuperación, Transformación y Resiliencia (PRTR) se requerirá la autorización previa del Consejo de Ministros, que deberá obtenerse antes de la aprobación del expediente.

Además, y de conformidad con la Directiva 2014/24/UE, el art. 64, con carácter novedoso, dispone que los órganos de contratación deberán tomar las medidas adecuadas para luchar contra el fraude, el favoritismo y la corrupción, y prevenir, detectar y solucionar de modo efectivo los conflictos de intereses que puedan surgir en los procedimientos de licitación, que según dispone el art. 64.2, aquéllos abarcan, al menos, cualquier situación en la que el personal al servicio del órgano de contratación que, además, participe en el desarrollo del procedimiento de licitación o pueda influir en el resultado del mismo, tenga directa o indirectamente un interés financiero, económico o personal que pudiera parecer que compromete su imparcialidad o independencia en el contexto del procedimiento de licitación.

En la Administración Local corresponden, de acuerdo con la disposición adicional segunda de la LCSP, a los alcaldes y a los presidentes de las entidades locales las competencias como órganos de contratación, salvo para los contratos que superen el 10 por ciento de los recursos ordinarios del presupuesto o su cuantía sea superior a seis millones de euros en que es competente el Pleno. En los municipios de gran población (art. 121 de la Ley 7/1985, de 2 de abril, Reguladora de las Bases de Régimen Local) la competencia es de la Junta de Gobierno Local, cualquiera que sea el importe del contrato o la duración del mismo. Y en los municipios de población inferior a 5.000 habitantes, las competencias en materia de contratación podrán ser ejercidas por los órganos que con carácter de centrales de contratación se constituyan, así como a las Diputaciones Provinciales o a las Comunidades Autónomas de carácter uniprovincial vía el correspondiente convenio (disposición adicional segunda 6).

Por otra parte, cabe señalar que los órganos de contratación cuentan con la asistencia de órganos de carácter técnico que llevan a cabo funciones como la valoración de las proposiciones de los licitadores; hacen la propuesta de adjudicación o ejercen funciones consultivas. Se trata, respectivamente, de la Mesa de Contratación (art. 326) y de la Junta Consultiva de la Contratación Pública del Estado (art. 328).

> «Salvo en el caso en que la competencia para contratar corresponda a una Junta de Contratación, en los procedimientos abiertos, abierto simplificado, restringidos, de diálogo competitivo, de licitación con negociación y de asociación para la innovación, los órganos de contratación de las Administraciones Públicas estarán asistidos por una mesa de contratación. En los procedimientos negociados en que

no sea necesario publicar anuncios de licitación, la constitución de la mesa será potestativa».

Los miembros de la mesa serán nombrados por el órgano de contratación.

En cuanto a la Junta Consultiva de Contratación Pública del Estado (JCCPE) es un órgano consultivo específico de la Administración General del Estado (art. 328.1).

Si bien tal Junta no es el único órgano consultivo, en el capítulo III del libro IV de la LCSP se mencionan también como tal al Comité de Cooperación y a la Oficina Independiente de Regulación y Supervisión de la Contratación (OIReScon), estableciéndose con ellos una nueva estructura de órganos estatales de control y supervisión de la contratación pública con el doble objetivo de dar cumplimiento a las obligaciones de gobernanza que establecen las Directivas comunitarias de contratación pública y de combatir las irregularidades en la aplicación de la legislación sobre contratación pública. Estructura de control y supervisión algo compleja en la que existe cierto grado de indefinición y solapamiento de funciones (GALLEGO CÓRCOLES, 2018, pág. 141).

De entre las funciones de la Junta Consultiva destaca: coordinar el cumplimiento de las obligaciones de información que imponen las Directivas, lo que implica remitir un informe trienal a la Comisión Europea referido a todos los poderes adjudicadores sobre los contratos SARA que recoja: a) Información contenida en el informe de supervisión de la OIReScon; b) informe estadístico; y c) sobre nivel de participación de las PYME. Además, deberá publicarse en el Portal de Transparencia y en la Plataforma de Contratación.

En el seno de la JCCPE se crea el Comité de Cooperación, cuyas funciones principales son: a) Coordinar el impulso de la contratación electrónica; b) supervisar el funcionamiento de la Plataforma de Contratación; y c) elaborar la propuesta de «Estrategia Nacional de Contratación Pública» cada cuatro años (en la actualidad, para 2023-2026) que analiza los datos disponibles de los diferentes portales y plataformas y elabora un diagnóstico; busca coordinar criterios y metodologías comunes para mejorar la supervisión; prevé elaborar guías y promueve la profesionalización.

En la cúspide de esta organización está la OIReScon, en cuyo seno se integra la Oficina Nacional de Evaluación (ONE) (órgano colegiado mixto que analiza la sostenibilidad financiera de los contratos de concesión). La OIResCOn es un «organismo» independiente con forma de órgano administrativo cuyas funciones se pueden condensar en dos básicas: vigilar el cumplimiento de la normativa de contratos y, por tanto, velar por el cumplimiento de los principios de concurrencia, publicidad y transparencia, y coordinar la supervisión de la contratación que ya llevan a cabo otros órganos de control. Para ello, aprobará la Estrategia Nacional de Contratación Pública, realizará encuestas, elaborará estudios, aprobará instrucciones, etc.

La función supervisora encomendada a la Oficina se efectuará sin perjuicio de las competencias fiscalizadoras que corresponden a la Intervención General de la Administración del Estado y a los órganos equivalentes a nivel autonómico y local, quienes remitirán anualmente a aquélla un informe global, que se hará público dentro del mes siguiente a su recepción, con los resultados más significativos de su actividad de control en la contratación pública. Y, al respecto, debemos traer aquí el Informe de la Intervención General de la Administración del Estado relativo a los principales resultados de control en materia de contratación pública conforme al art. 332.11 LCSP 2017 remitido a la OIReScon referidos al año 2018, 2022 donde destaca, entre otras cuestiones, la falta generalizada de planificación en la contratación; detecta la falta de estudios o informes que acrediten las ventajas de acudir a encargos a medios propios frente a la licitación pública; se detecta el recurso a contratos menores para satisfacer necesidades recurrentes y previsibles, que se repiten de un ejercicio a otro, etc.

Finalmente, en la LCSP se contempla también la figura del responsable del contrato (art. 62), persona física o jurídica vinculada a la entidad contratante o no, encargada de supervisar la ejecución del contrato, adoptar las decisiones y dictar las instrucciones necesarias con el fin de asegurar la correcta realización de la prestación pactada. En los contratos de obras, las facultades del responsable son asumidas por el Director Facultativo conforme a lo dispuesto en los arts. 237 a 246.

B) El contratista

Para poder contratar con el sector público tanto las personas naturales como jurídicas, españolas o extranjeras, deben tener plena capacidad de obrar, no estar incursas en alguna prohibición de contratar, y acreditar su solvencia económica, financiera, técnica o profesional o en los casos en que así lo exija la LCSP, estar debidamente clasificadas (art. 65.1). Asimismo, los contratistas deben contar con la habilitación empresarial o profesional que en su caso sea exigible para la realización de las prestaciones que constituyan el objeto del contrato (art. 65.2).

La **capacidad** para contratar se refiere a personas o empresas españolas o extranjeras y también a entes públicos (STJUE de 6 de octubre de 2015, Consorci Sanitari del Maresme). Por tanto, tienen capacidad para contratar con el sector público español empresas de los Estados miembros de la Unión Europea o de los Estados signatarios del Acuerdo sobre el Espacio Económico Europeo que estén habilitados para realizar la prestación con arreglo a la legislación del Estado en que estén establecidas (art. 67.1). En el caso de empresas de terceros países, deben acreditar que su Estado de procedencia admite, a su vez, la participación de empresas españolas en la contratación con los entes del sector público asimilables a los recogidos en el art. 3, en forma sustancialmente análoga (principio de reciprocidad) (art. 68.1). En los contratos sujetos a regulación armonizada se prescindirá del informe de reciprocidad en relación con las empresas de Estados signatarios del Acuerdo sobre Contratación Pública de la Organización Mundial de Comercio (art. 68.1 *in fine*).

Cabe, también, que las uniones temporales de empresas (UTE) puedan contratar con el sector público, cuya duración será coincidente, al menos, con la del contrato hasta su extinción, y para lo cual se establecen una serie de exigencias recogidas en el art. 69 LCSP.

Ahora bien, la LCSP establece que no podrán contratar con el sector público las personas que estén incursas en alguna de las prohibiciones de contratar enumeradas en su art. 71 [entre otras, haber sido condenados mediante sentencia firme por la comisión de diversos delitos (de terrorismo, tráfico de influencias, cohecho, fraudes, delitos con la Hacienda Pública y la Seguridad Social (...), no hallarse al corriente en el cumplimiento de las obligaciones tributarias o de Seguridad Social; haber incurrido en falsedad al efectuar la declaración responsable a que se refiere el art. 140 LCSP (...)]. La exigencia de no estar incurso en una prohibición de contratar se exige a quien quiere llegar a ser contratista público, pero también al cesionario de un contrato (art. 214.2.c)] y al subcontratista [art.215.2.b)], y debe cumplirse en el momento de presentación de las proposiciones y debe subsistir en el momento de perfección del contrato (art. 140.4), pues de celebrarse el contrato, quedaría viciado de nulidad de pleno derecho de acuerdo con el art. 39.2.b) LCSP (MEDINA ARNÁIZ, 2018, pág. 754).

Sobre la competencia y el procedimiento a seguir para declarar la concurrencia de una prohibición de contratos hay que estar a lo dispuesto en el art.72, que atribuye la competencia a los órganos de contratación, previéndose en el apartado 5 del art. 72 la posibilidad de excepcionar la aplicación de una prohibición de contratar a través de las llamadas medidas autocorrectoras, de autolimpieza o de *self-cleaning* (en concordancia con el art. 57.6 Directiva 2014/24/UE y art. 38.9 Directiva 2014/23/UE), que operan cuando los candidatos o licitadores en los que concurre un motivo de exclusión han adoptado mecanismos eficaces para corregir las consecuencias de un comportamiento inadecuado o impedir que vuelva a tener lugar. A este respecto, no procederá declarar la prohibición de contratar cuando, en sede de trámite de audiencia del procedimiento correspondiente, la persona incursa en la causa de prohibición acredite el pago o compromiso de pago de las multas e indemnizaciones fijadas por sentencia o resolución administrativa de las que derive la causa de prohibición de contratar, y la adopción de medidas técnicas, organizativas y de personal apropiadas para evitar la comisión de futuras infracciones administrativas, incluido el acogerse al programa de clemencia en materia de falseamiento de la competencia.

Por lo que se refiere a la **solvencia económica, financiera y técnica o profesional**, el art. 74 dispone que «los empresarios deberán acreditar estar en posesión de las condiciones mínimas de solvencia económica y financiera y profesional o técnica (...)». Este requisito será sustituido por la **clasificación**, cuando sea exigible (art. 74.2), como es en los contratos de obras cuyo valor estimado sea igual o superior a 500.000 euros en que para contratar con la Administración Pública se deberá haber obtenido previamente la necesaria clasificación (art. 77.1). Con ésta se asegura la aptitud y capacidad técnica necesaria de cada empresa contratista para hacer frente a la ejecución del contrato y se adoptará por las Comisiones Clasificadoras de la Junta Consultiva de Contratación Pública del Estado (art. 80.1). Su vigencia es indefinida en tanto se mantengan por el empresario las condiciones y circunstancias en que se basó su concesión, no obstante, la clasificación podrá ser revisable a petición de los interesados o de oficio por la Administración si se da una variación de las circunstancias tomadas en consideración para concederla (art. 82.3). Periódicamente, el empresario está obligado a justificar el mantenimiento de las circunstancias que se tuvieron en cuenta para conceder la clasificación y, si variasen, puede tener lugar una revisión de la misma (art. 82.4).

Cuando para la celebración del contrato no sea obligatoria la previa clasificación, y no esté el empresario inscrito en el Registro Oficial de Licitadores y Empresas Clasificadas del Sector Público (art. 96), la solvencia deberá acreditarse por alguno de los medios y en los términos que establecen los arts. 86 a 91 LCSP. Y todo ello sin perjuicio de que, en los contratos sujetos a regulación armonizada, el órgano de contratación pueda exigir al empresario la acreditación del cumplimiento de determinadas normas de garantía de la calidad y de gestión medioambiental (arts. 93 y 94).

2. Objeto y precio de los contratos

La LCSP, en su art. 99, bajo la rúbrica «Objeto del contrato», señala que deberá ser determinado y, en algunos casos puede admitir varias soluciones o formas de ejecución, pudiéndose incorporar innovaciones tecnológicas, sociales o ambientales que mejoren la eficiencia y sostenibilidad de los bienes, obras o servicios que se contraten. Por tanto, se puede definir en atención a las necesidades o funcionalidades concretas que se pretendan satisfacer, sin cerrar el objeto del contrato a una solución única.

Para determinar el objeto del contrato de que se trate juega un papel clave el Vocabulario Común de Contratos Públicos (CPV), esto, es los códigos CPV. Se trata de un código numérico que permite identificar y unificar el objeto de los contratos en todo el ámbito de la Unión Europea, independientemente del país de procedencia y lengua oficial utilizada, y hoy se establecen en el Reglamento (CE) nº 213/2008, de la Comisión, de 28 de noviembre de 2007.

Estos códigos se deben consignar en los pliegos de cláusulas administrativas particulares, en el apartado dedicado al objeto del contrato, sin perjuicio de que puedan incluirse también en los pliegos de prescripciones técnicas.

Además, no podrá fraccionarse un contrato con la finalidad de discriminar su cuantía y eludir así los requisitos de publicidad o los relativos al procedimiento de adjudicación que corresponda (art. 99.2). Sin embargo, cosa distinta es que pueda dividirse en lotes el objeto del contrato, con la finalidad de ejecutarse de manera independiente, lo cual podrá ser siempre que la naturaleza u objeto del contrato lo permita (art. 99.3). Únicamente justificándolo debidamente en el expediente de contratación se podrá dividir el objeto del contrato en lotes.

Son motivos que justifican la no división en lotes [art. 99.3.a) y b)]:

a) El hecho de que la división en lotes del objeto del contrato conllevase el riesgo de restringir injustificadamente la competencia. A los efectos de aplicar este criterio, el órgano de contratación deberá solicitar informe previo a la autoridad de defensa de la competencia correspondiente para que se pronuncie sobre la apreciación de dicha circunstancia.

b) El hecho de que, la realización independiente de las diversas prestaciones comprendidas en el objeto del contrato dificultara la correcta ejecución del mismo desde el punto de vista técnico; o bien que el riesgo para la correcta ejecución del contrato proceda de la naturaleza del objeto del mismo, al implicar la necesidad de coordinar la ejecución de las diferentes prestaciones, cuestión que podría verse imposibilitada por su división en lotes y ejecución por una pluralidad de contratistas diferentes. Ambos extremos deberán ser, en su caso, justificados debidamente en el expediente.

El órgano de contratación podrá introducir limitaciones a la división de lotes, y así puede limitar el número de ellos, tanto para los que un mismo licitador pueda presentar una oferta, así como para que pueda ser adjudicatario de un contrato (art. 99.4).

Finalmente, igual que se predica para los contratos civiles (arts. 1271 y 1272 del Código Civil), el objeto del contrato público debe ser lícito y posible, y debe ser necesario para satisfacer los intereses generales.

En cuanto al **precio**, constituye la contraprestación que el contratista obtendrá como resultado de la ejecución del contrato, normalmente viene expresado en euros; y debe ser también cierto (art. 102.1 y 2), lo que no quiere decir precio fijo (Dictamen del Consejo de Estado de 4 de marzo de 1993). El precio podrá formularse tanto en términos de precios unitarios referidos a los distintos componentes de la prestación o a las unidades de la misma que se entreguen o ejecuten, como en términos de precios aplicables a tanto alzado (art. 102.4), resultando prohibido el pago aplazado del precio de los contratos salvo en los supuestos en que el sistema de pago se establezca mediante la modalidad de arrendamiento financiero o de arrendamiento con opción de compra (art. 102.8).

Los precios de los contratos del sector público pueden ser objeto de revisión periódica y predeterminada (esto es, la prevista en el expediente y establecida en los pliegos) en los términos de los arts. 103 a 105 LCSP (HERNÁEZ y SARDINA, 2019, pág. 148). Tal revisión solo podrá llevarse a cabo en los contratos de obra, de suministro, de fabricación de armamento y equipamiento de las Administraciones Públicas, en los contratos de suministro de energía y en aquellos otros contratos en los que el periodo de recuperación de la inversión sea igual o superior a cinco años, previa justificación en el expediente, y de conformidad con lo previsto en el Real decreto 55/2017, de 3 de febrero, al que se refieren los arts. 4 y 5 de la Ley 2/2015, de 30 de marzo, de desindexación de la economía española. Excepcionalidad de estas revisiones que queda reforzada por la necesaria observancia de una serie de límites que se recogen en el art. 103.2, párrafo 2º, 103.4, párrafo 2º in fine, y 103.5 LCSP.

PARA SABER MÁS

AA.VV. *Estudio sistemático de la Ley de contratos del sector público* (J.M. Gimeno Feliú, dir.), Aranzadi Thomson Reuters, Cizur Menor, 2018.

AA.VV. *La Ley de Contratos del Sector Público. Ley 9/2017, de 8 de noviembre: aspectos novedosos* (J.F. Mestre Delgado y L. Manent Alonso, dirs.), Ed. Tirant lo Blanch, Valencia, 2018.

AA.VV. *Tratado de Contratos del Sector Público* (F. Gamero Casado e I. Gallego Córcoles, coords.), Ed. Tirant lo Blanch, Valencia, 2018.

ARIÑO ORTIZ, Gaspar, *Comentarios a la Ley de Contratos de las Administraciones Públicas,* Ed. Comares, Granada, 2002.

BERNAL BLAY, Miguel Ángel, «El desarrollo autonómico de la normativa sobre contratos públicos», *Revista aragonesa de administración pública* núm. extra 18, 2018.

CARRO FERNÁNDEZ-VALMAYOR, José Luis, Reflexiones sobre las transformaciones actuales del Derecho público, en especial del Derecho administrativo, *RAP* núm. 103, 2014.

COSCULLUELA MONTANER, Luis, *Manual de Derecho Administrativo, tomo I,* 31ª edición, Civitas, Thomson Reuters, Cizur Menor, 2020.

ESTEVE PARDO, José, «De la Ley al contrato. Así se abre la desigualdad», *El Cronista del Estado Social y Democrático de Derecho* núm. 50, 2015.

ESTEVE PARDO, José, *Lecciones de Derecho Administrativo,* Ed. Marcial Pons, Madrid, 2020.

FERNÁNDEZ FARRERES, Germán, *Sistema de Derecho Administrativo II,* 5ª edición, Civitas, Thomson Reuters, Cizur Menor, 2020.

GAMERO CASADO, Eduardo y FERNÁNDEZ RAMOS, Severiano, *Manual básico de derecho administrativo,* decimoséptima edición, Ed. Tecnos, Madrid, 2020.

GARCÍA DE ENTERRÍA, Eduardo, «La figura del contrato administrativo», *RAP* núm. 41, 1963.

GARCÍA DE ENTERRÍA, Eduardo y FERNÁNDEZ RODRÍGUEZ, Tomás-Ramón, *Curso de Derecho Administrativo,* Civitas, Thomson Reuters, Cizur Menor, 2011.

GIMENO FELIÚ, José María, «La nueva regulación de la contratación pública en España desde la óptica de la incorporación de las exigencias europeas: hacia un modelo estratégico, eficiente y transparente», *Estudio sistemático de la Ley de contratos del sector público* (J.M. Gimeno Feliú, dir.), Aranzadi Thomson Reuters, Cizur Menor, 2018.

GIMENO FELIÚ, José María, *La Ley de Contratos del Sector Público 9/2017. Sus principales novedades, los problemas interpretativos y las posibles soluciones.* Aranzadi Thomson Reuters, Cizur Menor, 2019.

HERNÁEZ SALGUERO, Elena y SARDINA CÁMARA, Pablo, *Manual básico de contratación administrativa,* Wolters Kluwer, Barcelona, 2019.

LAGUNA DE PAZ, José Carlos, *Derecho administrativo económico,* Civitas, Thomson Reuters, Cizur Menor, 2020.

MARTÍN-RETORTILLO BAQUER, Sebastián, *El derecho civil en la génesis del derecho administrativo y de sus instituciones,* Ed. Civitas, Madrid, 1996.

MORENO MOLINA, José Antonio, «Globalización y contratación pública», *Tratado de contratos del sector público* (E. Gamero Casado e I. Gallego Córcoles, coords.), Ed. Tirant lo Blanch, Valencia, 2018.

MUÑOZ MACHADO Santiago, «Hacia un nuevo Derecho administrativo: actas del VI Congreso de la AEPDA», *INAP,* 2011

Observatorio de los contratos públicos 2010 (J.M. Gimeno Feliú, dir., M.A. Bernal Blay, coord.), Aranzadi Thomson Reuters, Cizur Menor, 2011.

Observatorio de los contratos públicos 2011 (J.M. Gimeno Feliú, dir., M.A. Bernal Blay, coord.), Aranzadi Thomson Reuters, Cizur Menor, 2012.

Observatorio de los contratos públicos 2012 (J.M. Gimeno Feliú, dir., M.A. Bernal Blay, coord.), Aranzadi Thomson Reuters, Cizur Menor, 2013.

Observatorio de los contratos públicos 2013 (J.M. Gimeno Feliú, dir., M.A. Bernal Blay, coord.), Aranzadi Thomson Reuters, Cizur Menor, 2014.

Observatorio de los contratos públicos 2014 (J.M. Gimeno Feliú, dir., M.A. Bernal Blay, coord.), Aranzadi Thomson Reuters, Cizur Menor, 2015.

Observatorio de los contratos públicos 2015 (J.M. Gimeno Feliú, dir., M.A. Bernal Blay, coord.), Aranzadi Thomson Reuters, Cizur Menor, 2016.

Observatorio de los contratos públicos 2016 (J.M. Gimeno Feliú, dir.), Aranzadi Thomson Reuters, Cizur Menor, 2017.

Observatorio de los contratos públicos 2017 (J.M. Gimeno Feliú, dir., M.C. Guerrero Manso, coord.), Aranzadi Thomson Reuters, Cizur Menor, 2018.

Observatorio de los contratos públicos 2018 (J.M. Gimeno Feliú, dir., M.C. Guerrero Manso, coord.), Aranzadi Thomson Reuters, Cizur Menor, 2019.

Observatorio de los contratos públicos 2019 (J.M. Gimeno Feliú, dir., M.C. Guerrero Manso, coord.), Aranzadi Thomson Reuters, Cizur Menor, 2020.

Observatorio de los contratos públicos 2020 (J.M. Gimeno Feliú, dir., M.C. Guerrero Manso, coord.), Aranzadi Thomson Reuters, Cizur Menor, 2021.

Observatorio de los contratos públicos 2021 (J.M. Gimeno Feliú, dir., M.C. Guerrero Manso, coord.), Aranzadi Thomson Reuters, Cizur Menor, 2022.

Observatorio de los contratos públicos 2022 (J.M. Gimeno Feliú, dir., M.C. Guerrero Manso, coord.), Aranzadi Thomson Reuters, Cizur Menor, 2023.

Observatorio de los contratos públicos 2023 (J.M. Gimeno Feliú, dir., M.C. Guerrero Manso, coord.), Aranzadi Thomson Reuters, Cizur Menor, 2024.

SÁNCHEZ MORÓN, Miguel, *Derecho Administrativo: parte general*. Decimosexta edición, Ed. Tecnos. Madrid, 2020.

SANTAMARÍA PASTOR, Juan Alfonso, *Principios de derecho administrativo general*, Ed. Iustel, Madrid, 2020.

Sobre el ámbito de aplicación de la normativa de contratos

DÍEZ SASTRE, Silvia, «El ámbito subjetivo de la LCSP. La contratación de los poderes adjudicadores no Administración Pública», *Tratado de Contratos del Sector Público* (E. Gamero Casado, I. Gallego Córcoles, coords.), Ed. Tirant lo Blanch, Valencia, 2018.

MELLADO RUIZ, Lorenzo, «El ámbito objetivo de la LCSP: Tipos contractuales y negocios y contratos excluidos», *Tratado de contratos del sector público* (E. Gamero Casado, I. Gallego Córcoles, coords.), Ed. Tirant lo Blanch, Valencia, 2018.

NOGUERA DE LA MUELA, Belén, *El ámbito subjetivo de aplicación de la nueva Ley de contratos de las administraciones públicas (Real Decreto legislativo 2/2000, de 16 de junio, por el que se aprueba su texto refundido)*, Ed. Atelier, Barcelona, 2001.

NOGUERA DE LA MUELA, Belén, «El ámbito subjetivo de aplicación de la Ley 9/2017, de 8 de noviembre, de contratos del sector público. Compra conjunta y centrales de compra», *Estudio sistemático de la Ley de contratos del sector público* (J.M. Gimeno Feliú, dir.), Aranzadi Thomson Reuters, Cizur Menor, 2018.

VALCÁRCEL FERNÁNDEZ, Patricia y FERNÁNDEZ ACEVEDO, Rafael, «Reivindicación de la competencia del orden contencioso-administrativo para el control jurisdiccional de la contratación del sector público», *Observatorio de los contratos públicos 2014*, Aranzadi Thomson Reuters, Cizur Menor, 2015.

Sobre los encargos a medios propios personificados y convenios interadministrativos

ALEMANY GARCÍAS, Juan, Los encargos a sociedades mercantiles de capital íntegramente público como medios propios en la legislación actual. Ed. Atelier, Barcelona, 2017.

AMOEDO SOUTO, Carlos-Alberto, *TRAGSA: medios propios de la Administración y huida del derecho administrativo*, Ed. Atelier, Barcelona, 2004.

AMOEDO SOUTO, Carlos-Alberto, «El nuevo régimen jurídico de la encomienda de ejecución y su repercusión sobre la configuración de los entes instrumentales de las Administraciones Públicas», *RAP* núm. 170, 2006.

AMOEDO SOUTO, Carlos-Alberto, «En torno al concepto jurídico de autoprovisión administrativa: dimensión europea y desajustes internos», *RAP* núm. 205, 2018.

AMOEDO SOUTO, Carlos-Alberto, «Los encargos a medios propios e instrumentales: ¿hacia un nuevo comienzo?», *Estudio sistemático de la Ley de contratos del sector público* (J.M. Gimeno Feliú, dir.), Ed. Aranzadi, Cizur Menor, 2018.

BERNAL BLAY, Miguel-Ángel, «La problemática relativa a los negocios excluidos de la aplicación de la Ley: los encargos *'in house'*, con especial referencia al ámbito local», *La Ley de Contratos del Sector Público y su aplicación por las entidades locales* (J.A. Moreno Molina, coord.), CEMCI, Granada, 2008.

BERNAL BLAY, Miguel-Ángel, «Un paso en falso en la interpretación del criterio del control análogo al de los propios servicios en las relaciones 'in house'. Comentario a la STJUE de 19 de abril de 2007», *REDA* núm. 137, 2008.

BERNAL BLAY, Miguel-Ángel, «La cooperación interadministrativa horizontal como fórmula de organización. Su articulación en el ámbito local desde la óptica del Derecho de los contratos públicos», *La organización local: nuevos modelos* (J.M. Gimeno Feliú, coord.), Civitas Thomson Reuters, Cizur Menor, 2011.

DÍEZ SASTRE, Silvia y MARCO PEÑAS, Esther, «La reestructuración del sector público a partir de la normativa de contratación pública y disciplina presupuestaria», *Revista CEFLegal* núm. 223-224, 2019.

FERNÁNDEZ, Tomás-Ramón, «Reflexiones sobre la sostenibilidad de los servicios públicos, un nuevo principio general en gestación», *RAP* núm. 200, 2016.

FERNÁNDEZ ACEVEDO, Rafael. «Negocios y contratos excluidos», *Estudio sistemático de la ley de contratos del sector público* (J.M. Gimeno Feliú, dir.), Aranzadi, Cizur Menor, 2018.

FUERTES LÓPEZ, Mercedes, «*Tragsa* es de casa (Comentario a la STJUE de 19 de abril de 2007)». *Noticias de la Unión Europea* núm. 287, 2008.

GALLEGO CÓRCOLES, Isabel, «Nuevos desarrollos de la contratación 'in house' en el Derecho español: los encargos a medios propios y servicios técnicos», *Observatorio de los contratos públicos 2015* (J.M. Gimeno Feliú, dir.), Ed. Aranzadi, Cizur Menor, 2015.

GIMENO FELIÚ, José María, *La nueva contratación pública europea y su incidencia en la legislación española: la necesaria adopción de una nueva ley de contratos públicos y propuestas de reforma*, Ed. Civitas, Madrid, 2006.

GIMENO FELIÚ, José María, «El nuevo ámbito subjetivo de aplicación de la Ley de Contratos del Sector Público: luces y sombras», *RAP* núm. 176, 2008.

GIMENO FELIÚ, José María, «Remunicipalización de servicios locales y Derecho comunitario», *El cronista del Estado Social y Democrático de Derecho* núm. 58-59, 2016.

GIMENO FELIÚ, José María, *El interés público y su satisfacción con la colaboración público-privada. Fundamentos, equilibrios y seguridad jurídica* (J.M. Gimeno Feliú, P. Sala Sánchez y G. Quintero Olivares), Cambra de Comerç de Barcelona, 2017.

GIMENO FELIÚ, José María, «La visión estratégica en la contratación pública en la LCSP: hacia una contratación socialmente responsable y de calidad», *Revista Economía Industrial* núm. 415. Contratación pública, 2020.

GIMENO FELIÚ, José María, «Las fronteras del contrato público: depuración conceptual de los negocios jurídicos excluidos desde la perspectiva funcional del Derecho europeo», *REDA* núm. 205, 2020.

GONZÁLEZ GARCÍA, Julio, «Medios propios de la Administración, colaboración interadministrativa y sometimiento a la normativa comunitaria de contratación», *RAP* núm. 173, 2007.

GONZÁLEZ GARCÍA, Julio, «Nueva modificación de la Ley de Contratos del Sector Público: encargos a entidades instrumentales en el sector público», *https://www.globalpoliticsandlaw.com/, 14 de mayo de 2020*

HERNÁNDEZ GONZÁLEZ, Francisco-Lorenzo, «Comentario de la STJUE 18/06/2020, Porin Kaupunki C-328/19 (ECLI:EU:C:2020:483): Convenio de colaboración para la prestación de servicios de transporte y posterior adjudicación del servicio a una «entidad vinculada» (adjudicación in house), *https:// obcp.es, 25 de junio de 2020*, 2020.

HUERGO LORA, Alejandro, «Los convenios interadministrativos y la legislación de contratos públicos», *Revista de Estudios de la Administración Local y Autonómica: Nueva Época* nº 8, 2017.

HUERGO LORA, Alejandro, «La cooperación horizontal mediante convenios después de las sentencias ISE y Remondis 2», *http://www.obcp.es de 12 de junio de 2020*, 2020.

LOZANO CUTANDA, Blanca y FERNÁNDEZ PUYOL, Irene, «Los nuevos requisitos de la contratación in-house previstos en el Proyecto de Ley de Contratos del Sector Público y en la Ley 40/2015», *Análisis GA&P enero*, 2017.

MARTÍNEZ FERNÁNDEZ, José-Manuel, «El concepto de servicio público en la LCSP. Formas de prestación de los servicios locales tras la LCSP 9/2017 y su elección», *La gestión de los servicios públicos locales en el marco de la LCSP, la LRJSP y la LRSAL* (J.M. MARTÍNEZ, coord.), Ed. Wolters Kluwer, Barcelona, 2019.

MELLADO RUIZ, Lorenzo, «Soluciones cooperativas ante la (condicionada) disyuntiva entre la gestión directa o indirecta de los servicios públicos locales», *REGAP* núm. *56*, 2018.

MONTOYA MARTÍN, Encarnación, *Los medios propios o servicios técnicos en la Ley de contratos del sector público: su incidencia en la gestión de los servicios públicos locales*, Fundación Democracia y Gobierno Local, Madrid, 2009.

NOGUERA DE LA MUELA, Belén, «Los encargos 'in house' en la Ley de Contratos del Sector Público (LCSP): especial referencia a los mismos en el ámbito local a la luz de la reciente jurisprudencia comunitaria», *RAP núm. 182, 2010.*

NOGUERA DE LA MUELA, Belén, «Cooperación vertical: los encargos a medios propios o servicios técnicos», *Tratado de Contratos del sector público* (E. Gamero Casado, I. Gallego Córcoles, coords.), Tirant lo Blanch, Valencia, 2018.

NOGUERA DE LA MUELA, Belén, «A vueltas con los encargos a medios propios personificados del art. 33 de la Ley de Contratos del Sector Público a raíz del Covid-19», *www.obcp.es* de 19 de mayo de 2020.

NOGUERA DE LA MUELA, Belén, «Fórmulas cooperativas de gestión conjunta de los servicios públicos excluidas de la ley de contratos del sector público: Los encargos a medios propios personificados y los convenios interadministrativos», en Observatorio de los contratos públicos 2019, coord. Carmen de Guerrero Manso; José María Gimeno Feliu (dir.), pp. 225-258, 2020.

NOGUERA DE LA MUELA, Belén, «Los contornos de la autoprovisión administrativa en la gestión de los servicios públicos», *Revista de Estudios de la Administración Local y Autonómica: Nueva Época,* n. 18, pp. 32-55, 2022.

NOGUERA DE LA MUELA, Belén; ARIMANY LAMOGLIA, Esteban; GRAU, SUSANNA; NAVARRO, José Alberto; «La autoprovisión administrativa en la gestión de servicios públicos (Derecho de los servicios Públicos y de la Regulación)», Marcial Pons, 2022.

«Cooperación vertical: los encargos a medios propios o servicios técnicos», *Tratado de Contratos del sector público* (E. Gamero Casado, I. Gallego Córcoles, coords.), Tirant lo Blanch, Valencia, 2018.

PERNAS GARCÍA, Juan-José, *Las operaciones in house y el Derecho comunitario de contratos públicos. Análisis de la jurisprudencia del TJCE.* Ed. Iustel, Madrid, 2008.

QUINTANA LÓPEZ, Tomás, «Sobre los límites objetivos a los convenios de colaboración entre entes del sector público. En especial en la Ley de Contratos del Sector Público», *Estudios de Derecho Público en homenaje a Luciano Parejo Alfonso* (M. Vaquer, A.M. Moreno, A. Descalzo, coords.), Tomo 2, Ed. Tirant lo Blanch, Valencia, 2018.

RAZQUÍN LIZARRAGA, José-Antonio, «Las encomiendas a entes instrumentales en la legislación foral de contratos públicos de Navarra: contraste con el Derecho comunitario europeo y la legislación básica estatal», *Revista Jurídica de Navarra* núm. 47, 2009.

REBOLLO PUIG, Manuel, «Los entes institucionales de la Junta de Andalucía y su utilización como medio propio», *RAP núm. 161,* 2003.

SANTIAGO IGLESIAS, Diana, «Cooperación horizontal: los convenios interadministrativos», *Tratado de contratos del sector público* (E. Gamero Casado, I. Gallego Córcoles, coords.), Ed. Tirant lo Blanch, Valencia, 2018.

SANTIAGO IGLESIAS, Diana, «Fórmulas para la gestión conjunta de los servicios públicos locales», *Gestión cooperativa en el ámbito local* (L. MELLADO RUIZ, A. FORNIELES, coords.), Ed. Tirant lo Blanch, Valencia, 2018.

SOSA WAGNER, Francisco, «El empleo de 'los recursos propios' por las administraciones locales», *Estudios de derecho público económico: libro homenaje al Prof. D. Sebastián Martín-Retortillo*, Ed. Civitas, Madrid, 2003.

SOSA WAGNER, Francisco y FUERTES LÓPEZ, Mercedes, «¿Pueden los contratos quedar en casa? (La polémica europea sobre la contratación in house)», *La Ley: Revista jurídica española de doctrina, jurisprudencia y bibliografía* núm. 3, 2007.

TORNOS MAS, Joaquín, «La remunicipalización de los servicios públicos locales», *Los servicios públicos locales. Remunicipalización y nivel óptimo de gestión.* Actas del XXI Congreso de la Asociación ítalo-española de Profesores de Derecho administrativo, Benidorm-Alicante, 26 a 28 de mayo de 2016, 2000.

VILALTA REIXACH, Marc, *La encomienda de gestión. Entre la eficacia administrativa y la contratación pública,* Aranzadi, Cizur Menor, 2012.

VILALTA REIXACH, Marc, «Los convenios interadministrativos en el ordenamiento jurídico español desde un punto de vista contractual», *Revista Digital de Derecho Administrativo* núm. 15, 2016.

VILALTA REIXACH, Marc, «Los convenios interadministrativos a la luz de la nueva Ley de contratos del sector público», *Estudio sistemático de la Ley de contratos del sector público* (J.M. Gimeno Feliú, dir.), Aranzadi Thomson Reuters, Cizur Menor, 2018.

VILLAR ROJAS, Francisco-José, «Implicaciones de los principios de sostenibilidad y estabilidad presupuestaria en los modos de gestión de los servicios públicos locales», *El Cronista del Estado Social y Democrático de Derecho* núm. *58-59*, 2016.

VILLAR ROJAS, Francisco-José, «Los contratos para la prestación conjunta de servicios públicos locales», *Revista de Estudios de la Administración Local y Autonómica: Nueva Época*, 2017.

Sobre las clases de contratos

COSCULLUELA MONTANER, Luis, «El contrato de suministro», *Comentario a la Ley de contratos de las Administraciones Públicas* (R. Gómez-Ferrer Morant, dir.), Civitas, Cizur Menor, 2004.

DEL SAZ CORDERO, Silvia, «El régimen jurídico de los contratos del sector público. Contratos administrativos y contratos privados (arts. 24, 25, 26 y 27 LCSP/2017), *Estudio sistemático de la Ley de contratos del sector público* (J.M. Gimeno Feliú, dir.), Aranzadi Thomson Reuters, Cizur Menor, 2018.

GALLEGO CÓRCOLES, Isabel, «El impacto de la crisis del COVID-19 sobre los contratos públicos en vigor», *El impacto de la crisis del COVID-19 en los Gobiernos locales. Anuario del Gobierno Local 2020* (T. Font Llovet, M. Vilalta Reixach, dirs.), Fundación Democracia y Gobierno Local, Barcelona, 2021.

GONZÁLEZ GARCÍA, Julio Víctor, «Contrato de obra», *Estudio sistemático de la Ley de contratos del sector público* (J.M. Gimeno Feliú, dir.), Aranzadi Thomson Reuters, Cizur Menor, 2018.

HERNÁNDEZ GONZÁLEZ, Francisco Lorenzo, «La delimitación de los contratos públicos de servicios y de concesión de servicios», *Estudio sistemá-*

tico de la Ley de contratos del sector público (J.M. Gimeno Feliú, dir.), Aranzadi Thomson Reuters, Cizur Menor, 2018.

LAVILLA RUBIRA, Juan José, «Régimen jurídico de la concesión de obras», *Estudio sistemático de la Ley de contratos del sector público* (J.M. Gimeno Feliú, dir.), Aranzadi Thomson Reuters, Cizur Menor, 2018.

LAZO VITORIA, Ximena, «El contrato de concesión de servicios», *Tratado de contratos del sector público* (E. Gamero Casado, I. Gallego Córcoles, coords.), Ed. Tirant lo Blanch, Valencia, 2018.

LAZO VITORIA, Ximena, «El riesgo operacional como elemento delimitador de los contratos de concesión», *Estudio sistemático de la Ley de contratos del sector público* (J.M. Gimeno Feliú, dir.), Aranzadi Thomson Reuters, Cizur Menor, 2018.

LAZO VITORIA, Ximena, «Impacto en la celebración de nuevos contratos para hacer frente a la emergencia sanitaria», *El impacto de la crisis del COVID-19 en los Gobiernos locales. Anuario del Gobierno Local 2020* (T. Font Llovet, M. Vilalta ReixACH, dirs.), Fundación Democracia y Gobierno Local, Barcelona, 2021.

LÓPEZ BENÍTEZ, Mariano, «El contrato de suministro en la nueva ley de contratos del sector público», *Estudio sistemático de la Ley de contratos del sector público* (J.M. Gimeno Feliú, dir.), Aranzadi Thomson Reuters, Cizur Menor, 2018.

MENÉNDEZ SEBASTIÁN, Eva María, «El contrato de servicios», *Estudio sistemático de la Ley de contratos del sector público* (J.M. Gimeno Feliú, dir.), Aranzadi Thomson Reuters, Cizur Menor, 2018.

TORNOS MAS, Joaquim, «El contrato de concesión de servicios», *Estudio sistemático de la Ley de contratos del sector público* (J.M. Gimeno Feliú, dir.), Aranzadi Thomson Reuters, Cizur Menor, 2018

VALCÁRCEL FERNÁNDEZ, Patricia, «La delimitación de los tipos contractuales», *Estudio sistemático de la Ley de contratos del sector público* (J.M. Gimeno Feliú, dir.), Aranzadi Thomson Reuters, Cizur Menor, 2021.

Sobre las partes en el contrato

GOSÁLBEZ PEQUEÑO, Humberto, «Las prohibiciones de contratar», *Tratado de contratos del sector público* (E. Gamero Casado, I. Gallego Córcoles, coords.), Ed. Tirant lo Blanch, Valencia, 2018.

MEDINA ARNÁIZ, Teresa, «Las prohibiciones de contratar», *Estudio sistemático de la Ley de contratos del sector público* (J.M. Gimeno Feliú, dir.), Aranzadi Thomson Reuters, Cizur Menor, 2018.

PEÑA OCHOA, Alfonso, «Valor estimado, presupuesto y precio en la nueva ley de contratos del sector público de 2017», *Estudio sistemático de la Ley de contratos del sector público* (J.M. Gimeno Feliú, dir.), Aranzadi Thomson Reuters, Cizur Menor, 2018.

VÁZQUEZ MATILLA, Francisco Javier, «La solvencia en la nueva LCSP», *Estudio sistemático de la Ley de contratos del sector público* (J.M. Gimeno Feliú, dir.), Aranzadi Thomson Reuters, Cizur Menor, 2018.

TEMA II
PREPARACIÓN, ADJUDICACIÓN, EFECTOS Y EXTINCIÓN DE LOS CONTRATOS

Belén Noguera de la Muela

I. LA PREPARACIÓN DE LOS CONTRATOS. EL EXPEDIENTE DE CONTRATACIÓN

La adjudicación de los contratos públicos comporta el cumplimiento de una serie ordenada de trámites procedimentales, que se inicia con un procedimiento de actuaciones preparatorias denominado **expediente de contratación** (arts. 116 a 120). Si bien con carácter previo, los órganos de contratación podrán realizar estudios de mercado y dirigir «consultas preliminares» a los operadores económicos que estuvieran activos en el mismo, con la finalidad de preparar correctamente la licitación e informarles acerca de sus planes y de los requisitos que exigirán para concurrir al procedimiento (art. 115). Para ello, los órganos de contratación podrán valerse del asesoramiento de terceros (expertos o autoridades independientes, colegios profesionales o, excepcionalmente, operadores económicos activos en el mercado). De las consultas realizadas, no podrá resultar objeto contractual tan concreto y delimitado que únicamente se ajuste a las características técnicas de uno de los consultados. Las actuaciones realizadas se harán constar en un informe, que sea motivado, formará parte del expediente de contratación, y se publicará en el perfil de contratante.

El expediente de contratación se iniciará por el órgano de contratación motivando la necesidad e idoneidad del contrato a satisfacer de acuerdo con lo previsto en el art. 28 LCSP. Al expediente se deberá incorporar:

1) De una parte, el *pliego de cláusulas administrativas particulares y el de prescripciones técnicas* que hayan de regir el contrato. Los cuales, en el caso de que el procedimiento para adjudicar el contrato sea el de diálogo competitivo, serán sustituidos por el documento descriptivo a que se refiere el art. 174.1 LCSP. Y si se basan en acuerdos marco, se incorporará el documento de licitación recogido en el art. 271.5 último párrafo LCSP.
   La LCSP distingue entre pliegos de cláusulas administrativas particulares (arts. 121 y 122) y pliegos de prescripciones técnicas (arts. 123 y 124). Los pliegos de cláusulas administrativas particulares incluyen requisitos de solvencia y adjudicación del contrato; derechos y obligaciones de las partes; plazos, condiciones especiales de ejecución, etc. (que pueden ser de tipo medioambiental, social, relacionadas con la innovación, siempre que estén vinculadas al objeto del contrato y no sean discriminatorias (STJUE de 17 de noviembre de 2015, Regio Post) (art. 202.2 LCSP). Por ejemplo, la reducción de las emisiones de gases de efecto invernadero; la promoción de reciclado de productos, y el uso de envases reutilizables; contratar un número de personas con discapacidad, etc., cláusulas todas ellas que son determinadas de forma unilateral por la entidad contratante, de manera que compartan la configuración verdaderos contratos de adhesión.
   Los pliegos de cláusulas particulares deben ajustarse a los contratos y sus cláusulas se consideran parte integrante de tales contratos (art. 122.4). De ahí que se haya considerado por la doctrina y la jurisprudencia que constituyen «*lex contractus*» (STS de 4 de noviembre de 1977), si bien se aprueban con carácter específico para un contrato determinado, no teniendo, por consiguiente, naturaleza normativa.
   Pueden también aprobarse *pliegos de cláusulas administrativas generales* (art. 121) por parte de cada Administración para las distintas categorías de contratos (obras, suministro, servicios, etc.) que facilitarán la elaboración de los pliegos particulares, que no deben incluir estipulaciones contrarias a los correspondientes pliegos generales, de lo cual informará la Junta Consultiva de Contratación Pública del Estado (art. 122.6).

En cuanto a los pliegos de prescripciones técnicas —que también pueden ser generales (art. 123) y particulares (art. 124)—, definen las calidades y condiciones técnicas de la prestación. Al objeto de garantizar el principio de acceso a las licitaciones en condiciones de igualdad y de no discriminación y, en concordancia con las Directivas europeas de contratación, la LCSP, en su art. 126, exige que estas definiciones técnicas vayan referidas a normas internacionales, europeas o nacionales de idoneidad —normas ISO, AENOR, etiquetas ecológicas de comercio justo (art. 127), etc.—. Asimismo, salvo que lo justifique el objeto del contrato, las prescripciones técnicas no harán referencia a una determinada fabricación o procedencia, o a un procedimiento concreto que caracterice a los productos o servicios ofrecidos por un empresario determinado, o a marcas, patentes o tipos, o a un origen o producción determinados con el fin de beneficiar a determinadas empresas nacionales (art. 126.6). Si bien tal referencia se autorizará, con carácter excepcional, en el caso de no ser posible hacer una descripción lo bastante precisa e inteligible del contrato, en cuyo caso se acompañará de la mención «o equivalente» (STJUE de 5 de junio de 2017, Medisanus).

2) Asimismo, deberá incorporarse el certificado de existencia de crédito o documento equivalente, y el documento de fiscalización previa emitido por la Intervención. La carencia o insuficiencia de crédito, de conformidad con lo establecido en la Ley 47/2003, de 26 de noviembre, General Presupuestaria, o en las normas presupuestarias de las restantes Administraciones Públicas sujetas a la LCSP, salvo los supuestos de emergencia, comporta la nulidad de pleno derecho de los contratos en que concurra tal circunstancia [art. 39.2.b) LCSP].
3) También se justificará adecuadamente en el expediente (art. 116.4 LCSP): (a) La elección del procedimiento de licitación; (b) la clasificación que, en su caso, se exija a los participantes; (c) los criterios de solvencia técnica o profesional, y económica y financiera, y los criterios que se tendrán en consideración para adjudicar el contrato, así como las condiciones especiales de ejecución del mismo; (d) el valor estimado del contrato con una indicación de todos los conceptos que lo integran, incluyendo siempre los costes laborales si existiesen; (e) la necesidad de la Administración a la que se pretende dar satisfacción y su relación con el objeto del contrato, que deberá ser directa, clara y proporcional; (f) la decisión de no dividir en lotes el objeto del contrato, en su caso; y (g) el informe de insuficiencia de medios obligatorio para los contratos de servicios (evitando así que la Administración pueda incurrir en una cesión ilegal de trabajadores) (Hernáez y Sardina, 2021, pág. 242).

En los contratos menores —que son los de cuantía inferior a 40.000 euros en el caso de contrato de obras, y a 15.000 euros en contratos de suministro o de servicios (art. 118.1 LCSP)— la tramitación del expediente exigirá informe motivado del órgano de contratación justificando la necesidad del contrato y el relativo a la no alteración del objeto del contrato para eludir los umbrales del contrato menor (art. 118.2), así como la aprobación del gasto y la incorporación al mismo de la factura correspondiente, que deberá reunir los requisitos legalmente establecidos (art. 118.3). En el contrato menor de obras, deberá añadirse el presupuesto de las obras y, en su caso, el correspondiente proyecto cuando sea requerido por las disposiciones vigentes (art. 118.4).

Es posible, también, la tramitación urgente del expediente de contratación (art. 119 LCSP) de aquellos contratos «cuya celebración responda a una necesidad inaplazable o cuya adjudicación sea preciso acelerar por razones de interés público». Pudiéndose, incluso, acudir a una tramitación de emergencia cuando la Administración tenga que contratar de manera inmediata a causa de acontecimientos catastróficos, de situaciones que supongan un grave peligro o de necesidades que afecten a la defensa nacional (art. 120 LCSP), en que no será necesaria la tramitación de expediente alguno.

Una vez completado el expediente de contratación, el órgano de contratación dictará resolución motivada aprobando el mismo, que se publicará en el perfil de contratante, y dispondrá la apertura del procedimiento de adjudicación.

II. La adjudicación de los contratos: procedimientos de adjudicación y criterios de adjudicación o de valoración de las ofertas

Para llevar a cabo la selección del contratista hay que estar a un concreto procedimiento. Así, la LCSP y por lo que se refiere a los contratos que adjudican las Administraciones Públicas y demás poderes adjudicadores prevé una serie de procedimientos en función de la naturaleza, objeto y cuantías del contrato, debiéndose, en todo caso, justificar en el expediente de contratación la elección del procedimiento correspondiente [art. 116.4.a) LCSP]. Procedimientos que, obligatoriamente, desde la entrada en vigor de la LCSP (9 de marzo de 2018) deberán tramitarse electrónicamente, con las excepciones previstas en la disposición adicional decimoquinta, debiendo justificarse la excepción de forma expresa.

También en esta fase de adjudicación, tal y como hemos señalado en páginas precedentes, se han de respetar y favorecer la efectividad de los principios de libertad de acceso a las licitaciones, publicidad y transparencia de los procedimientos, así como de no discriminación e igualdad de trato entre los licitadores.

Lo cual no es óbice para que se cumpla con el deber de confidencialidad por parte del órgano de contratación sobre la información contenida en las ofertas, que no tiene que extenderse a toda la oferta del adjudicatario ni a todo el contenido de los informes y documentos que se genere en el curso del procedimiento de licitación. Imponiéndose una valoración circunstanciada de cada caso (Auto del TS de 15 de febrero de 2007), así que entre el derecho de defensa de un licitador descartado y el derecho de protección de los intereses comerciales del licitador adjudicatario, se ha de buscar el equilibrio adecuado, de forma que ninguno de ellos se vea perjudicado más allá de lo imprescindible (Informe 15/2012, de 19 de septiembre, de la JCCA de Aragón).

Con anterioridad a lo que es propiamente la selección del contratista (en que se selecciona una oferta de acuerdo con los criterios de adjudicación previamente determinados) tiene lugar en la fase de adjudicación una subfase de licitación y de presentación de ofertas, en la que los interesados en contratar pueden formular sus ofertas de acuerdo con lo dispuesto en los pliegos y a la vista de la publicación del anuncio de licitación (salvo en el caso del procedimiento negociado sin publicidad) en los correspondientes boletines oficiales, así como en el perfil de contratante del órgano de contratación (art. 135 LCSP), debiéndose publicar también en el DOUE si se trata de un contrato SARA.

1. Clases de procedimientos de adjudicación

De acuerdo con las previsiones contenidas en la Directiva de contratación pública 2014/24/UE, la LCSP prevé una serie de procedimientos que son, de una parte, **ordinarios** en el que se incluyen el procedimiento abierto y el restringido y, de otra, otros que tienen carácter **excepcional**, que solo pueden emplearse en los supuestos tasados legalmente previstos por la Ley de Contratos de 2017, en el que se incluyen los procedimientos negociados en sus dos variantes: con publicidad y sin publicidad; el dialogo competitivo; el procedimiento de asociación para la innovación y el concurso de proyectos. Además, la normativa incluye una serie de modalidades de adjudicación bajo la rúbrica de «racionalización técnica de la contratación» que son los acuerdos marco y los sistemas dinámicos de adquisición.

a) **Procedimiento abierto** (arts. 156 a 159 LCSP). Este es el procedimiento de adjudicación por antonomasia. En él, puede participar todo empresario interesado, presentando la correspondiente proposición, y queda excluida la negociación de los términos del contrato con los licitadores (art. 156.1).

El plazo general de presentación de proposiciones dependerá de si el contrato es no SARA o SARA. En este último supuesto, no será inferior a 35 días para los contratos de obras, suministro y servicios, y a 30 días para las concesiones de obras y concesiones de servicios, a contar desde la fecha de envío del anuncio a la Oficina de Publicaciones de la Unión Europea (art. 156.2). En los contratos no SARA, el plazo de presentación de proposiciones no será inferior a 15 días contados desde el día siguiente al de la publicación del anuncio de licitación en el perfil del contratante, excepto en los contratos de obras, concesión de obras y concesión de servicios, que el plazo será como mínimo de 26 días (art. 156.6) (GALLEGO CÓRCOLES, 2018, pág. 1083).

En todo caso, cabe señalar que los plazos *supra* señalados pueden ser objeto de reducción cuando se den determinadas circunstancias previstas en el art. 156.3 y 156.4 LCSP como, por ejemplo, que el plazo general de presentación de proposiciones sea impracticable por tratarse de una situación de urgencia de las previstas en el art. 119 [art. 156.2.b)], en cuyo caso cabrá fijar otro plazo, que no será inferior a 15 días contados desde la fecha del envío del anuncio de licitación. Otro caso es, si el órgano de contratación aceptara la presentación de ofertas por medios electrónicos, en que el plazo general de presentación de proposiciones podrá reducirse en 5 días [art. 156.2.c)].

En este procedimiento los empresarios interesados deben presentar sus proposiciones en dos sobres cerrados o archivos electrónicos. Uno, contendrá los documentos acreditativos de la aptitud para contratar que, conforme al art. 140 LCSP, ha sido sustituida para todos los procedimientos de contratación por una declaración responsable (que se ajustará al formulario de documento europeo único de contratación (DEUC) aprobado por la Comisión Europea) sobre el cumplimiento de los requisitos de capacidad, clasificación o solvencia y de no estar incurso en prohibición de contratar, requeridos por los pliegos, y habrá que designar un correo electrónico a efectos de notificaciones. El otro sobre o archivo, contendrá las proposiciones concretas u oferta sobre la ejecución del contrato. Por tanto, las proposiciones deben ser secretas y deben ajustarse a los pliegos y documentación que rigen la licitación (arts. 139.1 y 2). Asimismo, su presentación supone la aceptación incondicionada del contenido de la totalidad de las cláusulas de los pliegos sin salvedad o reserva alguna (art. 139.1).
Después de transcurrido el plazo de presentación de las ofertas o proposiciones. La Mesa de contratación, en acto público, procederá a examinar la documentación acreditativa de los requisitos de los licitadores, y les dará un plazo no superior a tres días para subsanar los defectos u omi-

siones en que hubieren incurrido. Después, tras esta calificación de la que se deriva la exclusión o admisión de los empresarios participantes, la Mesa procederá a evaluar las ofertas conforme a los criterios de adjudicación previstos en el pliego de cláusulas administrativas particulares, y ordenará las proposiciones por orden decreciente, elevando la propuesta de adjudicación a favor de la propuesta más ventajosa en función del criterio o criterios fijados en el pliego. Si bien, cuando se emplean medios electrónicos (aplicable, en general, a todas las licitaciones), no será necesario que la apertura de la oferta económica se realice en acto público.
Cuando se presuma que el precio de la proposición más ventajosa no pueda ser cumplida por constituir baja desproporcionada o temeraria, la Mesa requerirá al licitador que la hubiese presentado, dándole plazo suficiente para que justifique su proposición y, asimismo, solicitará informe de los servicios técnicos correspondientes, y si estimase que la oferta no puede ser cumplida, la excluirá de la clasificación y acordará la adjudicación del contrato al segundo mejor postor no incurso en temeridad (art. 149).
Una vez aceptada la propuesta de la Mesa por el órgano de contratación, se requerirá al licitador que haya presentado la mejor oferta para que presente dentro del plazo de 10 días hábiles a contar desde el siguiente a aquel en que hubiese recibido el requerimiento, la documentación que acredite que cumple con los requisitos subjetivos requeridos y haber constituido la garantía definitiva procedente. Seguidamente, el órgano de contratación adjudicará el contrato. Resolución que debe ser motivada y se notificará a los candidatos y licitadores, debiendo ser publicada en el perfil de contratante en el plazo de 15 días, así como su publicación en el boletín correspondiente y en el DOUE, si también debió anunciarse en el mismo.

La propuesta de adjudicación elevada al órgano de contratación por la Mesa no crea derecho alguno en favor del licitador propuesto frente a la Administración, ni tampoco vincula al órgano de contratación que deberá motivar su decisión en el caso de que desista del procedimiento de adjudicación o decida no adjudicar o no celebrar el contrato tal como se prevé en el art. 152 LCSP.

Este procedimiento se completa con dos modalidades previstas en el art.159 LCSP. De una parte, el **procedimiento abierto simplificado** aplicable a los contratos de obras, suministro y servicios, y en el que solo pueden participar empresas clasificadas e inscritas en el Registro Oficial de Licitadores; este procedimiento puede utilizarse por el órgano de contratación cuando se cumplan las dos condiciones siguientes acumulativamente: a) Que su valor estimado no supere los 2 millones de euros en los contratos de obras, y 100.000 euros en los contratos de suministro y de servicios; y b) Que entre los criterios de adjudicación previstos en el pliego no haya ninguno evaluable mediante juicio de valor y, si los hubiera, su ponderación no puede superar el veinticinco por ciento del total, salvo en el caso de que el contrato tenga por objeto prestaciones de carácter intelectual, como los servicios de ingeniería y arquitectura, en que su ponderación no podrá superar el cuarenta y cinco por ciento del total.

De otra, el **procedimiento abierto supersimplificado** (art. 159.6), puede aplicarse a contratos de obras de valor estimado inferior a 80.000 euros, y en contratos de suministros y de servicios de valor estimado inferior a 60.000 euros, y se prohíbe expresamente que se aplique este procedimiento a contratos que tengan por objeto prestaciones de carácter intelectual.

Estos procedimientos simplificados son aplicables a los contratos que se adjudiquen en ejecución del PRTR [(Real Decreto-Ley 36/2020 (arts. 51-52)].

b) **Procedimiento restringido** (arts. 160 a 165). Es también, como ya hemos señalado, un procedimiento ordinario de contratación, que resulta especialmente adecuado para contratar servicios intelectuales de especial complejidad, como el caso de algunos servicios de consultoría, de arquitectura o de ingeniería (art. 160.4). Además, tiene carácter obligatorio para la adjudicación de los contratos de concesión de servicios especiales del anexo IV, referidos a servicios sociales y servicios de hostelería y restaurante, jurídicos, entre otros (art. 131.2).

   En este caso, cualquier empresa interesada podrá presentar una solicitud de participación en respuesta a una convocatoria de licitación. Después, será el órgano de contratación que, tras una selección previa, basada en criterios objetivos de solvencia, que se hacen públicos al anunciarse el procedimiento de licitación, cursará invitación a aquellos candidatos que considere más capacitados para ejecutar el contrato para que se presenten sus proposiciones (art. 164), que no pueden ser menos de cinco. Realizada la selección de los licitadores, la adjudicación del contrato se realizará en términos similares a lo previsto para el procedimiento abierto.

c) **Procedimientos con negociación** (arts. 166 a 171). Estos procedimientos solo pueden seguirse cuando concurran ciertas causas tasadas que legitiman su utilización (arts. 167 y 168), y comprende dos modalidades: *licitación con negociación* (art. 167), y *negociado sin publicidad* (art. 168), donde el requisito de la negociación es clave e imprescindible. Se trata, por tanto, de procedimientos de carácter extraordinario, en los que la adjudicación recaerá en el licitador justificadamente elegido por el órgano de contratación, tras negociar las condiciones del contrato con uno o varios candidatos. No teniendo hoy cabida la posibilidad de acudir a este tipo de procedimientos (tradicionalmente denominados «negociados») por razón de la cuantía, y sin publicidad alguna al que de forma recurrente han acudido las entidades contratantes españolas.

En el procedimiento de **licitación con negociación**, debe darse la publicación de anuncios de licitación (que no tiene lugar en el negociado sin publicidad), y tiene lugar cuando concurran ciertas situaciones previstas en el art. 167 como que resulte imprescindible que la prestación, tal y como se encuentra disponible en el mercado, sea objeto de un trabajo previo de diseño o de adaptación por los licitadores; o cuando la prestación objeto del contrato incluya soluciones innovadoras, o concurran circunstancias específicas vinculadas a la complejidad o configuración jurídica o financiera de la prestación, o que en el procedimiento previo restringido o abierto solo se hubieran presentado ofertas irregulares o inaceptables, etc.

El procedimiento **negociado sin publicidad**, solo puede tener lugar en los supuestos del art. 168 LCSP cuando, por ejemplo, por razones de exclusividad, las obras, los suministros o los servicios solo pueden ser encomendados a un empresario determinado (Resolución del TARCJA nº 195/2017, de 2 de octubre, destaca la necesidad de que el órgano de contratación justifique tal circunstancia, sin que sea admisible una restricción artificial de la competencia); cuando el contrato haya sido declarado secreto o reservado, o su ejecución deba ir acompañada de medidas de seguridad especiales o cuando lo exija la protección de los intereses esenciales de la seguridad al Estado, etc.

Se observarán, en la tramitación de este procedimiento, las mismas normas que se prevén para el procedimiento de licitación con negociación salvo lo relativo a la publicación previa del anuncio de licitación. Si participa un único candidato, la Ley exige, en su art. 170, que la Mesa de contratación o, en su defecto, el órgano de contratación, siempre que sea posible, negocie con aquél, la oferta inicial y todas las ulteriores, excepto la oferta definitiva (art. 169.5).

d) El **diálogo competitivo** (arts. 172 a 176). Es un procedimiento que puede utilizarse en los mismos supuestos del procedimiento de licitación con negociación (arts. 172.3 LCSP). En tales casos, cualquier empresa interesada podrá presentar una solicitud de participación en respuesta a un anuncio de licitación (art. 172.2) y los plazos de presentación de solicitudes de participación y selección de candidatos siguen las mismas reglas que el procedimiento restringido. En este diálogo competitivo, la Mesa especial entabla un diálogo con los candidatos seleccionados, pre-

via solicitud de los mismos, a fin de desarrollar una o varias soluciones susceptibles de satisfacer las necesidades de contratación que los órganos de contratación han puesto de manifiesto en el denominado documento descriptivo (que sustituye a los pliegos de cláusulas administrativas particulares y de prescripciones técnicas) (arts. 174 y 175).
Una vez declarado cerrado el diálogo por el órgano de contratación e informar de ello a todos los participantes, la Mesa invitará a las empresas seleccionadas a que presenten su oferta definitiva sobre las soluciones viables adoptadas durante la última fase de diálogo. A continuación, procederá a clasificar dichas ofertas, seleccionando la mejor oferta relación calidad-precio, y elevará la propuesta al órgano de contratación para la adjudicación.

e) **Asociación para la innovación** (arts. 177 a 182 LCSP). Este procedimiento tiene como finalidad el desarrollo de productos, servicios u obras innovadoras, no disponibles en el mercado. El procedimiento cuenta con una serie de fases sucesivas: selección, negociación, asociación y, finalmente, adquisición del producto resultante, ya sean obras, servicios o suministros innovadores a uno de los socios, que son coincidentes con el proceso de investigación y desarrollo.
f) El **concurso de proyectos** (arts. 183 a 187 LCSP). Se trata de un procedimiento encaminado a la obtención de planos o proyectos, principalmente en el ámbito del urbanismo, la arquitectura, la ingeniería y el procesamiento de datos, a través de una selección que, tras la correspondiente licitación, se encomienda a un jurado (art. 183.1), integrado por personas independientes, con la necesaria cualificación profesional, que decide con total autonomía e independencia sobre la base de proyectos que le serán presentados de forma anónima. El jurado hará constar en un informe la clasificación de los proyectos, del que dará traslado al órgano de contratación, al cual también hará llegar su propuesta para que proceda a la adjudicación del contrato (art. 187).

Además, la LCSP, con el propósito de una mayor eficiencia en las adquisiciones públicas, incluye una serie de sistemas para la racionalización de la contratación pública, como los acuerdos marco y los sistemas dinámicos de adquisición.

Los **acuerdos marco** (arts. 219 a 222 LCSP) podrán celebrarlos uno o varios órganos de contratación con una o varias empresas con el fin de fijar las condiciones a que habrán de ajustarse los contratos que pretenden adjudicarse durante el período máximo de cuatro años (salvo casos excepcionales, debidamente justificados), en particular, en relación a los precios y a las cantidades previstas, siempre que no se recurra a este instrumento de forma abusiva o de modo que pueda obstaculizarse, restringir o falsear la competencia.

Los **sistemas dinámicos de adquisición** (arts. 223 a 226 LCSP) son una variante del procedimiento restringido, pero se trata de un proceso totalmente electrónico, con una duración limitada y determinada en los pliegos, que debe estar abierto durante todo el período de vigencia a cualquier empresa interesada que cumpla los criterios de selección (art. 224.2). A través de ellos se trata de simplificar la contratación para la adquisición de obras, suministros o servicios de uso corriente, generalmente disponibles en el mercado (art. 223.1), y cada contrato que se pretenda adjudicar en el marco del referido sistema debe ser objeto de una licitación (art. 226.1). A este respecto, el ayuntamiento de Molina de Segura puso en marcha en octubre de 2020, su Plataforma de Sistemas Dinámicos de Adquisición, que dota de mayor rapidez y agilidad a la realización de los trámites en materia de contratos.

2. Criterios de adjudicación (arts. 145 a 149)

Los criterios de adjudicación permiten al órgano de contratación identificar las mejores ofertas, de entre las formuladas por aquellas empresas licitadoras que cuenten con la capacidad necesaria para llevar el contrato a buen término. Por tanto, no deben confundirse con los criterios de solvencia, que se refieren a las condiciones de aptitud que deben cumplir los licitadores y que constatan la capacidad de obrar, la solvencia económica, financiera, técnica o profesional, o la clasificación exigible en cada caso y el no estar incurso en ninguna prohibición de contratar.

A este respecto, abordan la distinción de ambos criterios, entre otras, las SSTJUE de 20 de septiembre de 1988, Gebroeders Beentjes, y de 24 de enero de 2008, As. Lianakis, donde señala: «los criterios utilizados por la entidad adjudicadora como «criterios de adjudicación» en el caso de autos se refieren principalmente a la experiencia, las cualificaciones y los medios para garantizar una buena ejecución del contrato en cuestión». Asimismo, en Resoluciones varias del Tribunal Administrativo Central de Recursos Contractuales (494/2015, 5 de mayo; 220/2012, 189/2014) se aborda la necesidad de distinguir entre criterios de solvencia de la empresa que constituyen características de la misma y los criterios de adjudicación que deben referirse a las características de la oferta, habiéndose utilizado esta diferenciación, fundamentalmente, para excluir la utilización como criterios de adjudicación de cuestiones tales como la experiencia de la empresa en la ejecución de contratos similares y otros de naturaleza análoga, que nada aportan en relación con la determinación de la calidad de la oferta efectuada por el licitador. Y ello porque lejos de referirse a cualidades de esta última, lo hacen a circunstancias de la empresa licitadora considerada en su conjunto.

Solo cuando la calidad de la ejecución de un contrato pueda depender de forma determinante de la valía profesional de la persona encargada de dicha ejecución, constituida por su formación y experiencia (caso, por ejemplo, de prestaciones de contenido predominantemente intelectual), dicha cualidad podrá tenerse en cuenta como una característica intrínseca de la oferta y estar vinculada al objeto del contrato, siendo entonces utilizable como criterio de adjudicación (entre otras, STJUE de 26 de marzo de 2015, C601/13, As. Ambisig)» (FERNÁNDEZ FARRERES, 2020, pág. 211).

La LCSP muestra preferencia en la adjudicación de los contratos por la utilización de una pluralidad de criterios en base a la mejor relación calidad-precio (art. 145.1), que se evaluará de acuerdo con criterios económicos y cualitativos, pudiéndose incluir entre éstos características medioambientales y sociales (art. 145.2) —a los que más adelante nos referiremos— salvo cuando ello no sea posible (*a sensu contrario*, el art. 145.3 LCSP), por ejemplo, cuando la prestación no sea susceptible de ser mejorada por otras soluciones técnicas [art. 145.3.b) *a sensu contrario*], en cuyo caso se justificará el establecimiento de un solo criterio, esto es, el precio. Precio que, si resulta anormalmente bajo, hará que se excluyan aquellas ofertas que incurran en bajas temerarias (art. 148).

En aquellos contratos en los que se tenga en cuenta el coste o cálculo del ciclo de vida del producto, obra o servicio a contratar, la adjudicación puede basarse en la mejor relación coste-eficacia basado en la rentabilidad. Deberán, por tanto, tenerse en cuenta todos los costes en que se hubiera incurrido a lo largo del ciclo de vida de un producto, obra o servicio, que van desde la fase de investigación y desarrollo, fabricación o producción, comercialización, transporte, utilización, mantenimiento, hasta que se produzca la eliminación, el desmantelamiento o final de la utilización.

Como hemos indicado *supra*, la mejor relación calidad-precio, responde a una pluralidad de criterios, tanto económicos [precio y coste del ciclo de vida (art. 145.2 *in fine*] como de carácter cualitativo. Estos últimos tienen relación con la calidad de la prestación, y pueden incluir aspectos técnicos; características estéticas y funcionales; diseño; cualificación y experiencia del personal adscrito al contrato; el servicio postventa y asistencia técnica, etc. así como características medioambientales (entre otras, el art. 145.2.1º párrafo 2º cita la reducción de emisión de gases de efecto invernadero; el empleo de medidas de ahorro y eficacia energética, energía procedente de fuentes renovables, mantenimiento o mejora de los recursos naturales afectados por la ejecución del contrato) y características sociales cuyo objetivo es el fomento de la integración social de personas con discapacidad; miembros de grupos vulnerables; inserción socio-laboral de personas con discapacidad o en riesgo de exclusión social; la igualdad entre hombres y mujeres; fomento de la contratación femenina; la formación y protección de la salud, etc. y todo ello durante la ejecución del contrato (art. 145.2.1º párrafo 2º).

> La inclusión de estos criterios de adjudicación basados en consideraciones medioambientales y sociales de la LCSP responden a las exigencias de la Directiva 2014/24/UE alineadas plenamente con la contratación pública estratégica, y deben guardar relación con el objeto del contrato, así como redundar en una mejor ejecución del mismo, aunque siempre que no atribuyan al poder adjudicador una libertad incondicional de elección (STJUE de 17 de septiembre de 2002, Concordia Bus Finland).

En todo caso, tales criterios deben establecerse en los pliegos de cláusulas administrativas particulares o en el documento descriptivo y figurar en el anuncio que sirva de convocatoria de la licitación, debiendo cumplir una serie de requisitos (art. 145.5):

a) Estar vinculados al objeto del contrato [art. 145.5.a)]; lo cual se cumple cuando el criterio elegido «se refiera o integre las prestaciones que deban realizarse en virtud de dicho contrato» (art. 145.6). Esto es, que permitan valorar aspectos que incidan de forma objetiva en una mejor ejecución del contrato, por tanto, aporten valor a la oferta (HERNÁEZ Y SARDINA, 2019, pág. 230).
b) Deben ser formulados de manera objetiva, con pleno respeto a los principios de igualdad, no discriminación, transparencia y proporcionalidad, y no conferirán al órgano de contratación una libertad de decisión ilimitada [art. 145.5.b)], lo cual se plasma también en el art. 146 que, al establecer la aplicación de los criterios de adjudicación, dispone que cuando se utilicen una pluralidad de criterios, en su determinación —siempre que sea posible— se dará preponderancia a aquellos que hagan referencia a características del objeto del contrato que pueden valorarse mediante cifras o porcentajes obtenidos a través de la aplicación de las fórmulas establecidas en los pliegos. En los procedimientos de adjudicación abierta o restringida, la valoración de los criterios cuya cuantificación dependa de un juicio de valor, corresponderá —en los casos en que proceda por tener atribuida una ponderación mayor que la correspondiente a los criterios evaluables de forma automática— a un comité formado por al menos tres expertos con cualificación apropiada y que no podrán estar adscritos al órgano proponente del contrato (STJUE de 29 de marzo de 2012. Slovensko), o bien encomendar tal evaluación a un organismo técnico especializado [art. 146.2.a)]. En los restantes supuestos, la valoración de los criterios cuya cuantificación dependa de un juicio de valor,

así como la de los criterios evaluables mediante la utilización de fórmulas, se efectuará por la Mesa de Contratación [art. 146.2.b)].

Además, la LCSP dispone que los órganos de contratación deben velar porque se establezcan criterios de adjudicación que permitan obtener obras, suministros y servicios de gran calidad, que respondan lo mejor posible a sus necesidades (art. 145.4).

c) Deberán garantizar la posibilidad de que las ofertas sean evaluadas en condiciones de competencia efectiva e ir acompañadas de especificaciones que permitan comprobar de manera efectiva la información facilitada por los licitadores con el fin de evaluar la medida en que las ofertas cumplen los criterios de adjudicación [art. 145.5.c)].

A todo lo señalado debe sumarse que salvo cuando se tome en consideración el precio exclusivamente, deberá precisarse en el pliego de cláusulas administrativas particulares o en el documento descriptivo la ponderación relativa atribuida a cada uno de los criterios de valoración, que podrá expresarse fijando una banda de valores con una amplitud máxima adecuada, salvo que, cuando por razones debidamente justificadas, no sea posible ponderar los criterios elegidos, en cuyo caso se enumerarán por orden decreciente de importancia (art. 146.3).

Lo que en ningún caso cabe, es declarar desierta una licitación cuando exista alguna oferta o proposición que sea admisible de acuerdo con los criterios que figuren en el pliego (art. 150.3, párrafo 2º).

III. Formalización de los contratos

Una vez el contrato es adjudicado, debe ser objeto de formalización por las partes, momento en que se produce la perfección del mismo (art. 36.1 LCSP), contando, para hacerlo, con un plazo de 15 días hábiles desde que el adjudicatario recibe la notificación de la adjudicación del contrato.

Si el contrato es susceptible de recurso especial, deberá dejarse transcurrir los 15 días hábiles que la Ley prevé para su interposición antes de requerir al adjudicatario para que formalice el contrato, en que contará con un plazo de 5 días para hacerlo (art. 153.3).

La formalización debe realizarse en documento administrativo que se ajuste con exactitud a las condiciones de la licitación, constituyendo título suficiente para acceder a cualquier registro público. No exigiéndose aquélla ni en el caso de los contratos basados en un acuerdo marco o sistema dinámico de adquisición (art. 153.1) ni en los contratos menores (en que basta incorporar al expediente la factura) (art. 153.2).

Si no se formaliza el contrato en el plazo indicado por causas imputables al contratista, la Administración contratante le exigirá el tres por ciento del presupuesto base de licitación en concepto de penalidad, y adjudicará el contrato al siguiente licitador según el orden de clasificación de las ofertas (art. 153.4 párrafo 2º).

Si la no formalización del contrato fuese imputable a la Administración, se indemnizará al contratista de los daños y perjuicios que la demora le pudiera ocasionar (art. 153.5).

IV. IMPUGNACIÓN DE LOS ACTOS DE PREPARACIÓN Y ADJUDICACIÓN DE LOS CONTRATOS

Un ordenamiento jurídico que se pretenda efectivo y eficiente en la aplicación de sus previsiones necesita de mecanismos procedimentales y procesales que permitan reparar y corregir de forma eficaz las contravenciones a lo dispuesto en el mismo.

Se trata, por tanto, de hacer operativo el sistema de recursos, dado que tal como ha afirmado el Tribunal Constitucional en su Sentencia 288/1994, de 27 de octubre, la efectividad de las garantías favorece el control de la legalidad, y «además, no es ocioso recordar que, a través de los recursos como medios jurídicos de impugnación, los ciudadanos contribuyen eficazmente a promover la legalidad de la actuación administrativa (art. 103 CE)».

De ahí la configuración del sistema de recurso especial en materia de contratos públicos, mecanismo novedoso que se integra en el sistema de «justicia administrativa», y que ha supuesto un cambio muy remarcable en la forma de control de los contratos públicos fruto de la regulación prevista en las Directivas procesales en materia de contratación pública (89/665 y 92/13 —modificadas por la Directiva 2007/66/CE— y también por las Directivas 2014/23/UE), autentica «revolución jurídica» (PIÑAR MAÑAS, 1993, pág. 781) que han impuesto un sistema de recursos *ad hoc* en el campo de la contratación [STJUE de 28 de octubre de 1999 (Alcatel)], donde pueden plantearse propuestas de reforma que pueden tener una vocación generalista.

El recurso administrativo especial en materia de contratación previsto hoy en la LCSP 017 cuenta —en parte— en su ADN con el sello de las exigencias recogidas por las Directivas «procesales» de contratos (D. 89/665/CEE y 92/13/CE reformadas por la D. 2007/66/UE y recientemente por la D. 2014/23/UE) para configurarlo como un instrumento que permita garantizar la mejor transparencia mediante una estrategia de control preventivo que sea efectivamente útil, rápido, independiente, y vinculado al derecho a una buena administración y no a las prerrogativas de la Administración (GIMENO FELIU, 2019, pág. 318).

Ahora bien, hasta llegar a diseñar el sistema vigente, cabe decir que el legislador español no dio facilidades. Desde no incorporar la Directiva 89/665/CEE a la Ley 13/1995, de 18 de mayo, de Contratos de las Administraciones Públicas por entender que «la materia de recursos no constituye su objeto» o «porque nuestro ordenamiento jurídico, en distintas normas procedimentales y procesales, se ajusta ya a su contenido» (Exposición de Motivos), a establecer un sistema *ad hoc* en la versión original de la Ley 30/2007 que no respetaba la exigencia de independencia de los órganos competentes para resolver este tipo de recursos. Para, finalmente, ante la existencia de visos de poder volver a ser sancionado el Reino de España por no transponer adecuadamente las Directivas de recursos, se dictó la Ley 34/2010, de 5 de agosto, que además de modificar la Ley 31/2007, de contratos en sectores excluidos y la Ley 29/1998, de la Jurisdicción Contencioso-Administrativa, introdujo importantes cambios en la regulación que del recurso especial contenía el art. 37 LCSP, pasando a integrarse en el Texto Refundido de la Ley de Contratos del Sector Público de 2011 con motivo de su promulgación, que ha evidenciado la vigencia de una reforma que descansa sobre el paradigma de la integridad, la eficacia y la profesionalidad que evite la corrupción (JGIMENO FELIU, 2010, pág. 535; NOGUERA DE LA MUELA, 2016, pág. 2545).

Así, tal como puso de manifiesto el TJUE, los Estados han de diseñar un régimen específico de recursos rápidos y eficaces para fiscalizar la contratación pública, no siendo suficiente la aplicación de los recursos ordinarios que el Estado tenga establecidos para el resto de la actividad administrativa (STJUE de 11 de enero de 2005), y además, como se declara en la Sentencia del TJUE de 12 de marzo de 2015, eVigilio «la regulación procesal de estos recursos no debe ser menos favorable que la referente a los recursos semejantes establecidos para la protección de los derechos reconocidos por el ordenamiento jurídico interno (principio de equivalencia) ni hacer imposible en la práctica o excesivamente difícil el ejercicio de los derechos conferidos por el ordenamiento de la Unión (principio de efectividad)». Así, la creación del recurso especial en materia de contratación debe juzgarse como un modelo de control exitoso, que la nueva LCSP ha tratado de fortalecer introduciendo una serie de novedades.

Desde la Ley 34/2010 y hoy, en la LCSP de 2017 la opción del legislador ha sido la de regular un nuevo recurso administrativo *ad hoc,* que descansa sobre los denominados **Tribunales administrativos de recursos contractuales**, a los que se les reconoce plena jurisdicción con posible restablecimiento de la situación jurídica individualizada y, en su caso, indemnización. Modelo «administrativo» con garantías «judiciales», que se caracteriza por las notas de independencia, especialización y debida colegialidad, que a nuestro parecer ha supuesto un notable avance en la necesidad de un control efectivo que sirva de herramienta efectiva frente a la corrupción. Sin embargo, la posibilidad que se contempla de que pueda haber órganos de recursos contractuales locales, por ejemplo, en Ayuntamientos con la consideración de Gran Ciudad y en las Diputaciones Provinciales, puede afectar a la esencia del modelo, propiciándose disparidad y distorsión de criterios e impidiendo un verdadero control eficaz y con «*auctoritas*», al preverse además la posibilidad de remoción que mal casa con la nota de independencia. Y, sobre lo cual, las instituciones europeas en el Informe sobre España 2018 han afirmado que «la creación de numerosos tribunales administrativos de contratación pública de carácter descentralizado podría mermar la eficacia del actual sistema de recursos» (GIMENO FELIÚ, 2018, pág. 1786-1788; CANO CAMPOS, 2018, pág. 33).

Asimismo, estos órganos administrativos de naturaleza jurisdiccional [STJUE de 6 de octubre de 2015, Consorci Sanitari del Maresme C-203/14, así los considera a los efectos del art. 267 del TFUE] hacen realidad un control efectivo de la contratación, garantizan el derecho a la tutela jurídica, permiten una gestión más eficiente de los fondos públicos, y posibilitan la eficacia del derecho a una buena administración. Han consolidado una doctrina administrativa, en su mayoría uniforme, y esa necesaria coordinación entre ellos que proclama la disposición adicional vigésimo tercera deberá mantenerse ahora tras la aprobación de la LCSP y las nuevas competencias que asumen estos órganos a los que será necesario dotar de los medios necesarios para poder seguir resolviendo los recursos especiales con la rapidez y calidad de las resoluciones como han venido actuando hasta ahora.

> Tal y como se evidencia en el Informe sobre la Justicia Administrativa 2019 (dir. S. DÍEZ SASTRE), donde se destaca una tendencia a la subida del número de nuevos asuntos en todos los órganos de recursos contractuales (quizás por la reducción de los umbrales económicos que permiten acceder al recurso). Incremento que oscila entre el 30% y el 50% y puede ponerse en relación con una importante variación de los datos en torno a la tasa de resolución (desciende) y de congestión (asciende) de los tribunales, y que de alguna manera ha impactado en un deterioro de la información ofrecida por los órganos de recursos contractuales (a 15 de junio de 2019 solo tres habían publicado sus memorias (Andalucía, Galicia y Castilla-León). Parece claro que precisan con urgencia más medios para hacer frente al mayor volumen de actividad, garantizando la eficacia y rapidez del recurso especial.

En cuanto al ámbito de aplicación de este recurso, resulta loable el haber superado su limitación a importes armonizados y su carácter precontractual, que no hizo posible corregir disfunciones ni generó más transparencia, tal como se puso de relieve en la Decisión del Consejo de la Unión Europea de 27 de julio de 2016 cuando advertía que en nuestro país existía una «falta de mecanismos de control a priori y a posteriori suficientes (que) obstaculiza la aplicación correcta y uniforme de la legislación en materia de contratación pública; así como una ausencia de efectiva transparencia dada la baja tasa de publicación de los anuncios de contratos, el abuso del procedimiento negociado sin publicidad previa y las adjudicaciones directas» (Baño León, 2016, pág. 669; Gimeno Feliu, 2018, pág. 1781).

Así, se extiende a cuantías inferiores a las del importe armonizado, en concreto contratos de obras, concesión de obras y de servicios, cuyo valor estimado sea superior a tres millones de euros, y contratos de suministros y contratos de servicios que tengan un valor estimado superior a cien mil euros. Rebaja de los umbrales que supone avanzar en el camino a la consecución de extender este recurso a cualquier contrato al margen del importe.

Pero, además, se extiende el recurso a los contratos administrativos especiales, antes al margen del recurso especial, y la nueva regulación de la concesión de servicios desplaza la categoría del contrato de gestión de servicios públicos y, consecuentemente también, la admisión del recurso especial condicionada a que el presupuesto de gastos de primer establecimiento fuera superior a 500.000 euros y el plazo de duración superior a 5 años. Hoy el nuevo umbral para el recurso especial en el caso de los contratos de concesión de servicios es de tres millones de euros [art. 44.1.c) LCSP 017].

Asimismo, también se amplían los actos susceptibles del recurso especial. Así, no solo cabe contra los «anuncios de licitación», los pliegos y los documentos contractuales que establezcan las condiciones que deban regir la contratación, sino que también en los actos de trámite cualificados adoptados en el procedimiento de adjudicación, siempre que éstos decidan directa o indirectamente sobre la adjudicación, determinen la imposibilidad de continuar el procedimiento o produzcan indefensión o perjuicio irreparable a derechos o intereses legítimos. En todo caso se considerará que concurren las circunstancias anteriores en los actos de la mesa o del órgano de contratación por los que se acuerde la admisión o inadmisión de candidatos o licitadores, o la admisión o exclusión de ofertas, incluidas las ofertas que sean excluidas por resultar anormalmente bajas como consecuencia de la aplicación del art. 149.

> Ello no obstante, esta inclusión no aporta beneficios significativos al derecho de defensa, y sí perjuicios a la gestión de la compra pública (HERNÁEZ SALGUERO, 2018, pág. 649-650). Debe considerarse que los actos de trámite de admisión o inadmisión son instrumentales de la adjudicación, de manera que la improcedencia de recurso administrativo contra los actos de trámite no significaría que los mismos constituyan una suerte de dominio soberano de la Administración, intangible al recurso especial, solo implicaría que no son impugnables se-

paradamente por un principio de concentración procedimental, por lo que habría que esperar a la resolución del procedimiento de adjudicación para plantear todas las discrepancias del recurrente sobre el procedimiento tramitado, sobre la legalidad de todos y cada uno de los actos de trámite. En relación con esto último cabe señalar que los actos de admisión en los contratos no SARA no son susceptibles de recurso administrativo por aplicación de lo establecido en el art. 117 de la LPACAP.

También son recurribles vía recurso especial los acuerdos de adjudicación, a ellos debe asimilarse la renuncia al contrato y el desestimiento [art. 44.2.c)], pero lo que resulta de todo punto reseñable es la inclusión dentro del objeto del recurso especial de las modificaciones contractuales basadas en el incumplimiento de los arts. 204 y 205 LCSP, la formalización de encargos a medios propios en caso de que no se cumplan los requisitos legales y los acuerdos de rescate de concesiones (sometidos éstos a nuevos límites: la acreditación de que la gestión directa es más eficaz y eficiente que la concesional [arts. 279.c) y 204.c) LCSP].

Se echa en falta, sin embargo, incluir la subcontratación y la resolución del contrato o concesión que se recogen en la Directiva 89/665/CEE, y no se menciona el propio contrato, que antes podía impugnarse a través de la cuestión de nulidad, y que ahora hay que entender que se puede impugnar a través del recurso especial.

En relación a la inclusión de los modificados entre los actos objeto del recurso especial, y con la regulación que de los mismos se produjo en la Ley 2/2011, de 4 de marzo, de Economía Sostenible, se da finalmente cumplimiento a la doctrina emanada del TJUE, entre otras en la STJUE, de 29 de abril de 2004 (*Succhi di Frutta* C-496/99); STJUE de 19 de junio de 2008 (*Pressetex Nachrichtenagentur GmbH* contra *Republik Österreich (Bund)*, C-454/06), y STGUE de 31 de enero de 2003, T-235/11. Y, se acoge así una demanda proveniente de amplios sectores doctrinales en aplicación de la jurisprudencia comunitaria (GIMENO FELIÚ, 2016, pág. 9; RAZQUÍN LIZARRAGA, 2015, pág. 97), y se circunscribe a las modificaciones basadas en el incumplimiento de lo establecido en los arts. 204 y 205, por entender que la modificación debió ser objeto de una nueva adjudicación.

Por tanto, las modificaciones previstas en los pliegos, cuando se verifiquen sin cumplir los requisitos y límites establecidos en los mismos, y las modificaciones legales, o no previstas en los pliegos cuando incumplan lo establecido en el art. 205, para lo que es preciso proceder a la publicación del «anuncio de modificación» en el DOUE y en el perfil de contratante del órgano de contratación en el plazo de 5 días desde la aprobación de la misma, de conformidad con lo establecido en el art. 207 de la LCSP 017, momento este último a partir del cual comenzará el cómputo del plazo de 15 días para interponer el recurso de conformidad con lo establecido en el art. 50.1.e) de la LCSP 017.

Relacionado con tal ampliación del ámbito objetivo del recurso especial a las modificaciones contractuales y lo acertado de tal ampliación, se plantea la **legitimación activa** para recurrir, que se irá resolviendo con el tratamiento que le den los Tribunales Administrativos de Recursos Contractuales, si bien cabe partir de lo señalado por el TJUE, por cuanto en el asunto *Succhi di Fruta* C-191/1996, en la Sentencia de primera instancia, el concepto de interés legítimo se centra en la condición de licitador no adjudicatario que tiene la recurrente, mientras que en la Sentencia dictada en casación parece favorecerse la posibilidad de una suerte de acción pública en defensa de la legalidad, al permitir el ejercicio de la misma a licitadores que en modo alguno hubieran podido ser adjudicatarios o a los que una eventual anulación de la modificación afectaría o beneficiaría, debiendo así los Tribunales de Recursos contractuales apreciar la legitimación *ad causam* al caso concreto y sin establecer apriorismos que limitaran el acceso al mismo, pero evitando convertirla en una acción pública.

Respecto al procedimiento se inicia con un escrito de interposición del recurso, que deberá presentar en el plazo de 15 días hábiles que se computan a partir de hitos distintos en función de cuál sea el acto recurrido (el anuncio de licitación, el contenido de los pliegos, actos de trámite, acto de adjudicación, etc.) (art. 50 LCSP). Si bien, existen dos plazos especiales de 30 días y de 6 meses, que van ligados a las causas de nulidad de pleno derecho del art. 39 LCSP concurrentes (art. 50.2 LCSP).

Recibido el escrito —que debe ir acompañado de una serie de documentos cuya omisión es subsanable en 3 días hábiles (art. 51)—, si se ha interpuesto directamente ante el TARC, éste, ese mismo día, lo comunicará al órgano de contratación solicitándole el envío del expediente y su informe, que deberá evacuarse en el plazo de dos días.

Resulta remarcable cómo el procedimiento queda automáticamente suspendido cuando el acto recurrido es la adjudicación (no cuando se recurre otro tipo de acto previo, ni en los recursos contra la adjudicación de contratos basados en un acuerdo marco o en un sistema dinámico de adquisición), estableciéndose un plazo de espera de 15 días que coincide con el plazo de interposición del recurso, entre la adjudicación y la formalización del contrato. En todo caso, el art. 49 permite a los interesados solicitar medidas cautelares al órgano competente para resolver el recurso, incluida la suspensión del procedimiento de adjudicación. Medidas, que deberán solicitarse con carácter previo a la interposición del recurso o en el mismo escrito de interposición, y se debe resolver sobre ellas en el plazo de cinco días.

Interpuesto el recurso y recibido el informe del órgano de contratación, se da traslado de aquél al resto de licitadores, para que presenten alegaciones en el plazo de cinco días hábiles, contando con diez días para practicar las pruebas pertinentes.

Recibidas las alegaciones, la resolución del recurso debe tener lugar en un plazo de cinco días, y puede declarar la inadmisión, la estimación total o parcial, o la desestimación. En todo caso, de ser estimatoria, no solo puede anular el acto recurrido, sino también puede pronunciarse sobre la supresión de las características técnicas, económicas o financieras discriminatorias contenidas en el anuncio de licitación, anuncio indicativo, pliegos u otros documentos relacionados con la licitación o adjudicación, así como, si procede, sobre la retroacción de las actuaciones (art. 57.2).

Asimismo, el órgano competente para la resolución del recurso puede imponer, a solicitud del interesado, a la entidad contratante, la obligación de indemnizar a la persona interesada por los daños y perjuicios que le haya podido ocasionar la infracción legal que hubiese dado lugar al recurso, resarciéndole, cuando menos, de los gastos ocasionados por la preparación de la oferta o la participación en el procedimiento de contratación (art. 58.1). En caso de que el órgano competente apreciase temeridad o mala fe en la interposición del recurso o en la solicitud de medidas cautelares, podrá acordar la imposición de una multa, cuyos importes oscilan entre 1.000 y 30.000 euros en función de la mala fe apreciada y el perjuicio ocasionado al órgano de contratación y restantes licitadores, así como del cálculo de los beneficios obtenidos (art. 58.2).

Transcurridos dos meses contados desde el siguiente a la interposición del recurso sin que se haya notificado su resolución, se entenderá desestimado por silencio negativo (art. 57.5), a los efectos de interponer recurso contencioso-administrativo.

V. La ejecución de los contratos

1. Cumplimiento de los contratos y prerrogativas de la Administración. En especial, la potestad de modificación o *ius variandi*.

Una vez el contrato ha sido adjudicado y se ha formalizado, entramos en la fase de ejecución del mismo, salvo en los supuestos en que la tramitación del expediente de contratación sea por emergencia (art. 153.6) en que no será necesaria tal formalización para que se inicie su ejecución.

De la fase de ejecución depende el correcto cumplimiento de la necesidad pública a satisfacer con el contrato (Gimeno Feliú, 2016, pág. 130). Y el éxito de la nueva gobernanza de la contratación pública radica en el correcto cumplimiento de las previsiones del contrato [el cual «deberá cumplirse a tenor de sus cláusulas», según preceptúa el art. 189 LCSP, añadiendo «sin perjuicio de las prerrogativas establecidas por la legislación en favor de las Administraciones Públicas» y a las que más adelante nos referiremos]. Por tanto, es imprescindible controlar esta fase, por cuanto solo así se podrá garantizar la efectiva ejecución de las prestaciones contratadas en plazo, calidad y coste.

Recordemos cómo el TJUE en sus sentencias —entre otras—, de 25 de abril de 2004, Succhi di Frutta, C-496/99 y de 19 de junio de 2008, Pressetext, C-454/06, ha demostrado cómo la fase de ejecución también puede producir distorsiones en el funcionamiento del mercado interior, porque, no olvidemos que la referida fase es la más expuesta a acuerdos irregulares y prácticas desviadas (FERNÁNDEZ ACEVEDO, 2019, pág. 181-215), y hoy día, los focos de corrupción contractual más graves no se sitúan en la preparación y adjudicación del contrato, resultando la generosa interpretación que se ha hecho del derecho a modificar los contratos, una de las principales puertas de la corrupción (GIMENO FELIÚ, 2016, pág. 274, FUERTES LÓPEZ, 2018, pág. 136). De ahí que tras las Directivas de cuarta generación, la ejecución y la modificación (*ius variandi*) desde la óptica de la transparencia se presenta como elemento clave para preservar un modelo de concurrencia, y su control debe tener lugar desde este prisma (ARIÑO ORTIZ, 2007; GIMENO FELIÚ, 2016, pág. 135-136).

Sobre el régimen jurídico aplicable a la ejecución de los contratos del sector público hemos de estar a las consideraciones que hemos realizado en el epígrafe dedicado al ámbito subjetivo de aplicación de la LCSP. A este respecto, en relación a los efectos, cumplimiento y extinción de los contratos (privados) celebrados por los PANAPS se regirán por derecho privado salvo en determinados casos expresamente previstos en la Ley, como son las condiciones especiales de ejecución (art. 202 LCSP), los supuestos de modificación contractual (arts. 203 a 205 LCSP), entre otros. Mientras que para los poderes no adjudicadores, a los efectos, cumplimiento y extinción de los contratos se les aplica la normas de derecho privado.

En cuanto a las prerrogativas de que goza la Administración Pública en la ejecución del contrato, tienen como finalidad garantizar el interés público objeto del contrato, debiéndose ejercer dentro de los límites y cumpliendo con los requisitos que se recogen en la LCSP. De ahí que se sometan al principio del equilibrio financiero del contrato, que comportará la obligación de compensar económicamente al contratista en aquellos casos en que el referido equilibrio se rompa, y sobre lo que más adelante volveremos.

La LCSP, en su art. 190, enumera cada una de las prerrogativas atribuidas al órgano de contratación, que son, además de «interpretar los contratos administrativos, modificarlos por razones de interés público y acordar su resolución» que ahí se citan otras que también recoge expresamente, como la de «resolver las dudas que ofrezca su cumplimiento» (que puede incluirse en la potestad de interpretación unilateral de los contratos), «declarar la responsabilidad imputable al contratista a raíz de la ejecución del contrato», y «suspender la ejecución del mismo». Asimismo, el párrafo 2º incluye la potestad de inspección (a la que expresamente se refieren el art. 261.1 para el contrato de concesión de obras; el 287.2 para el de concesión de servicios; el 303 para el contrato de suministros; y el 312.e) para el contrato de servicios que conllevan prestaciones directas en favor de la ciudadanía) de las actividades desarrolladas por los contratistas durante la ejecución del contrato.

Además, todas estas potestades deben ejercitarse a través de un procedimiento administrativo en el que se deberá dar audiencia al contratista, y los acuerdos que adopte el órgano de contratación pondrán fin a la vía administrativa, resultando inmediatamente ejecutivos (art. 191.4). Para los contratos concluidos por la Administración General del Estado, sus Organismos Autónomos, Entidades Gestoras y Servicios Comunes de la Seguridad Social y demás Administraciones integrantes del sector público estatal, se impone el previo informe del Servicio Jurídico correspondiente a la adopción de los acuerdos referidos al ejercicio de aquellas prerrogativas (art. 191.2), y para determinados casos (art. 191.3), incluso el dictamen preceptivo del Consejo de Estado (u órgano equivalente de la Comunidad Autónoma), esto es: cuando el contratista formule oposición a la interpretación, nulidad y resolución del contrato; o cuando las modificaciones del contrato no estuvieren previstas en el pliego de cláusulas administrativas particulares y su cuantía, aislada o conjuntamente, sea superior al 20 por ciento del precio inicial del contrato (IVA excluido) y su precio sea igual o superior a 6 millones de euros [art. 191.3.a) y b), respectivamente].

Especial atención merece el ***ius variandi*** o potestad de modificar *unilateralmente* el objeto del contrato, que ostenta la Administración pública. Una de las prerrogativas más importantes y clara excepción a la inalterabilidad de lo pactado (*contractus lex inter partes*) que rige en la contratación civil (HORGUE, 2018, pág. 2259). Tiene como fundamento la salvaguarda del interés público sobrevenido al contrato celebrado, que demanda una modificación no esencial del mismo por cuanto en la ejecución de los contratos —en ocasiones por su larga duración—, se dan ciertas circunstancias imprevisibles; o incluso debido al carácter complejo en su cumplimiento, se pueden producir retoques del proyecto inicial, pero, en cualquier caso, todo ello debe tener lugar dentro de unos límites, que hoy recoge la LCSP, que traen causa de las previsiones contenidas en las Directivas 2014/23/UE y 2014/24/UE y la jurisprudencia europea, resultando incluso más rígida que éstas (BAÑO LEÓN, 2018, pág. 1346-1354).

La nueva regulación trata de poner freno al abuso de los modificados que tuvo lugar en aplicación de la normativa de contratación pública precedente (STJUE de 22 de abril de 2010, Comisión contra España), no pudiendo servir el *ius variandi* para ajustar las ofertas a la baja de los licitadores o para adaptar el contrato a la disponibilidad presupuestaria (Circular 1/2011 Abogacía General del Estado) (Gimeno Feliú, 2019, pág. 280). Destaca como novedad la exigencia de publicación de la modificación de los contratos en el perfil de contratante (art. 63 LCSP) y también en el DOUE si se trata de un contrato SARA (art. 207.3) como elemento de transparencia y de control jurisdiccional, aunque solo las modificaciones fundadas en los arts. 204 y 205 LCSP son susceptibles del recurso especial en materia de contratos, en el resto de supuestos cabrán los recursos administrativos ordinarios (STJUE de 8 de mayo de 2014, C-161/13) (Gallego Córcoles, 2018, pág. 360).

Asimismo, cabe también resaltar la unificación del régimen sustantivo y de control jurisdiccional de los modificados de todas las entidades del sector público que sean poderes adjudicadores, sean o no éstos Administraciones públicas (Baño León, 2018, pág. 1346; Gallego Córcoles, 2018, pág. 362).

Los arts. 203 a 207 LCSP regulan «la modificación de los contratos» en términos generales (existiendo una regulación pormenorizada para cada tipo de contrato a lo largo de la Ley), y bajo la rúbrica potestad de modificación del contrato, el art. 203 establece como regla general que los contratos administrativos, solo podrán modificarse por razones de interés público, cuando se de alguno de los siguientes supuestos:

a) Cuando así se haya establecido en el pliego de cláusulas administrativas particulares, en los términos y condiciones establecidos por el artículo 204 LCSP. En tal caso, el legislador de la LCSP impone que la modificación solo puede alcanzar hasta un máximo del 20 por ciento del precio inicial (límite que debe entenderse por modificado, no para todos los modificados conjuntamente) (Baño León, 2018, pág. 1350; Horgué, 2018, pág. 2992); y la cláusula de modificación debe estar formulada de forma clara, precisa e inequívoca [art. 204.1.a)], precisando con el detalle suficiente: su alcance, límites y naturaleza; las condiciones en que podrá hacerse uso de la misma por referencia a circunstancias cuya concurrencia pueda verificarse de forma objetiva; y el procedimiento que haya de seguirse para realizar la modificación [art. 204.1.b)]. En ningún caso, las modificaciones previstas en el pliego pueden alterar la naturaleza global del contrato inicial. Se entenderá que se altera, si se sustituyen las obras, los suministros o los servicios que se van a adquirir por otros diferentes o se modifica el tipo de contrato (art. 204.2).
b) Excepcionalmente, cuando sea necesario realizar una modificación que no esté prevista en el pliego de cláusulas administrativas particulares, siempre que se cumplan las condiciones del art. 205 LCSP, y que de forma somera son: a) Cuando devenga necesario añadir obras, suministros o servicios adicionales a los inicialmente contratados, si el cambio de contratista no fuera posible económica o técnicamente, o generara inconvenientes significativos o un aumento sustancial de costes para el

órgano de contratación [art. 205.2.a)]; b) Cuando la necesidad de la modificación derive de circunstancias sobrevenidas e imprevisibles en el momento en que tuvo lugar la licitación del contrato, siempre que dicha modificación no pudiere haber sido prevista por una Administración diligente y no altere la naturaleza global del contrato. En ambos casos, el límite cuantitativo es el mismo, que la modificación, aislada o conjuntamente, implique una alteración que no exceda del 50 por ciento de su precio inicial [art. 205.2.b)].

c) También será posible la modificación cuando las modificaciones no sean sustanciales, debiéndose justificar su necesidad, así como las razones por las que no se incluyeron en el contrato inicial. Se entenderá que son sustanciales, entre otras, cuando tenga como resultado un contrato de naturaleza materialmente diferente al celebrado al principio; también cuando la modificación introduzca condiciones que, de haber figurado en el procedimiento de contratación inicial, habrían permitido la selección de candidatos distintos de los seleccionados inicialmente (...), cuando altere el equilibrio económico del contrato en beneficio del contratista; que amplíe de forma importante el ámbito del contrato (hecho que se dará cuando las modificaciones supongan una alteración en su cuantía, que exceda, aislada o conjuntamente, del 15 por ciento del precio inicial si se trata del contrato de obras, o de un 10 por ciento en los demás contratos [art. 205.2.c)].

Finalmente, el contratista está obligado a aceptar las modificaciones del contrato acordadas por el órgano de contratación, siempre que aislada o conjuntamente, no excedan del 20 por ciento del precio inicial del contrato (art. 206.1). En el resto de casos, el contratista podrá optar por aceptar por escrito la modificación propuesta o pedir la resolución del contrato de acuerdo con el art. 211.1.g) LCSP.

2. El principio de riesgo y ventura, y el equilibrio financiero del contrato

Los contratos públicos se ejecutan a riesgo y ventura del contratista (art. 197 LCSP). Por tanto, éste debe asumir los riesgos (y sufrir las pérdidas económicas derivadas de una mayor onerosidad respecto al precio pactado), así como beneficiarse del eventual menor coste (ventura).

Si bien, siendo ésta la regla, la normativa de contratos prevé también una serie de excepciones al principio de riesgo y ventura que suponen el establecimiento de una serie de mecanismos que tratan de garantizar que, en todo caso, la ejecución del contrato satisfaga el interés público concernido pese a las vicisitudes, propias o ajenas al contratista, que pueden darse. Tales mecanismos, en su mayoría, deben ser pactados en el contrato, no operando *ex lege* (T.R. FERNÁNDEZ, 2020) conformando lo que se conoce como la teoría del **equilibrio financiero del contrato**, que trata de garantizarse en aquellos casos en que se incurre en riesgo de romperse, y lo restablece cuando se produce tal ruptura.

La teoría del equilibrio financiero del contrato se debe al Consejo de Estado francés en su Arrêt Cie. Française de Tramways de 11 de marzo de 1910, en relación con el contrato de gestión de servicios públicos donde se afirma que «es de esencia misma de todo contrato de concesión el buscar y realizar, en la medida de lo posible, una igualdad entre las ventajas que se conceden al concesionario y las obligaciones que le son impuestas. Las ventajas y las obligaciones deben compensarse para formar la contrapartida entre los beneficios probables y pérdidas previsibles. En todo contrato de concesión está implicada, como un cálculo, la honesta equivalencia entre lo que se concede al concesionario y lo que se le exige. Es lo que se llama equivalencia comercial, la ecuación financiera del contrato (COSCULLUELA, 2020, pág. 475).

— Así, la LCSP, en su art. 239 para el contrato de obras, modula el riesgo y ventura del contratista cuando concurren causas de **fuerza mayor**, como los incendios causados por la electricidad atmosférica [art. 239.2.a)]; los fenómenos naturales de efectos catastróficos, como maremotos, terremotos, erupciones volcánicas... u otros semejantes [art. 239.2.b)] y destrozos ocasionados violentamente en tiempo de guerra, robos tumultuosos o alteraciones graves del orden público [art. 239.c)] (relación que no debe considerarse *numerus clausus* (GARCÍA DE ENTERRÍA y T.R. FERNÁNDEZ, 2020). En tales circunstancias y siempre que no exista actuación imprudente por parte del contratista, éste tendrá derecho a indemnización por los daños y perjuicios que se le hubieren producido en la ejecución del contrato.
— Otra técnica es la denominada doctrina del ***factum principis***. Con ella se hace referencia a aquellos supuestos en que fruto de una disposición o de un acto adoptado por los poderes públicos (que puede ser la propia Administración contratante u otro poder público) y sin que se refieran específicamente al contrato, se produce, sin embargo, una ruptura substancial de la economía de aquél. En estos casos, la LCSP prevé para el contrato de concesión de obras (art. 270) y de concesión de servicios (art. 290), que el restablecimiento del equilibrio económico del contrato se realizará mediante la adopción de las medidas que en cada caso procedan, indicándose en el art. 270.3 y 290.5 que podrán consistir en la modificación de las tarifas establecidas por la utilización de las obras; la modificación de la retribución a abonar por la Administración concedente; la resolución del plazo concesional... En cambio, solo cabrá la posibilidad de que el contratista desista del contrato cuando éste resulte extraordinariamente oneroso para él debido a la aprobación de una

disposición general por una Administración distinta de la Administración concedente (art. 270.4) o debido a la obligación del concesionario, vía ley o vía contrato, de incorporar a las obras o su explotación avances técnicos que comporten en ambos casos, un incremento anual de, al menos, el 5 por ciento de los costes.

— También está dirigida al restablecimiento del equilibrio económico del contrato, la **teoría del riesgo imprevisible**. Por tanto, en virtud de ella, se trata de responder a la ruptura del equilibrio del contrato debido a circunstancias sobrevenidas e imprevisibles, distintas de la fuerza mayor, que una Administración diligente no podía prever en el momento de la celebración del contrato, Doctrina jurisprudencial, que tiene su origen en el Arrêt del Consejo de Estado francés de 30 de marzo de 1916, «Gaz de Bordeaux», en el que el riesgo imprevisible se derivó de un suceso extraordinario (la guerra) que provocó el alza mundial de determinadas materias primas (en aquel caso, del carbón), que repercutió, a su vez, en la prestación de determinados servicios (como el de suministro de gas y alumbrado de Burdeos), debiéndose indemnizar al contratista para restablecer la ecuación financiera del contrato.
La actual LCSP contempla el riesgo imprevisible en el marco de los modificados a cuyo régimen jurídico se reconduce [art. 205.2.b)] al que nos remitimos.

— Otra vía para establecer el equilibrio financiero del contrato que es compatible con las compensaciones por riesgo imprevisible es la **revisión de precios**. Regulada en los arts. 103 a 105 LCSP, se configura de forma restrictiva, presentándola como un supuesto de reequilibrio de obligaciones contractuales y no como un derecho del contratista (como así parecía recogerse en el Real Decreto de 31 de marzo de 1917 y en el Decreto-Ley de 4 de febrero de 1964) (HERNÁEZ y SARDINA, 2019, pág. 164-165). Solo procede, por tanto, respecto de determinados contratos como de obras, de suministros de fabricación de armamento y equipamiento de las Administraciones Públicas, de suministro de energía y aquellos contratos en que el período de recuperación de la inversión sea igual o superior a cinco años. La revisión de precios admitida es la predeterminada, de ahí que sea en los pliegos de cláusulas administrativas particulares donde debe indicarse su procedencia, recogiéndose también la fórmula conforme a la cual se llevará a cabo la revisión, que será invariable durante la vigencia del contrato (art. 103.4). Será el Consejo de Ministros quien, previo informe de la Junta Consultiva de Contratación Pública del Estado y de la Comisión Delegada del Gobierno para Asuntos Económicos, aprobará la fórmula tipo de revisión periódica y predeterminada para los contratos más arriba mencionados (art. 103.6). Salvo en los contratos de suministro de energía, la revisión de precios requiere para poder aplicarse, que el contrato se hubiese ejecutado, al menos, en un 20 por ciento de su importe, y hubiesen transcurrido dos años desde su formalización. Por tanto, ni el primer 20 por ciento ni durante los dos primeros años desde que se formalizó el contrato, cabrá revisión de precios (art. 103.5).

3. La cesión del contrato y la subcontratación (arts. 214 a 217 LCSP)

En la **cesión** del contrato tiene lugar una novación subjetiva del cesionario en todos los derechos y obligaciones del adjudicatario (cedente) del contrato siempre que se cumplan una serie de requisitos (art. 214).

En primer término, cabe destacar que solo será posible si lo prevén los pliegos, pero siempre que las cualidades técnicas o personales del cedente no hayan sido razón determinante de la adjudicación del contrato, y de la cesión no resulte una restricción efectiva de la competencia en el mercado (art. 214.1).

Además, la cesión debe ser autorizada de forma expresa y con carácter previo por el órgano de contratación, y el cedente debe tener ejecutado al menos un 20 por ciento del importe del contrato, y si se tratase de un contrato de concesión de obras o concesión de servicios, que haya efectuado su explotación durante al menos una quinta parte del plazo de duración del contrato. Se exige, también, que el cesionario tenga capacidad para contratar con la Administración y la necesaria solvencia y no estar incurso en ninguna prohibición de contratar [art. 214.a), b) y c)]. Debiéndose formalizar la cesión entre el adjudicatario y el cesionario, en escritura pública [art. 214.2.d)].

En la **subcontratación** el contratista contrata con un tercero la ejecución parcial del contrato adjudicado, salvo que la prestación o parte de la misma haya de ser ejecutada directamente por aquél, y lo hará con sujeción a lo dispuesto en los pliegos. Pero en ningún caso, la limitación de la subcontratación puede suponer una restricción efectiva de la competencia. Este subcontrato (y los contratos de suministro de los arts. 215 a 217) tendrá en todo caso naturaleza privada (art. 215.7), estando sujeto a una serie de requisitos, que tratan de asegurar el cumplimiento del contrato público, a saber:

- — Los pliegos pueden establecer que los licitadores indiquen en su oferta la parte del contrato que tengan previsto subcontratar, señalando su importe, y el nombre o perfil empresarial de los subcontratistas [art. 215.2.a)]. No siendo posible en ningún caso concertar la ejecución parcial del contrato con personas inhabilitadas o incursas en prohibición para contratar (art. 215.5.).
- — En todo caso, el contratista tiene que comunicar por escrito —tras la adjudicación del contrato o a más tardar cuando inicie la ejecución del mismo— al órgano de contratación, la intención de celebrar los subcon-

tratos, señalando la parte de la prestación que se pretende subcontratar así como la identidad, datos de contacto del subcontratista, justificando la aptitud de éste para ejecutarla por referencia a los elementos técnicos y humanos de que dispone y a su experiencia, acreditando no estar incurso en prohibición de contratar [art. 215.2.b)].

A diferencia de la cesión, en la subcontratación los subcontratistas quedan solo obligados ante el contratista principal, que asume la total responsabilidad de la ejecución del contrato frente a la Administración, incluido el cumplimiento de las obligaciones en materia medioambiental, social o laboral del art. 201 LCSP, cuyo incumplimiento dará lugar a la imposición de las penalidades a que se refiere el art. 192 LCSP.

Además, los subcontratistas no tienen acción directa frente a la Administración contratante por las obligaciones contraídas con ellos por el contratista (art. 215.8). Este, debe abonar a los subcontratistas o suministradores el precio pactado en los plazos fijados, que no podrán ser más desfavorables que los previstos en la Ley 3/2004, de 29 de diciembre, por la que se establecen medidas de lucha contra la morosidad en las operaciones comerciales, y se computarán desde la fecha de aprobación por el contratista principal de la factura emitida por el subcontratista o suministrador, debiéndose abonar la factura en el plazo de treinta días. En el caso de demora en el pago, el subcontratista o suministrador tendrá derecho al cobro de los intereses de demora y a la indemnización por los costes de cobro en los términos de la Ley 3/2004 (art. 216.4). El contratista está, en todo caso, obligado a justificar estar al corriente del pago al subcontratista ante las Administraciones y demás entes públicos contratantes (art. 217.1) que, a su vez tienen la potestad de poder comprobar el cumplimiento de tales pagos (siendo obligatoria tal comprobación en el caso de los contratos de obras y de servicios cuyo valor estimado supere los 5 millones de euros y en los que el importe de subcontratación sea igual o superior al 30% del precio del contrato), pero si incumple sus obligaciones de pago podrá tener lugar la resolución del contrato y la imposición de las penalidades que a tal efecto se contengan en el pliego.

VI. Extinción de los contratos

Los contratos administrativos se extinguen según dispone el art. 209 LCSP por su cumplimiento (art. 210) o por su resolución (art. 211), a lo que debemos sumar por la declaración de nulidad (art. 42).

1. El cumplimiento de los contratos

El *cumplimiento* de las correspondientes obligaciones contractuales por las partes contratantes es la causa norma de extinción de los contratos. Así, en el art. 210.1 LCSP se prevé que cuando el contratista haya realizado la totalidad de la prestación de acuerdo con los términos del contrato y a satisfacción de la Administración, aquél se deberá entender cumplido.

Si bien la Administración deberá realizar un acto formal y positivo de recepción o conformidad dentro del mes siguiente a la entrega o realización del objeto del contrato (entrega de la obra o de los suministros, prestación de los servicios, etc.) o, en su caso, en el plazo que se hubiese dispuesto en el pliego de cláusulas administrativas particulares. A partir de la fecha de recepción o conformidad, debe tenerse en cuenta que los contratos tienen fijado un plazo de garantía durante el cual el contratista es responsable de la ejecución correcta del contrato, quedando exceptuados de tal pago aquellos contratos en que por su naturaleza o características no resulte necesario, lo que deberá justificarse debidamente en el expediente de contratación, consignándose expresamente en el pliego (art. 210.3).

Además, dentro del plazo de treinta días a contar desde la fecha del acta de recepción o conformidad o con posterioridad a tal fecha, si la Administración recibe la factura, deberá notificarse al contratista la liquidación correspondiente del contrato, y abonársele, en su caso, el saldo resultante. Si la Administración se demora en el pago del saldo de liquidación, el contratista tendrá derecho a percibir los intereses de demora y la indemnización por los costes de cobro (art. 210.4).

2. La resolución del contrato

De otra parte, cabe indicar que los supuestos generales de *resolución* de los contratos, se recogen en el art. 211 LCSP a los que nos referiremos después. Ahora bien, la resolución del contrato de que se trate, se acordará por el órgano de contratación, de oficio o a instancia del contratista, salvo que se trate de la causa relativa al impago de los salarios o el incumplimiento de los convenios colectivos, que solo se acordará con carácter general a instancia de los representantes de los trabajadores (art. 212.1), y requerirá dictamen preceptivo del Consejo de Estado u órgano consultivo equivalente de la Comunidad Autónoma respectiva cuando se formule oposición por parte del contratista [art. 191.3.a)].

Las causas de resolución enumeradas en el art. 211 aplicables, en general, a todos los contratos administrativos, y a las que se suman las específicas previstas para cada tipología de contrato según dispone el art. 211.1.h) LCSP, son las siguientes:

— Muerte o incapacidad sobrevenida del contratista individual o la extinción de la personalidad jurídica de la sociedad contratista, sin perjuicio de lo previsto en el art. 98 relativo a la sucesión del contratista [art. 211.1.a)].
— La declaración de concurso [salvo cuando la Administración decida la continuación del contrato por concurrir razones de interés público que así lo aconsejan (art. 212.5 LCSP) siempre y cuando el contratista prestare las garantías adicionales suficientes para su ejecución], o la declaración de insolvencia en cualquier otro procedimiento [art. 211.1.b)].
— El mutuo acuerdo entre la Administración y el contratista [art. 211.1.c)]. La resolución por esta causa solo podrá tener lugar cuando no concurra otra causa que sea imputable al contratista y siempre que razones de interés público hagan innecesaria o inconveniente la permanencia del contrato (art. 212.4).
— La demora por parte del contratista en el cumplimiento de los plazos y, en todo caso, el retraso injustificado sobre el plan de trabajo establecido en el pliego o en el contrato, en cualquier actividad, por un plazo superior a un tercio del plazo de duración inicial del contrato, incluidas las posibles prórrogas [art. 211.1.d)].
— La demora en el pago por parte de la Administración por plazo superior a seis meses tal como dispone el art. 198.6 o plazo inferior a éste según dispongan las Comunidades Autónomas de acuerdo con el art. 198.8 LCSP, con el consiguiente resarcimiento de los perjuicios ocasionados.
— El incumplimiento de la obligación principal del contrato, así como de las restantes obligaciones esenciales, calificadas como tales en el pliego o en el documento descriptivo siempre que respeten los límites de la libertad de pactos establecidos en el art. 34.1 (pueden incluirse cualesquiera pactos, cláusulas y condiciones siempre que no sean contrarios al interés público, al ordenamiento jurídico y a los principios de buena administración), y además sean enumeradas de forma precisa, clara e inequívoca [art. 211.1.f)].
— La imposibilidad de ejecutar la prestación en los términos inicialmente pactados y cuando no sea posible modificar el contrato por no darse las causas previstas para ello en los arts. 204 y 205 o cuando las modificaciones impliquen, aislada o conjuntamente, alteraciones del 20 por ciento del precio inicial del contrato [art. 211.1.g)].
— Las que señalen específicamente para cada categoría de contrato regulado en la LCSP [art. 211.1.h)].
— El impago durante la ejecución del contrato, de los salarios por parte del contratista a los trabajadores que estuvieran participando en la misma o el incumplimiento de las condiciones establecidas en los convenios co-

lectivos en vigor para estos trabajadores también durante la ejecución del contrato [art. 211.1.i)].

Cuando concurran diversas causas de resolución del contrato con diferentes efectos en cuanto a las consecuencias económicas de la extinción, deberá atenderse a la que haya aparecido antes en el tiempo (art. 211.2). Y, en cualquier caso, no todas las causas de resolución dan lugar obligatoriamente a la resolución del contrato, como sí sucede cuando se trata de la declaración de insolvencia del contratista en cualquier procedimiento o cuando se proceda a la modificación del contrato sin que concurran las circunstancias habilitantes previstas en los arts. 204 y 205 LCSP, configurándose en los demás supuestos la resolución con carácter potestativo (art. 212).

La resolución del contrato de acuerdo con el art. 212 se acordará por el órgano de contratación, de oficio o a instancia del contratista, y los efectos de tal resolución se recogen en el art. 213 de modo que se distinguen en función de cuál ha sido la causa de resolución:

— Así, cuando la resolución se produzca por mutuo acuerdo, los derechos de las partes se acomodarán a lo válidamente estipulado por ellos.
— El incumplimiento por parte de la Administración de las obligaciones del contrato le comportará el pago de los daños y perjuicios que se causen al contratista.
— Cuando el contrato se resuelva por incumplimiento culpable del contratista, éste deberá indemnizar a la Administración los daños y perjuicios causados en lo que excedan del importe de la garantía que le será incautada.
— Cuando la resolución se acuerde por las causas recogidas en el art. 211.1.g), el contratista tendrá derecho a una indemnización del 3 por ciento del importe de la prestación dejada de realizar, salvo que la causa sea imputable al contratista o éste rechace la modificación contractual propuesta por la Administración de acuerdo con el art. 205 LCSP.

Al tiempo de incoarse el expediente administrativo de resolución del contrato, podrá iniciarse el procedimiento para la adjudicación del nuevo contrato, viniendo obligado el contratista —hasta que se formalice el nuevo contrato— a adoptar las medidas necesarias por razones de seguridad, o indispensables para evitar un grave trastorno al servicio público o la ruina de lo construido o fabricado (art. 213.6 párrafo 2º).

3. La nulidad de los contratos

Efectivamente, cuando sea firme la declaración de nulidad de los actos preparatorios del contrato o de la adjudicación, tendrá lugar la nulidad del mismo contrato, que entrará en fase de liquidación y, por tanto, se extinguirá (art. 42.1).

Así, los contratos celebrados por los poderes adjudicadores (sean o no Administración Pública), incluidos los contratos subvencionados, serán inválidos (art. 38): a) cuando concurra en ellos alguna de las causas que los invalidan conforme al Derecho civil; b) cuando lo sea alguno de sus actos preparatorios o del procedimiento de adjudicación, por concurrir en ellos algunas de las causas de Derecho administrativo; c) cuando la invalidez derive de la ilegalidad de su clausulado.

Además, en virtud del art. 41 se deduce que los actos separables (esto es, de preparación y adjudicación) de todos los contratos del sector público, sea cual sea la forma de personificación de la entidad actuante (esta previsión es un cambio considerable y revolucionario que supone un retorno del Derecho administrativo (SÁNCHEZ MORÓN, 2018, pág. 60-64; GAMERO CASADO, 2018), son susceptibles de revisión de oficio mediante los procedimientos establecidos en los arts. 106 y siguientes de la Ley 39/2015, de 1 de octubre, del Procedimiento Común de las Administraciones Públicas (declaración de nulidad de oficio o a instancia de parte), o declaración de lesividad, según se trate de vicios de nulidad radical o de mera anulabilidad. Pero, es más, el art. 41.2 LCSP considera actos administrativos «a los exclusivos efectos» de la LCSP los actos preparatorios y los actos de adjudicación de los contratos privados de las entidades del sector público, produciéndose, por tanto, una clara administrativización. Y, a mayor abundamiento, fruto de esta previsión puede entenderse que las causas de nulidad previstas en el art. 38.b) («cuando lo sea alguno de sus actos preparatorios o del procedimiento de adjudicación, por concurrir en los mismos alguna de las causas de derecho administrativo (...)») son aplicables también a los contratos celebrados por esos otros entes del sector público (SÁNCHEZ MORÓN, 2020, pág. 654).

Las causas específicas de nulidad de Derecho administrativo de los contratos se encuentran previstas en el art. 39 LCSP, además de serles de aplicación las causas de nulidad de pleno derecho del art. 47 de la Ley 39/2015, y son:

a) La falta de capacidad de obrar o de solvencia económica, financiera, técnica o profesional; y la falta de otros requisitos relevantes de los empresarios.
b) La carencia o insuficiencia de crédito (salvo en los supuestos de emergencia), de conformidad con lo establecido en la legislación presupuestaria.

c) La falta de publicación del anuncio de licitación en el perfil de contratante, en el «Diario Oficial de la Unión Europea» o en el medio de publicidad en que sea preceptivo, de conformidad con el artículo 135.
d) La inobservancia por parte del órgano de contratación del plazo para la formalización del contrato siempre que concurran ciertos requisitos.
e) Ciertos incumplimientos graves de medidas de suspensión adoptadas en procedimientos de impugnación contra la adjudicación del contrato.
f) El incumplimiento de las normas establecidas para la adjudicación de los contratos basados en un acuerdo marco en un sistema dinámico de adquisición en el que estuviesen admitidos varios empresarios, siempre que dicho incumplimiento hubiera determinado la adjudicación del contrato de que se trate a otro licitador.
g) El incumplimiento grave de normas de derecho de la Unión Europea en materia de contratación pública que conllevara que el contrato no hubiera debido adjudicarse al contratista, declarado por el TJUE en un procedimiento con arreglo al artículo 260 del Tratado de Funcionamiento de la Unión Europea.

En cuanto a los supuestos de anulabilidad, el art. 40 remite al art. 48 de la Ley de Procedimiento de 2015 y, además, el contrato es anulable si se dan específicamente alguna de las causas contenidas en la LCSP (art. 40): a) el incumplimiento de los requisitos para la modificación de los contratos; b) las resoluciones, cláusulas o actos emanados de cualquier poder adjudicador que otorguen, de forma directa o indirecta, ventajas a las empresas que hayan contratado previamente con cualquier Administración; y c) los encargos para la ejecución directa de prestaciones a través de medios propios que no cumplen con los requisitos del art. 32.2, 32.3 y 32.4 LCSP.

Para saber más

Sobre la preparación y adjudicación de los contratos

BERNAL BLAY, Miguel Ángel, «Las leyes del contrato (los pliegos): contenido esencial y formas de control», *Estudio sistemático de la Ley de contratos del sector público* (J.M. Gimeno Feliu, dir.), Aranzadi Thomson Reuters, Cizur Menor, 2018.

BLANCO LÓPEZ, Francisco, «Los criterios de adjudicación en la contratación pública estratégica», *Estudio sistemático de la Ley de contratos del sector público* (J.M. Gimeno Feliú, dir.), Aranzadi Thomson Reuters, Cizur Menor, 2018.

DE GUERRERO MANSO, María del Carmen, «Las consultas preliminares del mercado: una herramienta para mejorar la eficiencia en la contratación pública», *Estudio sistemático de la Ley de contratos del sector público* (J.M. Gimeno Feliú, dir.), Aranzadi Thomson Reuters, Cizur Menor, 2018.

DELGADO PIQUERAS, Francisco, «Procedimiento restringido y concurso de proyectos», *Tratado de contratos del sector público* (E. Gamero Casado, E. Gallego Córcoles, coords.), Ed. Tirant lo Blanch, Valencia, 2018.

DOMÍNGUEZ-MACAYA LAUMAGA, Jaime, «¿Contratación administrativa 4.0 o contratación administrativa 0.0?», *Estudio sistemático de la Ley de contratos del sector público* (J.M. Gimeno Feliú, dir.), Aranzadi Thomson Reuters, Cizur Menor, 2018.

FERNÁNDEZ ACEVEDO, Rafael, «Los criterios de adjudicación de los contratos públicos», *Tratado de contratos del sector público* (E. Gamero Casado, E. Gallego Córcoles, coords.), Ed. Tirant lo Blanch, Valencia, 2018.

GALLEGO CÓRCOLES, Isabel, «Los procedimientos abierto, restringido, licitación con negociación, negociado sin publicidad y diálogo competitivo», *Estudio sistemático de la Ley de contratos del sector público* (J.M. Gimeno Feliú, dir.), Aranzadi Thomson Reuters, Cizur Menor, 2018.

HERNANDO RYDINGS, María, «Procedimiento de licitación con negociación y diálogo competitivo», *Tratado de contratos del sector público* (E. Gamero Casado, E. Gallego Córcoles, coords.), Ed. Tirant lo Blanch, Valencia, 2018.

MOREO MARROIG, Teresa, «Racionalización y acuerdos marco», *Estudio sistemático de la Ley de contratos del sector público* (J.M. Gimeno Feliú, dir.), Aranzadi Thomson Reuters, Cizur Menor, 2018.

MOREU CARBONELL, Elisa, «El expediente de contratación», *Estudio sistemático de la Ley de contratos del sector público* (J.M. Gimeno Feliú, dir.), Aranzadi Thomson Reuters, Cizur Menor, 2018.

VALCÁRCEL FERNÁNDEZ, Patricia, «La Compra Pública de Innovación (CPI). El procedimiento de adjudicación de Asociación para la innovación», *Tratado de contratos del sector público* (E. Gamero Casado, E. Gallego Córcoles, coords.), Ed. Tirant lo Blanch, Valencia, 2018.

Sobre la impugnación de los actos de preparación y adjudicación de los contratos

AA.VV. *Informe sobre la justicia administrativa 2020* (S. Díez Sastre, dir.), CIJA-UAM, Madrid, 2020.

BAÑO LEÓN, José María, «El recurso administrativo como ejemplo de la inercia autoritaria del derecho público español», *Las vías administrativas de recurso a debate* (F. López Ramón, coord.), INAP, 2016

HERNÁEZ SALGUERO, Elena, «El nuevo objeto del recurso especial en materia de contratación», *Estudio sistemático de la Ley de contratos del sector público* (J.M. Gimeno Feliú, dir.), Aranzadi Thomson Reuters, Cizur Menor, 2018.

NOGUERA DE LA MUELA, Belén, «El proceso de europeización de las reglas nacionales en el establecimiento de un sistema rápido y eficaz de control de la contratación pública: el recurso administrativo especial en materia de contratos», *Memorial para la reforma del Estado. Estudios en Homenaje al Prof. Muñoz Machado* (J.M. Baño León, coord.), Ed. Iustel, Madrid, 2018.

SÁNCHEZ MORÓN, Miguel, «El retorno del derecho administrativo», *RAP* nº 206, 2018.

SANTAMARÍA PASTOR, Juan Alfonso, *Los recursos especiales en materia de contratos del sector público*, Aranzadi, Cizur Menor, 2015.

SANTIAGO FERNÁNDEZ, María José, «Recurso especial en materia de contratación», *Tratado de contratos del sector público* (E. Gamero Casado, I. Gallego Córcoles, coords.), Tirant lo Blanch, Valencia, 2018.

VALCÁRCEL FERNÁNDEZ, Patricia, «El recurso especial en materia de contratos públicos: en la senda del derecho a una buena administración», *Las vías administrativas de recurso a debate: Actas del XI Congreso de la Asociación Española de Profesores de Derecho Administrativo, Zaragoza 5 y 6 de febrero de 2016* (F. López Ramón, coord.), INAP, 2016

Sobre el cumplimiento y ejecución de los contratos

BAÑO LEÓN, José María, «El 'modificado' de los contratos», *Estudio sistemático de la ley de contratos del sector público* (J.M. Gimeno Feliú, dir.), Aranzadi Thomson Reuters, Cizur Menor, 2018.

GALLEGO CÓRCOLES, Isabel, «El impacto de la crisis del COVID-19 sobre los contratos públicos en vigor», en *Anuario de Gobierno Local 2020, El impacto de la crisis del COVID-19 en los gobiernos locales, 2021.*

GAMERO CASADO, Eduardo, «Responsabilidad extracontractual de la Administración y del contratista por daños a terceros en la ejecución del contrato», *Tratado de contratos del sector público* (E. Gamero Casado, I. Gallego Córcoles, coords.), Ed. Tirant lo Blanch, Valencia, 2018.

GARCÍA ÁLVAREZ, Gerardo, «La responsabilidad en la ejecución de los contratos públicos: penalidades, responsabilidad frente a la administración contratante y frente a terceros», *Estudio sistemático de la Ley de contratos del sector público* (J.M. Gimeno Feliú, dir.), Aranzadi Thomson Reuters, Cizur Menor, 2018.

HORGUÉ BAENA, Concepción, «Modificación de los contratos», *Tratado de contratos del sector público* (E. Gamero Casado, I. Gallego Córcoles, coords.), Ed. Tirant lo Blanch, Valencia, 2018.

LAZO VITORIA, Ximena y LÓPEZ MURA, Eugenia, «Reequilibrio económico de las concesiones en tiempos de COVID-19», en *Observatorio de los Contratos Públicos, 2019* (Dir. J. M. Gimeno), Thomson Reuters Aranzadi, 2020.

NOGUERA DE LA MUELA, Belén, «El mecanismo excepcional de revisión de precios y la doctrina del riesgo imprevisible», en *Observatorio de los Contratos Públicos, 2022* (Dir. J. M. Gimeno), Aranzadi, Cizur Menor, 2023.

TORNOS MAS, Joaquín, «COVID-19, contratos concesionales y reequilibrio económico», en *Observatorio de los Contratos Públicos, 2019* (Dir. J. M. Gimeno), Thomson Reuters Aranzadi, 2020.

Sobre la extinción de los contratos

BARRERO RODRÍGUEZ, Concepción, «Las causas generales de resolución de los contratos administrativos en la nueva ley de contratos del sector público», *Estudio sistemático de la Ley de contratos del sector público* (J.M. Gimeno Feliú, dir.), Aranzadi Thomson Reuters, Cizur Menor, 2018.

DÍEZ SASTRE, Silvia, «La invalidez de los contratos públicos», *Estudio sistemático de la Ley de contratos del sector público* (J.M. Gimeno Feliú, dir.), Aranzadi Thomson Reuters, Cizur Menor, 2018.

GARCÍA-ÁLVAREZ GARCÍA, Gerardo, «Invalidez del contrato público», *Tratado de contratos del sector público* (E. Gamero Casado, I. Gallego Córcoles, coords.), Ed. Tirant lo Blanch, Valencia, 2018.

MENÉNDEZ SEBASTIÁN, Eva María, «La extinción del contrato: la resolución», *Tratado de contratos del sector público* (E. Gamero Casado, I. Gallego Córcoles, coords.), Ed. Tirant lo Blanch, Valencia, 2018.

TEMA III
LA ACTIVIDAD DE POLICÍA: POLICÍA EN SENTIDO ESTRICTO, TÉCNICAS DE INTERVENCIÓN ADMINISTRATIVA O LIMITACIÓN SOBRE LA ACTIVIDAD DE LOS PARTICULARES, LAS SANCIONES ADMINISTRATIVAS

Joan Manuel Trayter Jiménez

Como dijimos en el Tema I del libro sobre la parte general del derecho administrativo, el Estado de Derecho, alumbrado con la revolución francesa, ha tenido dos grandes etapas. El Estado liberal de Derecho y el actual Estado Social y Democrático de Derecho.

En el primero, el Estado, y por ende la Administración Pública, interviene poco en la actuación y en la vida de los ciudadanos: laissez faire, laissez passer (dejar hacer, dejar pasar) era su máxima. El principio general de libertad presidía su actuación. Las normas que dictaba, en consecuencia, tenían un ámbito reducido a cuestiones de orden público, no solo en su dimensión de seguridad interior, sino también de salubridad y tranquilidad. En el Estado liberal, la principal tarea de la Administración Pública se centra en la actividad de policía, en el mantenimiento del orden público, ya que se confía para el resto de la vida de los ciudadanos en las reglas del mercado, sin que el Estado intervenga.

Ahí se crean técnicas como la reglamentación, los cuerpos armados de funcionarios que serán la policía (la Guardia Civil en 1844), las autorizaciones previas, las órdenes de policía y buen gobierno, la inspección, las sanciones. El cuerpo legal fundamentalmente circunscrito a esas cuestiones sin embargo irá creciendo, con la progresiva intervención del Estado en la economía y en otros aspectos de la vida social.

Se elabora entonces por la doctrina (Jordana de Pozas, segunda mitad del siglo XX) una clásica distinción entre las formas de intervención administrativa, y por tanto, actividades de la administración:

a) Actividad de policía que, aunque inicialmente hacía referencia al orden público y a la seguridad ciudadana, evoluciona hacía técnicas que irán adquiriendo reglas y principios propios (sanciones, autorizaciones o licencias que se enmarcan en la actividad de limitación y control, junto con la actividad de policía en sentido estricto). Con esa evolución también se iban creando una serie de principios y reglas para garantizar la protección de los derechos fundamentales de las personas, la protección frente a los posibles abusos de los poderes públicos respecto a personas y bienes y el respeto de los derechos y libertades de los ciudadanos (Título I CE, art. 1 LOPSC). Esta actividad de limitación se consigue mediante técnicas más o menos coactivas como las órdenes, los mandatos, las prohibiciones, el control administrativo de las actividades (autorizaciones) y las sanciones, en particular, la multa.
b) La actividad de fomento, esto es, de promoción y ayuda a actividades privadas, donde la subvención era la técnica por excelencia. Son un conjunto de normas y decisiones favorables a los ciudadanos y por ello el derecho administrativo pone el acento en un correcto control de la concesión o ayuda y un control de uso también correcto de la decisión y del dinero público que se ha de destinar a las finalidades para las cuales se otorgó.
c) La actividad de prestación de los servicios públicos, es decir, aquel conjunto de actividades reguladas por el derecho administrativo que tienen por objeto ampliar la esfera vital de los ciudadanos, mediante la organización de servicios a los que estos tienen derecho a acceder según las leyes. La actividad de servicio público se diferencia de la actividad de policía o control en su objeto material. Son un conjunto de prestaciones que realiza el Estado de forma directa o indirecta (por los particulares con el control de la Administración Pública, cuya figura más destacada es la concesión) en favor de los ciudadanos. Primero se centró en la actividad de beneficencia y luego ya, en el Estado Social, se dictaron un conjunto de normas y actividades prestacionales (enseñanza, sanidad, seguridad social, servicios sociales, transportes, abastecimiento agua, gestión residuos).

Con la evolución del Estado Social aparecen la actividad inspectora y la potestad expropiatoria que tendrán contornos propios también.

Así pues, la actividad de policía, que es la que veremos en los siguientes temas, incluye las normas y actuaciones de la Administración frente a los particulares que limitan su capacidad de obrar libremente, que inspeccionan sus actuaciones, que castiga el incumplimiento de las leyes. Son normas limitadoras de la libertad (ordenes, mandatos, prohibiciones y sanciones) y, por ello, inicialmente y a lo largo de los años, se consolidan una serie de principios que ponen coto a la intromisión excesiva de los poderes públicos en la vida de los ciudadanos, una serie de principios y garantías comunes para la actividad limitadora o represora del Estado que con el tiempo irán perfeccionándose. Así se crean las siguientes reglas y principios:

a) Solo por Ley aprobada por el Parlamento pueden crearse normas que incidan en la esfera de la libertad de los ciudadanos. Las normas de intervención, limitadoras y restrictivas deben estar previstas en una Ley, quedando vedados los reglamentos para esas cuestiones (así arts. 1.1, 25.1, 38, 53.1 CE).
b) Principio de intervención mínima, favor rei o favor libertatis, es decir, la proclamación del principio general de libertad: todo lo que no está expresamente prohibido, está permitido.
c) El principio de proporcionalidad, dirigido al legislador y a la administración pública para que exista una adecuación entre la medida represiva o limitadora y la actividad llevada a cabo por el particular.
d) La necesidad de seguir un procedimiento administrativo, es decir, un conjunto de trámites y actuaciones para dictar la resolución final (concesión o denegación de la licencia, sanción administrativa, orden de policía, etc.) En su ámbito destaca el trámite de audiencia o «audi alteram partem» según el cual nadie puede ser condenado sin ser oído o a nadie se le puede dictar una actuación limitativa de derechos sin ser escuchado.
e) Respeto a los derechos fundamentales y libertades públicas (cuando la administración adopta una medida represiva o limitadora de las personas, bienes o derechos (Título I de la Constitución, arts. 14 a 29 y 30 CE).

Las medidas de policía restrictivas de derechos fundamentales de los ciudadanos durante los distintos períodos del Estado de Alarma, han superado los límites y reglas de la actividad de policía en el Estado de Derecho. Así, como excesos (a los que la ciudadanía se acostumbró paradójicamente) podríamos señalar la prohibición a los niños de salir a la calle durante todo el primer período del Estado de Alarma (no así a los perros, que se les podía sacar a pasear). Cuando se les dejó salir, se les prohibió hablar con terceros «solo ocasionalmente se podrá hablar con terceros, pero siempre manteniendo la distancia de aproximadamente dos metros. La comunicación debe ser breve» (Guía de Buenas Prácticas en las salidas de la población infantil durante el Estado de Alarma, Ministerio de Sanidad, Vicepresidencia Segunda del Gobierno y Ministerio de Derechos Sociales y Agenda 2030).

El bando de la Alcaldesa de un municipio de Málaga que prohibía ir a comprar a la gran superficie del municipio vecino; la prohibición del Alcalde de Herrera del Duque (Extremadura) para no permitir compras de menos de 30 euros; la lista de la Guardia Civil de los productos que se podían ir a comprar o no y cuáles justificaban salir o no a la calle. En base a esa lista se sancionó a quien salió a comprar cacao o pintauñas. Un cúmulo de despropósitos propio de un Estado que no es el de Derecho (véase TRAYTER, 2020, pp. 247 y ss).

f) La motivación de la decisión adoptada (denegación de la licencia, imposición de una multa, orden de cierre de una discoteca por ruidos). La Administración ha de justificar de una manera sucinta los hechos y fundamentos jurídicos en los que basa su decisión (art. 35 LPACAP). La motivación es una exteriorización de las razones que llevan a la administración a decidir de esa manera y no de otra y, por tanto, sirve para controlar su decisión en caso de un posterior recurso.
g) El derecho al recurso. Contra las resoluciones, actos definitivos que ponen fin al procedimiento (sanción, denegación de licencia, orden de detención, de clausura de la actividad llevada a cabo, etc.) cabe recurso administrativo y jurisdiccional (art. 24 CE, arts. 112 y ss LPACAP y art. 1 LJCA).

Esos principios y reglas resultaban aplicables a toda la actividad de policía. Ahora bien, como cada vez se dictaron más normas en el ámbito de la limitación y control de la actividad de los particulares, ese concepto de policía fue superado pudiendo agruparse, como mínimo, la actividad de limitación o restrictiva de los derechos de los ciudadanos en tres bloques:

1) Las normas de policía en sentido estricto cuyo objeto y finalidad es mantener el orden público: leyes de fuerza y cuerpos de seguridad y ordenanzas cívicas. En particular, la Ley de Seguridad Ciudadana que regula la convivencia en el espacio público y restringe y reprime ciertos comportamientos contrarios a la correcta convivencia entre las personas, mediante órdenes, mandatos y prohibiciones previstos en la Ley y que dicta la Administración para hacer cumplir sus leyes restrictivas de derechos.
2) La actividad de limitación de las actividades de los particulares. Aquí encontramos todo un bloque normativo que integra las licencias y las autorizaciones, las comunicaciones previas y las declaraciones responsables, así como las inscripciones registrales.

Así, ciertas actividades de los particulares se someten, por razones de interés público, a un control previo, coetáneo o posterior de la Administración, como excepción a la regla general de libertad que, como dijimos, predica que la libertad es la regla y la prohibición, la limitación o el control es la excepción.

La importancia, en el ámbito económico, de esta normativa de control o limitación hace que le dediquemos un capítulo de este libro.

3) Por último, el mundo de las sanciones administrativas. Con la finalidad de hacer cumplir la distinta normativa sectorial las leyes incluyen, normalmente al final de su articulado, un sistema sancionador con un conjunto de infracciones, sanciones y un procedimiento administrativo sancionador que reprime las conductas contrarias a la Ley. Ese ámbito también posee reglas y principios propios y, a pesar de beber de las fuentes de la actividad de policía, tiene contornos propios y bien determinados. También le dedicamos un capítulo de este libro. Veremos cuáles son esas reglas.

Obviamente, podríamos hacer dos distinciones. Por ejemplo cabría examinar, con contenido propio, la actividad de inspección de la Administración, previa a la puesta en marcha de la potestad sancionadora de la Administración. También, en otro orden de cosas, cabría analizar de manera sectorial ámbitos como la policía de espectáculos públicos y actividades recreativas, la regulación y control alimentario, sanitario, etc.

Todo ello, como decimos, se enmarca en las potestades más gravosas y aflictivas para el ciudadano: potestad de policía, potestad de limitación o control, potestad sancionadora de la Administración. Veámoslo en las siguientes páginas.

TEMA IV
LAS TÉCNICAS DE INTERVENCIÓN ADMINISTRATIVA SOBRE LA ACTIVIDAD DE LOS PARTICULARES

Albert Lladó Martínez

SUMARIO:

I. LA INTERVENCIÓN ADMINISTRATIVA SOBRE LA ACTIVIDAD DE LOS PARTICULARES: CONCEPTO Y LÍMITES

1. Concepto de intervención o actividad de limitación administrativa

Debemos empezar aquí por esclarecer a qué nos referimos cuando hablamos de intervención administrativa y, más específicamente, cuando vinculamos explícitamente esta intervención a la esfera de actividad de los particulares. De entrada, hay que puntualizar que las administraciones intervienen de forma abundante y habitual en la actividad de las personas y viceversa; las relaciones entre las administraciones públicas y los ciudadanos particulares son una de las bases y razón de ser de la propia existencia de las administraciones y se regulan, como sabemos, mediante el Derecho administrativo.

Nos referimos en cambio en este capítulo a actuaciones de los ciudadanos en el ámbito privado. Sabemos que las acciones de los ciudadanos en la esfera privada no se rigen, en principio, por el Derecho administrativo ni son objeto de control por parte de las instituciones públicas. Sin embargo, esta regla genérica se ve modulada cuando existe la posibilidad o la certeza de que tal actuación privada pueda afectar de alguna forma al interés público. En el momento en que esto sucede, y es habitual que lo haga, la administración está facultada y tiene la obligación de actuar para garantizar que el interés general no se vea afectado negativamente por la actividad particular privada que se pretenda llevar a cabo.

Veremos en los epígrafes siguientes que las técnicas de intervención que las administraciones pueden ejercer o exigir son diversas, corresponden a diferentes necesidades y se agrupan en diferentes categorías con distintas nomenclaturas. Sin ir más lejos, tanto en los textos legales como por parte de la doctrina se habla indistintamente de actividad de limitación, de intervención administrativa, e incluso se usan términos como ordenación o garantía (REBOLLO PUIG, 2019). En el presente texto nos referiremos a este tipo de actuaciones como actividad de intervención o de limitación indistintamente.

En todos los casos, el objetivo principal y la causa primigenia de tal intervención es la protección de lo público, de forma que se asegure que el ejercicio de determinadas actividades particulares no produzca efectos perjudiciales sobre el interés público o, desde otro punto de vista, se garantice el respeto e incluso la contribución positiva a tal interés.

Así, encontramos técnicas que imponen restricciones sobre determinadas actividades, o que las ordenan de una forma concreta e imperativa. En otros casos, la actuación administrativa se limita al control o a la vigilancia del cumplimiento de las restricciones y obligaciones impuestas normativamente sobre la actividad en curso. Y muy a menudo ambas acciones, de restricción y de control, se ejercen de forma complementaria en diferentes momentos del desarrollo de tales actividades. Como cierre de la intervención administrativa y con la función de garantía de cumplimiento de los requisitos impuestos, se prevén asimismo sistemas de detección de infracciones con sus correspondientes medidas administrativas de restablecimiento de la legalidad y de reparación del posible perjuicio al interés general.

En cuanto a la categorización de las que agrupamos como actividades de limitación administrativa, y tal como suele ocurrir cuando existe una variedad de técnicas y de denominaciones, nos encontramos con diferentes formas y criterios a partir de los cuales pueden ser ordenadas. En este capítulo, con intención didáctica introductoria, recogemos en un mismo epígrafe a las autorizaciones administrativas, las comunicaciones y las declaraciones responsables. Dedicamos un segundo apartado a regulaciones con un registro más marcadamente pericial, como son las acreditaciones, la normalización, la homologación y las inspecciones técnicas. Finalmente nos referimos a los inventarios y los registros, con una función más de tipo instrumental, aunque no por ello menos importantes, en las actividades administrativas de control y de limitación.

2. Límites de la actividad administrativa de limitación

Antes de entrar en el estudio de las distintas formas de intervención es necesario apuntar algunos aspectos que las afectan y las limitan de forma general. En primer lugar y destacadamente, hay que señalar que la actividad administrativa de limitación debe respetar y adecuarse a las exigencias constitucionales y a los principios de actuación administrativa establecidos de forma general en la legislación básica. Algunos de estos principios se aplican con una especial relevancia a las actividades limitativas de la Administración, y por ello les dedicaremos una atención destacada.

A) Principio de legalidad

En primer lugar, como ya hemos apuntado previamente, las limitaciones a las que nos estamos refiriendo son impuestas por la Administración sobre actividades que van a ejercer los ciudadanos. Este presupuesto supone necesariamente que la libertad de estos ciudadanos se va a ver afectada negativamente por las restricciones, condiciones o requerimientos que les sean impuestos a la hora de llevar a cabo la actividad deseada. Por este motivo, el principio de legalidad de los artículos 9.3 y 103.1 de la CE adquiere una relevancia máxima y deberá ser escrupulosamente observado.

La Administración no tendrá, en aplicación de este principio, otras herramientas de intervención que aquellas que estén previstas explícitamente en las leyes correspondientes. Únicamente podrá utilizar las potestades y técnicas de limitación que la legislación le atribuya, sin tener en ningún caso la posibilidad de añadir otros condicionantes distintos o que aumenten aquellos legalmente previstos. De esta forma se manifiesta la que conocemos como vinculación positiva a la ley: solamente lo dispuesto de forma previa en la ley, y con los límites que en ella se dispongan, podrá ser fundamento para la actuación administrativa. Sobre esta exigencia ha existido acuerdo absoluto tanto doctrinal como jurisprudencial prácticamente desde la aprobación del texto constitucional:

> Aquí no sólo hay vinculación negativa a todo el ordenamiento, ni sólo vinculación positiva al ordenamiento, sino vinculación positiva precisamente a la ley. Es

decir, que la Administración tendrá sólo las potestades limitativas que le confieran las leyes; no cabe la simple y pura autoatribución de potestades por reglamento ni las deducidas directamente de principios generales del Derecho o de los preceptos constitucionales que imponen mandatos a los poderes públicos o concretamente a la Administración para garantizar ciertos intereses generales (REBOLLO PUIG, 2019).

El principio general de libertad que la Constitución (artículo 1.1) consagra autoriza a los ciudadanos a llevar a cabo todas aquellas actividades que la Ley no prohíba, o cuyo ejercicio no subordine a requisitos o condiciones determinadas y el principio de legalidad (arts. 9.3 y 103.1) impide que la Administración dicte normas sin la suficiente habilitación legal (STC 83/1984, de 24 de julio, ponente: Francisco Rubio Llorente).

Una vez expuesta la raíz ineludible del principio de legalidad, hay que considerar que, como sabemos, las leyes no tienen por objeto entrar a detallar los supuestos de aplicación concreta de aquello que disponen. La exigencia de este principio quedará cubierta cuando la ley de aplicación atribuya la potestad limitadora necesaria a la Administración quedando, entonces sí, a su cargo el detalle y la casuística de implementación de tal potestad a través de la aprobación de normas reglamentarias de desarrollo de lo legalmente previsto.

Con frecuencia, las normas definen el ejercicio lícito de la actividad en base a criterios genéricos, más o menos determinados, remiten a umbrales de límite (de aprovechamiento o gravamen) o exigen la adopción de determinadas medidas, que han de especificarse después para cada actuación (LAGUNA DE PAZ, 2007).

Si la Administración pretende iniciar una actuación concreta y no cuenta con potestades previamente atribuidas para ello por la legalidad existente habrá de comenzar por promover una modificación de esa legalidad, de forma que de la misma resulte la habilitación que hasta ese momento faltaba. Es ésta una experiencia absolutamente común, que se hace especialmente visible con ocasión de acciones administrativas justificadas en motivos coyunturales más o menos apremiantes (grandes calamidades públicas, crisis políticas, creación de nuevas organizaciones, acciones urgentes de política económica, etc.).

Ese mecanismo de la previa innovación normativa para producir la atribución de potestades con las cuales seguidamente poder actuar, mediante el ejercicio de tales potestades, ese mecanismo se produce incluso cuando es la propia Administración la llamada a dictar la norma nueva, esto es, cuando esa norma basta que sea un Reglamento. Hay que decir que es ésta una función absolutamente normal de los Reglamentos y también por ello mismo uno de sus riesgos más notorios, pues a través de este instrumento normativo la Administración puede autoatribuirse potestades nuevas y más intensas, autohabilitarse para una acción cada vez más absorbente y compleja; los límites propios de la potestad reglamentaria, y en particular la reserva de materias a la Ley, es aquí la única garantía para que esa posibilidad (que con frecuencia es una posibilidad construida por una delegación legal (...) no concluya en abuso (García de Enterría y Fernández, 2022).

Sin embargo, la remisión que la ley puede hacer a normas de rango reglamentario para que éstas detallen lo previsto en aquélla, no permite que el reglamento (y, por tanto, la Administración) pueda desplegar una regulación derivada o separada de lo que se prevé en el texto legal. El desarrollo reglamentario debe respetar y atenerse únicamente a especificar aquello que ya se encuentra escrito en la ley, sin posibilidad de incorporar nuevas o distintas restricciones o herramientas de control. Y desde el punto de vista del legislador, la remisión al reglamento debe ser clara en este sentido y debe abstenerse de ceder la potestad que le pertenece de regular la actividad de limitación. Lo contrario supondría *«una total abdicación por parte del legislador de su facultad para establecer reglas limitativas, trasfiriendo esta facultad al titular de la potestad reglamentaria»*, tal como lo expresa la anteriormente citada STC 83/1984, de 24 de julio.

B) Principio de proporcionalidad

No hace falta insistir en que las actividades de limitación administrativa restringen por definición la libertad de los ciudadanos. Consecuentemente, en un Estado de Derecho que persiga limitar en la menor medida posible las actividades de sus habitantes, estas limitaciones deberán imponerse siempre en la forma menos restrictiva posible, que permita al mismo tiempo garantizar la salvaguarda del interés público que se persigue. Así, en primer lugar, el legislador deberá ser cuidadoso al garantizar que las exigencias impuestas guardan el equilibrio necesario entre la libertad de los ciudadanos y la defensa del interés público.

La Administración se encuentra igualmente obligada por este principio de actuación mínima que respete al mismo tiempo el objetivo de la norma. La Ley de Régimen Jurídico del Sector Público (LRJSP) proclama ya en su preámbulo la proporcionalidad como uno de los principios de funcionamiento y actuación de las Administraciones públicas, principio que detalla con remarcable detalle en el primer apartado del artículo 4:

> Las Administraciones Públicas que, en el ejercicio de sus respectivas competencias, establezcan medidas que limiten el ejercicio de derechos individuales o colectivos o exijan el cumplimiento de requisitos para el desarrollo de una actividad, deberán aplicar el principio de proporcionalidad y elegir la medida menos restrictiva, motivar su necesidad para la protección del interés público así como justificar su adecuación para lograr los fines que se persiguen, sin que en ningún caso se pro-

duzcan diferencias de trato discriminatorias. Asimismo, deberán evaluar periódicamente los efectos y resultados obtenidos.

Del contenido del texto es necesario destacar en primer lugar que se obliga a que la Administración motive en sus actos la necesidad de aplicar una medida de limitación del ejercicio de derechos individuales, una obligación de motivar que aparece oportunamente en el primer lugar de la relación dispuesta en el artículo 35 de la Ley de Procedimiento Administrativo Común de las Administraciones Públicas (LPACAP), que obliga a motivar los actos que limiten derechos subjetivos o intereses legítimos, como obviamente ocurre cuando se aplican técnicas de intervención administrativa.

En segundo lugar, destaca la concreción del significado nuclear de la proporcionalidad, expresada a través de la obligación explícita de elegir la medida menos restrictiva, sin mayores matices. Esto implica que la Administración, en el caso en que la normativa de aplicación prevea distintas herramientas para la consecución del objetivo que persigue la limitación, deberá escoger necesariamente aquella que represente un menor condicionamiento de los derechos e intereses de la persona administrada.

Por otra parte, se obliga también a la Administración a justificar que la medida elegida es adecuada para la consecución de las finalidades perseguidas. Al decidir la aplicación de una medida limitadora, sea cual sea el sector de actuación, será necesario asegurarse y motivar (justificar, según el texto de la norma) que aquella es la medida más adecuada para conseguir el propósito deseado. Un propósito que, recordemos, debe estar previsto en norma con rango de ley en observación del principio de legalidad.

La Administración no puede limitarse a escoger una herramienta del catálogo que pueda ofrecer la normativa, sino que deberá estudiar con detenimiento cuál de ellas va a estar más acorde a las exigencias de proporcionalidad, ponderando el interés público y la efectividad de la medida en conjunción con los derechos e intereses de las personas interesadas.

Finalmente hemos de mencionar también la inclusión en el texto del mismo artículo 4 LRJSP la prohibición de diferencias de trato discriminatorias, como manifestación del principio de igualdad que debe también ser observado, y la obligación de evaluar de forma periódica los efectos y resultados obtenidos con las medidas adoptadas. Sería una buena práctica, en aplicación del principio de transparencia, que estas evaluaciones a las que se refiere la norma fueran publicadas en los correspondientes portales de transparencia de las administraciones, de forma que la ciudadanía pudiera tomar conciencia de los resultados (que, recordemos, buscan salvaguardar el interés público) derivados de las limitaciones parciales aplicadas a sus libertades.

C) Principio de precaución

Como ya hemos reiterado en apartados previos, la actividad de limitación administrativa tiene su fundamento original en la necesidad de protección del interés público ante la posibilidad de que una actividad llevada a cabo de forma individual o colectiva por parte de determinados ciudadanos pueda causarle perjuicios.

Este planteamiento de inicio hace imprescindible que, antes de introducir medidas de limitación, se lleve a cabo una exploración detallada y una definición lo más ajustada posible acerca de qué actividades y en qué medida pueden llegar a causar tales perjuicios al interés público; para ello necesitamos referirnos al riesgo como concepto. Determinadas actividades presentan claramente un riesgo alto de poder causar daños, sea al medio ambiente, sea a la salud pública, por mencionar dos de los ámbitos en que el riesgo preocupa de forma destacada. Cuando nos enfrentamos a este tipo de actuaciones, deben emprenderse evaluaciones a diversos niveles: en primer lugar, es necesario definir científicamente hasta qué punto existe un peligro de nocividad con su ejercicio. Si la ciencia puede aportar respuestas sólidas en este sentido, la tarea del legislador consistirá en decidir en primer término si tal actividad será o no permitida: esto es, le será necesario ponderar el riesgo que ello implica.

En muchas ocasiones, sin embargo, y debido principalmente a la continua y rápida evolución técnica, no se dispondrá de un juicio científico lo suficientemente categórico como para asegurar la existencia o ausencia de peligros y riesgos, o en qué medida éstos han podido ser probados. Se trata de situaciones de incertidumbre científica y es en estos casos cuando entra en juego el principio de precaución: ante el supuesto de tener indicios de que una actividad pueda resultar perjudicial, incluso aunque no hayan podido comprobarse de forma concluyente, la aplicación del principio de precaución ha de llevar a la adopción de medidas de limitación de tal actividad, de forma que el riesgo se reduzca hasta que se considere, cuando menos, aceptable.

Se trata éste de un principio relativamente reciente, puesto que aparece internacionalmente en la Declaración de Río sobre el Medio Ambiente y el Desarrollo, adoptada por las Naciones Unidas en junio de 1992, cuyo principio 15 dice así:

> Con el fin de proteger el medio ambiente, los Estados deberán aplicar ampliamente el criterio de precaución conforme a sus capacidades. Cuando haya peligro de daño grave o irreversible, la falta de certeza científica absoluta no deberá utilizarse como razón para postergar la adopción de medidas eficaces en función de los costos para impedir la degradación del medio ambiente.

En ese mismo año se incluyó en el Tratado de la Unión Europea, acordado en Maastrich, bajo la denominación de principios de cautela y de acción preventiva. En la actualidad se recogen de la misma forma en el artículo 191.2 del Tratado de Funcionamiento de la Unión Europea:

> La política de la Unión en el ámbito del medio ambiente tendrá como objetivo alcanzar un nivel de protección elevado, teniendo presente la diversidad de situaciones existentes en las distintas regiones de la Unión. Se basará en los principios de cautela y de acción preventiva, en el principio de corrección de los atentados al medio ambiente, preferentemente en la fuente misma, y en el principio de quien contamina paga.
>
> En este contexto, las medidas de armonización necesarias para responder a exigencias de la protección del medio ambiente incluirán, en los casos apropiados, una cláusula de salvaguardia que autorice a los Estados miembros a adoptar, por motivos medioambientales no económicos, medidas provisionales sometidas a un procedimiento de control de la Unión.

Las funciones que el Derecho debe llevar a cabo en relación con el tratamiento del riesgo las resume ESTEVE PARDO (2015): en primer lugar, debe decidir sobre los riesgos que se aceptan y los que se rechazan; en este segundo caso, las limitaciones a las actividades habrán de ser máximas, cuando no sean directamente prohibidas. En segundo lugar, desde el Derecho se deberá también gestionar aquel riesgo que se haya admitido: a partir de su control y seguimiento se recopilará información y conocimiento que habrá de contribuir a entenderlo mejor y a minorarlo en la medida de lo posible. Finalmente, será también tarea del Derecho la depuración de responsabilidades por las decisiones y por la gestión en aquellos casos en que la asunción de riesgo de como resultado la producción de daños, un sistema de responsabilidad que se encuentra todavía pendiente de construcción.

II. LA AUTORIZACIÓN ADMINISTRATIVA, LA COMUNICACIÓN Y LA DECLARACIÓN RESPONSABLE

1. La autorización administrativa

De entre las distintas técnicas de intervención administrativa que analizamos en este capítulo, probablemente la más característica por conocida sea la autorización, tanto cuando aparece bajo este mismo nombre como cuando lo hace mediante alguna de las distintas denominaciones que recibe y que se encuentran dispersas en la diversa legislación y normativa sectorial. En este sentido, en diferentes normas se la refiere como permiso, licencia, habilitación o acreditación, por citar las más habituales. Nos referiremos en este apartado a todas ellas bajo el apelativo común de autorizaciones administrativas.

En todo caso, y sea cual sea el nombre utilizado por la normativa sectorial de aplicación, este instrumento jurídico es utilizado por la Administración para verificar, de forma previa a su inicio, que la actividad que el ciudadano pretende realizar se ajusta a los requisitos impuestos por la norma. Por tanto, aquella persona que desee iniciar una actividad sujeta a autorización, deberá dirigirse a la Administración competente para solicitarle la emisión del documento administrativo que le habilite para tal ejercicio. Al ser una solicitud la vía de puesta en conocimiento de la Administración de la pretensión del ciudadano, ésta iniciará el correspondiente procedimiento administrativo, tal como se encuentra dispuesto en el Título IV de la LPACAP, con las particularidades aportadas, en su caso, por la normativa sectorial aplicable al caso concreto. Como es esperable, la iniciación de un procedimiento administrativo confiere automáticamente al ciudadano la consideración de persona interesada en su tramitación.

Desde un punto de vista histórico, la Directiva 2006/123/CE, de 12 de diciembre de 2006, relativa a los servicios en el mercado interior, popularmente conocida como Directiva de Servicios o Directiva Bolkestein (en adelante, Directiva de Servicios), marcó un punto de inflexión respecto a la tendencia previa, en que predominaba la prohibición del ejercicio de actividades hasta que no se dispusiera de la pertinente autorización administrativa para iniciarlas. La Directiva de Servicios operó un notable cambio de paradigma hacia el uso creciente de técnicas de limitación que favorecen la actuación del ciudadano con la simple puesta en conocimiento de la Administración del inicio de la actividad.

> El punto de partida es efectivamente la libertad de establecimiento de los prestadores de servicios y la libre circulación de éstos, una libertad cuyo ejercicio no requiere otra cosa como regla general que una simple comunicación o una declaración responsable del prestador del cumplimiento de los requisitos en cada caso exigidos por lo que sólo excepcionalmente puede ser sometida a un régimen de autorización previa cuando una razón imperiosa de interés general así lo requiera por no existir otras medidas menos restrictivas que garanticen la consecución del objetivo perseguido (artículo 5 de la Ley 17/2009, de 23 de noviembre, sobre el libre acceso a las actividades de servicios y su ejercicio) (GARCÍA DE ENTERRÍA Y FERNÁNDEZ, 2022).

En cuanto al ejercicio de la potestad de limitación consistente en imponer la necesidad de autorización para el ejercicio de una actividad, la Directiva de Servicios impone la necesidad de su carácter reglado de forma clara. Así, en su artículo 9 detalla las condiciones en que los Estados miembros de la Unión podrán supeditar el acceso y ejercicio de una actividad de servicios a la obtención de una autorización, unas condiciones que incluyen la necesidad de justificación por motivos de interés general y la imposibilidad de conseguir el objetivo que se persigue con una medida menos restrictiva. Por su parte, el artículo 10 de la misma norma recoge las condiciones de aplicación para la concesión de autorizaciones, que deberán en todos los casos basarse en criterios que delimiten el ejercicio de la facultad de apreciación por parte de las autoridades competentes con la finalidad de evitar posibles arbitrariedades. Para ello, se disponen las características que deberán cumplir los criterios de concesión:

a) No ser discriminatorios;
b) Estar justificados por una razón imperiosa de interés general;
c) Ser proporcionados a dicho objetivo de interés general;
d) Ser claros e inequívocos;
e) Ser objetivos;
f) Ser hechos públicos con antelación;
g) Ser transparentes y accesibles.

Es interesante en este sentido la STJUE de 13 de mayo de 2003, incluso previa a la aprobación de la Directiva de Servicios, que establecía que las condiciones de aplicación del régimen de autorización administrativa vigente en aquel momento en diversa normativa española (destacadamente la hoy derogada Ley 5/1995, de 23 de marzo, de régimen jurídico de enajenación de participaciones públicas en determinadas empresas) no estaban justificadas de acuerdo a requisitos imperativos de interés general, no fijaban criterios objetivos, estables y públicos, ni se ajustaban al principio de proporcionalidad. Confirma aquel criterio la STJUE de 22 de septiembre de 2020 (ECLI:EU:C:2020:743), que concluye:

> De la sección I del capítulo III de la Directiva 2006/123 se desprende que la conformidad de un régimen nacional de autorización con los requisitos establecidos por dicha Directiva presupone, en particular, que tal régimen, por su propia naturaleza restrictivo de la libre prestación del servicio de que se trata, reúne las condiciones enunciadas en el artículo 9, apartado 1, de esa Directiva, a saber, no ser discriminatorio, estar justificado por una razón imperiosa de interés general y ser proporcionado, y también que los criterios de concesión de las autorizaciones contempladas en este régimen sean conformes con el artículo 10, apartado 2, de la citada Directiva, esto es, que reúnan las características de no ser discriminatorios, estar justificados por una razón imperiosa de interés general, ser proporcionados a dicho objetivo de interés general, claros, inequívocos y objetivos, ser hechos públicos con antelación y ser transparentes y accesibles.

La normativa catalana ha ido más allá y, para el inicio de actividades económicas, dispone que las administraciones públicas de Cataluña únicamente podrán exigir la obtención de una licencia, autorización u otro medio de control previo si existen *«razones imperiosas de interés general que lo justifiquen»*, tal como indica el art. 29.3 de la Ley 18/2020, de 28 de diciembre, de facilitación de la actividad económica (LFAE).

Con las restricciones apuntadas bien presentes, la técnica de concesión de autorizaciones se continúa ejerciendo para tener acceso a un buen número de actividades de muy diversas naturalezas: desde la obtención del permiso de conducir hasta la autorización para la creación de una entidad bancaria, o desde la celebración de una actividad musical de mediano formato hasta la apertura de un centro sanitario. Como ocurre habitualmente en cualquier forma de ordenación, las autorizaciones se pueden clasificar atendiendo a criterios diversos y así lo ha hecho la doctrina a lo largo de los últimos años. Expondremos seguidamente las distinciones más habituales.

2. Clases de autorizaciones

A) Regladas y discrecionales

Esta primera distinción se centra en la posición de la Administración a la hora de ejercer sus potestades de control a través de la concesión de una autorización, y en el margen de decisión que le corresponde a la hora de decidir favorablemente o en contra de tal concesión.

En la línea de la distinción genérica dentro de la técnica de atribución de potestades a las administraciones que las distingue entre potestades regladas y discrecionales, nos encontramos con que la normativa configura distintas pautas de actuación y diferentes niveles en la autonomía de decisión de la Administración en función de la autorización sobre la que deba pronunciarse.

En el caso de las autorizaciones regladas, la Administración no dispone de margen valorativo para decidir la concesión o no de una autorización. La norma que le corresponde aplicar dicta los criterios necesarios de forma clara e inequívoca, de manera que el órgano administrativo al que le corresponde pronunciarse no debe hacer más que comprobar si la persona solicitante cumple tales criterios. Si esto es así, no tiene otra opción que la de otorgar la autorización; si, en cambio, no se ha podido comprobar la adecuación del solicitante a los requisitos normativamente exigidos, la resolución deberá ser denegatoria. La autorización reglada no permite apreciaciones más allá del cumplimiento de las condiciones requeridas; son las leyes o reglamentos de aplicación al caso los que le indican a la Administración la decisión que le corresponde tomar.

Son ejemplos de autorizaciones regladas las licencias de edificación: la norma (el Plan de ordenación urbana correspondiente) especificará de forma clara cuáles son los usos posibles para cada determinado terreno y detallará en su caso las condiciones necesarias para edificar. La Administración otorgará o no este tipo de licencia en función de lo que estipule el Plan para el terreno en que se solicita edificar; si la norma no permite edificar, la licencia será denegada. Si lo permite, y la solicitud se acomoda a las condiciones previstas para hacerlo, la licencia será otorgada; la Administración no dispone de espacio para tomar una decisión diferente o para exigir otros condicionantes que aquellos que figuran en el texto normativo.

Existe, en cambio, la posibilidad de que la norma otorgue a la Administración cierto poder de decisión a la hora de ejercitar su potestad de control a través de autorización administrativa. Nos referimos de forma genérica como discrecionales a aquellas autorizaciones en que la decisión del órgano competente no se encuentra decisivamente obligada en una u otra dirección por el texto legal o reglamentario, sino que éste le faculta, dentro de unos límites, para valorar la concesión o no de la autorización, o bien a limitarla de forma territorial o temporal, entre otros posibles condicionantes.

Como ejemplo, podemos encontrar diversas remisiones a la discrecionalidad del órgano administrativo competente en la normativa sobre armas de fuego. Expondremos concretamente la del artículo 97 del Real Decreto 137/1993, de 29 de enero, por el que se aprueba el Reglamento de Armas y se disponen las condiciones necesarias para solicitar licencias de armas en general. En el apartado 2 del citado artículo se estipula que, además de la documentación que el solicitante deberá presentar (certificado de antecedentes penales, documento nacional de identidad e informe de aptitudes psicofísicas), *«los órganos encargados de la instrucción del procedimiento realizarán una información sobre la conducta y antecedentes del interesado, cuyo resultado elevarán a la autoridad competente para resolver, juntamente con la solicitud y documentación aportada»*. Como se desprende del redactado, la autoridad competente para resolver lo hará en función del contenido del informe que le presente el órgano instructor, un informe sobre la conducta y antecedentes de la persona interesada que abre un considerable abanico de discrecionalidad para el órgano competente a la hora de decidir sobre la concesión o no de la licencia solicitada.

La discrecionalidad administrativa a la hora de autorizar al ciudadano a ejercer actividades se conjuga difícilmente con el espíritu y la letra de la Directiva de Servicios, que aboga por la libertad de ejercicio como norma general. El uso y la propia existencia de la discrecionalidad de la Administración a la hora de autorizar se admite cada vez con mayor prevención, dada su naturaleza coercitiva del ejercicio de libertades e incluso de derechos fundamentales por parte de los ciudadanos. En todo caso, tal como hemos apuntado anteriormente, en aquellos casos en que sea necesaria una limitación reforzada por parte de la Administración deberá justificarse en el texto legal a partir de motivos de interés general claramente estipulados y de la imposibilidad de conseguir el objetivo que se persigue con una medida menos restrictiva, pudiendo contar en todos los casos con el control ex post de los tribunales para aquellos casos en que puedan existir extralimitaciones en la dotación de potestades discrecionales para la obtención de autorizaciones. Así lo expone la STS 3874/2019, de 4 de diciembre, cuando analiza la discrecionalidad de un acto administrativo:

> Resulta indiscutible que nos movemos en el ámbito propio de la discrecionalidad técnica, y, por tanto, resultan de aplicación las habituales técnicas de control de los actos discrecionales en general, a través del control de los aspectos formales del acto, los hechos determinantes, la aplicación de los principios generales del derecho, la desviación de poder, o la proscripción de la arbitrariedad. En lo que se refiere a la arbitrariedad invocada efectivamente nos corresponde ahora comprobar que el acto administrativo discrecional es fruto de un adecuado ejercicio de potestades de esa naturaleza, y no de la arbitrariedad, proscrita por nuestra Constitución (artículo 9.3).

B) Por operación y de funcionamiento

Es interesante la distinción que se hace entre aquellas autorizaciones que se otorgan para realizar una única actuación específica frente a las que permiten ejecutar una actividad que se va a prolongar en el tiempo. En el primer caso hablamos de autorizaciones por operación; un ejemplo de éstas es la autorización que se concede mediante una licencia de edificación. En este supuesto, una vez la edificación se ha llevado a cabo, la licencia deja de tener vigencia para nuevas edificaciones, que requerirían, en su caso, una nueva solicitud y una nueva licencia. Este tipo de autorización no crea una relación estable en el tiempo entre la Administración y la persona autorizada, sino que su eficacia y validez terminan con el cumplimiento de aquello autorizado. Pasado este momento la autorización no guarda más significado activo y únicamente tendrá utilidad histórica o de referencia posterior.

En el segundo caso, las autorizaciones llamadas de funcionamiento tienen vocación de permanencia en el tiempo (creación de una entidad bancaria, apertura de una farmacia). Esta indefinición temporal no implica necesariamente que su vigencia vaya a ser permanente en todos los casos, sino que habitualmente se prolonga mientras dura el ejercicio de la actividad autorizada. Esta naturaleza presenta un problema en cuanto a su seguimiento en el tiempo; la normativa acostumbra a prever las condiciones necesarias para la obtención de la autorización de forma que se asegure la necesaria protección del interés público, sin embargo, no suele ser tan minuciosa en el seguimiento a lo largo de la vida de ejecución de la actividad. Tanto las condiciones particulares del solicitante —sea persona física o jurídica—, como las circunstancias del entorno en que se desarrolle la actividad —ambientales, sociales, económicas—, se encuentran sometidas a cambios constantes por el simple hecho del paso del tiempo. Esto debería obligar a la Administración a una periódica revisión de ambos extremos, para asegurar que las autorizaciones que prolongan su vigencia en el tiempo mantienen la necesaria inocuidad para el bien común.

> En estos casos la autorización, que, lógicamente, prolonga su vigencia tanto como dure la actividad autorizada (...), hace surgir una relación permanente entre la Administración y el sujeto autorizado, con el fin de proteger en todo caso al interés público frente a las vicisitudes y circunstancias que a lo largo del tiempo puedan surgir más allá del horizonte limitado que es posible avizorar en el momento de otorgar el permiso.
>
> Esta necesidad de disciplinar el futuro da al problema una especial complejidad que no tiene satisfactoria solución en el ordenamiento en vigor, cuyas normas acostumbran a centrar exclusivamente su atención en el momento inicial en que se solicita la autorización, con la consiguiente congelación que ello supone de la valoración de los intereses públicos en juego, congelación a la que coadyuva una aplicación tópica e indiscriminada del principio de intangibilidad de los actos declarativos de derechos (GARCÍA DE ENTERRÍA Y FERNÁNDEZ, 2020).

A pesar de lo expuesto, no toda normativa autorizatoria se limita a plantear condiciones para la obtención desentendiéndose de controles posteriores. Sin ir más lejos, el permiso de conducir básico debe ser renovado cada diez, cinco o tres años, en función de la edad y condiciones de la persona. No se trata desde luego de un seguimiento continuado de las aptitudes del conductor, pero cuando menos se impone la obligación de comprobar la conservación de las capacidades que posibilitaron la autorización cuando se solicitó por primera vez. Otra forma de seguimiento es la seguida por la Ley 22/1988, de 28 de julio, de Costas, que en el artículo 58.2 dispone que *«la Administración competente podrá modificar las condiciones de las autorizaciones de vertido, sin derecho a indemnización, cuando las circunstancias que motivaron su otorgamiento se hubiesen alterado o bien sobrevinieran otras que, de haber existido anteriormente, habrían justificado su denegación o el otorgamiento en términos distintos. Si la Administración lo considera necesario, podrá suspender los efectos de la autorización hasta que se cumplan las nuevas condiciones establecidas»*. Finalmente, la Ley catalana 8/2020, de 30 de julio, de protección y ordenación del litoral, prevé un límite temporal para las autorizaciones de actividades no previstas en los planes de uso del litoral y de las playas, de forma que su vencimiento no podrá exceder los cuatro años (art. 21.5).

C) Personales y reales

Finalmente nos referiremos a la distinción entre aquellas autorizaciones para las que se requiere el cumplimiento de determinados requisitos personales, frente a aquellas que son otorgadas por razones objetivas no directamente ligadas a las circunstancias de la persona solicitante.

Son ejemplos de autorizaciones personales, también referidas a menudo como subjetivas, los permisos de conducir o los permisos de armas. En ambos casos las condiciones de la persona que solicita el permiso van a ser determinantes a la hora de obtenerlo o no: serán las aptitudes personales, certificadas por los órganos competentes en cada caso, las que van a ser decisivas para la obtención de la autorización solicitada.

Las autorizaciones reales, también llamadas objetivas, se centran en las circunstancias que motivan su otorgamiento o denegación prescindiendo en general de los condicionantes personales de la persona solicitante. Un ejemplo habitual de autorización real es la licencia de edificación: para su obtención es necesario que el objeto (el terreno) cumpla unos requerimientos (sea edificable según el Plan aplicable), mientras que las circunstancias personales de quien solicita esa licencia no son, en principio, tenidas en cuenta a la hora de valorar el otorgamiento de la licencia.

Siendo amplia y variada como es la tipología de las autorizaciones, es frecuente también encontrarse con que las limitaciones incorporan exigencias propias tanto de las autorizaciones reales como de las personales. En estos casos se habla de autorizaciones mixtas, que combinan ambas características demandando que se cumplan una serie de condiciones objetivas al tiempo que se exige a las personas solicitantes unos determinados requisitos. Son ejemplos de autorizaciones de tipo mixto las necesarias para la apertura de un banco o de una farmacia. En ambos casos se requerirá el cumplimiento de las condiciones objetivas para el establecimiento físico del negocio, mientras que a los solicitantes se les exigirán también algunos requisitos habilitantes: titulación universitaria correspondiente en el caso de las farmacias, como estipula la Ley 16/1997, de 25 de abril, de Regulación de Servicios de las Oficinas de Farmacia, o para el caso de los bancos, unos requisitos de idoneidad altamente indeterminados, como los que establece la Ley 10/2014, de 26 de junio, de ordenación, supervisión y solvencia de entidades de crédito en sus artículos 6 y 7:

«Artículo 6. Autorización

(...) 3. La autorización para la creación de una entidad de crédito deberá ser objeto de consulta previa con la autoridad supervisora competente del correspondiente Estado miembro de la Unión Europea, cuando se dé alguna de las siguientes circunstancias (...)

4. La consulta prevista en el apartado anterior comprenderá, en especial, la evaluación de la idoneidad de los accionistas, de los miembros del consejo de administración y de los di-

rectores generales y asimilados de la nueva entidad o de la entidad dominante, cuando se trate de una sociedad financiera de cartera o sociedad financiera mixta de cartera, y podrá reiterarse a los efectos de evaluar el cumplimiento continuado de dichos requisitos por parte de las entidades de crédito españolas.

Artículo 7. Denegación de la autorización.

1. La autorización para la creación de una entidad de crédito se denegará en los siguientes supuestos:

a) Cuando esta carezca del capital mínimo requerido, de una estructura organizativa adecuada, de una buena organización administrativa y contable, de procedimientos de control interno adecuados y, en general, de sistemas de gobierno corporativo que aseguren una gestión sana y prudente de la entidad

b) Cuando alguno de los miembros de su consejo de administración, director general o asimilado no reúna los requisitos de idoneidad exigidos.

c) Cuando alguno de los miembros del consejo de administración, director general o asimilado de su entidad dominante, siempre que ésta sea una sociedad financiera de cartera o una sociedad financiera mixta de cartera, de acuerdo con el artículo 4.1, puntos 20 y 21, respectivamente del Reglamento (UE) n.º 575/2013, de 26 de junio, no reúna los requisitos de idoneidad exigidos.

d) Cuando carezca de procedimientos internos adecuados de prevención del blanqueo de capitales y de la financiación del terrorismo.

e) Cuando incumpla alguno de los demás requisitos que reglamentariamente se exijan para adquirir la condición de entidad de crédito.

2. También se denegará la autorización si, atendiendo a la necesidad de garantizar una gestión sana y prudente de la entidad, no se consideran idóneos los accionistas que vayan a ostentar una participación significativa o, en defecto de accionistas con una participación significativa, si no se considera adecuada la idoneidad de cualquiera de los veinte mayores accionistas».

En cuanto a la transmisibilidad, en general las autorizaciones pueden ser transmitidas a otra persona, transmisión que a menudo incluye el ejercicio del derecho al que dan acceso. Sin embargo, el carácter particularmente subjetivo que habitualmente va asociado a las autorizaciones personales hace que difícilmente puedan ser transmitidas a otra persona; en los casos en que se establece tal posibilidad, se deberá acudir nuevamente al órgano competente para que éste pueda comprobar que quien recibe la autorización cumple también con los requisitos personales exigidos y autorizar en su caso la transmisión de la autorización.

3. Otorgamiento, extinción y revocación.

Para obtener una autorización, como hemos visto previamente, es necesario solicitarla a la Administración competente; se trata de un procedimiento que se inicia exclusivamente a petición de la persona interesada y que seguirá una tramitación concreta en función del ámbito en que haya de tener lugar. A lo largo del capítulo hemos ido incorporando algunos ejemplos del que es en realidad un vasto catálogo de actividades que necesitan de autorización para ser ejercidas; esta gran diversidad se encuentra regulada sectorialmente, de manera que en función de la actividad que se pretenda practicar se deberá acudir a la normativa correspondiente y se seguirá un procedimiento administrativo específico. En muchos casos las licencias o permisos requerirán la aportación de documentación técnica que acredite el cumplimiento de las condiciones impuestas, en congruencia con la naturaleza de la autorización, la necesidad de la cual se basa en motivos de interés general que no puedan ser observados con medidas menos restrictivas de la libertad de ejercicio de actividades. Tratándose de un procedimiento administrativo, éste finalizará con la concesión o denegación de la autorización, bien en su totalidad bien con condiciones para el ejercicio solicitado.

De la misma forma que las autorizaciones tienen un inicio con el acto administrativo que las otorga, podrán sufrir modificaciones durante su existencia y también tendrán un final, sea porque han sido revocadas por el órgano que las concedió o sea porque se produce su extinción. Las modificaciones se pueden producir incluso en el momento de la concesión, ya que ésta puede incorporar condicionantes para poder iniciar la actividad que modifiquen las pretensiones de la solicitud original. También, como hemos visto en el apartado anterior en referencia a la Ley de Costas, cambios en las condiciones que dieron lugar a la autorización pueden motivar modificaciones, sin que se especifique límite alguno a su alcance.

En cuanto al cese de su vigencia, las autorizaciones pueden finalizar de diversas formas. La forma que podemos considerar normal o habitual es la de su extinción. En el caso de las otorgadas por operación, su final va aparejado a la ejecución de la actividad para la que fueron concedidas; como hemos visto previamente, una vez ejecutado su objeto este tipo de autorización deja de tener cualquier tipo de efecto. Si se trata de licencias con un límite temporal, se extinguirán con la finalización de su plazo de vigencia, excepto que esté prevista, y se ejerza, la posibilidad de renovarlas.

Diferente es el caso de la revocación de la autorización, en que se produce su extinción, pero por decisión unilateral de la Administración otorgante. Como sabemos, su otorgamiento depende del cumplimiento de una serie de condiciones que aseguran que el ejercicio de la actividad solicitada no va a tener repercusiones indeseadas sobre el interés general; cuando estas condiciones dejen de cumplirse, la Administración ha de poder revocar la autorización. De otra forma no se cumpliría el objetivo nuclear de esta técnica administrativa de proteger el bien común. Así, la Ley 22/1988, de Costas, prevé en su artículo 55:

«1. Las autorizaciones podrán ser revocadas unilateralmente por la Administración en cualquier momento, sin derecho a indemnización, cuando produzcan daños en el dominio público, impidan su utilización para actividades de mayor interés público, o menoscaben el uso público, cuando los terrenos ocupados soporten un riesgo cierto de que el mar les alcance y cuando resulten incompatibles con la normativa aprobada con posterioridad. En este último caso, solo se revocará la autorización, si en el plazo de tres meses desde que le fuera comunicada tal circunstancia a su titular, este no hubiera adaptado su ocupación a la nueva normativa o la adaptación no fuera posible física o jurídicamente.

2. Extinguida la autorización, el titular tendrá derecho a retirar fuera del dominio público y de sus zonas de servidumbre las instalaciones correspondientes y estará obligado a dicha retirada cuando así lo determine la Administración competente, en forma y plazo reglamentarios. En todo caso, estará obligado a restaurar la realidad física alterada».

Existen otras posibilidades de finalización de la autorización, desde que el acto administrativo de otorgamiento sea declarado nulo en vía administrativa o judicial hasta que la Administración decida un cambio de criterios por el que resuelva la anulación o incluso por un simple error administrativo. Estas dos últimas posibilidades se encuentran previstas en el todavía vigente Reglamento de Servicios de las Corporaciones Locales, aprobado por Decreto de 17 de junio de 1955, para las cuales prevé la compensación por daños y perjuicios a la persona desposeída de la autorización (artículo 16):

«2. Podrán ser anuladas las licencias y restituidas las cosas al ser y estado primitivo cuando resultaren otorgadas erróneamente.

3. La revocación fundada en la adopción de nuevos criterios de apreciación y anulación por la causa señalada en el párrafo anterior, comportarán el resarcimiento de los daños y perjuicios que se causaren».

En la normativa catalana, esta posibilidad de anulación la recoge el artículo 88 del Reglamento de obras, actividades y servicios de las entidades locales, aprobado por el Decreto 179/1995, de 13 de junio, que incluye una regulación más completa, diferenciando entre anulación y revocación, con la concreción de un plazo de tres meses para resolver el expediente y con la inclusión de la necesidad de respetar el trámite de audiencia.

4. La comunicación y la declaración responsable.

Estas figuras han cobrado un notable auge dentro de las formas de control administrativo de las actividades emprendidas por los ciudadanos. Tanto la comunicación como la declaración responsable fueron favorecidas, en detrimento de la autorización, más restringida, con la aprobación de la Directiva de Servicios. Concretamente, en nuestro país la transposición se vehiculó parcialmente a través de la Ley 25/2009, de 22 de diciembre, de modificación de diversas leyes para su adaptación a la Ley sobre el libre acceso a las actividades de servicios y su ejercicio (Ley Ómnibus), que introdujo un artículo 71 bis sobre «declaración responsable y comunicación previa» a la entonces ley básica administrativa, la Ley 30/1992, de 26 de noviembre, de Régimen Jurídico de las Administraciones Públicas y del Procedimiento Administrativo Común. En la actualidad su regulación básica se encuentra en el artículo 69 de la LPACAP.

Observación de cariz terminológico: el legislador se refiere a la que denominaba «comunicación previa» como comunicación, sin adjetivos. Deja de calificarla de «previa», en línea de lo que establecía la Ley paraguas (Ley 17/2009, de 23 de noviembre, sobre el libre acceso a las actividades de servicios y su ejercicio) y, tal vez, teniendo presente la posibilidad (ya incluida en la Ley 30/1992) de presentar, en ciertos casos, comunicaciones posteriores al ejercicio de la actividad (RODRÍGUEZ FONT, 2017).

Ambas técnicas se caracterizan por establecer una relación desde el punto de vista temporal y procedimental contraria a la propuesta por las autorizaciones. La regla general para el ejercicio de una actividad sometida a sistema de autorización, como hemos visto, es que tal actividad no pueda ser iniciada hasta que no se cuente con el pertinente y explícito consentimiento administrativo. En cambio, en el caso de ámbitos para los que se prevé un régimen de comunicación o declaración responsable, el particular da inicio a la actividad y lo pone en conocimiento de la Administración para que ésta actúe en la forma prevista en la normativa de aplicación. Por tanto, la diferencia más destacada o la que se presenta más obvia desde el punto de vista del ciudadano radica en que en el primer caso debe esperar a que la Administración le autorice a iniciar su actividad, mientras que en el segundo puede iniciar la actividad sin esperar, en general, actuación alguna por parte de la Administración.

Por supuesto, esta inmediatez a la hora de dar inicio a la actividad no exime en absoluto al ciudadano del cumplimiento de los requisitos que la normativa imponga a tal ejercicio, unos requisitos u obligaciones que vendrán impuestas por las normas sectoriales de aplicación. Tanto la comunicación como la declaración responsable son técnicas de limitación o de control; la diferencia frente a la técnica autorizatoria, como hemos apuntado, es de tiempo. En este caso, la persona interesada pone en conocimiento de la Administración que ha iniciado una actividad sometida a comunicación o declaración. Será el órgano con competencias, una vez recibe noticia de la iniciación de la actividad, quien deberá poner en marcha el procedimiento administrativo correspondiente, que puede incluir (y así ocurre en la mayoría de los casos) el requerimiento de documentación, certificados o informes a la persona interesada, en cumplimiento de la misión de control que la Administración tiene, no olvidemos, encomendada para asegurar la inocuidad de la actividad en cuestión.

En cuanto a si existe o no un plazo concreto para que la Administración competente ejercite tales funciones de control posterior, la Sentencia del Tribunal Supremo 293/2023, de 8 de marzo aclara que la facilitación de la prestación de servicios mediante las comunicaciones y declaraciones responsables hacen que *«se establezca una gestión compartida entre la Administración y los ciudadanos»*, lo cual impone que la Administración debe *«aceptar la eficacia de la simple manifestación del ciudadano»* y que, en sentido contrario, ésta se encuentra *«habilitada para que en cualquier momento pueda comprobar la veracidad de tales manifestaciones»*. Así, la Sentencia resume:

> *«Las potestades de comprobación en una declaración responsable o comunicación previa, conforme a la normativa general en vigor, no está sujeta a plazo alguno y puede realizarse durante todo el tiempo de ejercicio del derecho o de la actividad a que se refieren dichos actos del ciudadano» (FJ 2).*

Desde el punto de vista técnico, tanto la declaración como la comunicación comparten el hecho de ser documentos preparados y presentados por la persona interesada. No se trata en ninguno de los dos casos de una solicitud: como hemos apuntado, su función se limita a la puesta en conocimiento de unos hechos a la Administración. Sin embargo, sí que son documentos que expresan la voluntad de la persona que inicia la actividad; por ello, el artículo 11 de la LPACAP obliga al uso de medios de firma para su presentación y, por el mismo motivo, el artículo 5 estipula la necesidad de acreditar la representación, en el caso que tales documentos se libren a través de representante. Otro aspecto importante, que se deriva de su condición de documento que no emana de la Administración, es que no son actos administrativos, ni inician por sí mismos un procedimiento administrativo (MUÑOZ MACHADO, 2010), por tanto, su mera presentación no va a dar lugar a supuestos de silencio administrativo ni a una resolución administrativa, por lo menos no hasta que la Administración inicie un procedimiento, cuando deba hacerlo, a partir de la información recibida.

Ambas figuras comparten artículo en la normativa administrativa básica y responden a una finalidad similar. No existe un criterio universal definido para exigir uno u otro documento y se debe estar a lo dispuesto en la normativa reguladora del sector para conocer si es necesaria comunicación o declaración responsable para el inicio de la actividad. En todo caso, el aludido artículo 69 de la LPACAP perfila la definición de cada una de ellas. En su apartado primero, sobre la declaración responsable detalla:

A los efectos de esta Ley, se entenderá por declaración responsable el documento suscrito por un interesado en el que éste manifiesta, bajo su responsabilidad, que cumple con los requisitos establecidos en la normativa vigente para obtener el reconocimiento de un derecho o facultad o para su ejercicio, que dispone de la documentación que así lo acredita, que la pondrá a disposición de la Administración cuando le sea requerida, y que se compromete a mantener el cumplimiento de las anteriores obligaciones durante el período de tiempo inherente a dicho reconocimiento o ejercicio.

Los requisitos a los que se refiere el párrafo anterior deberán estar recogidos de manera expresa, clara y precisa en la correspondiente declaración responsable. Las Administraciones podrán requerir en cualquier momento que se aporte la documentación que acredite el cumplimiento de los mencionados requisitos y el interesado deberá aportarla.

Vemos pues que el ciudadano asume la responsabilidad de cumplir con los requisitos exigidos, ejerciendo su propio autocontrol, no solo en el momento de la presentación del documento sino durante todo el período desarrollo de la actividad. La Administración ejercerá posteriormente su potestad de control y le requerirá la documentación acreditativa que estará prevista en la normativa de aplicación.

La definición de comunicación se encuentra en el apartado siguiente del mismo artículo 69, con un redactado de menor detalle y en principio más abierto:

«A los efectos de esta Ley, se entenderá por comunicación aquel documento mediante el que los interesados ponen en conocimiento de la Administración Pública competente sus datos identificativos o cualquier otro dato relevante para el inicio de una actividad o el ejercicio de un derecho».

Como vemos, no existe una diferenciación que aporte indicios claros en cuanto a qué tipo de actividades van a necesitar de una comunicación y cuáles una declaración responsable y se deberá estar, por tanto, a lo que requiera la normativa sectorial pertinente. En Cataluña, la LFAE, determina que, en términos generales, los regímenes de intervención deben ser de control posterior, comunicación y declaración responsable, y que únicamente se podrá establecer un control previo en casos en que existan motivos imperiosos de interés general que lo justifiquen (art. 29.3). Esta ley tiende a prescribir la comunicación como herramienta por defecto para el inicio de actividades; así, el art. 31 establece como régimen único el de comunicación en cuanto a la intervención municipal aplicable a los establecimientos donde se lleve a cabo una actividad económica (referenciadas en anexo de la misma ley).

En cuanto a ejemplos de actividades que requieren comunicación o declaración responsable, los hay en prácticamente todos los sectores de actividad pues, como hemos visto, estas figuras se han generalizado a partir de la Directiva de Servicios. Debe presentarse comunicación, por ejemplo, para ejercer el derecho de manifestación, tal como prescribe la Ley Orgánica 9/1983, de 15 de julio, reguladora del derecho de reunión. Por otra parte, durante la pandemia del COVID-19, se exigió la presentación de declaraciones responsables para la asistencia presencial de personas a sus centros de trabajo, dando fe de cumplir los protocolos establecidos para evitar los contagios, o bien para poder realizar determinados desplazamientos. También se suele demandar una declaración responsable en el caso de optar a determinadas subvenciones, para hacer constar que se reúnen las condiciones y obligaciones exigidas en la convocatoria.

Finalmente, hay que apuntar que ambas formas se excluyen mutuamente, es decir, cuando se exija comunicación o declaración responsable para ejercer un derecho o iniciar una actividad, la norma deberá optar por una sola de las dos opciones. El apartado sexto del artículo 69 de la LPACAP prohíbe expresamente *«la exigencia de ambas acumulativamente»*. En la misma línea, la catalana LFAE prohíbe la concurrencia de regímenes de intervención administrativa previa sobre el mismo interés general que se protege (art. 28.e).

III. La actividad de inspección administrativa

Aunque como hemos visto existen actividades para cuya iniciación no es necesaria la autorización previa de la Administración, ésta no queda eximida en ningún caso del deber de verificar que el ciudadano cumple con las limitaciones a las que esté sometida tal actividad. En general, hablamos de inspección administrativa para referirnos a las actuaciones realizadas por la Administración para comprobar que el ciudadano observa las prohibiciones y cumple con los deberes que la normativa impone al ejercicio de una determinada actividad.

Tal como ocurre con frecuencia en el ámbito de la actividad de intervención administrativa, la normativa se refiere a este concepto con diferentes designaciones, así, se habla de actuaciones de vigilancia, verificación, supervisión o de inspección para referirse al ejercicio de la comprobación del mantenimiento de las condiciones exigidas para el normal desarrollo de la actividad sujeta a limitación.

El contenido de tales comprobaciones se encontrará en cada caso definido en la correspondiente normativa sectorial de aplicación. La propia norma indicará los elementos a inspeccionar, que podrán ser de variada índole: desde la verificación de la adecuación de instalaciones físicas hasta la comprobación de hallarse al corriente de pago de las obligaciones tributarias correspondientes, pasando por controles de calidad de prestación de servicios o la acreditación de una determinada solvencia financiera. El gran abanico de sectores de actividad sometidos a regulación y las múltiples limitaciones a que se encuentra sometido su ejercicio, hacen que las actuaciones de inspección sean de muy diversas tipologías.

Hay que hacer notar que la actividad de inspección implica el ejercicio de una potestad administrativa, potestad que deberá estar prevista en la legislación aplicable, en la cual se deberán detallar las condiciones y garantías que regulen su ejecución. La inspección, que se realizará normalmente por personal al servicio de la Administración —personal funcionario, al tratarse del ejercicio de una potestad pública—, deberá llevarse a cabo respetando las condiciones impuestas por la norma legal o por su desarrollo reglamentario. Sin embargo, al ser una actuación que la Administración efectúa separada de un procedimiento administrativo, no son de aplicación los derechos previstos de forma general para las personas interesadas, como el derecho de audiencia o el de proposición de pruebas. Diferentes sería el caso de que, a raíz de una inspección, se iniciara un procedimiento sancionador; en tal caso, una vez iniciado se aplicarían por supuesto todos los principios y derechos del procedimiento administrativo sancionador.

La legislación básica administrativa prevé la actividad de inspección administrativa desde dos puntos de vista, en consonancia con la visión dual *ad intra* y *ad extra* adoptada en la vigente formulación normativa. De esta manera, la LRJSP establece las bases de la actividad inspectora para la Administración (artículo 4.2):

> *«Las Administraciones Públicas velarán por el cumplimiento de los requisitos previstos en la legislación que resulte aplicable, para lo cual podrán, en el ámbito de sus respectivas competencias y con los límites establecidos en la legislación de protección de datos de carácter personal, comprobar, verificar, investigar e inspeccionar los hechos, actos, elementos, actividades, estimaciones y demás circunstancias que fueran necesarias».*

Y por su parte, la LPACAP establece el deber de colaboración de los administrados en general, que por supuesto incluye a los inspeccionados (artículo 18.1):

> *«Las personas colaborarán con la Administración en los términos previstos en la Ley que en cada caso resulte aplicable, y a falta de previsión expresa, facilitarán a la Administración los informes, inspecciones y otros actos de investigación que requieran para el ejercicio de sus competencias, salvo que la revelación de la información solicitada por la Administración atentara contra el honor, la intimidad personal o familiar o supusieran la comunicación de datos confidenciales de terceros de los que tengan conocimiento por la prestación de servicios profe-*

sionales de diagnóstico, asesoramiento o defensa, sin perjuicio de lo dispuesto en la legislación en materia de blanqueo de capitales y financiación de actividades terroristas».

Esta redacción incorpora una obligación general de colaboración a los ciudadanos notablemente expansiva en relación con la anterior Ley 30/1992, en que se obligaba a éstos a facilitar a la Administración *«informes, inspecciones y otros actos de investigación sólo en los casos previstos por la Ley»* (artículo 39.1). Esta nueva imposición de un deber universal de colaboración sin prácticamente limitaciones para la Administración ha sido criticada por la doctrina, que acertadamente se opone a una obligación para la cual no se dispone ni siquiera la necesidad de ejercerla bajo los principios de proporcionalidad y *favor libertatis*.

> Lo que no cabe es que la ley imponga deberes generales a los ciudadanos, que equivalen a un reconocimiento general e irrestricto de potestades administrativas, sin la intermediación de la ley especial para cada procedimiento concreto. (...) Ha de rechazarse que una ley ordinaria general pueda construir un deber general de colaboración con la Administración sin que cada ley específica concrete estas potestades. Ni el art. 18 ni el art. 56 PLPAC superan el examen de constitucionalidad (BAÑO LEÓN, 2015).
>
> La determinación de los supuestos en los que los administrados están obligados a colaborar con la Administración en el ejercicio de las competencias de ésta es una cuestión crucial que no puede resolverse de un modo tan escueto y ambiguo, empleando expresiones de sentido incierto como «facilitar» (que no se sabe bien si alude a la entrega de objetos o documentos, o a no oponer obstáculos injustificados a la acción administrativa), ni mezclando la colaboración respecto de terceros con la referida a las actividades propias. (...) Por más generalizada que esté esta práctica, es literalmente intolerable que las normas jurídicas amparen al presunto delincuente en su derecho a mentir paladinamente a la policía o a los jueces, y consideren este derecho como una infracción cuando el ciudadano no delincuente se ve incurso en una actuación administrativa (SANTAMARÍA PASTOR, 2015).

En Cataluña, las potestades de control e inspección se regularon por primera vez con la Ley 26/2010, de 3 de agosto, de régimen jurídico y de procedimiento administrativo de las administraciones públicas de Cataluña, que incorporaba ya el principio de intervención mínima en este sentido. En la actualidad, la LFAE regula la inspección para aquellas actividades sujetas al régimen de control posterior a su inicio; su desarrollo reglamentario se llevó a cabo mediante el Decreto 131/2022, de 5 de julio, del Reglamento de la Ley de facilitación de la actividad económica.

IV. La acreditación, la normalización, la homologación y las inspecciones técnicas

Como hemos venido apuntando, la Administración puede imponer limitaciones a las actividades desarrolladas por particulares, en la medida en que la ley la emplaza a hacerlo, para proteger el interés general, evitar o minimizar situaciones de riesgo o bien para impedir determinadas conductas o actuaciones. Sabemos también que la forma convencional de ejercer estas medidas de control es su desarrollo mediante reglamentos administrativos, que detallan las previsiones normalmente más genéricas incluidas en las normas con rango de ley.

Sin embargo, y a pesar de su naturaleza puntualizadora, los reglamentos en ocasiones no son instrumento suficiente para concretar y delimitar con la precisión necesaria los requerimientos técnicos que se requieren en el desempeño de determinadas actividades, especialmente, aunque no únicamente, aquellas que de forma más directa se vinculan al desarrollo tecnológico y a la esfera de la actividad industrial. En estos casos, se suelen necesitar criterios con marcado contenido de detalle técnico, que requieren de conocimientos altamente especializados tanto para su redacción como para el ejercicio de comprobaciones e inspecciones posteriores; todo ello con el objetivo de asegurar al máximo dos conceptos clave, calidad y seguridad. El nivel de conocimientos técnicos especializados en este tipo de actividades, mayoritariamente de tipo industrial, no puede ser provisto desde las Administraciones debido al alto grado de minuciosidad requerido y al extenso abanico que comprenden las actividades industriales y comerciales. Tales conocimientos los manejan precisamente los actores implicados en la práctica de tales actividades.

Por todo ello, para la ordenación de tales actividades se recurre a la técnica denominada de «autorregulación», consistente en permitir que sea el propio sector de actividad el que designe o acuerde someterse a una institución —a menudo privada, surgida del propio sector— que concrete la regulación para su ámbito de actuación. Tal institución será la encargada de establecer los requisitos específicos de calidad, códigos de conducta, deberes, prohibiciones y obligaciones de aplicación a cada sector de actividad, siempre bajo la cobertura y límites impuestos por la legislación sectorial vigente.

Estos organismos pueden ser como decimos privados y reconocidos por la Administración, como por ejemplo en el caso de la Asociación Española de Normalización (UNE), pero se encuentran también a menudo vinculados a Administraciones públicas a través de organismos autónomos o agencias, como en el caso del ámbito de la seguridad alimentaria con la Agencia Española de Seguridad Alimentaria y Nutrición (organismo autónomo adscrito al Ministerio de Consumo), que opera en colaboración con el ente europeo análogo, una estructura de colaboración que se sigue en cada vez más ámbitos (Parejo Alfonso, 2016), en este caso con la Autoridad Europea de Seguridad Alimentaria. Lo mismo ocurre con las Agencias de calidad universitaria, tanto a nivel estatal (ANECA) como las existentes en diversas comunidades autónomas.

En el ámbito de la industria es donde encontramos una actuación más destacada de entidades privadas. La Ley 21/1992, de 16 de julio, de Industria (LI), desarrollada entre otros por el Real Decreto 2200/1995, de 28 de diciembre por el que se aprueba el Reglamento de la Infraestructura para la Calidad y la Seguridad Industrial (RICSI) introdujo la intervención de sujetos privados en el ámbito de la ordenación industrial (TARRÉS VIVES, 2000). Actividades como la normalización, la homologación, e incluso la función de inspección pasaron, debido al enfoque impuesto por la Unión Europea, de ser ejercidas por órganos administrativos a serlo mediante entidades privadas, que sin embargo no desempeñan tales funciones de forma totalmente ajena a la Administración, puesto que a menudo necesitarán de su autorización para operar.

Las diferentes nomenclaturas utilizadas y formas de referirse al entorno de las distintas formas de regulación son muy variadas. No solamente se utilizan diferentes sistemas en múltiples sectores, sino que se trata además de una forma de colaboración entre el sector público y el privado que además proviene del Derecho europeo, adaptado de países con tradición en este aspecto. Todo ello con la doble intención de, por un lado, facilitar la función de garante que corresponde al Estado interviniendo en las actividades privadas y, por otro lado, haciendo efectiva la desregulación impuesta desde Europa disminuyendo los controles preventivos realizados directamente por la Administración (DARNACULLETA GARDELLA, 2005).

En cuanto a los diferentes instrumentos, se habla de normalización cuando las especificaciones técnicas utilizadas por las organizaciones dedicadas al ejercicio de una actividad o a la producción de un producto se recogen en una norma, el cumplimiento de la cual será utilizado como garantía de la calidad y seguridad de la actividad o del producto. La propia actuación técnica electrónica en el interior de la Administración pública se encuentra regulada con detalle y carácter básico a través de veintitrés normas técnicas previstas en el reglamento que aprueba el Esquema Nacional de Interoperabilidad (Real Decreto 4/2010), unas normas que regulan aspectos como la estructura y formato de los expedientes administrativos, los procedimientos de copiado auténtico y conversión entre documentos electrónicos o las condiciones y requisitos relativos a la conservación de las bases de datos, entre muchos otros.

Los organismos de control, por su parte, desarrollan funciones de acreditación y/o de certificación, dando fe del cumplimiento de la normalización acordada o bien de la observancia de los requisitos necesarios para obtener tales menciones. Como hemos mencionado, existen diferentes formas de referirse a conceptos similares; así, la homologación se mantiene con este nombre en el ámbito de los vehículos, sus componentes piezas y sistemas, tal como establece la LI (art. 13.4), que la atribuye directamente al Estado a través de la realización de las necesarias pruebas en laboratorio para asegurar el cumplimiento de las normas europeas.

Para aquellas actividades económicas previstas en la anteriormente mencionada Ley catalana 18/2020, de facilitación de la actividad económica, el reglamento que la despliega (aprobado por el Decreto 131/2022, de 5 de julio) concreta los modelos normalizados de certificados y proyectos técnicos para cada actividad, y los vehicula a través de la Oficina de Gestión Empresarial, que se relaciona con los empresarios mediante una Ventanilla Única establecida al efecto por el propio reglamento.

Finalmente debemos hablar sobre las inspecciones técnicas. Su cometido difiere del de la normalización o la acreditación puesto que en su caso se trata de ejercer una función de comprobación de la correcta implementación y funcionamiento de los estándares previamente incorporados al producto o a la actividad. Tras un posible reconocimiento inicial, es habitual que la normativa de aplicación prevea inspecciones a lo largo de la vida del bien o del servicio, con una periodicidad que diferirá en función de su naturaleza. Probablemente el ejemplo más conocido de este instrumento de control sea, por su alcance, el reglamento que regula la inspección técnica de vehículos, aprobado por el Real Decreto 920/2017, de 23 de octubre, de aplicación a todos los vehículos matriculados en España, incluidos los vehículos pertenecientes a los organismos públicos, cualquiera que sea su categoría y funciones. Sin embargo, existe un buen número de inspecciones técnicas aplicadas a otros sectores, como por ejemplo la de eficiencia energética de edificios y construcciones (Real Decreto 390/2021), la de equipos de aplicación de productos fitosanitarios (Real Decreto 1702/2011) o la inspección técnica de embarcaciones de recreo (Real Decreto 1434/1999).

En Cataluña la actividad de inspección administrativa se configura también en la LFAE, que puntualiza que *«las administraciones públicas deben aprobar anualmente planes de inspección y control de las actividades sujetas al régimen de control posterior para desarrollar las tareas de control a las que obliga la presente ley»* (art. 44.1). Para el ejercicio de las inspecciones, establece la obligación de articular mecanismos de colaboración entre administraciones (art. 27) y por otro lado prevé también la existencia de entidades externas colaboradoras, que estarán habilitadas para colaborar con las administraciones públicas en la ejecución de los planes de inspección y control previstos (disp. trans. 4).

V. Los inventarios y los registros administrativos

1. Inventarios

Nos referimos aquí a las relaciones clasificadas y ordenadas de bienes patrimoniales de la Administración. Tal como lo define el diccionario, un inventario es el «*asiento de los bienes y demás cosas pertenecientes a una persona o comunidad, hecho con orden y precisión*». La función del inventario administrativo es precisamente la referida en tal definición, en este caso aplicada a aquellos bienes que pertenecen a una Administración pública.

En la práctica, se trata de un documento —comúnmente una base de datos—, en el que figurarán todos los datos relativos a los bienes de su titularidad, sean materiales o inmateriales. En la actualidad el inventario patrimonial administrativo se encuentra regulado con carácter básico en la Ley 33/2003, del Patrimonio de las Administraciones Públicas. En ella se prevé que las administraciones públicas se ajustarán a los principios de identificación y control mediante inventarios y registros (artículo 6.f) a la hora de gestionar y administrar sus bienes y derechos demaniales. Esta previsión se concreta para los inventarios en el artículo 32.1:

> Las Administraciones públicas están obligadas a inventariar los bienes y derechos que integran su patrimonio, haciendo constar, con el suficiente detalle, las menciones necesarias para su identificación y las que resulten precisas para reflejar su situación jurídica y el destino o uso a que están siendo dedicados.

La Ley de Patrimonio, además de su contenido básico aplicable a toda Administración, detalla la gestión de los inventarios de la Administración General del Estado, junto con el Real Decreto 1373/2009 que aprueba el reglamento general que la desarrolla. Las Comunidades Autónomas cuentan con sus propias leyes de patrimonio, mientras que las administraciones locales se rigen en lo tocante a inventarios principalmente a través del Real Decreto 1372/1986, de 13 de junio, por el que se aprueba el Reglamento de Bienes de las Entidades Locales.

De forma general, los inventarios tienen una primera finalidad interna para las administraciones, de control y ordenación de los bienes públicos de los que son titulares. No tienen la consideración de registro público y los datos que contienen constituyen información de apoyo para la gestión interna y para la definición de políticas, en su caso. Tampoco tienen validez jurídica frente a terceros ni pueden ser utilizados para hacer valer derechos frente a la Administración.

El paso de los inventarios al formato electrónico durante los últimos años ha propiciado que se hayan previsto novedades en su gestión, especialmente en los inventarios de información administrativa. El Real Decreto 203/2021, que desarrolla la LPACAP y la LRJSP, ha modificado el Esquema Nacional de Interoperabilidad, de forma que se obliga a que las administraciones creen y mantengan actualizado el conjunto de sus inventarios de información administrativa, en los que deberán incluir la relación de los procedimientos administrativos y servicios prestados de forma clasificada y estructurada, conectada electrónicamente con el sistema gestionado por el Ministerio de Política Territorial y Función Pública. Asimismo, deberán inventariar y conectar con el directorio gestionado por la Administración General del Estado la relación de sus órganos administrativos y oficinas orientadas al público y sus relaciones entre ellos.

2. Los registros administrativos

La actividad registral de la Administración se desarrolla de forma paralela a la multiplicidad de ámbitos en que ésta despliega su actividad y sus competencias. Tras el significado genérico que se da al registro (que puede referirse tanto al trámite de inscripción como al documento donde se almacenan las inscripciones o, cada vez menos, a la oficina o lugar donde se practica el registro), encontramos una gran diversidad de concreciones de este instrumento con funciones de control, ordenación y referencia.

En primer lugar, debemos referirnos al Registro Electrónico General, obligatorio en todas las administraciones tal como dispone el artículo 16 de la LPACAP, en el que se hará *«el correspondiente asiento de todo documento que sea presentado o que se reciba en cualquier órgano administrativo, Organismo público o Entidad vinculado o dependiente a éstos»*. Desde la entrada en vigor definitiva, seis años después de su aprobación, de este precepto, los registros deben ser ya obligatoriamente electrónicos a todos los efectos. Deben además cumplir con las condiciones de interoperabilidad entre las distintas administraciones y con las garantías de seguridad, tal como están previstas en los correspondientes reglamentos de interoperabilidad y de seguridad. En Cataluña, la regulación de los registros administrativos se encuentra en el artículo 41 de la Ley 26/2010, de 3 de agosto, de régimen jurídico y de procedimiento de las administraciones públicas de Cataluña.

En referencia a lo tratado en los apartados anteriores, y en especial en el caso de las declaraciones responsables y comunicaciones, el registro tiene una importancia capital. Tal como hemos apuntado, en los casos en que la iniciación de una actividad precise de uno de estos instrumentos de comunicación a la Administración, ésta deberá realizarse necesariamente por la vía del registro. El citado artículo 16 dispone que la presentación, no solo de declaraciones y comunicaciones sino del documento que se pretenda hacer llegar a la Administración, se puede efectuar en el registro de cualquier administración territorial o entidad del sector público tal como se define en el artículo 2 de la misma ley, además de las oficinas de Correos y en las representaciones diplomáticas y oficinas consulares. La naturaleza digital del registro, ahora ya totalmente implementada, hace que tal relación de lugares físicos donde presentar documentación pierda buena parte de su sentido, resultando de utilidad únicamente en los casos en que personas físicas no obligadas a relacionarse electrónicamente con la Administración opten por la presentación de documentos en formato papel.

Sea cual sea la documentación presentada, en todo caso la Administración emitirá un comprobante de su recepción, consistente en una copia autenticada con la fecha y hora de la presentación en el registro. Recordemos que en el caso de las declaraciones responsables y de las comunicaciones, permiten el reconocimiento o ejercicio de un derecho o bien el inicio de una actividad desde el día de su presentación, por tanto, la correcta presentación en el registro es fundamental para el desarrollo normal de la actividad.

Más allá del Registro Electrónico General, existe una larga lista de registros especializados en los diversos sectores de actuación administrativa. Algunos ejemplos son el Registro de Asociaciones, el de Infractores, Registro de Montes de Utilidad Pública, Registro de Entidades Religiosas o el de Licitadores y Empresas Calificadas, por nombrar solo algunos de entre ámbitos dispares. La LPACAP introdujo como novedad la necesidad de que las administraciones cuenten con un registro (o sistema equivalente) de los funcionarios habilitados para identificar electrónicamente o firmar dentro de un procedimiento administrativo en nombre de una persona interesada, siempre que ésta no esté obligada a relacionarse por medios electrónicos ni disponga de ellos, y así lo solicite explícitamente. La misma norma también implementó un registro de funcionarios habilitados para la expedición de copias auténticas, mientras que los funcionarios de las oficinas de asistencia en materia de registros deben constar necesariamente en ambos registros. Tanto uno como otro registro deben ser interoperables y deben estar interconectados con los de las restantes administraciones, de forma que se pueda comprobar la validez de la correspondiente habilitación.

También fue introducido el registro electrónico de apoderamientos, de la mano de los nuevos medios para acreditar la representación en el ámbito exclusivo de las administraciones públicas. Así, se debe crear y mantener este registro en cada Administración, siendo optativa su adhesión al registro del Estado. En él se deben inscribir las representaciones otorgadas, así como los medios para su acreditación (*apud acta*, presencial o electrónico) y su alcance administrativo y temporal. De la misma forma que en los mencionados registros de habilitación de funcionarios, los registros deben estar interconectados de forma que la representación pueda ser comprobada desde administraciones distintas de aquella en que fue registrada.

Por otra parte, no hay que olvidar que se trata de registros públicos, de forma que algunos de ellos se configuran especialmente con la intención de acercar a la ciudadanía la información de interés general que en ellos se recoge. Así lo dispone en primer lugar el artículo 105 b) de la Constitución: *«La ley regulará el acceso de los ciudadanos a los archivos y registros administrativos, salvo en lo que afecte a la seguridad y defensa del Estado, la averiguación de los delitos y la intimidad de las personas»*. Este precepto se encuentra efectivamente recogido en el artículo 13 de la LPACAP, apartado d), donde se concreta que toda persona con capacidad de obrar ante las administraciones públicas tiene derecho al *«acceso a la información pública, archivos y registros, de acuerdo con lo previsto en la Ley 19/2013, de 9 de diciembre, de transparencia, acceso a la información pública y buen gobierno y el resto del Ordenamiento Jurídico»*. Así, de forma genérica se remite a la normativa de transparencia para la regulación concreta del acceso a los registros. Al mismo tiempo las diversas normativas sectoriales prevén especificidades para sus correspondientes ámbitos, tanto para la creación de registros públicos concretos para recoger la información que se recaba en aplicación de sus preceptos como para su acceso, como por ejemplo es el caso de aquellas relacionadas con la protección del medio ambiente (Bolaño Piñeiro, 2014).

Para saber más

Arroyo Yanes, L. M. «Potestades administrativas en la intervención administrativa sobre las actuaciones materiales de los particulares sometidas a comprobación», en *La potestad administrativa: concepto y alcance práctico de un criterio clave para la aplicación del Derecho administrativo* (pp. 705-778), Tirant lo Blanch, Valencia, 2021.

Baño León, J. M. «La reforma del procedimiento. Viejos problemas no resueltos y nuevos problemas no tratados» *Documentación administrativa* núm. 2, 2015.

Barnes Vázquez, J., «La transposición de valores públicos a los agentes privados por medio de elementos de organización y procedimiento», en *Estrategias del Derecho ante la incertidumbre y la globalización* (pp. 281-312), Madrid: Marcial Pons, 2015.

Bolaño Piñeiro, M.C., «Registros administrativos e inventarios en la normativa de suelos contaminados», *Revista Vasca de Administración Pública, 322*(98), 17-48, 2014.

Cano Campos, T., «Derechos y deberes de las personas en sus relaciones con las administraciones públicas: la vuelta del «administrado»», en *In-*

novaciones en el procedimiento administrativo común y en el régimen jurídico del sector público (pp. 115-146), Editorial Universidad de Sevilla, Sevilla, 2016.

CARRILLO DONAIRE, J. A., «La regulación de la seguridad y la calidad industrial y productiva», en *Derecho de la regulación económica* (pp. 577-630), Iustel, Madrid, 2010.

COSCULLUELA MONTANER, L. *Manual de Derecho Administrativo,* Editorial Civitas, 2023.

DARNACULLETA GARDELLA, M. M., «Autorregulación, sanciones administrativas y sanciones disciplinarias», en *Autorregulación y sanciones* (pp. 135-165). Cizur Menor, Aranzadi, Navarra, 2015.

DARNACULLETA GARDELLA, M. M., «Las fuentes del derecho en el sistema de la poscontratación del mercado de valores: internacionalización y autorregulación regulada», en *La reforma del sistema de poscontratación en los mercados de valores* (pp. 113-162). Cizur Menor, Navarra.: Thomson Reuters Aranzadi, 2017.

DARNACULLETA GARDELLA, M., *Autorregulación y derecho público.* Marcial Pons, Madrid, 2015.

ESTEVE PARDO, J., «Decidir y regular en la incertidumbre. Respuestas y estrategias del Derecho público», en *Estrategias del Derecho ante la incertidumbre y la globalización* (pp. 33-46), Marcial Pons, Madrid, 2015.

FERNÁNDEZ-MIRANDA FERNÁNDEZ-MIRANDA, J. (2023). La afectación cultural como límite a la intervención administrativa, en *Derecho público entre el poder y un audaz desafío por el estado de derecho,* Vol. 2 (pp. 889-906), Atelier.

FONT LLOVET, T. «Administración pública, libertad y mercado. Los criterios de la reforma administrativa», en *Estudios sobre las leyes 39/2015 del procedimiento administrativo común de las administraciones públicas y 40/201 del régimen jurídico del sector público* (pp. 25-48), Atelier, Barcelona, 2017.

GARCÍA DE ENTERRÍA, E., y FERNÁNDEZ, T.R. *Curso de Derecho administrativo II.* Cizur Menor, Editorial Civitas, 2022.

GAVIEIRO-GONZÁLEZ, S., «Declaraciones responsables y comunicaciones: efectos y tramitación. Especial referencia al ámbito urbanístico. Análisis Jurisprudencial», *Revista Vasca de Administración Pública,* (118), 127-152, 2020.

GÓMEZ MANRESA, M. F., *La intervención administrativa y su incidencia sobre el derecho de propiedad del suelo y la edificación.* Aranzadi, Navarra, 2018.

LAGUNA DE PAZ, J. C., «La autorización administrativa: entre la escila del dogmatismo y el caribdis del relativismo», en *Actas del I Congreso de la Asociación Española de Profesores de Derecho Administrativo* (pp. 25-50), Aranzadi, Navarra, 2017.

MUÑOZ MACHADO, S., *Derecho de la regulación económica*, Iustel, Madrid, 2010.

Muñoz Machado, S. «Las transformaciones del régimen jurídico de las autorizaciones administrativas», *Revista española de la función consultiva*, (14), 85-110, 2010.

Parejo Alfonso, L. J., *Vigilancia y la Supervisión Administrativas*, Tirant Lo Blanch, Valencia, 2016.

Peña Chacón, M., «Autorizaciones administrativas frente a la tutela ambiental», *Revista de derecho de la Hacienda Pública*, núm.6, p. 32-45, 2016.

Rebollo Puig, M. y Vera Jurado, D. J. *Derecho Administrativo III: modos y medios de la actividad administrativa*, Editorial Tecnos, Madrid, 2019.

Rodríguez Font, M., «Relaciones jurídico-administrativas al margen del procedimiento: comunicaciones y declaraciones responsables», en *Estudios sobre las leyes 39/2015 del procedimiento común de las administraciones públicas y 40/2015 del régimen jurídico del sector público* (pp. 217-238). Atelier, Barcelona, 2017.

Rojas Calderón, C., *Riesgos y Derecho Administrativo Desde el control a la regulación*, Ediciones DER, Santiago de Chile 2019.

Santamaría Pastor, J. A., «Los proyectos de ley del procedimiento administrativo común de las administraciones públicas y de régimen jurídico del sector público: una primera evaluación», *Documentación administrativa*, (2), 2015.

Silvestre Castejon, X., «Conflictos en la transmisión de licencias de actividad y posibles soluciones», *Consultor de los ayuntamientos y de los juzgados: Revista técnica especializada en administración local y justicia municipal*, (3), 87-99, 2020.

Soro Mateo, B., «Construyendo el principio de precaución», *Revista Aragonesa de Administración Pública*, (49-50), 87-151, 2017.

Tarrés Vives, M., «Las nuevas referencias en el derecho industrial: acreditación y normalización», *Autonomies: Revista Catalana de Dret Públic*, (26), 119-155, 2000.

Trayter Jiménez, J. M., «Simplificación administrativa y modificación o supresión de las técnicas de limitación o intervención», *Revista Aragonesa de Administración Pública*, (47-48), 8-44, 2016.

TEMA V
LAS SANCIONES ADMINISTRATIVAS

Joan Manuel Trayter Jiménez

I. CONCEPTO Y JUSTIFICACIÓN

La sanción administrativa es la imposición de un mal a un administrado como consecuencia de una conducta ilegal.

Es por tanto la potestad, el poder atribuido por el ordenamiento a la Administración, para castigar el incumplimiento de la Ley.

De ese modo, la mayor parte de leyes incluye un listado de conductas tipificadas como prohibidas cuya comisión puede dar lugar a la imposición de una sanción, de un castigo por parte de la Administración Pública, después de haber seguido un procedimiento administrativo. La sanción administrativa típica es la multa, que será más o menos elevada dependiendo de factores como la gravedad de la infracción o del daño al interés general.

Además hay otras sanciones como la pérdida de matrícula o la expulsión de una universidad (prevista en la Ley Orgánica 4/2007, de 12 de abril, por la que se modifica la Ley Orgánica 6/2001, de 21 de diciembre, de Universidades), expulsión de extranjeros del Estado por la comisión de ilícitos muy graves, la separación del servicio del funcionario público por la comisión de faltas muy graves o la suspensión de funciones por faltas graves (arts. 90 y 96 EBEP), amonestación (prevista por el art. 79 de la Ley General de Telecomunicaciones), pérdida del carnet de conducir (art. 80 Ley de Seguridad Vial), cierre de empresas o locales de negocio (art. 31 Ley de protección de la atmosfera).

Dado que, en puridad en el Estado de Derecho, quien castiga el incumplimiento del ordenamiento jurídico son los jueces, el poder judicial, no el poder ejecutivo, la atribución a la Administración Pública del *ius puniendi* del Estado es cuestionada por parte de la doctrina. Desde ese punto de vista, es el juez penal aplicando el código penal el que debería tener el monopolio del derecho punitivo del Estado, delegando al poder ejecutivo la potestad de ejecutar las leyes, no de castigar su incumplimiento.

Sin embargo, ya desde los orígenes del Estado de Derecho, se atribuyó un poder punitivo a la Administración Pública, al que se le rodeó de un conjunto de garantías similares al derecho penal (de ahí que en Alemania y Austria se denominara derecho penal administrativo) pero cuya excepción fue España donde la doctrina habló de un derecho administrativo sancionador prebecariano, al aplicar técnicas toscas, groseras, arcaicas y poco acordes con el derecho garantizador.

Así se reconocieron técnicas como la independencia plena de las sanciones administrativas de las penas; la tipificación en blanco de multas de 100 pesetas «en adelante», sin concretar la cuantía; la tipificación de infracciones sin determinar el hecho ilícito («cualquier vulneración del ordenamiento» o de las «disposiciones de esta Ley y de sus reglamentos de desarrollo»); el reconocimiento explícito de la «reformatio in peius» o reforma de la sanción agravándola «con ocasión del examen del recurso administrativo»; las denominadas «sanción de plano» es decir impuestas sin procedimiento alguno, ni siquiera el trámite de audiencia, técnica declarada inconstitucional por la STC 18/81, de 8 de junio; la ejecutividad inmediata de las sanciones (también declarada inconstitucional por las SSTS de 17 y 21 de julio de 1982), etc.

Razones de política legislativa y de eficacia en la ordenación del sistema represivo han contribuido a otorgar un poder sancionador a la Administración Pública. Ahora bien, como el mundo de las sanciones administrativas «significa la intromisión más grande de la Administración en la esfera de la justicia» (A. Merk, 1980), la Constitución de 1978 recoge de manera específica junto con la potestad punitiva ejercida por los Tribunales penales, la posibilidad de la Administración Pública de imponer sanciones.

Estas últimas se distinguen de las penas por un elemento formal, la autoridad que las impone: las sanciones, la Administración; las penas, los Tribunales penales.

De manera temprana, el Tribunal Constitucional ya tuvo ocasión de declarar que «los principios inspiradores del orden penal son de aplicación, con ciertos matices, al derecho administrativo sancionador, ya que ambos son manifestación del ordenamiento punitivo del Estado» (STC 18/81, de 8 de junio). Por tanto, la opción del ordenamiento jurídico español es el de la equiparación de las reglas y principios que derivan de los arts. 25 CE (principios sustantivos del derecho punitivo del Estado) y art. 24 CE (derechos y garantías del proceso penal, que se aplica, de manera finalista, a los procedimientos sancionadores, tramitados por la Administración). El único límite para la Administración es que no puede imponer castigos que impliquen la privación de libertad (art. 25 CE).

Los criterios para clasificar como administrativo o penal un castigo han fracasado. Por un lado, los defensores de la distinción cuantitativa consideran que las cuantías de las penas son superiores a las sanciones. Sin embargo, basta analizar la legislación administrativa para comprobar que esa afirmación no es cierta. Muchas multas que impone la Administración son superiores legalmente a las que puede poner el juez penal (así el Real Decreto Legislativo 5/2015, de 30 de octubre, por el que se aprueba el texto refundido de la Ley del Estatuto Básico del Empleado Público en su art. 90 prevé la suspensión del servicio a perpetuidad; la Ley Orgánica 10/1995, de 23 de noviembre, del Código Penal no prevé penas perpetuas: la Ley 22/1988, de 28 de julio, de Costas prevé multas de hasta 300.000€ para las infracciones graves, tal como manifiesta su art. 97; el Decreto Legislativo 1/2010, de 3 de agosto, por el que se aprueba el texto refundido de la Ley de urbanismo prevé la imposición de multas de hasta 3.000€ para las infracciones leves, hasta 150.000€ para las graves y de hasta 1.500.000€ para las infracciones muy graves (art. 219)).

Los partidarios de la distinción cualitativa consideran que las conductas más graves son contempladas como infracción por el Código Penal mientras que las cualitativamente más livianas o leves se tipifican en la legislación administrativa. Sin embargo estas directrices no tienen una base sólida, cuestión que se comprueba fácilmente concluyendo comportamientos que antes estaban previstos en el Código Penal y pasaron a ser infracción administrativa (ej. Pasar por la frontera una cantidad de dinero) o al revés, conductas que se tipificaban como infracción administrativa que pasa a estar contempladas por el Código Penal (conducir bajo los efectos de bebidas alcohólicas, delitos ambientales y urbanísticos).

Así la Sentencia TEDH Otztürk de 21 de febrero de 1984, ya acaba aplicando las mismas garantías en el ámbito penal y administrativo, al no poder hacer una distinción clara. El supuesto de hecho era el derecho al traductor ante una multa de tránsito. El único límite claro es que la Administración no puede imponer castigos que signifiquen privación de libertad (art. 25.3 CE). De ahí que el TEDH en sentencia de 30 de junio de 2020 (50514/13, SAQUETTI IGLESIAS C ESPAÑA) exija el derecho a la doble instancia para el enjuiciamiento de las sanciones administrativas como existe en el ámbito penal.

II. REGULACIÓN LEGAL

La potestad sancionatoria de la Administración está regulada a nivel constitucional en los arts. 24 (garantías de los procedimientos sancionadores) y 25 (principios de la potestad sancionadora). Además, la potestad sancionatoria no constituye una materia competencial autónoma sino que constituye una función instrumental para la defensa de los intereses que cada sector o materia del ordenamiento regula (urbanismo, medioambiente, turismo, industria).

Partiendo de esa regla y de esas potestades podemos hacer la siguiente ordenación:

a) Art. 25 CE (principios substantivos de la potestad sancionadora: reserva de ley, tipicidad, non bis in ídem, irretroactividad de las disposiciones sancionadoras). Art. 24 CE (principios y garantías procedimentales). El Tribunal Constitucional en Sentencia 18/81, de 8 de junio, declaró aplicables estos derechos y garantías previstos en el proceso penal ante el juez a los procedimientos sancionadores seguidos ante la Administración. Así el derecho a conocer de la acusación formulada, el trámite de audiencia, el derecho a proponer y practicar las pruebas tendentes a la defensa, la presunción de inocencia.
b) Esas reglas y su desarrollo por la jurisprudencia constitucional han sido positivizadas en dos normas. Una para los principios substantivos, recogidos en los artículos 25 a 31 de la LRJSP. Otra para las normas procedimentales que están previstas en la LPACAP, de modo saltuario y asistemático (arts. 35.1.h, 53.2, 55.2, 60.2, 61.3, 62.2 y 4, 63, 64, 77.4 y 5, 85, 88.7, 89, 90, 96.5). Estos principios y reglas derivan del art. 149.1.18 CE (bases del régimen jurídico de las Administraciones Públicas y del Procedimiento Administrativo Común) y, por tanto, deben ser respetados por la normativa sectorial estatal y autonómica.
c) Como la regulación del ejercicio de la potestad sancionadora de la Administración (los principios sustantivos, la tipificación de infracciones y sanciones, los trámites y reglas procedimentales) es una competencia

conexa o accesoria de la materia que se regula (urbanismo, puertos, industria, bosques, turismo), el régimen sancionador corresponderá al Estado o a la Comunidad Autónoma competente en cada materia, respetando las reglas ya explicadas (así STC 108/1993, de 25 de marzo).

Así, por ejemplo, para la normativa estatal: Estatuto Básico del Empleado Público (arts. 93 a 98, régimen disciplinario), Ley de Costas (arts. 90 a 109, infracciones, sanciones, procedimiento y medios de ejecución), Ley de Aguas (arts. 116 a 121 bis, de las infracciones y sanciones y de la competencia de los Tribunales), Ley de evaluación ambiental (arts. 51 a 64, seguimiento y régimen sancionador).

Para la normativa autonómica véase: la Ley de Urbanismo de Cataluña (arts. 211 a 227 sobre disciplina urbanística, infracciones urbanísticas y sanciones) o la Ley de espectáculos públicos y actividades recreativas (arts. 44 a 65, del régimen de inspecciones y sanciones).

De ese modo y finalmente, la mayoría de leyes que imponen obligaciones a los ciudadanos, concluyen con un listado de infracciones muy graves, graves y leves ante su incumplimiento y para cada tipo de infracción un abanico de sanciones que podrá imponer la Administración dependiendo de la concurrencia de determinadas circunstancias agravantes y atenuantes.

Así, por ejemplo, sobre las multas de tráfico, el Real Decreto Legislativo 6/2015, de 30 de octubre, por el que se aprueba el Texto Refundido de la Ley sobre Tráfico, Circulación de Vehículos a Motor y Seguridad Vial establece unas infracciones leves en su art. 75 (por ejemplo, circular en una bicicleta sin hacer uso del alumbrado reglamentario), graves en su art. 76 (no respetar los límites de velocidad, conducir utilizando cualquier tipo de casco de audio, no hacer uso del cinturón de seguridad, no respetar las señales y órdenes de los agentes de la autoridad, no respetar la luz roja de un semáforo, la señal de stop, el ceda el paso, etc.) y muy graves en su art. 77 (circular en sentido contrario al establecido, participar en competiciones y carreras de vehículos no autorizadas, conducir un vehículo que tenga instalados inhibidores de radares, conducir un vehículo careciendo del permiso o licencia, causar daños a la infraestructura de la vía, etc.).

Para las sanciones, las leves serán sancionadas con multa de hasta 100€; las graves, con multa de 200€ y las muy graves, con multa de 500€, aunque puede agravarse atendiendo a ciertas circunstancias (arts. 80 y 81).

Además, se prevé también ciertas medidas provisionales como la inmovilización del vehículo (art. 104) y la retirada y depósito del vehículo (art. 105), entre otros.

III. Los principios de la potestad sancionadora

1. El principio de legalidad

El principio de legalidad («*nullum crime nulla poena sine previa lege*») previsto en el artículo 25.1 de la Constitución es aplicable al ejercicio de la potestad sancionadora de la Administración. «Nadie puede ser condenado o sancionado por acciones u omisiones que en el momento de producirse no constituyen delito, falta o infracción administrativa, según la legislación vigente en aquel momento». Este enunciado comprende diversos contenidos, a saber:

a) Una garantía formal que exige que la infracción administrativa y sus correspondientes sanciones estén previstas en una Ley, aprobada por el Parlamento (*lex scripta*). El término «legislación vigente» contenido el artículo 25.1 CE es expresivo de una reserva de Ley en materia sancionadora (STC 42/87, de 7 de abril).
b) Una garantía de orden material y alcance absoluto exige la necesidad de predeterminación normativa de las conductas ilícitas y las sanciones correspondientes (*lex certa*). En los ámbitos limitativos de libertad individual y como derivación del principio de seguridad jurídica, el ciudadano debe saber qué comportamientos están prohibidos y cuáles no y qué castigos resultan de aplicación (STC 6/2006, de 16 de enero; STC 57/2010 de 29 de octubre).
c) Se ha de respetar la exigencia de una Ley previa (lex praevia) que tiene como expresión mínima la prohibición de la retroactividad de las leyes que contienen nuevos ilícitos o agravan las penas (STC 29/2000, de 31 de enero).
d) El principio de legalidad incluye también la imposibilidad de una doble sanción por la comisión de un único hecho, cuando existe identidad de sujeto, hecho y fundamento. Es el principio non bis in ídem que exige la subordinación de la actividad administrativa sancionadora a la jurisdicción penal (STC 2/81, de 30 de enero; STC 77/83, de 3 de octubre).

Veamos esos subprincipios con mayor detalle.

2. La garantía formal: la reserva de ley

El principio de reserva de ley es un principio de carácter formal que implica que es el Parlamento, estatal o autonómico, el que ha de atribuir la potestad sancionadora a la Administración (art. 25.1 LRJSP). La duda surgió por cuanto el art. 25.1 CE utiliza el término «legislación vigente» (y no Ley) y hubo de ser el Tribunal Constitucional quien concretase este aspecto formal del Estado de Derecho. De ese modo, a partir claramente de la STC 42/87, de 7 de abril se puede inferir:

a) El conjunto de infracciones y sanciones administrativas han de estar en una ley formal aprobada por el Parlamento.
b) En consecuencia, queda vedado al reglamento, la tipificación «ex novo» de conductas que constituyan infracción administrativa o recoger nuevas sanciones, pues esa actuación iría en contra del principio mencionado.
c) La Constitución permite la remisión al reglamento para la concreción de aspectos puntuales o de detalle de los ilícitos y sus sanciones reduciendo márgenes de discrecionalidad; es la técnica de la remisión al reglamento de ciertos elementos de la conducta ilícita y las sanciones, completando algunos aspectos meramente técnicos: es la doctrina del complemento indispensable (solo deben completarse cuestiones menores, no pudiendo crecer nuevos tipos de infracciones y sanciones pues esa actuación sería inconstitucional por ir en contra del art. 25.1 de la Constitución) (así, STC 83/84, de 24 de julio).
d) Resulta inconstitucional la simple habilitación de la Administración a través de una norma de rango legal vacía de contenido material propio para que esta, la Administración, tipifique ilícitos y nuevas sanciones. En realidad esta operación dejaría de ser una remisión al reglamento y pasaría a ser una deslegalización, técnica que por el hecho de afectar a una materia reservada a la Ley, superaría los límites constitucionales (STC de 16 de noviembre de 1982). La diferencia entre una técnica y otra radica en el hecho que la Ley sancionadora de remisión (en principio permitida por el Tribunal Constitucional dentro de ciertos límites) resulta directamente aplicable a sus destinatarios ya que, a pesar de ser incompleta, tiene un contenido material propio que deberá completarse a través de la norma reglamentaria. Por el contrario, la ley sancionadora de deslegalización, que no es ni tan solo una norma directamente aplicable ya que no tiene sustancia propia, no tiene significado. Su único contenido —dice García de Enterría— es la manipulación del rango para abrir la posibilidad al reglamento de entrar en una materia hasta el momento regulada por ley. En consecuencia, esta última operación, como hemos dicho, resulta inconstitucional, afirmación que no ha compartido el Tribunal Constitucional en la Sentencia 2/87, de 21 de enero.

Se infringiría el principio de reserva de Ley si la Ley únicamente dijera: «Las infracciones a esta ley se dividirán en muy graves, graves y leves. Reglamentariamente, se concretaran las mismas y las correspondientes sanciones».

Esa regulación es una deslegalización de la materia, no una simple remisión al reglamento, pues esta, ha de regular la totalidad de los ilícitos, de los comportamientos que se consideran infracción y las sanciones. Al reglamento solo le está permitido concretar cuestiones de detalle. Es la teoría del complemento indispensable de la Ley. Solo lo indispensable y nada más que lo indispensable para que la Ley sea aplicada con mayor certeza. Normalmente son cuestiones puramente técnicas que conoce mejor la Administración (niveles concretos de decibelios en la infracción por ruidos, por ejemplo).

e) Esta regla general no es aplicable a la tipificación de infracciones y sanciones por normas reglamentarias preconstitucionales que no gocen de la cobertura jurídica necesaria según el texto constitucional. Al ser un requisito formal, dicha exigencia no tiene carácter retroactivo (STC 42/87, precitada).
f) Respecto a las entidades locales (ayuntamientos) las reglas para tipificar infracciones y sanciones están recogidas, además de en el Título I de la Ley 7/1985, de 2 de abril, Reguladora de las Bases de Régimen Local (en adelante, LBRL) modificada en el año 2003, en la STC 132/2001, de 8 de junio. Al no tener Parlamento y no poder dictar leyes pero sí aprobar ordenanzas por el Pleno, se establecen dos reglas: a) cuando exista legislación sectorial que tipifique infracciones y sanciones esa será la ley de cobertura y b) si no existe, únicamente para la ordenación de las relaciones de convivencia de interés local y del uso de sus servicios, equipamientos, infraestructuras, instalaciones y espacios públicos, los entes locales podrán, en defecto de normativa sectorial específica, establecer los tipos de las infracciones e imponer sanciones por el incumplimiento de deberes, prohibiciones y limitaciones contenidos en las correspondientes ordenanzas, con los límites de las cuantías de las sanciones y para las faltas muy graves de 3.000€ respetando la clasificación de las infracciones establecida en la propia LBRL (arts. 139, 140 y 141).
g) Para las sanciones fruto de una relación especial de sujeción (aquellas en las que la relación con la Administración para algunos colectivos como funcionarios, colegiados de colegios profesionales, presos en establecimientos penitenciarios o estudiantes es más intensa que el resto de situaciones y de personas fruto de una relación general) se matiza la reserva de Ley. Deben tener una cobertura legal, las infracciones muy graves y las graves y las correspondientes sanciones, dejando al reglamento la tipificación de las infracciones leves (arts. 93 a 96 del Estatuto Básico del Empleado Público).

3. La garantía material: el principio de tipicidad

El principio de tipicidad es, en primer lugar, un mandato dirigido al legislador para que dibuje con detalle y cuidado cada uno de los elementos de la conducta ilícita y su correspondiente sanción. En el Estado de Derecho no puede castigarse cualquier vulneración de leyes o reglamentos sino únicamente aquellas conductas más graves que estas tipificadas como infracción administrativa, pudiendo recibir el castigo que prevé también la norma de aplicación, no cualquiera que se le ocurra al gobernante de turno (STC 219/89, de 21 de diciembre).

Así, el artículo 27.3 LRJSP dice que «Las disposiciones reglamentarias de desarrollo podrán introducir especificaciones o graduaciones al cuadro de las infracciones o sanciones establecidas legalmente que, sin constituir nuevas infracciones o sanciones, ni alterar la naturaleza o límites de las que la Ley contempla, contribuyan a la más correcta identificación de las conductas o a la más precisa determinación de las sanciones correspondientes».

De ese modo, las infracciones administrativas suelen clasificarse por ley en muy graves, graves y leves, anudando a cada tipo una sanción, que también debe estar concretada por la norma aplicable.

Los problemas de este principio en el ámbito administrativo han sido, en primer lugar, la proliferación de tipos excesivamente abiertos o cláusulas abiertas, que pugnan con la necesaria determinación (STC 62/82, de 15 de octubre) de la infracción administrativa, «en general el incumplimiento de los deberes y obligaciones de esta ley», «el incumplimiento de los deberes y obligaciones del funcionario», «la notoria falta de rendimiento (en el servicio para los empleados públicos)» o la cláusula de orden público que castigaba «las conductas que de cualquier otra manera no prevista en los párrafos anteriores alterasen la paz pública o la convivencia social» (art. 2i LOP 1959).

También choca con el principio de taxatividad o tipicidad, en segundo término, la utilización de conceptos deontológicos que no técnicos de apreciación absolutamente discrecional (la falta de probidad moral, art. 88 LFCE de 1964 y 204 ROPG de 17 de julio 1972, la falta de ética y diligencia profesional (art. 5 LPC de 1974).

El caso más pragmático fue la tipificación como infracción muy grave que comportaba la separación del servicio a perpetuidad del funcionario público por la «falta de probidad moral o material» (art. 88 LFCE). Nadie consiguió determinar en qué consistía, a pesar de su aplicación frecuente. El Tribunal Supremo decía que era «una falta de hombría de bien, una falta de virtud en el obrar», o «una vulneración de la rectitud, integridad moral y su honradez» (así STC 26 de enero 1970). Era el denominado por la doctrina «párrafo del sinvergüenza» pues ayudaba a castigar conductas de lo más variopinto (engaños matrimoniales, actos irregulares en el servicio, etc.). Así forma parte de estos conceptos en el ámbito de los funcionarios públicos «las manifestaciones de tibieza o disgusto en el servicio, la falta de decoro, la mala presentación en la apariencia personal»...).

Por otro lado, el principio de tipicidad constituye un mandato a la Administración exigiendo una identidad entre los hechos cometidos y los descritos por la norma como infracción, reclamando a la Administración una adecuación entre el presupuesto fáctico y el tipo infractor previsto por la norma.

Así, la calificación de una acción u omisión como infracción administrativa es una actividad reglada de la Administración y queda prohibido cualquier tipo de interpretación analógica (*in malam partem*) o extensiva. También debe ser impuesta la sanción previamente prevista por la norma.

Se admite la analogía *in bonam partem*. La *analogía in malam partem* es aquella situación en que el caso concreto no está previsto ni en la letra ni en el espíritu de la ley (STS de 4 de marzo de 1981). La interpretación extensiva también está prohibida. Es aquella en que una norma prevé el caso concreto en su espíritu o finalidad, pero no en la literalidad. En el derecho sancionador prima esta última sobre la primera y por tanto no debe ser castigada su conducta.

4. La irretroactividad de las normas sancionadoras. La retroctividad de la norma favorable

En el derecho sancionador rige con más contundencia que en otros ámbitos el principio general del derecho «*tempus regit actum*» que únicamente se excepciona cuando la norma sancionadora favorece al ciudadano al otorgarle, en estos casos, efectos retroactivos.

El primer supuesto, la irretroactividad de la norma sancionadora se deduce de los arts. 9.3 y 25.1 CE («nadie puede ser condenado o sancionado por acciones u omisiones que en el momento de producirse no constituyen infracción administrativa según la legislación vigente en aquel momento) y art. 26.1 LRJ-SP («serán de aplicación las disposiciones sancionadoras vigentes en el momento de producirse los hechos que constituyen infracción administrativa»). Es una consecuencia del principio de legalidad y del de seguridad jurídica.

Por ejemplo, si un señor fumó en un local abierto al público hace años y se publica la Ley que prohíbe fumar en esos locales con posterioridad, no puede aplicarse esa ley y sancionarlo, pues supondría la quiebra del principio de irretroactividad.

Una segunda cuestión distinta a la examinada es la posibilidad de otorgar efectos retroactivos a las leyes favorables, regla que impone la aplicación al infractor de las normas sancionadoras más beneficiosas que surjan después de la realización de la conducta enjuiciada. Este derecho, no recogido en el art. 25.1 CE, sí se encuentra positivizado en el art. 26.2 LRJSP: «2. Las disposiciones sancionadoras producirán efecto retroactivo en cuanto favorezcan al presunto infractor o al infractor, tanto en lo referido a la tipificación de la infracción como a la sanción y a sus plazos de prescripción, incluso respecto de las sanciones pendientes de cumplimiento al entrar en vigor la nueva disposición».

Así lo reconoce con naturalidad la jurisprudencia: STC 29/2000, de 31 de enero y SSTS de 22 de enero 2009 y de 25 de mayo de 2012.

5. El principio non bis in ídem

A) Concepto y origen del principio

La expresión non bis in ídem (no dos veces por lo mismo en su traducción literal) incluye un principio general del derecho con un doble significado: por un lado, su aplicación impide que una persona sea sancionada o castigada dos veces por la misma infracción cuando exista identidad de sujeto, hecho y fundamento jurídico (vertiente material). Por otro, es un principio procesal en virtud del cual un mismo hecho no puede ser objeto de dos procesos diferentes o si se quiere» no dos procesos con el mismo objeto» (vertiente procesal o non bis in ídem procesal). Esta regla impide no solo la dualidad de procedimientos —administrativo y penal— de forma paralela e independiente, sino también establece la coordinación entre las diversas reacciones punitivas.

En el derecho preconstitucional, las relaciones entre el derecho penal y el derecho administrativo sancionador, que es donde actúa principalmente el principio non bis in ídem, se basaban en el curioso principio de la independencia de la potestad sancionadora, cuestión que permitía la doble sanción (penal y administrativa) y la tramitación del proceso penal y del procedimiento administrativo sancionador de forma paralela y con conclusiones a veces distintas, a pesar que los sujetos y los hechos eran idénticos. Esta circunstancia fue denunciada por la doctrina: «El milagro no puede tener cabida en el derecho administrativo», pues a veces unos mismos hechos existían o dejaban de existir para el juez penal y para la Administración cuando actuaba.

B) Non bis in ídem material

El reconocimiento de este principio a nivel constitucional y legal (arts. 25.1 y 31 LRJSP) supone que no podrán sancionarse los hechos que lo hayan sido penal o administrativamente en los casos en que se aprecie identidad del sujeto, hecho y fundamento jurídico.

Aun no recogido literalmente en la Constitución, «va íntimamente unido a los principios de legalidad y tipicidad de las infracciones recogidas principalmente en el art. 25.1 de la Constitución» (STC 2/1981, de 30 de enero).

De ese modo, si un mismo hecho está tipificado como delito y como infracción administrativa no puede ser sancionado dos veces por impedirlo el principio de mención.

El propio non bis in ídem, sin embargo se matiza y, por tanto, se permite la dualidad de sanción penal y administrativa en los supuestos de la denominadas sanciones fruto de una relación especial de sujeción, aquellas impuestas a funcionarios públicos, a colegiados en colegios profesionales y a los presos en establecimientos penitenciarios e incluso estudiantes donde existiría identidad de sujeto y hecho pero no de fundamento jurídico (hay bis pero no ídem) al entenderse que el ámbito penal se protege el buen orden de la sociedad mientras que en estos casos con la sanción administrativa protege el buen orden de la Administración como institución. El fundamento jurídico de unos y otros no sería el mismo, lo que posibilitaría la doble sanción.

C) Non bis in ídem procesal

Otra vertiente del principio non bis in ídem impone que no puede juzgarse dos veces, de manera paralela e independiente, unos mismos hechos en vía penal y administrativa, siguiendo un procedimiento administrativo sancionador. El Tribunal Constitucional en Sentencia 77/83, de 3 de octubre, reconoció la vigencia de este principio non bis in ídem procesal declarando la subordinación de la actuación administrativa al juez penal, impidiendo que la Administración pueda contradecir los hechos declarados probados por sentencia judicial penal firme.

La Sentencia del Tribunal Constitucional 77/83, de 3 de octubre, se basaba en los siguientes hechos probados: sobre las 21 horas del día 24 de julio de 1981, se recibió en la sala de la Comisaria de Policía de Cádiz una llamada telefónica y una voz, que parecía de hombre, dijo: «A las 11 horas explotará un artefacto en el Gobierno Civil». El operador del servicio intervino el teléfono y la Compañía Telefónica informó que la llamada procedía de la calle Colarte, núm. 6 de Cádiz, el titular del cual era D.G.R. Un coche de policía se presentó en el domicilio y se comprobó que de allí salió la llamada y que en aquel momento había una mujer y dos hijos con el yerno del titular del local, T.G.R., que se había ido hacía poco a su puesto de trabajo en Astilleros Españoles, S.A., de Matagorda.

Los hechos expuestos dieron lugar a unas diligencias sumariales y a una causa que el Juzgado de Instrucción núm. 1 de Cádiz, en juicio oral y público por desórdenes públicos, absolvió al acusado de este delito por falta de pruebas ya que esta acción, según el juez, solo podía ser obra de un demente, un oligrofrénico, un fanático o un ser totalmente antisocial, condiciones que no se daban en el acusado.

Por acuerdo de 22 de octubre de 1981, el Gobierno Civil impuso a T.G.R una multa de 500.000 pesetas por haber hecho la llamada mencionada. Después de interponer un recurso contencioso administrativo, la Audiencia Territorial de Sevilla estimó probada la culpabilidad del recurrente. Contra esta resolución se interpuso recurso de amparo.

La doctrina constitucional es la siguiente:

Cuando un mismo hecho es susceptible de dos actuaciones (penal y administrativa) se declara la prevalencia de la actuación del juez penal al procedimiento administrativo y, por tanto:

a) Se debe comunicar al juez penal o al Ministerio fiscal la posible comisión del ilícito penal.
b) Se debe paralizar la actuación administrativa hasta la decisión del juez penal. La resolución que toma el juez penal vincula en dos sentidos:
   1) Si declara que los hechos no han existido o
   2) El acusado no ha participado en los mismos, esas dos declaraciones no pueden ser contradichas por la Administración.

Esta vertiente procesal del principio se aplica a todo tipo de sanciones con el fin de evitar la reproducción de la «doctrina de las dos verdades» según la cual lo que era verdad para la jurisdicción penal, podría no serlo para la Administración y viceversa. «El milagro no tiene cabida en el derecho administrativo» (García de Enterría, 1976).

IV. Otras reglas y principios substantivos: prescripción, proporcionalidad, responsabilidad. La culpabilidad.

1. La prescripción de infracciones y sanciones

El artículo 30 LRJSP establece como causa de extinción de la responsabilidad la prescripción de infracciones y sanciones. Se trata de una regulación supletoria de lo que establezcan las leyes sancionadoras sectoriales.

a) Así, las infracciones muy graves prescriben a los 3 años, las graves a los 2 años y las leves a los 6 meses (art. 30.1 LRJSP). El cómputo del plazo comienza desde el día que la presunta infracción se hubiera cometido.

La prescripción se interrumpe cuando se inicia, con conocimiento del interesado o expedientado, el procedimiento sancionador (art. 30.2 LRJSP) mediante el acuerdo de incoación (no las diligencias informativas o reservados que no forman parte del procedimiento).

La prescripción obliga a no incoar procedimiento sancionador o a archivarlo sin más trámites.

b) Respecto a las sanciones, las impuestas por faltas muy graves prescriben a los 3 años, las impuestas por faltas graves a los dos años y para las sanciones impuestas por faltas leves al año.

Dichos plazos comienzan a contarse desde el día siguiente a aquel en que la sanción sea ejecutable (art. 30.3 LRJSP) que es cuando adquiere firmeza en vía administrativa (STC 66/84, de 6 de junio; STS de 6 de junio de 2012 y art. 90.3 LPACAP), esto es cuando ha transcurrido el plazo para recurrirla o se confirman las sanciones en el recurso de alzada. Si esta no se resuelve expresamente no puede ser ejecutada pero el plazo de prescripción comienza a correr (art. 30.3 LRJSP).

2. El principio de proporcionalidad

El principio general del derecho de proporcionalidad impone que la configuración legislativa y la aplicación administrativa y judicial de cualquier medida restrictiva de la libertad individual se adecue a la finalidad prevista por el ordenamiento jurídico, constituye una medida estrictamente necesaria en relación a la perturbación social provocada y observa una relación justa entre el castigo impuesto y la gravedad del hecho cometido.

La regla o principio de proporcionalidad comportará que la Administración elija entre dos opciones posibles la menos limitativa de la libertad individual (principio *favor libertatis*), reduciendo así el margen de discrecionalidad.

Así, si para mantener el orden en el recinto académico es suficiente con una mirada o una cara de pocos amigos, no hay necesidad de proceder a la expulsión del alumno de clase; si para mantener el orden en la calle es suficiente con un silbato o un «circulen por favor» no será necesario actuar, de entrada, con una carga policial indiscriminada. Esto es el principio de proporcionalidad.

Por ello, el principio de proporcionalidad tiene influencia en dos esferas diferentes:

a) Por un lado, exige que las normas punitivas observen una congruencia entre la acción u omisión considerada ilícita y la sanción o los castigos previstos para ellas. Sería la denominada «proporcionalidad en la ley».

b) Por otro, impone al órgano sancionador encargado de aplicar la ley la observancia de una relación causa-efecto de manera que la medida sancionadora escogida sea la más adecuada a la finalidad prevista.

Así, el art. 29.3 LRJSP dice:

3. En la determinación normativa del régimen sancionador, así como en la imposición de sanciones por las Administraciones Públicas se deberá observar la debida idoneidad y necesidad de la sanción a imponer y su adecuación a la gravedad del hecho constitutivo de la infracción. La graduación de la sanción considerará especialmente los siguientes criterios:

a) El grado de culpabilidad o la existencia de intencionalidad.

b) La continuidad o persistencia en la conducta infractora.

c) La naturaleza de los perjuicios causados.

d) La reincidencia, por comisión en el término de un año de más de una infracción de la misma naturaleza cuando así haya sido declarado por resolución firme en vía administrativa.

Añadiendo sus párrafos 4 y 5:

4. Cuando lo justifique la debida adecuación entre la sanción que deba aplicarse con la gravedad del hecho constitutivo de la infracción y las circunstancias concurrentes, el órgano competente para resolver podrá imponer la sanción en el grado inferior.

5. Cuando de la comisión de una infracción derive necesariamente la comisión de otra u otras, se deberá imponer únicamente la sanción correspondiente a la infracción más grave cometida.

3. Principio de responsabilidad. La culpabilidad

En el derecho administrativo sancionador, se exige la culpabilidad, es decir, la concurrencia de dolo, culpa o negligencia, para poder sancionar. Es la responsabilidad subjetiva. No cabe la responsabilidad objetiva, por el mero hecho del incumplimiento (objetivo) de la norma.

Se incorpora esa regla del castigo penal (art. 5) según la cual «no hay pena sin dolo o imprudencia». Ese principio se traslada al ámbito administrativo (STC 76/90, de 26 de abril).

Sin embargo, el artículo 28 LRJSP, barriendo para casa, es decir para la Administración, matiza dicha máxima, reconociendo la responsabilidad directa de las personas jurídicas, recogiendo la responsabilidad solidaria si se incumple por varias personas conjuntamente una obligación e incluso la responsabilidad subsidiaria a personas físicas o jurídicas cuando el culpable no puede hacer frente a la sanción.

Esas matizaciones no excluyen la necesaria concurrencia del elemento subjetivo del ilícito y de la sanción (la culpabilidad) y excluye el principio de responsabilidad objetiva.

Con la declaración del Estado de Alarma por la COVID, todas estas reglas han saltado por los aires. El poder político arrasó el arsenal de garantías explicado. De las más de un millón de multas impuestas en ese período, la mayoría son, a nuestro juicio, ilegales. La razón es que las personas que incumplían la libertad de movimiento en las vías o espacios de uso público (art. 7.1 del RD 463/2020) se les consideró autores de una infracción «de desobediencia o la resistencia a la autoridad» cuya sanción era de 601 a 30.000 euros (art. 36.6 Ley de Seguridad Ciudadana). El mero incumplimiento de la norma del Gobierno, debe considerarse desobediencia a la autoridad (así «Comunicación del Ministerio del Interior a los Delegados del Gobierno sobre incoación de los procedimientos sancionadores por presunta infracción del art. 36.6 de la Ley Orgánica 4/2015, de 30 de Mayo» (no publicada)).

La doctrina y jurisprudencia hasta la fecha es que si la policía te daba una orden de volver a casa porque estaba haciendo, por ejemplo deporte, y te negabas es cuando se producía la desobediencia, no antes. Se requería (y se requiere) «una desobediencia clara y manifiesta a las órdenes o mandamientos de los agentes de la autoridad, hechos de forma consciente y con ánimo de incumplirlos» (así, por ejemplo, STSJ Canarias, Las Palmas, núm. 1239/1997, de 12 de diciembre). Véase TRAYTER JIMÉNEZ (2020) en el capítulo Derecho Administrativo Sancionador en «Estado de Alarma y COVID-19».

El TC ha acabado declarando la inconstitucionalidad del art. 7 del RD 463/2020 por establecer el confinamiento total y, por tanto, podrán ser revocadas y avaladas la globalidad de las sanciones (STC de 14 de julio de 2021).

V. EL PROCEDIMIENTO ADMINISTRATIVO SANCIONADOR: PRINCIPIOS Y FASES

1. Principios del procedimiento sancionador.

El conjunto de trámites y actuaciones que debe seguir la Administración para comprobar que un hecho constituye una falta y le corresponde una concreta sanción, así como la determinación de los responsables de la misma es el procedimiento sancionador. Se trata de un conjunto trámites y actuaciones más complejos que los ordinarios y que cuyos principios informadores, derivan del art. 24 CE. El Tribunal Constitucional, en una interpretación flexible de este precepto, que a priori va dirigido a regular los derechos de los justiciables en los procesos judiciales, no dudó en aplicarlos, como excepción, a los procedimientos administrativos: «en la medida necesaria para preservar los valores esenciales se encuentran la base del precepto y la seguridad jurídica que garantiza el artículo 9 de la Constitución» (STC 18/81, de 8 de junio). Entre los derechos que recoge el art. 24.2 CE podemos destacar:

a) Necesidad de seguir el procedimiento administrativo sancionador previsto por la ley para imponer una sanción quedando prohibidas las sanciones de plano, es decir, aquellas impuestas sin procedimiento alguno o sin seguir los trámites esenciales del mismo; siendo entonces sanciones nulas de pleno derecho (art. 47.1.c) LPACAP).
b) Distinción entre la fase instructora y la resolutoria. Derivado del derecho penal, se recoge que existe un instructor que realiza la instrucción del expediente y un órgano distinto encargado de su resolución. Deben ser distintos pues el que decide no debe estar condicionado por la instrucción.
c) El derecho a conocer de la acusación formulada pues mal uno puede defenderse si no conoce exactamente de qué se le acusa. Es el primero de los derechos de defensa, de aplicación al procedimiento sancionador (STC 31/86, de 26 de febrero). Como veremos, la vulneración de este derecho vendría por un cambio sustancial en la calificación jurídica en la instrucción y en la sanción, o la ampliación de la acusación a nuevos hechos punibles que no habían sido comunicados (STC 29/89, de 6 de febrero).
d) El derecho de audiencia por el que nadie puede ser condenado sin haber sido oído y vencido en juicio, axioma que afecta a todas las esferas y ámbitos del derecho (incluso de la vida). La posibilidad que los expedientados critiquen el material que incluye el expediente y el resultado de las pruebas practicadas deriva de los arts. 24 y 105 CE. Como veremos, el derecho de audiencia en los procedimientos sancionadores se ejerce en dos momentos diferentes: al contestar la incoación del expediente con los cargos imputados y después en la notificación de la propuesta de resolución.
e) El derecho a utilizar los medios de prueba pertinentes para la defensa. El expedientado puede, para su defensa, utilizar los medios de prueba (testifical, pericial o documental) que estime «pertinentes» y «relevantes». Pertinencia y relevancia de la prueba en relación al objeto del procedimiento son los criterios que debe seguir el instructor del expediente para admitir o denegar las pruebas, pudiendo ser recurrida esta decisión automáticamente, pues esa decisión puede producir indefensión.
f) La presunción de inocencia. Supone que la carga de la prueba de la existencia de los hechos que implican la infracción y la responsabilidad del infractor corresponde a la Administración Pública («*incumbit probatio qui dixit, non qui negat*»). En caso de duda debe ser archivado el expediente por aplicación del principio «in dubio pro reo».

Sin embargo en el ámbito del derecho sancionador cada vez más se otorga valor probatorio y presunción de veracidad a las actas de inspección, es decir, al documento público redactado por el funcionario con la condición de autoridad siempre que haya concretado debidamente los hechos que suponen la incoación del procedimiento sancionador y obliga al inculpado a desvirtuarlos mediante los medios de prueba admisibles en derecho.

También mientras en el derecho penal se permite el derecho a guardar silencio y a la no confesión del culpable, en el derecho sancionador se exige, contra las garantías del art. 24 CE, el deber de declarar la verdad (regulación de tráfico, fiscal) y, por tanto, el deber de declarar contra sí mismo y confesarse culpable, decisión legal que a todas luces resulta inapropiada del Estado de Derecho.

2. Trámites y fases del procedimiento sancionador.

Los concretos trámites del procedimiento sancionador se encuentran regulados en la LPACAP que, de forma saltuaria, prevé una actuación más garantista que el procedimiento administrativo ordinario. Así, podemos distinguir:

a) Iniciación (arts. 63 y 64 LPACAP). El procedimiento sancionador se inicia siempre de oficio por el órgano competente, aunque la *«notitia criminis»* pueda venir como consecuencia de una denuncia de otro particular o de los servicios de inspección de la Administración como supuestos muy característicos.
El acuerdo de iniciación debe ser notificado al presunto infractor, indicando el nombre del instructor y el secretario del procedimiento (a los efectos de una posible recusación), el órgano competente para su resolución y los cargos o hechos que se le imputan (por ello se denomina «pliego de cargos»). Se le comunica también el derecho a formular alegaciones, la audiencia y los plazos correspondientes.
Previamente a la incoación pueden acordarse diligencias previas para averiguar si, por ejemplo, la denuncia tiene fundamento.
Asimismo, podrán adoptarse medidas cautelares para asegurar la eficacia de la sanción.

b) Recibido el acuerdo de incoación con el pliego de cargos, el expedientado puede presentar alegaciones (o pliego de descargos) rebatiendo los hechos que se le imputan y propondrá la práctica de la prueba que a su derecho convenga. En el caso de no efectuar alegaciones en el plazo previsto, el pliego de cargos se podrá considerar propuesta de resolución solo en el supuesto que contenga un pronunciamiento expreso acerca de la responsabilidad imputada.

El artículo 85 LPACAP (Terminación en los procedimientos sancionadores) dice:

> *«1. Iniciado un procedimiento sancionador, si el infractor reconoce su responsabilidad, se podrá resolver el procedimiento con la imposición de la sanción que proceda.*
> *2. Cuando la sanción tenga únicamente carácter pecuniario o bien quepa imponer una sanción pecuniaria y otra de carácter no pecuniario pero se ha justificado la improcedencia de la segunda, el pago voluntario por el presunto responsable, en cualquier momento anterior a la resolución, implicará la terminación del procedimiento, salvo en lo relativo a la reposición de la situación alterada o a la determinación de la indemnización por los daños y perjuicios causados por la comisión de la infracción.*
> *3. En ambos casos, cuando la sanción tenga únicamente carácter pecuniario, el órgano competente para resolver el procedimiento aplicará reducciones de, al menos, el 20 % sobre el importe de la sanción propuesta, siendo éstos acumulables entre sí. Las citadas reducciones, deberán estar determinadas en la notificación de iniciación del procedimiento y su efectividad estará condicionada al desistimiento o renuncia de cualquier acción o recurso en vía administrativa contra la sanción.*
> *El porcentaje de reducción previsto en este apartado podrá ser incrementado reglamentariamente».*

c) El instructor, con los datos aportados, realizará las diligencias necesarias y practicará las pruebas tendentes para determinar los hechos acaecidos y la responsabilidad del expedientado. Finalizará su instrucción con la propuesta de resolución, que podrá tener un doble contenido:

   1) Fijar de forma motivada los hechos que se consideren probados y su exacta calificación jurídica, determinar la infracción que, en su caso, aquéllos constituyan, la persona o personas responsables y la sanción que se proponga, la valoración de las pruebas practicadas, en especial aquellas que constituyan los fundamentos básicos de la decisión, así como las medidas provisionales que, en su caso, se hubieran adoptado (art. 89.3 LPACAP).
   2) O se propondrá el archivo del expediente cuando los hechos no han existido, no resulten acreditados, los hechos probados no constituyan infracción o esta haya prescrito.

d) Esta propuesta debe ser notificada al inculpado para que, con la globalidad del expediente, pueda realizar nuevas alegaciones. Es lo que se denomina la vista del expediente y la audiencia al interesado, trámites esenciales del procedimiento cuya ausencia o insuficiencia comporta la nulidad de todo lo actuado (art. 47.1.c LPACAP).

e) Finalmente, el órgano competente para resolver, y a la vista de la instrucción y de las alegaciones, dicta resolución. La misma ha de ser motivada, tal y como indica el art. 90. 1 y 2 de la LPACAP:

«Artículo 90. Especialidades de la resolución en los procedimientos sancionadores.

1. En el caso de procedimientos de carácter sancionador, además del contenido previsto en los dos artículos anteriores, la resolución incluirá la valoración de las pruebas practicadas, en especial aquellas que constituyan los fundamentos básicos de la decisión, fijarán los hechos y, en su caso, la persona o personas responsables, la infracción o infracciones cometidas y la sanción o sanciones que se imponen, o bien la declaración de no existencia de infracción o responsabilidad.

2. En la resolución no se podrán aceptar hechos distintos de los determinados en el curso del procedimiento, con independencia de su diferente valoración jurídica. No obstante, cuando el órgano competente para resolver considere que la infracción o la sanción revisten mayor gravedad que la determinada en la propuesta de resolución, se notificará al inculpado para que aporte cuantas alegaciones estime convenientes en el plazo de quince días».

VI. Recursos administrativos y no ejecutividad de las sanciones

Contra el acto definitivo o resolutorio que finaliza el procedimiento cabe recurso de alzada o de reposición según el órgano sancionador tenga o no superior jerárquico.

La sanción puede ser recurrida por el o los afectados y la resolución por la que se archiva la sanción, así como la no incoación del expediente, puede ser recurrida por el denunciante pues, aunque esta no es parte, sí puede tener derechos o intereses legítimos que deriven de la decisión (art. 4 LPACAP).

Así, imaginemos que a un vecino le construyen dos pisos de más, sin licencia, y le tapan de manera ilegal las vistas al mar. Obviamente, esta persona tiene derecho a presentar la denuncia correspondiente y a que le comuniquen la incoación (o no) del procedimiento sancionador y la resolución definitiva del mismo, a efectos de los recursos correspondientes (SSTS de 6 de noviembre de 2006, de 12 de febrero de 2007, de 13 de marzo de 2018 y de 3 de diciembre de 2019).

Por fin la sanción una vez notificada, y a diferencia del resto de actos administrativos, no goza del carácter de ejecutividad inmediata y no será inmediatamente ejecutiva en tanto no sea firme en vía administrativa (art. 90.3 LPACAP). Es firme la sanción en vía administrativa cuando no se ha interpuesto recurso alguno en el plazo correspondiente o cuando presentado el recurso este ha sido desestimado expresamente. En este caso incluso deberá suspenderse si se presenta recurso contencioso-administrativo o la intención, solicitando eso sí la suspensión (STC 66/84, de 6 de junio) y hasta que el juez de pronuncie sobre la misma. Es la denominada vía intermedia (STS de 17 y 21 de julio de 1982 entendieron que debía esperar a la fuerza de la sanción en vía judicial para poder ser ejecutada, al igual que ocurre en la vía penal).

Para saber más

ALARCÓN, L., *Los derechos fundamentales y el procedimiento sancionador*, Civitas, 2007

ALARCÓN, L., *La garantía «non bis in ídem» y el procedimiento sancionador*, Ed. Iustel, 2008.

ALARCÓN, L., «Los confines de las sanciones: en busca de la frontera entre el Derecho penal y el Derecho administrativo sancionador», Revista de Administración Pública, núm. 195, 2014.

BACIGALUPO, E., *Sanciones administrativas (derecho español y comunitario)*, Colex, 1991.

CANO, T., *Presunciones y valoración legal de la prueba en el derecho administrativo sancionador*, Marcial Pons, Madrid, 2008.

CANO, T., *La extinción de las sanciones administrativas y tributarias*, Marcial Pons, Madrid, 1990.

CANO, T., «Estado de alarma, sanciones administrativas y desobediencia a la autoridad», *Seguridad Pública, Derecho Administrativo sancionador y Derechos fundamentales*, 08/05/2020.

GARCÍA DE ENTERRÍA, E., El problema jurídico de las sanciones administrativas, *REDA*, n. 10, 1976.

NIETO, A., Derecho administrativo sancionador, Ed. Tecnos, Madrid, 1993.

PEMÁN, J., *El sistema sancionador español. Hacia una teoría general de las infracciones y sanciones administrativas*, Cedecs, Barcelona, 2000.

REBOLLO, M., Potestad sancionadora y salud pública, IEAL, 1989.

REBOLLO, M., «El contenido de las sanciones, en Infracciones, sanciones y procedimiento administrativo sancionador» en Justicia *Administrativa. Revista de Derecho Administrativo* nº Extra 1 (Ejemplar dedicado a infracciones, sanciones y procedimiento administrativo sancionador), 2001.

REBOLLO, M., «Los principios de legalidad, personalidad y culpabilidad en la determinación de los responsables de las infracciones en Régimen Jurídico de las Administraciones Públicas», en *Régimen Jurídico de las Administraciones Públicas. Libro homenaje al Profesor Luis Cosculluela* (Coords. M. Rebollo Puig y E. Carbonell Porras), Ed. Iustel, Madrid, 2015.

REBOLLO PUIG, IZQUIERDO CARRASCO, ALARCÓN SOTOMAYOR Y BUENO ARMIJO, *Derecho administrativo sancionador*, Ed. Lex Nova, 2010;

SUAY, J., *Sanciones administrativas*, Ed. Colegio de España, Bologna, 1989.

TRAYTER, J.M., El régimen disciplinario de la función pública, Marcial Pons, Barcelona, 1992.

TRAYTER, J.M. - AGUADO, V., *Materiales de Derecho administrativo Sancionador*, Cedecs, Barcelona, 1995.

TRAYTER, J.M., «Sanción penal-sanción administrativa: el principio «non bis in ídem» en la jurisprudencia», *Poder Judicial*, núm. 22, 1991.

TRAYTER, J.M., «El régimen disciplinario de los funcionarios públicos: situación actual y examen del anteproyecto del Estatuto de la Función Públicaç» en *Situación actual y tendencias de la función pública* (Coord. F.A. CASTILLO BLANCO), Comares, Sevilla, 1998.

TRAYTER, J.M., «Régimen sancionador (arts. 192 a 197)» en *El régimen jurídico general del Patrimonio de las Administraciones Públicas: Comentario a la Ley 33/2003, de 3 de noviembre* (Dir. J.F., MESTRE DELGADO), El Consultor de los Ayuntamientos y del Juzgado, 2010.

TRAYTER, J.M., «Derecho administrativo sancionador, estado de alarma y COVID-19» en *COVID-19 y Derecho Público (durante el estado de alarma y más allá)* (Coord. D. Blanquer), Tirant lo Blanch, Valencia, 2020.

TEMA VI
LA ACTIVIDAD EXPROPIATORIA

Irene Araguàs Galcerà

I. CONCEPTO Y FUNDAMENTO DE LA EXPROPIACIÓN FORZOSA

Una parte esencial del derecho de propiedad reconocido en el artículo 33 de la Constitución es su posible ablación o sacrificio de manera singular por parte de la Administración, con el reconocimiento en este caso de una indemnización (el justiprecio).

Teniendo en cuenta lo anterior, la expropiación forzosa, regulada en una normativa de carácter preconstitucional (la Ley de Expropiación Forzosa de 1954 y su reglamento de desarrollo, aprobado en 1957) tiene una doble vertiente: por un lado, se configura como una potestad administrativa dirigida a privar coactivamente a los particulares de sus bienes o derechos como consecuencia de su incompatibilidad con un interés público prevalente (una causa de utilidad pública o interés social); pero, pero otro lado, la regulación de esta institución, al prever un procedimiento previo y una indemnización, también se erige como un sistema de garantías dirigido a proteger el patrimonio de los ciudadanos, haciendo realidad el principio de prohibición de confiscatoriedad consagrado en la Constitución.

En definitiva, estamos ante un juego de equilibrios complejo que da lugar a una institución sin la cual sería imposible que las Administraciones Publicas pudieran llevar a cabo las actividades que tienen encomendadas y que, en última instancia, van dirigidas a la persecución del interés público, como pueden ser la construcción de carreteras, líneas ferroviarias, aeropuertos o parques eólicas, entre muchos otras.

La expropiación forzosa se configura así como una potestad de la Administración en virtud de la cual se acuerda, de manera imperativa, la privación singular de la propiedad privada o de derechos o intereses legítimos para adquirir los bienes y derechos necesarios para satisfacer intereses públicos o por causa de interés social; y que, con distintos matices, se encuentra regulada en todos los países de nuestro entorno (BAÑO LEÓN, 1990; PONT CASTEJÓN, 1990; GIFREU FONT, 2001; GALLEGO CÓRCOLES, 2006).

Y es que el derecho a la propiedad privada reconocido en el artículo 33 de la Constitución no se configura como un derecho ilimitado; sino que, por el contrario, su contenido viene perfilado por su función social, tal como preceptúa el art. 33.2 CE. A pesar de esta limitación, y como salvaguarda, el propio artículo 33.3 establece que: «Nadie podrá ser privado de sus bienes y derechos sino por causa justificada de utilidad pública o interés social, mediante la correspondiente indemnización y de conformidad con lo dispuesto por las leyes».

Mientras que la configuración legal del derecho de propiedad fundamentadas en su función social no dan lugar a indemnización, porque suponen una simple «delimitación» de su contenido; cuando hay una privación de todo o parte del derecho, que menoscaba su contenido esencial (art. 53.1 CE), esta última injerencia (mucho más intensa que la primera) tiene naturaleza expropiatoria y por ello requiere de indemnización (LÓPEZ MENUDO, CARRILLO DONAIRE y GUICHOT REINA, 2006, p. 27).

> Un claro ejemplo de delimitación del derecho de propiedad que no tiene naturaleza expropiatoria lo encontramos en la normativa relativa al dominio público, que con frecuencia impone ciertas limitaciones a los terrenos colindantes a este tipo de bienes dirigidos a su protección, y que no conllevan una privación del derecho de propiedad, aunque impidan la realización de construcciones o impongan servidumbres de paso para garantizar el acceso al bien demanial u otro tipo de afecciones (STS de 20 de junio de 2002).

En este contexto, la privación de un bien o un derecho requiere el cumplimiento simultáneo de dos requisitos: por un lado, la existencia de una causa justificada de utilidad pública o interés social; y, por otro lado, el reconocimiento de una indemnización, si bien no se exige que esta sea abonada antes de que se produzca la privación del bien o derecho, cuestión sobre la que volveremos más adelante. Adicionalmente, y desde un punto de vista formal, estamos ante una materia sometida a reserva de Ley.

Todas estas cuestiones son las que regula la Ley de Expropiación Forzosa de 1954 (en adelante, LEF), que contempla los supuestos en los que, ante una situación de colisión entre el interés público y el privado, y con la lógica prevalencia del primero, se arbitra un procedimiento legal adecuado para promover jurídicamente la transmisión imperativa del derecho expropiado y, a su vez, hacer efectiva en favor del particular la indemnización justa que proceda (Preámbulo LEF). Esta norma está desarrollada por el Decreto de 26 de abril de 1957 por el que se aprueba el Reglamento de la Ley de Expropiación Forzosa (REF).

Tal como ponen de manifiesto E. García de Enterría y T.R. Fernández (2013), los méritos de la LEF son notorios, siendo una Ley ciertamente innovadora en el momento en el que se aprobó, superando el concepto clásico de expropiación forzosa limitado a inmuebles y sistematizando los supuestos especiales de expropiación forzosa, reuniendo en un solo texto los aspectos sustanciales de esta institución, como son el sistema de valoración, los elementos subjetivos etc. Sin embargo, tal como reconocen los mismos autores, estamos ante una Ley que debe ser renovada en puntos sustanciales (aunque conservando los rasgos esenciales de la LEF), principalmente como consecuencia de la transformación de la organización territorial del Estado que conllevo la aprobación de la Constitución de 1978 y las competencias de desarrollo legislativo asumidas en esta materia por la mayoría de comunidades Autónomas.

De conformidad con la LEF, la expropiación forzosa siempre implica el mismo resultado jurídico: una privación singular de la propiedad privada o de los derechos o intereses legítimos, con independencia de las personas o entidades a las que pertenezca, pero también de la fórmula que se elija para dicha privación, por lo que la expropiación incluye supuestos de privación plena (venta o permuta), pero también censos, arrendamientos u ocupaciones temporales acordadas de manera imperativa.

En este marco, la expropiación forzosa debe distinguirse de ciertas instituciones afines, como son las transferencias coactivas no expropiatorias que regula la legislación en ciertas materias (abastecimiento, comercio exterior, divisas), la institución de la responsabilidad patrimonial de la Administración o la requisa de bienes.

Las <u>transferencias coactivas no expropiatorias</u>, de las cuales las ventas forzosas son la modalidad más importante, consisten en la adquisición generalizada de bienes muebles, bienes agrarios, divisas, etc. con la finalidad de regular el mercado o garantizar la estabilidad de precios, por razón de monopolio legal, por política económica de defensa de la propia moneda, etc. Esta institución conlleva, por tanto, un desapoderamiento de la facultad de disposición del propietario y una adquisición por parte de la Administración o por los particulares que ésta determine, pero no constituye un supuesto de expropiación. Y es que, mientras la expropiación tiene carácter individual e implica cambiar el destino del bien que era del particular, que se utilizará para una finalidad de utilidad pública e interés social; las transferencias coactivas tienen, en cambio, carácter general (incluso, periódico) y no suponen cambiar el destino del bien, ya que esta técnica únicamente persigue que la Administración pueda intervenir en la economía.

En la misma línea, y a pesar de que la LEF no lo concreta, la expropiación forzosa no constituye un supuesto de responsabilidad patrimonial. Mientras que, en el caso de la expropiación, hay una privación de la propiedad o el derecho acordada de forma imperativa a través de un procedimiento formalizado, en el caso de la responsabilidad patrimonial se trata, en cambio, de reponer un bien o derecho dañado a su estado originario y, en aquellos casos en que ello no sea posible, indemnizar los perjuicios derivados de la lesión, pues el propietario no tenía la obligación legal de soportarla. A modo de ejemplo, si como consecuencia de unas obras que está llevando a cabo la Administración nuestra vivienda sufre daños estructurales, la Administración estará obligada a repararlos o, si técnicamente no es posible, a indemnizarnos con el valor de reposición; pero esta actuación no implicará una privación de nuestro derecho y la indemnización que se nos reconozca tampoco tiene la consideración de justiprecio.

Finalmente, hay que hacer referencia también a la distinción entre la expropiación forzosa y las requisas temporales de bienes que contemplan ciertas normas para situaciones excepcionales. Un ejemplo de ello lo encontramos en la Ley Orgánica 4/1981, de 1 de junio, de los estados de alarma, excepción i sitio, que prevé que el decreto de declaración del estado de alarma puede acordar la práctica de requisas temporales de todo tipo de bienes e imponer prestaciones personales obligatorias, así como intervenir y ocupar transitoriamente industrias, fábricas, talleres, explotaciones o locales de cualquier naturaleza, con excepción de domicilios privados (art. 11.b y c); previsión similar a la contenida en la Ley 33/2011, de 4 de octubre, General de Salud Pública, que permite la intervención de medios materiales o personales cuando lo requieran motivos de extraordinaria gravedad o urgencia (art. 54.2.b). Estas previsiones legales fueron las que durante la vigencia del Real Decreto 463/2020, de 14 de marzo, por el que se declara el estado de alarma para la gestión de la situación de crisis sanitaria ocasionada el COVID-19 permitieron dictar órdenes que imponían obligaciones a los fabricantes e importadores de determinados productos sanitarios; o impusieron a los alojamientos turísticos la obligación de permitir su utilización por determinados tipos de trabajadores. Pues bien, tal como reconoce el artículo 120 LEF, estas requisas de bienes y derechos dan lugar a una indemnización; pero no son, propiamente, una expropiación forzosa, pues se desarrollan sin las formalidades que, para los diversos tipos de expropiación, exige esta legislación, con las cuales es imposible cumplir teniendo en cuenta las graves razones de orden o seguridad públicos, epidemias inundaciones u otras calamidades que requieren de una actuación rápida por parte de las autoridades.

En este marco, el fundamento de la expropiación forzosa es claro: siendo necesaria la adquisición o sacrificio de un bien o derecho en particular para satisfacer el interés público (pensemos, por ejemplo, en una finca colindante a un hospital que debe ser objeto de ampliación), la decisión de transmitir el bien ni tampoco su precio se pueden dejar en manos de la voluntad del propietario o de una negociación libre entre las partes, ya que el propietario está en una situación de monopolio, en la medida en que la Administración requiere de ese bien o derecho en concreto, y no otro.

Lo anterior no excluye que la Administración deba satisfacer al propietario una indemnización, identificada con el precio (justo) del bien o derecho que adquiere. Y es que la expropiación no conlleva o no debería conllevar una pérdida de contenido económico para el titular del bien o derecho que es sacrificado ante un interés público superior; sino que dicho bien o derecho se sustituye por un equivalente dinerario. Con ello se persigue que la satisfacción del interés público perseguido con la expropiación no recaiga de manera exclusiva sobre la persona expropiada; sino que se reparta (al menos desde el punto de vista económico) entre toda la colectividad, a través del sistema fiscal que sirve para que la Administración obtenga los fondos necesarios para abonar el justiprecio.

II. Elementos de la expropiación forzosa

Al tratar los elementos de la expropiación forzosa, es posible distinguir entre los sujetos que intervienen en la expropiación forzosa, su objeto y su causa.

1. Sujetos

En cuanto a los sujetos de la expropiación forzosa, hay dos que siempre están presentes: expropiante y expropiado; y, en determinados casos, puede intervenir como tercer sujeto el beneficiario, lo cual ocurre cuando la Administración expropiante no expropia para sí, sino para otra persona que es la que desarrollará la actividad de utilidad pública o interés social que motiva la expropiación.

Respecto a cada uno de ellos, es posible señalar lo siguiente:

— El ente expropiante se identifica con las entidades públicas territoriales (Estado, Comunidades Autónomas, Provincias, Islas y Municipios), que son las únicas que tienen atribuida la potestad expropiatoria. Esta potestad no se reconoce, por tanto, al resto de entes que integran el sector público, esto es, al sector público institucional, definido en los arts. 2.2 LPAC y 2.2 LRJSP, conformado por: organismos públicos y entidades de derecho púbico vinculados o dependientes de las Administraciones Públicas; entidades de derecho privado vinculadas o dependientes de las Administraciones Públicas; o Universidades Públicas. Del mismo modo, tampoco se reconoce la consideración de ente expropiante a las Corporaciones de Derecho Público (art. 2.4 LPAC), como es el caso de los Colegios Profesionales. Sin embargo, todas las entidades citadas sí pueden ser beneficiarias de la expropiación.

— El expropiado o persona expropiada, identificado con el titular del bien o derecho que es objeto de expropiación.
La condición de expropiado puede recaer en una persona física o jurídica, de carácter público o privado, nacional o extranjero. Se trata, en todo caso, de una condición que va ligada al bien o derecho, lo que excluye las expropiaciones llevadas a cabo con motivo de la persona y determina, asimismo, que si el bien se transmite, ello no impida la continuación del expediente de expropiación forzosa (art. 7 LEF).
Por otro lado, debe tenerse en cuenta que los expropiados no son únicamente los propietarios del bien expropiado; sino también los titulares de otros tipos de derecho distintos del de propiedad, como serían los arrendatarios; usufructuarios; las personas que ostenten respecto al bien un interés legítimo, como podrían ser poseedores a título de propietario; o incluso las personas que entidades que sean titulares de un derecho real de hipoteca sobre el bien expropiado, tal como indicó expresamente la STS de 27 de mayo de 1999.
Para determinar la condición de propietario, la Administración expropiante debe tener en cuenta, en primer término, las inscripciones registrales si el bien estuviese inscrito y, en su defecto, los restantes registros administrativos en los que hubiese constancia de la condición de propietario del bien. En cuanto a los titulares de otras situaciones jurídicas que otorgan la condición de expropiado (titulares de derechos reales e intereses económicos directos sobre el bien, arrendatarios, etc.), es necesario que acrediten esta condición frente a la Administración expropiante y soliciten su participación en el procedimiento expropiatorio, pues la condición de expropiado en estos supuestos únicamente se adquiere cuando lo soliciten, acreditando su condición debidamente (art. 4 LEF).

— El beneficiario, sujeto que puede intervenir, o no en la expropiación. Se trata de un sujeto, distinto del ente expropiante, que representa el interés público o social que se tiene que satisfacer, autorizado para instar a la Administración expropiante al ejercicio de la potestad expropiatoria, y que adquiere el bien o derecho (art. 3.1. REF) y satisface la indemnización correspondiente. Como señala COSCULLUELA (2019, pág. 647), con esta figura se evita la «triangulación» de la operación, eliminando una segunda transmisión que se produciría si la Administración expropiante pagara al expropiado el justiprecio, para después transmitir el bien adquirido por expropiación a un tercero, que le reembolsaría el precio ya abonado.

En los supuestos de expropiación pro causa de utilidad pública, pueden ser beneficiarios las entidades y concesionarias a las que legalmente se reconozca esta condición; mientras que, respecto a las expropiaciones motivadas por causa de interés social, puede ser beneficiario cualquier persona natural o jurídica.

Por ejemplo, en el caso de la expropiación de terrenos necesarios par la ampliación de una autopista, el beneficiario es la concesionaria de la autopista.

Asimismo, en el ámbito urbanístico, las entidades de gestión urbanística como son las Juntas de compensación también tienen la condición de beneficiarias de aquellos terrenos que deben ser objeto de cesión obligatoria y gratuita, cuando los propietarios no los cedan de manera voluntaria.

2. Objeto

En cuanto al objeto de la expropiación forzosa, el punto de partida es que únicamente pueden ser objeto de expropiación la propiedad privada, o derechos o intereses patrimoniales legítimos que puedan ser susceptibles de privación singular (art. 1 LEF) lo que excluye la posible expropiación de derechos personales y familiares.

Lo que sí se admite es la expropiación parcial, lo cual se produce cuando la necesidad de ocupación únicamente abarca una parte de la finca rústica o urbana. En este supuesto, el art. 23 LEF establece que, si como consecuencia de una expropiación parcial, la conservación de la parte de finca no expropiada resulta antieconómica para el propietario, éste puede solicitar a la Administración la expropiación de la totalidad. La Administración deberá decidir sobre la expropiación total en un plazo de diez días; y, en el caso que la rechace, el art. 46 LEF establece que debe incluirse en el justiprecio la indemnización por los perjuicios que se produzcan como consecuencia de la expropiación parcial.

Formulada la solicitud de expropiación total, debemos tener en cuenta que la Administración no está obligada a aceptarla, y que tiene la potestad de decidir discrecionalmente (que no arbitrariamente) sobre la misma.

Sobre la posibilidad de impugnar la decisión que adopte la Administración, aunque el tenor literal del art. 23 LEF excluye el recurso contencioso-administrativo frente a la denegación administrativa de la expropiación total, se trata de uno de los aspectos en los que la LEF ha de ser interpretada conforme a la Constitución y, en concreto, de manera acorde con la tutela judicial efectiva que reconoce el art. 24 CE. Pese a lo anterior, la naturaleza discrecional de la denegación de la expropiación total limita la facultad revisora de la jurisdicción; y los Tribunales únicamente pueden pronunciarse sobre la procedencia, o no, de la indemnización del art. 46 LEF, de conformidad con lo acreditado respecto al perjuicio derivado de la expropiación parcial (STS de 18 de noviembre de 1997).

El bien expropiado se adquiere libre de cargas, todo ello sin perjuicio que, tal como prevé el art. 8 LEF, se pueda conservar algún derecho real sobre el bien expropiado si este resulta compatible con el nuevo destino que se debe dar al bien, y existe un acuerdo entre el ente expropiante y el expropiado.

3. Causa

La causa que justifica la expropiación (*causa expropiandi*) se identifica con los objetivos de interés público que pueden justificar la expropiación forzosa y que, de conformidad con el artículo 33 CE, se identifican con la utilidad pública o interés social.

En este contexto, no es suficiente con invocar la utilidad pública o el interés social para poder expropiar, sino que existe una reserva de Ley a la hora de concretar la utilidad pública o interés social que puede legitimar la expropiación. Es necesario, por tanto, que una Ley especifique, formalmente y con carácter previo, para qué finalidades concretas de utilidad pública o interés social se puede ejercer la potestad expropiatoria; siendo posible que esta declaración se lleve a cabo por categorías generales de obras o servicios, o bien para casos precisos y concretos, mediante ley singular.

En cuanto a las leyes que, con carácter general, prevén finalidades concretas de utilidad pública o interés social, la propia LEF contempla algunos supuestos en que esta utilidad pública se entiende implícita, tal como sucede con la expropiación de inmuebles en los planes de obras y servicios del Estado, la provincia o el municipio (art. 10 LEF), así como las obras derivadas de la concesión del título de Empresa de interés nacional (art. 14 LEF). Por su parte, la legislación urbanística prevé que la aprobación de un plan urbanístico, un polígono de actuación urbanística, un proyecto de urbanización, un proyecto de actuación específico o un proyecto de delimitación de suelo para el patrimonio público implica la declaración de utilidad pública de la finalidad a la que se destinan los bienes afectados, así como la necesidad de ocupar los bines o adquirir los derechos indispensables para la finalidad de la expropiación (art.

109.1 Decreto Legislativo 1/2010, de 3 de agosto, por el que se aprueba el Texto Refundido de la Ley de Urbanismo de Cataluña).

Respecto a las declaraciones de utilidad pública o interés social mediante Ley singular, constituye un ejemplo de esta práctica la Ley 2/1989, de 16 de febrero, sobre centros recreativos turísticos. Esta norma, teniendo en cuenta el incremento del turismo en Cataluña que se estaba produciendo en los años inmediatamente anteriores a su aprobación, y con la finalidad de instalar centros turísticos recreativos de concepción moderna, previó la expropiación de forzosa de los bienes y derechos comprendidos dentro del perímetro del «Centro Recreativo Turístico» que, más tarde, se conocería con el nombre de Port Aventura y en los que, años más tarde, se concibió el conocido (y polémico) proyecto del «Barcelona World».

En la STS de 8 de octubre de 1999, el Tribunal desestimó las pretensiones de los recurrentes en cuanto a la inconstitucionalidad del fin de utilidad pública que legitimó la expropiación. Esta Sentencia refleja la amplia discrecionalidad del legislador en la apreciación de la utilidad pública o interés social que puede motivar la expropiación, al señalar que: «*la vieja concepción de la causa expropiandi como necesariamente relacionada con la realización de obras o la implantación de servicios de titularidad pública ha dejado paso, en la compleja y cambiante sociedad contemporánea, a una nueva configuración de la potestad expropiatoria —que coexiste con la anterior— como instrumento al servicio de políticas de orden sectorial relacionadas con la consecución de finalidades de interés social de la más variada índole, de las que no cabe excluir, desde luego, las de orden económico, recreativo y turístico*».

En cualquier caso, la causa concreta que motiva una expropiación forzosa debe declararse en cada procedimiento expropiatorio (art. 9 LEF) y vincula a la Administración; pues su alteración una vez se haya llevado a cabo la expropiación del bien puede determinar, entre otras cuestiones, el ejercicio del derecho de reversión por parte de su antiguo titular, que podría recuperar el bien expropiado en los términos y con los requisitos que posteriormente analizaremos.

III. El procedimiento de expropiación forzosa

La expropiación forzosa tiene que ir precedida de un procedimiento administrativo previo. Se trata de un conjunto de trámites que, tal como sucede en cualquier ámbito de la actuación administrativa, ayuda a garantizar que la actuación de la Administración es ajustada a la legalidad y permite su efectivo control por parte de los órganos jurisdiccionales competentes; y a su vez constituye una garantía para el ciudadano, que en el seno de este procedimiento tiene oportunidad de presentar todas aquellas alegaciones y documentos que convengan para la defensa de sus derechos.

Este procedimiento debe ser respetado de manera estricta por la Administración pues, al margen del mismo, ya no hay expropiación, sino «vía de hecho», la cual se produce en aquellos supuestos en los que la actuación administrativa se produce al margen de las reglas de competencia y del procedimiento legalmente establecido (art. 51.3 LJCA).

En este marco, la LEF diseña un procedimiento general (título II) y unos procedimientos especiales (título III), como son los referidos a la expropiación por zonas o grupos de bienes; la expropiación por incumplimiento social de la propiedad; la expropiación de bienes por su valor artístico, histórico y arqueológico; la expropiación por entidades locales o por razón de urbanismo; la expropiación que da lugar al traslado de poblaciones; las expropiaciones por causa de colonización o de obras públicas; o la expropiación por razones de defensa nacional y seguridad del Estado.

Centrándonos en el procedimiento general, la LEF permite que este se tramite de manera ordinaria o por la vía de urgencia, supuesto este último en el que la persona expropiada es privada del bien ante que el justiprecio se haya fijado en vía administrativa y que, por este motivo, su utilización por la Administración debe tener carácter excepcional.

1. La tramitación ordinaria del procedimiento general de expropiación forzosa

A) El acuerdo de necesidad de ocupación

Una vez declarada la utilidad pública o el interés social, la Administración debe decidir sobre la necesidad concreta de ocupar los bienes o adquirir los derechos que sean estrictamente indispensables para la finalidad de la expropiación (art. 15 LEF).

> Con carácter general, rige el principio de estricta correspondencia entre la causa expropiandi y la ocupación concreta de los bienes; aunque el mismo art. 15 LEF permite expropiar más de lo estrictamente indispensable, previo acuerdo del Consejo de Ministros, en vistas a las ampliaciones previsibles para cuya ejecución se expropie, como sucedería, por ejemplo, en relación a la construcción de aeropuertos o carreteras en relación a los cuales se prevea su futura ampliación.

A efectos de poder dictar el acuerdo de necesidad de ocupación, los beneficiarios de la expropiación están obligados a formular una relación concreta e individualizada en la que se describan todos los aspectos (materiales y jurídicos) de los bienes o derechos respecto a los que se considera necesaria la expropiación (art. 17 LEF).

El acuerdo de necesidad de ocupación que da inicio, propiamente, al expediente expropiatorio debe ser notificado individualmente a todas las personas que aparezcan como interesadas en el procedimiento expropiatorio (solo respecto a la parte que les pueda afectar) y también tiene que ser objeto de información pública durante un plazo de 15 días, a través de su publicación en los diarios y boletines oficiales que procedan en función de la Administración expropiante, y también en uno de los diarios de mayor circulación. En el supuesto de que la expropiación sea realizada por el Estado o por una Comunidad Autónoma, el acuerdo de necesidad de ocupación se tiene que comunicar asimismo al Ayuntamiento del término municipal donde radique el bien que se va a expropiar, para que lo fije en el tablón de anuncios (arts. 18 y 21 LEF).

Este trámite de información pública constituye una de las garantías más importantes del procedimiento expropiatorio; y, por este motivo, tiene la consideración de trámite esencial, cuya omisión o incorrecta realización determina la nulidad de la actuación administrativa al amparo del art. 47.1.e LPAC, en la medida en que prive a los afectados de las posibilidades de defensa y alegación (STS de 14 de noviembre de 2000 y STS de 24 de noviembre de 2004).

Contra el acuerdo de necesidad de ocupación, según lo previsto en el artículo 22 de la LEF, se puede interponer un recurso de alzada por parte de los interesados y de las personas que hayan comparecido en el trámite de información pública en un plazo de 10 días a contar desde la notificación personal o publicación en el diario o boletín oficial correspondiente. La interposición del recurso tiene un carácter suspensivo respecto al procedimiento y su resolución corresponde al órgano superior jerárquico en un plazo de 20 días. Contra la resolución de este recurso administrativo puede interponerse recurso contencioso-administrativo; pues aunque el art. 22.3 LEF lo excluye expresamente, estamos una vez más ante una previsión legal que ha devenido inconstitucional, por lo que los Tribunales han afirmado de manera unánime la posibilidad de impugnar el acuerdo de necesidad de ocupación en sede judicial (STS de 11 de febrero de 2002).

B) La determinación del justiprecio

Como ya hemos visto, uno de los fundamentos de la expropiación forzosa es que, cuando se produce una privación imperativa de la propiedad privada que se justifica en una causa de utilidad pública o de interés social, se reconoce al particular el derecho a una indemnización, cuestión que responde al principio de no confiscatoriedad recogido expresamente en el artículo 33 CE.

En la determinación de esta indemnización, denominada justiprecio, la LEF prevé, esencialmente, dos posibilidades: el mutuo acuerdo entre la Administración y el expropiado; o la determinación del precio justo de manera unilateral por parte de la Administración.

El mutuo acuerdo se prevé como una opción preferente, de manera que, si la Administración y el particular a los que se refiere la expropiación llegan a un acuerdo amistoso, con este se daría por finalizado el expediente expropiatorio (art. 24 LEF).

El procedimiento para llegar a la adquisición por mutuo acuerdo está regulado en el art. 25 REF, que prevé los siguientes trámites:

«*a) Propuesta de la Jefatura del servicio encargado de la expropiación, en la que se concrete el acuerdo a que se ha llegado con el propietario, con remisión de los antecedentes y características que permitan apreciar el valor del bien objeto de la expropiación.*

b) Informe de los servicios técnicos correspondientes en relación con el valor del bien objeto de la expropiación.

c) Fiscalización del gasto por la Intervención.

d) Acuerdo del Ministro o, en su caso, del órgano competente de la Corporación Local o Entidad respectiva».

También en relación al mutuo acuerdo hay que tener en cuenta que, tal como prevé el art. 26 REF, el acuerdo de adquisición se entiende como partida alzada por todos los conceptos; por lo que, en este caso, no procede el pago del premio de afección, ni el expropiado puede solicitar posteriormente indemnizaciones por otros conceptos. Más problemática resulta la cuestión relativa a los intereses de demora, sobre los que la LEF ni su Reglamento de desarrollo se pronuncian de manera expresa en el supuesto de mutuo acuerdo. Sobre esta cuestión, la jurisprudencia ha distinguido, por un lado, entre los intereses por demora en la fijación del justiprecio; y los intereses por demora en su abono, por otro. Mientras que los primeros sí se entenderían incluidos en el precio acordado, pues en ese momento ya se habrían devengado; en relación a los segundos el acuerdo debe reflejar una renuncia expresa e inequívoca, pues en el momento de la celebración del acuerdo no se conoce si se va a producir algún tipo de incumplimiento en la obligación de pago (STS de 20 de junio de 2000).

En el supuesto de que, transcurridos quince días, no se llegue a este acuerdo, se seguirán los trámites que prevén los artículos 25 y siguientes de la LEF, sin perjuicio de que, en cualquier momento de la tramitación del procedimiento, ambas partes puedan formalizar un acuerdo amistoso.

No obstante, lo más habitual es que la Administración y el expropiado no se pongan de acuerdo, y que se siga un procedimiento en el que, con participación del interesado, la Administración acabe decidiendo de manera unilateral sobre el justiprecio.

Respecto a la determinación de la indemnización, se debe tener en cuenta que, aunque en un procedimiento expropiatorio puede haber varios sujetos expropiados o interesados, la determinación del justiprecio se tiene que tramitar como una pieza separada respecto al resto del expediente (art. 26 LEF), procediendo a abrir un expediente individual para cada uno de los propietarios o titulares de derechos en relación a los bienes objeto de expropiación.

El expediente único solo es posible en aquellos supuestos en los que el bien objeto del expediente expropiatorio pertenece a una comunidad de personas o cuando varios bienes constituyen una unidad económica.

Teniendo en cuenta lo anterior, para cada expediente que se tramite dirigido a determinar el justiprecio, se tienen que llevar a cabo las actuaciones siguientes:

— **Presentación de la hoja de aprecio por parte de los expropiados**: La Administración ha de requerir a los propietarios que, en un plazo de 20 días a contar desde el día siguiente al de la notificación, presenten la hoja de aprecio en la que concreten el valor con el que estiman el objeto que se expropia, siendo posible aducir todas aquellas alegaciones que se estimen pertinentes.
La valoración contenida en la hoja de aprecio tiene que ser motivada y puede estar avalada por la firma de un perito, cuyos honorarios son a cuenta del propietario (art. 29 LEF).

— **Aceptación o rechazo por parte de la Administración de la hoja de aprecio de los expropiados**: En un plazo de 20 días, la Administración tiene que aceptar o rechazar la valoración contenida en la hoja de aprecio presentada por los propietarios.
En el supuesto de que se acepte, queda fijado de manera definitiva el justiprecio; mientras que, si no se acepta, la Administración formulará su hoja de aprecio, que se notificará en el plazo de 10 días.

— **Aceptación o rechazo por parte de los propietarios de la hoja de aprecio de la Administración**: Los propietarios disponen de un plazo de 10 días para aceptar la hoja de aprecio realizada por la Administración. En el supuesto de que no la acepten, pueden formular alegaciones y el expediente pasará al Jurado provincial de expropiación, que será el que acabará determinando el justiprecio en vía administrativa.

— **Determinación del justiprecio por parte del Jurado de expropiación**: Los jurados de expropiación son una creación de la LEF y constituyen una pieza central del sistema expropiatorio, en la medida en que adoptan una figura similar a la de un árbitro que permite resolver el desacuerdo existente entre las partes respecto a la valoración del bien. Y es que, a pesar de que el jurado es un órgano administrativo, tiene una presidencia neutral y se integra, por un lado, por vocales que representan a la Administración y, por otro, por vocales que actúan como representantes del sector privado, que no están sometidos a relaciones de jerarquía administrativa.

Respecto a la composición de los jurados de expropiación, se debe considerar que hay varias comunidades autónomas que, en el ejercicio de las competencias de desarrollo reconocidas en materia de expropiación forzosa y de régimen local, han aprobado normas que prevén una composición de estos órganos diferente de la prevista en el artículo 32 de la LEF (Trayter Jiménez, 2010, pág. 32).

Así sucede en el caso de Cataluña, donde esta cuestión está regulada por la Ley 9/2005, de 7 de julio, del jurado de expropiación de Cataluña. De conformidad con esta norma, el jurado se estructura con secciones territoriales (hoy, estas secciones se identifican con: Barcelona, Girona, Lleida, Tarragona, Tierras del Ebro, Cataluña Central y Alto Pirineo Arán) y cada una de las secciones está formada por el presidente o presidenta, que tiene que ser un jurista o una jurista de prestigio que no ejerza profesionalmente la abogacía ni el asesoramiento en materia de bienes inmuebles o urbanismo, el secretario o secretaria y las personas vocales siguientes: un funcionario o funcionaria titulados superiores en los ámbitos del derecho y de la economía, del cuerpo superior de la Administración de la Generalitat o del cuerpo de abogacía de la Generalitat o equivalente, que acredite experiencia en materia de valoraciones; un funcionario o funcionaria del cuerpo de titulación superior de la Generalitat, con la titulación que corresponda según la naturaleza del bien o derecho que hay que valorar; dos personas tituladas superiores en grado universitario que acrediten experiencia en materia de valoraciones, propuestas por acuerdo de las entidades municipalistas; una persona en representación de las cámaras, los colegios profesionales, las organizaciones empresariales o las asociaciones representativas de la propiedad; y un registrador o registradora de la propiedad, o un notario o notaria, designado o designada por el colegio correspondiente.

El Jurado decide sobre el justiprecio a la vista de las hojas de aprecio formuladas por los propietarios y por la Administración; las cuales tienen carácter vinculante para la parte que las presenta, tanto en relación a los conceptos indemnizables como a la cuantía fijada.

La única excepción a esta regla se produce cuando hay algún elemento del justiprecio que haya sido ocultado, esto es, supuestos en los que el expropiado no tiene conocimiento exacto o detallado de lo que va a ser expropiado, lo que impide su correcta comprobación y valoración, y justifica las desviaciones que luego se puedan producir (STS de 29 de junio de 1998).

Las resoluciones del Jurado han de ser motivadas y ponen fin a la vía administrativa, siendo posible interponer contra estas un recurso potestativo de reposición o, de manera directa, un recurso contencioso-administrativo (art. 35 LEF).

No obstante, la resolución del jurado es inmediatamente ejecutiva (art. 34 LEF), lo que permite que, con el pago al expropiado del justiprecio fijado por este órgano, se pueda proceder a la ocupación del bien. Ello se debe a que los acuerdos del Jurado de expropiación gozan de una presunción de validez iuris tantum, basada en la competencia, especialidad y objetividad de sus miembros (SSTS de 23 de septiembre de 1997; 19 de enero de 1998; y 3 de septiembre de 2004, entre muchas otras).

C) Pago y toma de posesión

Una vez determinado el justiprecio, se procede al pago de la cantidad que resulte en un plazo máximo de seis meses (art. 48 LEF), puesto que, si se excede este plazo, la Administración expropiante culpable de la demora está obligada a satisfacer al expropiado con una indemnización consistente en el interés legal del justiprecio desde el momento en el que éste haya quedado fijado, que se liquidará con efectos retroactivos (art. 56 LEF). Asimismo, y tal como preceptúa el art. 57 LEF, la cantidad fijada definitivamente como justiprecio devengará el interés legal correspondiente a favor del expropiado, hasta que se proceda a su pago y desde el momento en que hayan transcurrido los seis meses a los que se refiere el art. 48 LEF.

Junto a estos supuestos en los que procede el abono de intereses, el art. 58 LEF contempla una garantía adicional para el expropiado, al establecer que: «si transcurrieran cuatro años sin que el pago de la cantidad fijada como justo precio se haga efectivo o se consigne, habrá de procederse a evaluar de nuevo las cosas o derechos objeto de expropiación». Es la denominada retasación, que limita la posibilidad de que la Administración demore sine die el pago limitándose a abonar los correspondientes intereses y que se basa en la caducidad de los justiprecios expropiatorios (STS de 8 de octubre de 1999).

La retasación no se configura como una simple actualización del valor conforme al IPC; sino que supone evaluar de nuevo los bienes y derechos objeto de expropiación, siguiendo para ello un el procedimiento de determinación del justiprecio que ya hemos analizado; en el cual se tendrá en cuenta el valor del bien en el momento en el que se solicita la retasación. En cualquier caso, a efectos de la retasación el justiprecio originario opera como un «mínimo garantizado»; por lo que los Tribunales han negado que el nuevo justiprecio resultado de la retasación pueda ser inferior al que se haya establecido anteriormente, aunque el valor de mercado del bien expropiado haya disminuido (STS de 30 de enero de 2003); pues ello atentaría contra la propia finalidad perseguida con de la retasación.

En el supuesto de que la persona expropiada rechace recibir el precio o en aquellos supuestos en los que haya un litigio entre el interesado y la Administración, el justiprecio fijado por la Administración se tiene que depositar en la Caja General de Depósitos. La persona expropiada tiene derecho a que se le entregue, aunque haya un litigio o un recurso pendiente, la indemnización hasta el límite en el que exista conformidad entre este y la Administración, quedando en todo caso subordinada esta entrega provisional al resultado del litigio (art. 50 LEF).

Una vez hecho efectivo el justiprecio o consignado en la Caja General de Depósitos, se puede ocupar la finca o, en su caso, ejercer el derecho expropiado.

A la hora de realizar la ocupación se debe tener presente que el acceso a los lugares que tengan la consideración de domicilio, y también los locales cerrados sin acceso al público, requiere el consentimiento del titular y, en su defecto, será necesaria una autorización judicial (art. 51 LEF). Respecto al resto de los inmuebles en los que no concurran estas condiciones, la Administración expropiante puede entrar y tomar posesión directamente.

Por ocupación se extiende un acta, que es suficiente para la inscripción de la adquisición por parte de la Administración en el Registro de la Propiedad y en el resto de los registros públicos.

2. La tramitación de la expropiación forzosa por la vía de urgencia

El artículo 52 de la LEF se refiere a la posibilidad (excepcional) de que el procedimiento de expropiación se tramite de manera urgente.

A pesar de la vocación de excepcionalidad que la LEF atribuye al procedimiento urgente, lo cierto es que, en la práctica, se ha producido una generalización del procedimiento de urgencia, que deriva del marcado carácter discrecional de la decisión de seguir dicho procedimiento en lugar de aplicar el procedimiento ordinario. Esta cuestión, tal como ha indicado la doctrina, ha provocado una desnaturalización del procedimiento urgente que se ha intentado frenar (sin demasiado éxito) por la jurisprudencia, que han exigido un mayor rigor en la apreciación de los presupuestos de las expropiaciones urgentes y del propio concepto de urgencia (STS de 23 de septiembre de 1997; y STS de 30 de noviembre de 2004). En base a esta doctrina, los Tribunales han declarado que la tramitación urgente únicamente está legitimada cuando se cumpla un doble presupuesto: a) la concurrencia de circunstancias de carácter excepcional que aconsejen acudir a este procedimiento; y b) la necesidad de motivar suficientemente el acuerdo que motive la urgencia (López Menudo, Carrillo Donaire y Guichot Reina, 2006, p. 169 y ss.).

En el caso de acudir a la tramitación urgente, se declara urgente la ocupación de los bienes afectados por la expropiación, declaración que se notifica a los interesados afectados, informándolos del día y hora en que se tiene que levantar el acta previa a la ocupación; cuestiones que también son objeto de publicación mediante edictos en los tablones oficiales y en los boletines y diarios oficiales. Tanto la notificación como la publicación se tienen que efectuar con una antelación mínima de ocho días.

En el día y hora indicados, comparecen en la finca que se quiere ocupar el representante de la Administración, acompañado de un perito y del alcalde (o el concejal en el que este delegue) y, reunidos con los propietarios y los restantes interesados que concurran, se levanta un acta en que se describe el bien o derecho expropiable y se hacen constar todas las manifestaciones y datos que aporten unos y otros y que resulten útiles para determinar los derechos afectados, sus titulares, su valor y los perjuicios derivados de la rápida ocupación.

A la vista del acta previa a la ocupación y de los documentos que abren o se aporten al expediente, la Administración formula la hoja de depósito previo a la ocupación. Y es que, en el procedimiento de urgencia, la ocupación del bien expropiado se produce con anterioridad a la determinación y abono del justiprecio, por lo que la Administración está obligada a constituir un depósito previo a la ocupación, como una garantía del propietario, que se pagará por anticipado del justiprecio que después se fije.

La cantidad que se determine en la hoja de depósito previo a la ocupación es diferente de la indemnización que corresponde por los daños y perjuicios derivados de la urgencia en la ocupación, como pueden ser los derivados de los traslados, mudanzas, cosechas pendientes, etc., que también tendrán que ser determinados y abonados por la Administración (art. 52.5 LEF).

Una vez efectuado el depósito y abonada o consignada la indemnización por los daños y perjuicios, ya se puede proceder a la ocupación inmediata del bien y, una vez efectuada ésta, se tramitará el expediente de expropiación en sus fases de fijación del justiprecio y pago, de acuerdo con la regulación del procedimiento general, si bien se tiene que dar preferencia a la resolución de los expedientes que se hayan tramitado por la vía de urgencia.

III. Elementos integrantes del justiprecio y criterios de valoración de los bienes expropiados

El justiprecio se corresponde con el valor o el equivalente económico del sacrificio que comporta la expropiación, siendo necesario en su determinación garantizar un equilibrio justo entre las exigencias de interés general de la comunidad y las exigencias que derivan de la salvaguarda de los derechos fundamentales del individuo, de manera que, como consecuencia de la expropiación, no se produzca un enriquecimiento indebido de la Administración expropiante o del beneficiario, ni tampoco de la persona expropiada.

Por lo tanto, se trata de que la indemnización expropiatoria permita una compensación de valores, esto es, la sustitución o reposición del bien perdido por el bien que constituye la indemnización, procediendo a abonar el valor real y efectivo de los bienes (valor de sustitución o valor de mercado) a la persona expropiada.

Así lo ha indicado de manera reiterada y desde hace muchos años la jurisprudencia de nuestros tribunales (STS de 29 de noviembre y de 7 de diciembre de 1974, de 22 de octubre de 1998 y de 22 de diciembre de 1999, entre otras), y también el Tribunal Europeo de Derechos Humanos, afirmando que una indemnización inferior al valor de mercado supone una carga desproporcionada y excesiva que no queda justificada por el interés legítimo que persiguen las autoridades (Sentencia Kozacioglu vs. Turquía de 31 de julio de 2007 y Sentencia Scordino vs. Italia de 29 de marzo de 2006).

Teniendo en cuenta lo anterior, a la hora de determinar el justiprecio, de acuerdo con lo previsto en el artículo 36 de la LEF, las reglas que resultan aplicables son las siguientes:

1) En primer lugar, en la tasación se debe tener en cuenta el valor de los bienes o derechos. Por lo tanto, no se incluyen en el justiprecio valoraciones o cuestiones de tipo subjetivo, como es el valor sentimental que, para la persona titular, puedan tener estos bienes o derechos. Y es que esta cuestión se compensa por medio del denominado «premio de afección», un tanto alzado que, de acuerdo con el artículo 47 de la LEF, queda fijado a todos los efectos en el 5 % del precio justo y que tiene por objetivo compensar por el valor afectivo sobre una cosa que pertenece a la persona expropiada. Ese concepto, como ya hemos señalado, se entiende comprendido en el justiprecio fijado de mutuo acuerdo, pues dicho acuerdo se entiende como partida alzada por todos los conceptos (art. 26 REF).
   En contraposición y a pesar de que la LEF no lo establece de manera expresa, la jurisprudencia ha admitido que el justiprecio sí que debe incluir los daños y perjuicios que, objetivamente, sean imputables a la actuación expropiatoria (STS de 26 de junio de 2001 y de 13 de mayo de 2005).
2) En segundo lugar, las tasaciones se efectúan de acuerdo con el valor que tengan los bienes o derechos expropiables en el momento de iniciarse el expediente de precio justo, para el cual no se tienen en cuenta las plus-

valías que sean consecuencia directa del proyecto de obras que dan lugar a la expropiación.

3) En tercer lugar, las mejoras en el bien expropiado que se efectúen con posterioridad a la incoación del expediente de expropiación no son objeto de indemnización, excepto en aquellos supuestos en los que se demuestre que eran indispensables para la conservación de los bienes y siempre que no se hayan realizado con mala fe.

En relación con los criterios de valoración, la LEF contiene unos criterios reglados de valoración respecto a ciertos bienes, como son: las obligaciones, cuotas y otras modalidades de participación en el capital o en los beneficios de empresas mercantiles (art. 40 LEF); las concesiones administrativas (art. 41 LEF); los derechos reales sobre bienes inmuebles (art. 42 LEF) y las fincas arrendadas (art. 44 LEF).

En cuanto a la valoración de los derechos reales sobre los bienes inmuebles y las fincas arrendadas, la LEF se remite a los criterios contenidos en la normativa específica, esto es, el Decreto Legislativo 7/2015, de 30 de octubre, por el cual se aprueba el texto refundido de la Ley de suelo y de rehabilitación urbana (TRLSRU) y la Ley 29/1994, de 24 de noviembre, de arrendamientos urbanos y la Ley 49/2003, de 26 de noviembre, de arrendamientos rústicos.

En cuanto al justiprecio de las obligaciones, acciones, cuotas y otras modalidades de participación en el capital o en los beneficios de empresas mercantiles, el artículo 40 LEF indica que se estimarán de acuerdo con los criterios siguientes: a) la cotización media del año anterior al de la iniciación del expediente; b) la capitalización al tipo de interés legal de la media de beneficio de la empresa en los tres ejercicios sociales anteriores; c) la diferencia entre el activo real y pasivo exigible en el último balance aprobado (valor teórico de los títulos).

Respecto a las concesiones administrativas, se aplican de manera preferente las normas

de valoración en caso de expropiación o rescate que contenga la legislación especial y, en su defecto, la LEF se refiere, entre otros criterios, al importe capitalizado al interés legal de los rendimientos líquidos de la concesión en los tres últimos años.

Además de estos criterios, el artículo 43 de la LEF prevé que tanto el propietario como la Administración pueden llevar a cabo la tasación aplicando los criterios estimativos que consideren más adecuados, si la evaluación realizada al amparo de los criterios tasados no resultara, a su juicio, de acuerdo con el valor real de los bienes y derechos objeto de expropiación, siendo este superior o inferior.

Este criterio de libertad estimativa se puede aplicar para la tasación de todos los bienes, exceptuando los bienes inmuebles, que necesariamente se rigen con el sistema de valoración del suelo que la legislación especifica y los bienes muebles respecto a los cuales haya una ley especial que contenga criterios particulares de valoración. De este modo, es posible suplir la insuficiencia de los criterios reglados, que, en la práctica, actúan como unos mínimos.

IV. Garantías jurisdiccionales de la expropiación forzosa

Los artículos 124 a 128 de la LEF están dedicados a las garantías jurisdiccionales de la expropiación forzosa, que derivan de la imposibilidad de que nadie pueda ser expropiado, si no es debido a utilidad pública o de interés social, previa indemnización correspondiente, y de acuerdo con lo previsto en las leyes (art. 32.2 CE).

En este contexto, las garantías jurisdiccionales se proyectan en tres frentes:

1) En primer lugar, los tribunales son competentes para conocer cualquier ocupación o intento de ocupación de un bien por parte de la Administración sin que se hayan cumplido los requisitos sustanciales de declaración de utilidad pública o de interés social, necesidad de ocupación y previo pago o, en su caso, depósito, en los términos previstos en la ley.
   En este caso, además de los medios legales restantes que resulten procedentes, el interesado puede hacer uso de los interdictos de retener y recobrar, para que los jueces lo amparen y, en su caso, lo reintegren en su posesión amenazada o perdida (art. 125.1 LEF).
2) En segundo lugar, la resolución que pone fin al expediente de expropiación o a cualquiera de las piezas separadas puede ser objeto de recurso contencioso-administrativo, exceptuando la resolución del recurso de alzada contra el acuerdo de necesidad de ocupación, que no es susceptible de recurso autónomo (art. 126.1 LEF).
   En concreto, los acuerdos que se adopten sobre el justiprecio pueden ser objeto de impugnación tanto por parte de la Administración como de la persona expropiada, siendo necesario que el recurso se fundamente en una lesión en más de una sexta parte de la cantidad que, en el trámite oportuno, haya sido alegada por el recurrente (art. 126.2 LEF). Y es que, tal como indican García De Enterría y T. R. Fernández, en la medida en que la institución de la expropiación exige un justiprecio, esto implica necesariamente la existencia de una vía judicial para poder verificar esta «justicia» en cada caso.
   En este sentido, ya hemos avanzado que la existencia de un órgano no sometido a jerarquía como es el Jurado de expropiación forzosa no excluye la revisión judicial de la estimación del justiprecio que haga, puesto que el punto de partida es que el justiprecio es un concepto jurídico

indeterminado, lo cual requiere que, al margen de cualquier criterio discrecional, se obtenga, de una manera reglada, el valor justo del bien objeto de expropiación. Lo anterior conduce a la conclusión de que revisar la decisión adoptada por los jurados de expropiación forzosa es un tema de competencia directa de los tribunales del orden contencioso-administrativo (STS de 17 de febrero de 1997), que tienen una facultad revisora absoluta a la hora de hacer el juicio sobre el fondo de las estimaciones del Jurado.

3) En tercer lugar, la jurisdicción contencioso-administrativa también es competente en todos aquellos casos en que, con arreglo a la LEF, la Administración esté obligada a indemnizar daños y perjuicios (art. 128 LEF).

V. La reversión

El derecho de reversión habilita a la persona expropiada a recuperar el bien objeto de expropiación en el supuesto de que no se ejecute la obra o se establezca el servicio que motivó la expropiación; cuando, una vez ejecutada la obra o servicio, hay una parte sobrante de los bienes expropiados o, por último, si desaparece la afectación (art. 54.1 LEF).

Así, por ejemplo, la Administración decide no construir el hospital, el ramal del autopista o la ampliación del aeropuerto que motivó la expropiación; pro lo que esos terrenos ya no son necesarios para satisfacer la causa de utilidad público o interés social que motivó y justificó la privación singular del bien expropiado.

El reconocimiento legal de este derecho tiene su razón de ser en el hecho de que la expropiación no es una simple transmisión forzosa de un bien que permite a su adquirente (la Administración) utilizarlo como mejor le convenga; sino que se trata de una privación imperativa que está justificada por la necesidad de realizar una transformación (material o jurídica) de este bien con el fin de satisfacer una causa de utilidad pública o de interés social que, necesariamente, requiere afectar el bien expropiado (arts. 9 y 15 LEF).

Esto justifica que el mismo art. 66 de la REF prohíba que, en los terrenos o bienes expropiados se realicen obras o se establezcan servicios diferentes de aquellos que motivaron la expropiación.

En este orden de ideas, si una vez consumada la expropiación el bien expropiado no se destina a la finalidad invocada cuando esta se realizó o resulta que el bien adquirido resulta innecesario (en todo o en parte), mantener la expropiación vulneraría la naturaleza finalista de esta institución, y de ahí que, en relación con todas las expropiaciones, se tenga que reconocer el derecho de reversión.

Pese a lo anterior, los Tribunales han señalado que el derecho de reversión no se configura como una garantía constitucional intrínseca a la institución de la expropiación; sino que, por el contrario, se trata de un derecho de configuración legal que puede ser modulado o suprimido por la Ley en casos específicos. Esta doctrina (que no compartimos), se ha forjado a raíz de las peticiones de reversión que las empresas del grupo empresarial RUMASA eran reprivatizadas mediante adjudicación a terceros, lo que dio lugar a numerosas sentencias (SSTS de 30 de septiembre de 1991, 16 de diciembre de 1997, 28 de enero de 1998) fundamentadas en el hecho que la Ley 7/1983, de 29 de junio, de expropiación por razones de utilidad pública e interés social de los Bancos y otras Sociedades que componen el Grupo Rumasa, S. A, excluía de forma expresa el derecho de reversión respecto a las participaciones expropiadas (art. 5.3).

Tal y como está configurado en la legislación de expropiación forzosa, el derecho de reversión es un derecho real, puesto que se refiere al bien expropiado, por lo que el propietario primitivo de los bienes o sus herederos lo pueden ejercer ante la Administración expropiante, con independencia de quién sea el beneficiario de la expropiación o, incluso, si el bien ha pasado a manos de terceros.

Este derecho se debe hacer constar en el Registro de la Propiedad y su titular tiene un derecho preferente ante terceros posibles adquirentes (art. 54.5 LEF).

Los supuestos de reversión son los que prevé el artículo 54.1 ya citado de la LEF, concretados en:

— Que no se ejecute la obra o no se establezca el servicio que motivó la expropiación.
— Que, una vez ejecutada esta obra o establecido el servicio, haya una parte sobrante de los bienes expropiados.
— Que, una vez ejecutada la obra o establecido el servicio que motivó la expropiación, desaparezca la afectación de los bienes expropiados en él.

Pese a lo anterior, el apartado 2 del propio artículo 54 de la LEF prevé como excepciones de la reversión las siguientes:

— Cuando, de manera simultánea a la desafectación de la finalidad que justificó la expropiación, se acuerde de manera justificada una nueva afectación a otra finalidad que haya sido declarada de utilidad pública o de interés social.

En este caso, es necesario que la Administración haga publicidad de la sustitución, y el propietario primitivo o sus herederos podrán alegar todo aquello que consideren oportuno en defensa de su derecho a reversión o, si no concurren los requisitos previstos para ejercerlo, solicitar la actualización del justiprecio si no se ha ejecutado la obra o establecido el servicio inicialmente previsto.

— Cuando la afectación a la finalidad que justificó la expropiación o a otra declarada de utilidad pública o interés social se prolongue durante diez años desde la terminación de la obra o el establecimiento del servicio.

En cuanto al ejercicio de la acción de reversión, ésta se puede solicitar en un plazo de tres meses a contar desde la fecha en la que la Administración notifique el exceso en la expropiación, la desafectación del bien o derecho expropiado o su propósito de no ejecutar la obra o no implantar el servicio.

Si esta notificación no se produce, el artículo 54.3 de la LEF prevé diferentes supuestos:

a) Si se ha producido un exceso de expropiación o la desafectación del bien o derecho expropiado, se puede ejercer la acción siempre que no hayan transcurrido más de veinte años desde la toma de posesión por parte de la Administración o, en su caso, del beneficiario.
b) Cuando no se hayan iniciado las obras o la implantación del servicio para ejercer la acción, se fija un plazo de cinco años desde la toma de posesión.
c) También se podrá ejercer el derecho de reversión cuando la ejecución de la obra o las actuaciones para el establecimiento del servicio estén suspendidas más de dos años por causas imputables a la Administración o al beneficiario de la expropiación.

La competencia para resolver sobre la reversión corresponde a la Administración titular del bien o derecho en el momento en que se solicite la reversión o al que esté vinculado el beneficiario o, en su caso, el titular de los bienes.

PARA SABER MÁS

AAVV (Dir. J.M. TRAYTER JIMÉNEZ), *La aplicación del sistema de valoraciones de la Ley de Suelo*, Atelier, Barcelona, 2010. En particular, el trabajo citado en el texto es:

— TRAYTER JIMÉNEZ, J.M., «Jurados autonómicos de expropiación y derechos de los ciudadanos»

AAVV (Dirs. F. PUERTA SEGUIDO; L.J. GÓMEZ ZAMORA; A.Mª RODRÍGUEZ MARTÍN), *La expropiación forzosa. Teoría y práctica de la institución*, Tirant lo Blanch, Valencia, 2019.

AAVV, *Manual de Expropiación Forzosa*, Thomson-Aranzadi, Navarra, 2007.

BAÑO LEÓN, J.M., «Aproximación al régimen jurídico de la expropiación forzosa en Francia, Italia y Alemania», *Documentación Administrativa* núm. 222, 1990.

BERMEJO VERA, J., «La exclusividad de la reserva estatal respecto de la legislación sobre expropiación forzosa», *Documentación administrativa* núm. 222, 1990.

CIERCO SEIRA, C., «El premio de afección en la expropiación forzosa», *Revista Española de Derecho Administrativo*, núm. 168, 2015.

COSCULLUELA MONTANER, L., *Manual de Derecho Administrativo*. Ed. 30ª, Civitas-Thomson Reuters, 2019.

ESCUIN PALOP, V., *Comentarios a la Ley de Expropiación Forzosa*, Thomson-Civitas, Navarra, 2004.

FERNÁNDEZ, T.R., «Por una nueva Ley de Expropiación Forzosa y un nuevo sistema de determinación del justiprecio», *Revista de Administración Pública* núm. 166, 2005.

FERNÁNDEZ TORRES, J.R., *Estudio integral de las expropiaciones urbanísticas.*, Aranzadi, Navarra, 2005.

FUERTES LÓPEZ, M., «¿Una nueva Ley de expropiación forzosa?», *Actas del VII Congreso de la Asociación Española de Profesores de Derecho Administrativo* (Coord. J.R. FUENTES I GASÓ; J. GIFREU FONT; L. CASADO CASADO), AEPDA, Madrid, 2012.

GALLEGO CÓRCOLES, I., «El procedimiento de expropiación italiano: entre la irrelevancia de las formas y la intervención correctora del TEDH», *Revista de Administración Pública* núm.169, 2006.

GALLEGO CÓRCOLES, I., *El derecho de reversión en la expropiación forzosa*, La Ley, Madrid, 2006.

GARCÍA DE ENTERRÍA, E. y FERNÁNDEZ, T.R., *Curso de Derecho Administrativo II*, Civitas-Thomson Reuters, Vol. II, 20ª Edición, 2017.

GARCÍA DE ENTERRÍA, E., «La Ley de Expropiación forzosa de 1954 medio siglo después», *Revista de Administración Pública* núm. 156, 2001.

GARCÍA DE ENTERRÍA, E., *Los principios de la nueva ley de Expropiación Forzosa*, Civitas, Madrid, 1984.

GARCÍA GÓMEZ DE MERCADO, F., *El justiprecio de la Expropiación Forzosa*, Ed. Comares, Granada, 2005.

GIFREU FONT, J., «Los criterios de determinación del justiprecio en Derecho inglés. La alternancia en la fijación del valor del suelo», *Revista de Administración Pública* núm. 155, 2001.

LÓPEZ MENUDO, F., CARRILLO DONAIRE, J.A., GUICHOT REINA, E., *La expropiación forzosa*, Lex Nova, Valladolid, 2006.
NÚÑEZ LOZANO, M.C., «Los órganos autonómicos de fijación de justiprecios. Propuestas y sugerencias sobre el correcto ejercicio de la competencia estatal sobre legislación de expropiación forzosa», *Revista Vasca de Administración Pública* núm. 72, 2005.
PERA VERDAGUER, F., *Expropiación Forzosa*, Ed. Bosch, Barcelona, 2002.
PONT CASTEJÓN, I., «La técnica expropiatoria en Derecho anglosajón. Estados Unidos y Gran Bretaña», *Documentación administrativa*, núm. 222, 1990.
SERRANO ALBERCA, J.M., *El Derecho de Propiedad, La Expropiación y la Valoración del Suelo*, Ed. Aranzadi, Pamplona, 1995.
SOSA WAGNER, F., *Comentarios a la Ley de Expropiación Forzosa*, Aranzadi, Navarra, 1999.

TEMA VII
LA ACTIVIDAD PROMOCIONAL O DE FOMENTO

Irene Araguàs Galcerà

I. Concepto y notas características de la actividad de fomento

La actividad administrativa ha sido objeto, por parte de nuestra doctrina, de una clasificación tripartita que distingue entre la actividad de limitación o de policía, en virtud de la cual se restringe la libertad, los derechos o la actividad de los particulares; la actividad de servicio público, con motivo de la cual la Administración lleva a cabo determinadas prestaciones (sanitarias, educativas, etc.) en favor de los particulares; y la actividad de fomento, cuyo objetivo es estimular o incentivar el ejercicio de la actividad de los particulares (PARADA VÁZQUEZ, 1999, pág. 419).

Cuando hablamos de actividad de fomento, nos estamos refiriendo a una actuación administrativa que no tiene como referencia el mantenimiento del orden jurídico o del riesgo permitido y que tampoco pretende crear servicios públicos; sino que opera sobre lo que genéricamente se denomina: «actividad de prestación», en la medida en que la Administración Pública, mediante determinados estímulos (esencialmente económicos), pretende incentivar o promover la actividad privada para la consecución de determinados objetivos de interés público.

Se trata, por tanto, de garantizar que una serie de actividades, que se consideran relevantes para el interés público, puedan desarrollarse de forma privada. Así, mediante la actividad de fomento la Administración se limita a estimular a los particulares para que, de forma voluntaria, suplan las finalidades perseguidas por la Administración, sin usar la coacción ni prestar ella misma el servicio; y sin dejar tampoco dichas actividades en manos del mercado, para así asegurar que un mayor número de particulares pueda tener acceso a las mismas.

> En este contexto, con la actividad de fomento se estimula a los particulares para que desarrollen actividades de tipo cultural, educativo o deportivo, que en muchas ocasiones no resultan, por sí mismas, rentables económicamente; pero también para lograr que se mantengan determinadas actividades económicas que, por diversos motivos, están en declive o incluso en riesgo de desaparecer (pensemos, por ejemplo, en ciertas industrias tradicionales o actividades rurales); o para incentivar que se modifique la manera en cómo se desarrollan ciertas actividades privadas (económicas o no), para que sean, por ejemplo, más respetuosas con el medio ambiente, fomentando la compra de vehículos eléctricos o la utilización de materiales más sostenibles en la construcción.

En este marco, la actividad de fomento se define como aquella modalidad de intervención administrativa que consiste en dirigir la acción de los particulares hacia finalidades de interés general mediante el otorgamiento de incentivos o estímulos, sin utilizar medios coactivos ni crear servicios públicos.

Se trata de un concepto muy amplio que comprende todas aquellas medidas de promoción de la actividad privada que consisten en el otorgamiento de ventajas que pueden ser, o no, de contenido económico.

En este orden de ideas, la actividad de fomento se caracteriza por tres grandes elementos:

a) **Su sometimiento al Derecho Administrativo**. Inicialmente, la actividad de fomento carecía de regulación, en la medida en que se consideraba una actividad graciable de la Administración. En la actualidad, no obstante, ha experimentado una juridificación para convertirse en un ámbito de la actividad de la Administración plenamente sujeto al principio de legalidad (en concreto, a la Ley que en cada caso le dé cobertura, como puede ser la Ley 38/2003, de 17 de noviembre, General de

Subvenciones); y que es susceptible de control por la jurisdicción contenciosa-administrativa.

En este contexto, y tal como ha confirmado el Tribunal Constitucional (SSTC 13/1992, 237/1992 y 128/1999), el desarrollo de la actividad de fomento debe respetar las reglas de competencia a las que están sujetas las Administraciones Públicas, de manera que la actividad que recibe la ayuda debe ser competencia de la Administración que la otorga. A su vez, como toda actividad administrativa, la actividad de fomento ha de llevarse a cabo a través de los correspondientes procedimientos administrativos, cumpliendo con los trámites que prevea, en cada caso, la normativa que resulte de aplicación. Finalmente, la actividad de fomento, en la mayoría de supuestos comporta una merma de los ingresos públicos, por lo que su ejercicio está condicionado a la disponibilidad de los recursos por parte de la entidad que la otorga, y ser respetuoso con las reglas de estabilidad presupuestaria.

b) **Su carácter voluntario para los particulares**: En efecto, nadie se puede ver obligado a aceptar una medida de fomento, lo cual no excluye que, una vez se solicitan y se obtienen determinadas ayudas públicas, entre la Administración y el beneficiario nace una relación jurídica de especial sujeción, que permite a la Administración intervenir en una actividad privada.

   En efecto, una vez concedida la ayuda en la que consiste la acción de fomento, el particular debe asumir un conjunto de cargas y obligaciones, y queda sometido a las orientaciones e indicaciones que fije la Administración. En caso de incumplimiento por parte del beneficiario (cuestión que la Administración está habilitada para controlar), ello puede dar lugar al reintegro de la ayuda recibida, así como a sanciones de diversa índole.

c) **Su carácter finalista**: Las medidas de fomento tienen por finalidad la promoción de actividades de interés público que se consideran especialmente relevantes.

   Y es que, a través de la actividad de fomento, la Administración orienta la inversión privada hacia ciertos sectores o determinados zonas, realizando una «política de dirigismo social», que permite a las Administraciones Públicas intervenir en las actividades privadas a través del condicionamiento de las ayudas otorgadas al cumplimiento de determinadas finalidades (COSCULLUELA, 2019, pág. 685)

II. Principales medidas de fomento

Teniendo en cuenta las notas que reviste la actividad de fomento, es evidente que en su seno se enmarcan un conjunto heterogéneo de técnicas, las cuáles han ido evolucionando a lo largo de la historia (Esteve Pardo, 2019). Los inicios de las medidas de fomento se remontan al siglo XIX, como una fórmula a través de la cual el Estado liberal daba apoyo a la iniciativa privada en la realización de actividades de interés público, lo cual encajaba perfectamente con una ideología económica contraria a que los poderes públicos asumieran por sí mismos la prestación de determinados servicios públicos. Las medidas de fomento en esta época, no obstante, no eran de carácter económico; sino que consistían en el otorgamiento de honores, condecoraciones, títulos honoríficos, etc.

Es cierto que, con anterioridad, ya se habían producido diversas técnicas propias de la actividad de fomento, pero éstas carecían de la regularidad o del respaldo normativo que se produjo durante el siglo XIX. En este sentido, podemos hacer referencia a la incentivación de la actividad privada a través del mecenazgo que tenía lugar durante la Edad Media; o a las técnicas de promoción de la agricultura y la ganadería, la industria y la minería, el comercio y la navegación que llevaba a cabo la dinastía borbónica durante el siglo XVIII (Castillo Blanco, 2018, págs. 54 y 55).

Ya entrado el siglo XX, con la irrupción el Estado social, la Administración aumenta extraordinariamente la actividad de fomento, utilizando, ahora sí medios de contenido económico, revistiendo las subvenciones un papel destacado. Mientras que, a principios de siglo, la actividad de fomento va orientada, fundamentalmente, a la realización de obras hidráulicas y la extensión del regadío; en la segunda mitad, las políticas de fomento van dirigidas al desarrollo de sectores económicos y energéticos considerados estratégicos.

Son ejemplo de ello los planes de desarrollo económico que se llevaron a cabo en la última época del franquismo, y que pretendían impulsar la actividad económica en determinados sectores industriales (naval, automoción, construcción, etc.), así como revitalizar zonas de España que se encontraban deprimidas económicamente.

Una vez aprobada la Constitución Española de 1978, también se produjo una importante expansión de las medidas de fomento en el ámbito cultural y educativo, reconocido expresamente en el Preámbulo de la Constitución, que se refiere expresamente a la voluntad de la Nación española de «promover el progreso de la cultura y de la economía para asegurar a todos una digna calidad de vida», y en diversos preceptos constitucionales que consagran el fomento de la educación y el deporte (art. 43.3), la cultura (art. 44.1) o la modernización de los sectores económicos (art. 130.1). Asimismo, no podemos olvidar el papel que, en el desarrollo de la actividad de fomento, ha jugado la creación de las Comunidades Autónomas y las políticas de protección de sus expresiones culturales propias.

En la actualidad, lo más habitual es que las medidas de fomento tengan un contenido económico (sean subvenciones u otras transferencias de capital), pero también pueden revestir otras formas.

La mayor parte de la doctrina entiende superada la clasificación trazada por JORDANA DE POZAS, que distinguía entre medidas de fomento positivas, cuando éstas ofrecían ventajas a los particulares; y negativas, cuando con las mismas se causaba un perjuicio vinculado al hecho de continuar realizando una determinada actividad. En efecto, esta distinción dual resulta insuficiente para dar cabida a la multiplicidad y heterogeneidad de las técnicas de fomento que emplean los poderes públicos en la actualidad, entre las que cabe destacar las siguientes:

1) Medios honoríficos: Se incluirían en esta categoría la concesión de títulos nobiliarios, las condecoraciones civiles y militares; los premios literarios o artísticos; o las matrículas de honor en el ámbito académico. En ocasiones van acompañadas de ayudas económicas; pero lo esencial de estas medidas de fomento no es su valor monetario, sino distinguir a sus destinatarios, y que su conducta sirva de ejemplo al resto de ciudadanos.

   Hay parte de la doctrina que discute la inclusión de estos medios honoríficos como medios de fomento, en la medida en que no hay una relación directa causa-efecto entre la acción pública y la realización por el particular de una determinada conducta o actividad de interés general, ya que se otorgan posteriori; aunque lo cierto es que tienen cierta eficacia incentivadora.

2) Medios jurídicos: En virtud de los mismos se establece un determinado régimen jurídico específico que favorece la realización de determinadas actividades privadas.

   Un ejemplo de ello sería el reconocimiento de un derecho preferente de explotación por descubrir una mina; o aquellos supuestos en los que se atribuye la vecindad al contratista en los municipios afectados por una obra pública.

3) Medios económicos: Consiste en la aportación de capital por parte de las diferentes administraciones públicas. Estas aportaciones pueden ser directas, lo que implica que la Administración haga entrega de una de-

terminada cantidad de dinero; o indirectas, en aquellos supuestos en los que la Administración asume una inversión que normalmente correría a cargo del particular o las empresas o renuncia a fondos o ingresos que les corresponderían.

Las aportaciones económicas directas por excelencia son las subvenciones; Mientras que en los medios económicos indirectos se incluirían, a modo de ejemplo, los descuentos en el acceso a museos o actividades culturales; así como ciertos beneficios y ayudas fiscales como sería, por ejemplo, la inclusión en un tipo u otro del IVA, los cuales deben consignarse en los Presupuestos Generales del Estado (art. 134.2 CE).

En cualquier caso, debe tenerse en cuenta que no todas las ayudas prestadas por una Administración, tengan o no carácter económico, se deben considerar medidas de fomento. En este sentido, no pueden cualificarse como medidas de fomento ciertas ayudas o subsidios que no tienen como finalidad estimular actividades o comportamientos de quien los recibe; sino proteger a personas que se encuentran en una situación de dificultad o de dependencia, tal como sucede con la prestación por desempleo o las pensiones de incapacidad.

III. EL DERECHO DE LA UNIÓN EUROPEA EN MATERIA DE SUBVENCIONES Y AYUDAS PÚBLICAS A LA ACTIVIDAD ECONÓMICA

Antes de entrar a analizar el tratamiento que realiza nuestro ordenamiento jurídico de la subvención, como principal medida de fomento, debemos referirnos, aunque sea brevemente, al Derecho de la Unión Europea en materia de subvenciones y ayudas públicas a la actividad económica, por la incidencia que tiene la normativa comunitaria en el desarrollo de las políticas de fomento.

Y es que, en efecto, el proceso de integración europea y el mercado único derivado del mismo, ha modificado el régimen de ayudas y subvenciones para actividades económicas y empresariales, desde dos perspectivas:

A) Por un lado, la política de conformación de un mercado único que persigue la Unión Europea ha requerido el establecimiento de una política de fomento propia que contribuya a hacer efectivos los objetivos de esta organización internacional y, en particular, el progreso económico y social, así como el desarrollo sostenible que reconoce expresamente el art. 2 del Tratado de Funcionamiento de la Unión Europea.
En este contexto, hay todas una línea de ayudas económicas y subvenciones enmarcadas en los denominados «fondos europeos» dirigida a igualar al máximo las condiciones estructurales del mercado en toda Eu-

ropea, especialmente para las zonas y sectores consideradas deprimidas o desfavorecidas.

Son ejemplo de ello el Fondo Europeo Agrícola de Garantía (FEAGA), el Fondo Europeo de Desarrollo Regional (FEDER), el Fondo Europeo Agrícola de Desarrollo Rural (FEADER)o el Fondo Europeo de Desarrollo (FED).

Especial mención merecen los Fondos para la recuperación de Europa Next Generation EU, creados para ayudar a reparar los daños económicos y sociales causados por la pandemia del COVID-19. Este fondo, configurado como un instrumento temporal de recuperación, está dotado de 750.000 millones de euros para el período comprendido entre 2021-2016; de los cuales corresponden a España más de 140.000 millones, lo que plantea importantes retos en su gestión (Gimeno Feliu, 2021; Salvador Armendáreiz, 2021).

B) Por otro lado, a medida que se ha avanzado en la formación de este mercado único, el régimen de subvenciones y ayudas económicas que pueden ofrecer las Administraciones Públicas de los distintos Estados Miembros, denominadas «ayudas de Estado», también se ha restringido extraordinariamente, todo ello en aras a proteger la libre competencia. En efecto, en la medida en que las técnicas de apoyo económico pueden constituir una alteración o amenaza para la libre competencia y afectar al normal funcionamiento del mercado interior, es necesario establecer rigurosos mecanismos de control de las ayudas otorgadas por los Estados. En este sentido, en el marco de la Unión Europea sólo son admisibles las ayudas y subvenciones quesean incompatible con el mercado común interior y, por tanto, quedan prohibidas las ayudas otorgadas por los Estados que falseen o amenacen con falsear la competencia, favoreciendo a determinadas empresas o producciones (art. 107.1 TFUE).

El TJUE se ha encargado de interpretar el concepto de «ayuda de Estado», señalando que el mismo es más general del subvención, ya que comprende no sólo las prestaciones positivas, como es el caso de las subvenciones; sino también las intervenciones que, bajo formas diversas, alivian las cargas que normalmente recaen sobre el presupuesto de una empresa y que, por ello, tienen los mismos efectos que una subvención (STJCE de 15 de julio de 2004, España/Comisión, C-501/00).

Señalando que el mismo exige la concurrencia de cuatro requisitos: 1) Tratarse de una intervención del Estado o mediante fondos estales; 2) Que dicha intervención debe poder afectar a los intercambios entre Estados miembros; 3) Debe conferir una ventaja a su beneficiario; y 4) Debe falsear o amenazar la competencia (STJUE de 10 de junio de 2010, Fallimento Traghetti del Mediterraneo, C-140/09).

Sobre estas cuestiones: ORDÓÑEZ SÓLÍS (2018, págs. 189 y ss.).

Esta prohibición no sólo afecta a las subvenciones en sentido estricto; sino que impide cualquier ventaja económica que tenga un origen, directa o indirectamente, público. Teniendo en cuenta lo anterior, esta prohibición sólo será aplicable cuando las ayudas, por su naturaleza o cuantía, pueden tener «dimensión europea», pues si se trata de ayudas públicas con una incidencia meramente interna, se aplicaran las disposiciones nacionales de defensa de la competencia.

Asimismo, debe tenerse en cuenta que el propio Tratado de Funcionamiento de la Unión Europea, en su art. 107.3 establece las ayudas que pueden considerarse compatibles con el mercado interior.

En particular, este precepto se refiere a las siguientes:

a) Las ayudas destinadas a favorecer el desarrollo económico de regiones en las que el nivel de vida sea anormalmente bajo o en las que exista una grave situación de subempleo.
b) Las ayudas para fomentar la realización de un proyecto importante de interés común europeo o destinadas a poner remedio a una grave perturbación en la economía de un Estado miembro.
c) Las ayudas destinadas a facilitar el desarrollo de determinadas actividades o de determinadas regiones económicas, siempre que no alteren las condiciones de los intercambios en forma contraria al interés común.
d) Las ayudas destinadas a promover la cultura y la conservación del patrimonio, cuando no alteren las condiciones de los intercambios y de la competencia en la Unión en contra del interés común.
e) Las demás categorías de ayudas que determine el Consejo por decisión, tomada a propuesta de la Comisión.

En estos casos, el control de las ayudas del Estado corresponde a la Comisión Europea, de tal manera que los Estados están obligados a comunicarle previamente, y con antelación suficiente, las ayudas que pretenden aprobar o sus modificaciones, para que puedan ser autorizadas.

Hasta que la Comisión Europea no se pronuncie de forma definitiva, el Estado miembro no puede conceder las ayudas; y, por lo general, la vulneración del régimen europeo de ayudas de Estado comporta la ilegalidad de las mismas y su devolución a las autoridades nacionales; cuestiones que se encuentran desarrolladas en el Reglamento UE 2015/1589, de 13 de julio, por el que se establecen las disposiciones de aplicación del artículo 108 TFUE.

IV. La subvención

1. Concepto de subvención

Existiendo, tal como hemos tenido oportunidad de ver, diversos tipos de medidas de fomento, la más relevante es la subvención, con la cual se persigue dar respuesta, con medidas de apoyo financiero, a demandas sociales y económicas de personas y entidades públicas o privadas.

La regulación de la subvención la encontramos en la Ley 38/2003, de 27 de noviembre, General de Subvenciones (LGS) y en su reglamento de desarrollo, aprobado por el Real Decreto 887/2006, de 21 de julio (RGS).

Estamos ante una normativa de carácter estatal que busca un tratamiento homogéneo de la relación jurídica subvencional en las distintas Administraciones públicas, todo ello al amparo del artículo 149.1-18 CE. Con esta finalidad, en la LGS tienen carácter básico la definición del ámbito de aplicación de la ley, las disposiciones comunes que definen los elementos subjetivos y objetivos de la relación jurídica subvencional, el régimen de coordinación de la actuación de las diferentes Administraciones públicas, determinadas normas de gestión y justificación de las subvenciones la invalidez de la resolución de concesión, las causas y obligados al reintegro de las subvenciones, el régimen material de infracciones y las reglas básicas reguladoras de las sanciones administrativas en el orden subvencional.

El carácter básico de esta regulación no ha estado exento de polémica, teniendo en cuenta la incidencia de la materia en la autonomía financiera de las Comunidades Autónomas, que exige plena disposición de medios financieros para poder ejercer sin condicionamientos indebidos y en toda su extensión las competencias propias. Ello ha dado lugar a una abundante jurisprudencia constitucional en relación al reparto de papeles entre el Estado y las Comunidades Autónomas en materia competencial; resultando paradigmáticas la STC 13/1992, de 26 de febrero, que recapitula la doctrina constitucional sobre la materia; y, más recientemente, la STC 87/2016 de 28 de abril, que señala que se considera incluida en la esfera competencial estatal la regulación de los aspectos centrales del régimen subvencional (objeto y finalidad de las ayudas, modalidad técnica de las mismas, beneficiarios y requisitos esenciales de acceso); mientras que se sitúan dentro de la competencia autonómica lo atinente a su gestión (tramitación, resolución y pago, así como la regulación del procedimiento correspondiente a todos estos aspectos) (Palomar Olmeda, 2018, págs. 116 y siguientes).

En virtud de las normas citadas, la subvención supone una aportación dineraria realizada con cargo a fondos públicos y sujeta al cumplimiento de un determinado objetivo o finalidad. Así, de acuerdo con el art. 2.1 LGS se entiende por subvención toda disposición dineraria realizada por cualquier Administraciones Públicas, pero también otros entes pertenecientes al sector público como organismos públicos o entidades de derecho público, a favor de personas públicas o privadas, y que cumpla con los siguientes requisitos:

a) Que la entrega se realice sin contraprestación directa de los beneficiarios.
b) Que la entrega esté sujeta al cumplimiento de un determinado objetivo, la ejecución de un proyecto, la realización de una actividad, la adopción de un comportamiento singular, ya realizados o por desarrollar, o la concurrencia de una situación, debiendo el beneficiario cumplir las obligaciones materiales y formales que se hubieran establecido.
c) Que el proyecto, la acción, conducta o situación financiada tenga por objeto el fomento de una actividad de utilidad pública o interés social o de promoción de una finalidad pública.

Teniendo en cuenta la definición contenida en el precepto transcrito, las principales notas que definen a la subvención son las siguientes:

1) **Unilateralidad**. No estamos ante un contrato o un acto bilateral entre la Administración o ente público que otorga la subvención y el destinatario que la recibe; lo cual no excluye que, una vez la Administración dicta el acto consistente en el otorgamiento de la subvención, deba haber una aceptación por parte del beneficiario de la subvención para que este produzca efectos.
En este marco, la LGS dedica diversos preceptos a regular la contraparte de la relación subvencional, estableciendo que la condición de beneficiario puede recaer sobre cualquier persona física o jurídica, incluso sobre las agrupaciones de personas físicas o jurídicas, públicas o privadas, comunidades de bienes o cualquier otro tipo de unidad económica o patrimonio separado que, sin tener personalidad jurídica, pueda realizar proyectos, actividades o comportamientos o se encuentren en la situación que motiva el otorgamiento de la subvención (art. 11 LGS); y que cumplan con los requisitos establecidos en las bases reguladoras y la respectiva convocatoria.
Desde un punto de vista negativo, la LGS excluye de la condición de beneficiarios a las asociaciones que estén incursas en alguna de las prohibiciones recogidas en la Ley Orgánica 1/2002, de 22 de marzo, reguladora del Derecho de Asociación, como sucede en relación a aquellas asociaciones que, en su proceso de admisión o en su funcionamiento, discriminen por razón de raza, sexo, religión, opinión o cualquier otra condición o circunstancia personal o social o que con su actividad promuevan o justifiquen el odio o la violencia contra personas físicas o ju-

rídicas, enaltezcan o justifican por cualquier medio los delitos de terrorismo (art. 13.3 LGS en relación con el art. 4.5 y 6 Ley Orgánica 1/2002). Asimismo, tampoco pueden ser beneficiarios las personas físicas o jurídicas que incurran en alguna de las prohibiciones recogidas en el art. 13.2 LGS y que abarcan situaciones en las que el potencial beneficiario ha incurrido en alguna conducta reprochable, como es la comisión de ciertos tipos delictivos o infracciones administrativas; pero también otras que persiguen garantizar la objetividad en el otorgamiento de la subvención, excluyendo, por ejemplo, las personas que ostentan la condición de alto cargo.

En concreto, el referido art. 11.3 LGS establece que la prohibición para ser beneficiario de una subvención se aplica en relación a las personas físicas o jurídicas en las que concurra alguna de las siguientes circunstancias:

«*a) Haber sido condenadas mediante sentencia firme a la pena de pérdida de la posibilidad de obtener subvenciones o ayudas públicas o por delitos de prevaricación, cohecho, malversación de caudales públicos, tráfico de influencias, fraudes y exacciones ilegales o delitos urbanísticos.*

b) Haber solicitado la declaración de concurso voluntario, haber sido declarados insolventes en cualquier procedimiento, hallarse declarados en concurso, salvo que en éste haya adquirido la eficacia un convenio, estar sujetos a intervención judicial o haber sido inhabilitados conforme a la Ley 22/2003, de 9 de julio, Concursal, sin que haya concluido el período de inhabilitación fijado en la sentencia de calificación del concurso.

c) Haber dado lugar, por causa de la que hubiesen sido declarados culpables, a la resolución firme de cualquier contrato celebrado con la Administración.

d) Estar incursa la persona física, los administradores de las sociedades mercantiles o aquellos que ostenten la representación legal de otras personas jurídicas, en alguno de los supuestos de la Ley 3/2015, de 30 de marzo, reguladora del ejercicio del alto cargo de la Administración General del Estado, de la Ley 53/1984, de 26 de diciembre, de incompatibilidades del Personal al Servicio de las Administraciones Públicas, o tratarse de cualquiera de los cargos electivos regulados en la Ley Orgánica 5/1985, de 19 de junio, del Régimen Electoral General, en los términos establecidos en la misma o en la normativa autonómica que regule estas materias.

e) No hallarse al corriente en el cumplimiento de las obligaciones tributarias o frente a la Seguridad Social impuestas por las disposiciones vigentes, en la forma que se determine reglamentariamente.

f) Tener la residencia fiscal en un país o territorio calificado reglamentariamente como paraíso fiscal.

g) No hallarse al corriente de pago de obligaciones por reintegro de subvenciones en los términos que reglamentariamente se determinen.

> *h) Haber sido sancionado mediante resolución firme con la pérdida de la posibilidad de obtener subvenciones conforme a ésta u otras leyes que así lo establezcan.*
>
> *i) No podrán acceder a la condición de beneficiarios las agrupaciones previstas en el artículo 11.3, párrafo segundo cuando concurra alguna de las prohibiciones anteriores en cualquiera de sus miembros.*
>
> *j) Las prohibiciones de obtener subvenciones afectarán también a aquellas empresas de las que, por razón de las personas que las rigen o de otras circunstancias, pueda presumirse que son continuación o que derivan, por transformación, fusión o sucesión, de otras empresas en las que hubiesen concurrido aquéllas».*

Se trata de prohibiciones que se aplican de manera automática y durante el tiempo por el que dure esta situación.

2) **Gratuidad**: En efecto, la subvención se configura como una donación, ya que la entrega se realiza sin contraprestación directa por parte del beneficiario.
   En este contexto, aunque la persona o entidad que recibe la subvención asume el compromiso de realizar la actividad subvencionada, ésta tiene como finalidad el interés general, no una prestación concreta a favor de la Administración; siendo esta una de las notas que distingue las subvenciones de los contratos del sector público, en las que el contratista tiene que realizar una determinada prestación (una obra, servicio, suministro, etc.) en favor del ente contratante.
3) **Finalista**. El hecho de que la subvención tenga carácter gratuito no excluye que la donación que se realiza tenga carácter modal, pues se otorga con la finalidad de que se cumpla un determinado objetivo, la ejecución de un proyecto, a actividad que se considera de interés público.
   En este marco, cumplir con la finalidad para la que se otorga la subvención es la principal obligación del beneficiario, so pena de que se tenga que proceder a su devolución. Además, para garantizar que ello se cumple, se establecen una serie de obligaciones formales, pues el beneficiario debe justificar el cumplimiento de las condiciones y de la realización de las actividades comprometidas, someterse a actuaciones de control, o comunicar cualquier otra ayuda que pueda percibir por la realización de las actividades subvencionadas.
4) **Dineraria**. La subvención supone siempre la entrega de una cantidad de dinero en favor del beneficiario, lo que excluye del ámbito de aplicación de la LGS determinadas ventajas o aportaciones que no tienen carácter económico, como sería por ejemplo el otorgamiento de un terreno, algún tipo de descuento, etc.
5) **No lucrativa**: Hay un límite económico máximo a las subvenciones (art. 19.3 LGS), y es que su importe no puede ser superior al importe de la actividad a desarrollar por el beneficiario; y en caso contrario procedería

el reintegro del exceso obtenido sobre el coste de la actividad subvencionada, así como la exigencia del interés de demora correspondiente (art. 37.3 LGS). Incluso, puede suceder que en determinadas subvenciones, se prevea la necesidad de que el beneficiario asuma una parte de la financiación de la actividad subvencionada.

Teniendo en cuenta estas notas, aunque a priori puedan cumplir con los requisitos señalados, el art. 2 LGS, en sus apartados 2 y 3, excluye del ámbito de aplicación de la LGS:

— Las aportaciones dinerarias entre diferentes Administraciones públicas, así como entre la Administración y los organismos y otros entes públicos dependientes de éstas, destinadas a financiar globalmente la actividad de cada ente en el ámbito propio de sus competencias, resultando de aplicación lo dispuesto de manera específica en su normativa reguladora.
— Las aportaciones dinerarias que en concepto de cuotas, tanto ordinarias como extraordinarias, realicen las entidades que integran la Administración local a favor de las asociaciones a que se refiere la disposición adicional quinta de la Ley 7/1985, de 2 de abril, Reguladora de las Bases del Régimen Local.

Asimismo, el art. 3.4 LGS se refiere a una serie de supuestos que no tienen carácter de subvención, pues en ellos falta su carácter modal o que se persiga una finalidad de interés general, y que se concretan en las siguientes:

«a) Las prestaciones contributivas y no contributivas del Sistema de la Seguridad Social.

b) Las pensiones asistenciales por ancianidad a favor de los españoles no residentes en España, en los términos establecidos en su normativa reguladora.

c) También quedarán excluidas, en la medida en que resulten asimilables al régimen de prestaciones no contributivas del Sistema de Seguridad Social, las prestaciones asistenciales y los subsidios económicos a favor de españoles no residentes en España, así como las prestaciones a favor de los afectados por el virus de inmunodeficiencia humana y de los minusválidos.

d) Las prestaciones a favor de los afectados por el síndrome tóxico y las ayudas sociales a las personas con hemofilia u otras coagulopatías congénitas que hayan desarrollado la hepatitis C reguladas en la Ley 14/2002, de 5 de junio.

e) Las prestaciones derivadas del sistema de clases pasivas del Estado, pensiones de guerra y otras pensiones y prestaciones por razón de actos de terrorismo.

f) Las prestaciones reconocidas por el Fondo de Garantía Salarial.

g) Los beneficios fiscales y beneficios en la cotización a la Seguridad Social.

h) El crédito oficial, salvo en los supuestos en que la Administración pública subvencione al prestatario la totalidad o parte de los intereses u otras contraprestaciones de la operación de crédito».

2. Principios aplicables a las subvenciones

Los principios aplicables a las subvenciones, recogidos en el art. 8 LGS, suponen trasladar a esta actividad de fomento los principios generales predicables de la actuación administrativa, consagrados en el art. 103 CE.

A la hora de analizarlos debemos tener en cuenta que, aunque su cumplimiento recae, principalmente, sobre las Administraciones o entes públicos, que deben tenerlos en cuenta tanto en el diseño como en la gestión de la subvención; lograr que estos principios sean una realidad también depende, en gran medida, de que los beneficiarios de la subvención cumplan con las obligaciones vinculadas a la recepción de estos fondos públicos. .

En este contexto, es posible referirse a los siguientes principios:

1) **Principio de planificación**. La actividad subvencional no debe configurarse como un actividad improvisada; sino que, a la hora de proponer el establecimiento de subvenciones, es necesario que los órganos de las Administraciones o entes públicos, concreten previamente los objetivos y efectos que se pretenden con su aplicación, el plazo necesario para su consecución, los costes previsibles y sus fuentes de financiación, supeditándose en todo caso al cumplimiento de los objetivos de estabilidad presupuestaria.
   Todas estas cuestiones deben incluirse en el denominado «Plan Estratégico de Subvenciones», al cual se refiere el art. 8.1 LGS y que se encuentra desarrollado en el RGS, que establece que, aunque este instrumento es fundamental para orientar los procesos de distribución de recursos, tiene un carácter meramente programático o de planificación, por lo que su contenido no crea derechos y obligaciones y su efectividad queda condicionada a la puesta en práctica de las diferentes líneas de subvención (Preámbulo y artículo 12.3 RGS).

El contenido del Plan Estratégico de Subvenciones está previsto en el art. 12.1 RGS, debiendo incluir lo siguiente:

a) Objetivos estratégicos, que describen el efecto e impacto que se espera lograr con la acción institucional durante el periodo de vigencia del plan y que han de estar vinculados con los objetivos establecidos en los correspondientes programas presupuestarios; además de los fallos que se pretenden corregir cuando los objetivos estratégicos afecten al mercado.

b) Líneas de subvención en las que se concreta el plan de actuación; debiendo explicitar para cada una de ellas las áreas de competencia afectadas y sectores hacia los que se dirigen las ayudas; los objetivos y efectos que se pretenden con su aplicación; el plazo necesario para su consecución; los costes previsibles para su realización y fuentes de financiación; así como el plan de acción, en el que se concretarán los mecanismos para poner en práctica las líneas de subvención identificadas en el plan, el calendario de elaboración y los criterios de coordinación entre distintas Administraciones Públicas para su gestión.
c) Régimen de seguimiento y evaluación continua aplicable a las diferentes líneas de subvenciones que se establezcan, determinando los indicadores relacionados con los objetivos del Plan, que permitan a los responsables de su seguimiento conocer el estado de la situación y los progresos conseguidos.
d) Resultados de la evaluación de los planes estratégicos anteriores en los que se trasladará el contenido de los informes emitidos. Este seguimiento, en el caso de la Administración General del Estado es anual y debe reflejarse en un informe antes del 30 de abril de cada año (art. 14 RGS).

Siendo este el contenido «ordinario» del Plan Estratégico de Subvenciones, el art. 12.2 RGS permite que su contenido se limite a la elaboración de una memoria explicativa de los objetivos, los costes de realización y sus fuentes de financiación en los supuestos de concesión directa de las subvenciones, así como en aquellos casos en los que, de manera motivada, se justifique la escasa relevancia económica o social de la subvención.

2) **Principio de intervención mínima en el mercado**. Este principio únicamente afecta aquéllas subvenciones que persiguen determinados objetivos que pueden afectar al mercado; debiendo su orientación dirigirse a corregir los fallos claramente identificados, y sus efectos ser mínimamente distorsionadores.
3) **Principio de publicidad y transparencia**. Este principio tiene dos manifestaciones importantes en el ámbito de las subvenciones. En primer lugar, con carácter previo al otorgamiento de la subvención se exige el previo establecimiento de unas bases reguladoras de la subvención, que deben publicarse en los diarios oficiales correspondientes (art. 9 LGS) y de las convocatorias (art. 17.3 LGS). Además, también se prevé una publicidad *ex post*, cuando las administraciones públicas publiquen tanto en los boletines oficiales como en los portales de transparencia, las subvenciones concedidas o recibidas (art. 18.1 a 3 LGS).
   Desde la perspectiva de los beneficiarios, también rigen estos principios de publicidad y transparencia, pues es necesario indicar que la actividad realizada por el beneficiario es financiada con fondos públicos (art. 18.4 LGS); y, la condición de beneficiarios de fondos públicos también los

incluye, cuando se superen determinados umbrales, dentro del ámbito de aplicación subjetivo de la Ley 19/2013, de 9 de diciembre, de transparencia, acceso a la información pública y buen gobierno.

En concreto, el art. 3.b) de la Ley 19/2013 otorga la condición de «otros sujetos obligados», a las entidades privadas que perciban durante el período de un año ayudas o subvenciones públicas en una cuantía superior a 100.000 euros o cuando al menos el 40% del total de sus ingresos anuales tengan carácter de ayuda o subvención pública, siempre que alcancen como mínimo la cantidad de 5.000 euros.

La principal herramienta que regula la LGS para hacer efectivos estos principios de publicidad y transparencia es la Base de Datos Nacional de Subvenciones (BDNS), la cual opera como sistema nacional de publicidad de subvenciones, que se nutre de la información sobre convocatorias y resoluciones de concesión que deben remitir las Administraciones Públicas (art. 18.1 LGS). Con este instrumento, cuya administración y custodia se atribuye a la Intervención General del Estado, se persigue promover la transparencia, además de contribuir a la planificación de las políticas públicas, mejorar la gestión y colaborar en la lucha contra el fraude de subvenciones y ayudas públicas (art. 20 LGS).

Bajo nuestro punto de vista, el mayor reproche que merece la BDNS desde el punto de vista de la transparencia es su carácter reservado (art. 20.5 LGS), que excluye la cesión o comunicación de datos a terceros, excepto cuando ésta tenga por objeto la colaboración con otras Administraciones Públicas y órganos de la Unión Europea para la lucha contra el fraude; la investigación o persecución de delitos públicos por los órganos jurisdiccionales o el Ministerio Público; la colaboración con la Administración Tributaria y de la Seguridad Social; la colaboración con el Tribunal de Cuentas; etc.

En este marco, dicho instrumento en nada ayuda a satisfacer el «derecho a conocer» de los ciudadanos, configurado como la clave de bóveda de la transparencia administrativa; en un tratamiento que nos aleja de los países más avanzados en la materia, en los que los ciudadanos pueden monitorizar la actividad subvencional a través de los portales específicos creados al efecto. Es el caso del portal Spending.gov, creado por la Administración federal estadounidense, a través del cual es posible obtener, de manera fácil y sistematizada, información relativa al gasto público que se lleva a cabo en virtud de subvenciones, pero también con motivo de contratos públicos, ayudas, becas, etc.

6) **Objetividad, igualdad y no discriminación**: Estos principios son exigibles en toda la actuación administrativa (art. 103.1 CE), pero la legis-

lación de subvenciones lo incluye expresamente para excluir prácticas de favoritismo propias de épocas pasadas.

Esto exige que las bases reguladoras de la subvención establezcan detalladamente los criterios de valoración de las solicitudes, sin que pueda darse un trato diferenciado, sin justificación objetiva, a las personas que puedan resultar beneficiarias.

7) **Principio de concurrencia**: El mismo supone que, como regla general, el otorgamiento de subvenciones y ayudas públicas debe realizarse mediante un procedimiento abierto o de concurrencia competitiva, y de acuerdo con unos criterios de valoración de las solicitudes previamente establecidos en las normas o bases reguladoras de la subvención. Este principio no excluye que, en determinados supuestos, pueda darse una concesión directa de las subvenciones, las cuales tienen carácter excepcional, de acuerdo con las reglas contenidas en el art. 22 LGS (están previstas nominativamente en los presupuestos generales, su pago viene impuesto por una norma con rango de ley o cuando se acrediten razones de interés público, social, económico, humanitario u otros debidamente justificados).
8) **Principios de eficacia y eficiencia**: También son principios generales de actuación de las Administraciones Públicas. En este caso concreto, la eficacia implica que la subvención debe diseñarse de la forma más idónea para conseguir las finalidades de promoción que persigue la Administración concedente. La eficiencia, por su parte, implica que, en la asignación y utilización de los recursos públicos, es necesario utilizar los mínimos recursos monetarios para obtener los máximos objetivos fijados en la subvención.

3. El procedimiento de otorgamiento de la subvención

Como ya hemos señalado, la actividad de fomento está, en la actualidad, plenamente sometida al Derecho administrativo, existiendo todo un conjunto de normas dirigidas a asegurar que la misma se ajusta a las reglas de competencia, procedimiento y estabilidad presupuestaria.

En este contexto, la subvención está particularmente normativizada; y tanto la LGS como el RGS dedican especial atención a regular los trámites que preceden el otorgamiento de una subvención, y que, como sucede en términos generales con todos los procedimientos administrativos, van dirigidos a garantizar el acierto y legalidad de la decisión administrativa.

Los artículos que regulan el procedimiento de otorgamiento de la subvención no tienen carácter básico; por lo que únicamente resultan de aplicación, en principio, en el ámbito de la Administración del Estado y su sector público, sin perjuicio de su aplicación supletoria en aquellas Comunidades Autónomas que no hayan legislado sobre la materia (art. 149.3 CE).

Asimismo, hay que tener en cuenta que el procedimiento regulado en la LGS y su reglamento de desarrollo es un procedimiento especial por razón de la materia; pero ello no excluye el debido respeto de las reglas relativas al procedimiento administrativo común, actualmente contenidas, como sabemos, en la LPACAP.

En particular, el Título I LGS recoge en su Capítulo I los procedimientos de concesión, distinguiendo entre el procedimiento en régimen de concurrencia competitiva, regulado en el Capítulo II, y que se configura como el procedimiento ordinario o por defecto; y el procedimiento de otorgamiento directo, cuyos trámites están previstos en el Capítulo III, y que reservado para determinados supuestos tasados contemplados en el art. 22 LGS. Además de estas previsiones, hay que tener en cuenta que, previamente al otorgamiento de la subvención, deben cumplirse una serie de requisitos previos que actúan como preludio del procedimiento de otorgamiento de la subvención en sentido estricto (art. 9 LGS).

Procedemos a analizar a continuación las previsiones citadas.

A) Requisitos previos para el otorgamiento de la subvención

Con carácter previo a iniciar el procedimiento de otorgamiento de la subvención, es necesario como ya hemos tenido oportunidad de ver, que la misma esté establecida en el correspondiente Plan Estratégico de Subvenciones (art. 8 LGS); y que se proceda a comunicar su establecimiento a la Comisión Europea para que ésta pueda valorar su compatibilidad con el mercado interior, en aquellos supuestos en que la subvención pueda tener incidencia o alcance comunitario (art. 9.1 LGS).

A partir de ahí, la LGS también exige que, con carácter previo a iniciar el procedimiento para el otorgamiento de la subvención, las Administraciones Públicas aprueben las normas por las que se establecen las bases reguladoras de su concesión. De conformidad con el art. 17.3 LGS, estas bases, como mínimo, deben concretar:

a) Definición del objeto de la subvención.
b) Los requisitos que deben reunir los beneficiarios para obtener la subvención.
c) Las condiciones de solvencia y eficacia que deben reunir determinadas personas jurídicas que actúen como «entidad colaboradora».

La figura de la entidad colaboradora, que no siempre aparece en el otorgamiento de la subvención, actúa en nombre y por cuenta del órgano competente a todos los efectos relacionados con la subvención, entregando y distribuyendo los fondos públicos a los beneficiarios cuando así se establezca en las bases reguladoras, o colaborando en la gestión de la subvención sin que se produzca la previa entrega y distribución de los fondos recibidos, que en ningún caso se considerarán integrantes de su patrimonio. Esta condición pueden ostentarla Administraciones Públicas (en concreto, las comunidades autónomas y las corporaciones locales en relación a las subvenciones concedidas por la Administración General del Estado; y a la inversa); organismos y entes públicos, sociedades mercantiles en mano pública o las asociaciones que puedan constituir las entidades locales (Disposición adicional 5ª LBRL); y también personas jurídicas o privadas, exigiéndose en este caso cumplir con las condiciones de solvencia y eficacia que se establezcan en las bases.

d) Procedimiento de concesión de la subvención.
e) Criterios objetivos de otorgamiento de la subvención y, en su caso, ponderación de los mismos.
f) Cuantía individualizada de la subvención o criterios para su determinación.
g) Órganos competentes para la ordenación, instrucción y resolución del procedimiento de concesión de la subvención y el plazo en que será notificada la resolución.
h) Determinación, en su caso, de los libros y registros contables específicos para garantizar la adecuada justificación de la subvención.
i) Plazo y forma de justificación por parte del beneficiario o de la entidad colaboradora, en su caso, del cumplimiento de la finalidad para la que se concedió la subvención y de la aplicación de los fondos percibidos.
j) Medidas de garantía que, en su caso, se considere preciso constituir a favor del órgano concedente, medios de constitución y procedimiento de cancelación.
k) Posibilidad de efectuar pagos anticipados y abonos a cuenta, así como el régimen de garantías que, en su caso, deberán aportar los beneficiarios.
l) Circunstancias que, como consecuencia de la alteración de las condiciones tenidas en cuenta para la concesión de la subvención, podrán dar lugar a la modificación de la resolución.
m) Compatibilidad o incompatibilidad con otras subvenciones, ayudas, ingresos o recursos para la misma finalidad, procedentes de cualesquiera Administraciones o entes públicos o privados, nacionales, de la Unión Europea o de organismos internacionales.
n) Criterios de graduación de los posibles incumplimientos de condiciones impuestas con motivo de la concesión de las subvenciones; los cuales resultarán de aplicación para determinar la cantidad que finalmente haya de percibir el beneficiario o, en su caso, el importe a reintegrar, y deberán responder al principio de proporcionalidad.

Las bases tienen naturaleza normativa y, por ello, deben ir precedidas del procedimiento legalmente previsto para la aprobación de disposiciones generales, teniendo especial relevancia los trámites dirigidos a motivar el acierto y oportunidad de las diversas previsiones incluidas en las bases, como es la Memoria de Análisis de Impacto Normativo, así como los trámites participativos propios de la elaboración de una disposición general administrativa (STS 22/2024, de 10 de enero de 2024).

En este caso, la Sala declaró la nulidad de pleno derecho del Real decreto 1027/2022, de 20 de diciembre, por el que se regula la concesión directa de subvenciones a interlocutores sociales para la digitalización del sector productivo en el marco del plan de recuperación, transformación y resiliencia, financiado por la Unión Europea Next Generation.

El Real decreto impugnado preveía el otorgamiento directo de subvenciones para la realización de actividades de formación en materia de digitalización, con una cuantía máxima de 30.625.000 euros que se distribuían entre la Confederación Española de Organizaciones Empresariales, la Confederación Española de la Pequeña y Mediana Empresa y la Unión General de Trabajadores.

La declaración de nulidad que lleva a cabo el Tribunal se basa, entre otros argumentos, en que la Memoria de Análisis de Impacto Normativo (MAIN) que acompaña a la norma no justifica correctamente excluir la regla general del procedimiento ordinario de concesión de subvenciones, ya que la invocación sin más de la crisis del Covid-19 y la Guerra de Ucrania no impide la convocatoria pública. Asimismo, el Tribunal también señala que no se puede prescindir de los informes, consultas y dictámenes previos a la aprobación de las bases reguladoras del otorgamiento de subvenciones. La Sentencia hace especial referencia a la falta de acreditación de las circunstancias que impidan la previa consulta pública y el trámite de información pública; y, en particular, niega que la norma no tenga impacto significativo en la actividad económica.

Igualmente, como consecuencia de su carácter reglamentario, las bases deben publicarse en el boletín oficial que corresponda y su impugnación se realiza mediante recurso directo ante la jurisdicción contenciosa-administrativa.

Las bases reguladoras de la subvención no deben confundirse con la resolución de la convocatoria. Las primeras fijan el marco jurídico dentro del cual se otorgaran las subvenciones; mientras que la convocatoria es una resolución específica por la que se inicia un determinado procedimiento de selección y concesión de subvenciones. La convocatoria, por tanto, no tienen naturaleza normativa, sino que es un acto administrativo dirigido a una pluralidad de personas.

Finalmente, para que el otorgamiento de la subvención sea correcto, deben respetarse, como ya hemos señalado, los requisitos relativos a la competencia del órgano administrativo concedente; la existencia de crédito adecuado y suficiente para atender las obligaciones económicas que se derivan de la concesión de la subvención; la fiscalización previa de los actos administrativos de contenido económico; la aprobación del gasto por el órgano competente para ello y tramitar el procedimiento de concesión de acuerdo con las normas que resulten de aplicación (art. 9.4 LGS); cuestión esta última a la que dedicamos las siguientes páginas.

B) El procedimiento en régimen de concurrencia competitiva

El procedimiento ordinario o por defecto para el otorgamiento de subvenciones es el procedimiento en régimen de concurrencia competitiva, definido por el art. 22.1 LGS como: «el procedimiento mediante el cual la concesión de las subvenciones se realiza mediante la comparación de las solicitudes presentadas, a fin de establecer una prelación entre las mismas de acuerdo con los criterios de valoración previamente fijados en las bases reguladoras y en la convocatoria, y adjudicar, con el límite fijado en la convocatoria dentro del crédito disponible, aquellas que hayan obtenido mayor valoración en aplicación de los citados criterios».

De acuerdo con las previsiones de la LGS, y como sucede en la inmensa mayoría de procedimientos administrativos el procedimiento se estructura en tres fases: 1) Iniciación; 2) Instrucción; y 3) Resolución, con los trámites que detallamos a continuación para cada una de ellas:

1) **Iniciación** (art. 23 LGS): El procedimiento se inicia siempre de oficio, mediante la convocatoria aprobada por el órgano competente, la cual deberá tener, necesariamente, el contenido previsto en el art. 23.2 LGS.

En concreto, debe indicarse la disposición en la que se establezcan las bases reguladoras y el diario oficial en que está publicada; los créditos presupuestarios a los que se imputa la subvención y la cuantía total máxima de las subvenciones convocadas; el objeto, condiciones y finalidad de la concesión de la subvención; la expresión de que la concesión se efectúa en régimen de concurrencia competitiva; los requisitos para solicitar la subvención y forma de acreditarlos; los órganos competentes para la instrucción y resolución del procedimiento; los plazos de presentación de solicitudes; el plazo de resolución y notificación; los documentos e informaciones que deben acompañarse a la petición; la posibilidad, en su caso, de reformular solicitudes; la indicación de si la resolución pone fin a la vía administrativa y, en caso contrario, el órgano ante el que debe interponerse el recurso de alzada; los criterios de valoración de las solicitudes; el medio de notificación o publicación.

El hecho de que el procedimiento se inicie de oficio no excluye que tenga que presentarse una solicitud, que debe tener el contenido que, con carácter general, prevé el art. 66 LPAC (nombre y apellidos del interesado y, en su caso, de la persona que lo represente; identificación del medio electrónico o dirección a efectos de notificaciones; hechos, razones y petición que se formula; lugar y fecha; firma del solicitante; órgano, centro o unidad administrativa al a que se dirige); además de acompañarse de los documentos e informaciones determinados en la norma o en la convocatoria.

En el caso de la subvención se rompe de alguna manera la regla general de que los procedimientos desfavorables se inician de oficio; mientras que los favorables se inician a instancia de parte con una solicitud por parte del interesado.

Especial atención merece, en relación a los procedimientos de otorgamiento de subvenciones, la posibilidad de subsanar aquellas solicitudes que no reúnan los requisitos establecidos en la norma de la convocatoria; cuestión a la que no se refiere la LGS ni su reglamento de desarrollo. Y es que, si bien el art. 68 LPAC establece con carácter general que el órgano competente requerirá al interesado para que subsane los defectos de los que adolezca su solicitud en el plazo máximo de 10 días, ello puede chocar con el carácter concurrencial del procedimiento; y no debe confundirse con la reformulación de la solicitud a la que se refiere el art. 27 LGS, y que se produce tras la propuesta de resolución.

Sin perjuicio de estar a lo que establezcan en cada caso las bases y la convocatoria, los Tribunales se han mostrado favorables a la subsanación, especialmente cuando ello determina la exclusión de la lista de admitidos (STS de 8 de febrero de 2016); así como a la posibilidad de que, con posterioridad a la solicitud, el interesado aporte documentos relativos a méritos alegados, que incluso se admite en fase de recurso (STS de 18 de marzo de 2015).

2) **Instrucción** (art. 24 LGS): En la fase de instrucción, que corresponde al órgano que designe en la convocatoria, se llevan a cabo todas las actuaciones necesarias para la determinación conocimiento y comprobación en virtud de los cuales debe formularse la propuesta de resolución. En concreto, dichas actuaciones comprenden la petición de informes; la evaluación de las solicitudes o peticiones, efectuada conforme con los criterios, formas y prioridades establecidos en la norma reguladora de la subvención o, en su caso, en la convocatoria; y un informe que concreta el resultado de la evaluación efectuada que es llevado a cabo por un ór-

gano colegiado cuya composición se determina en las bases reguladoras (art. 22.1 LGS).

Después de llevar a cabo estas actuaciones, el órgano instructor emite dos propuestas de resolución: una provisional, que se notifica a los interesados para que puedan presentar alegaciones; y una definitiva, que se notificará a los interesados cuando, de conformidad con las bases reguladoras, los propuestos como beneficiarios deban comunicar su aceptación. En el caso de que, al formular la propuesta de resolución, únicamente se tengan en cuenta las alegaciones y pruebas aducidas por los interesados, podrá prescindirse del trámite de audiencia, y la primera propuesta d resolución formulada tendrá el carácter de definitiva.

3) **Resolución** (art. 25 LGS): El procedimiento concluye con la resolución, que debe ser motivada y especificar el solicitante o solicitantes a los que se le concede la subvención, así como las solicitudes que han de ser desestimadas; y notificarse a los interesados en los términos previstos en la legislación de procedimiento.

   El plazo máximo para resolver y notificar la resolución se fija en 6 meses desde la publicación de la convocatoria (excepto cuando en ésta se prevea una fecha diferente), cuyo transcurso sin que se haya notificado la resolución legitima a los interesados a entender desestimada, por silencio administrativo negativo, la solicitud de concesión de la subvención.

C) El procedimiento de concesión directa

Como ya hemos avanzado, el procedimiento de concesión directa tiene carácter excepcional, ya que sólo puede utilizarse en los supuestos previstos expresamente en el art. 22.2 LGS, y que se concretan en los siguientes:

1) Subvenciones previstas nominativamente en los presupuestos generales de la Administración que otorgue la subvención, los cuales prevén la dotación y el beneficiario de la subvención.

   El instrumento habitual para canalizar estas subvenciones son los convenios, que tendrán el carácter de bases reguladoras de la concesión a los efectos de lo dispuesto en la LGS.

   Se trata, por ejemplo, subvenciones consignadas en los Presupuestos Generales del Estado, y que éste otorga a las Comunidades Autónomas, a los Entes Locales o a organizaciones no gubernamentales.

2) Subvenciones el pago de las cuales viene impuesto directamente por una norma con rango de Ley, que se regirán por dicha norma legal y la demás normativa específica de aplicación a la Administración correspondiente;

pudiendo articularse también a través de un convenio. En este caso, el papel de la Administración se limita a tramitar el pago de la subvención.

Entre estas subvenciones, se incluirían las que reciben los sindicatos más representativos, de acuerdo con las normas que se aplican a estas entidades.

3) Cuando se acrediten razones de interés público, social, económico, humanitario u otras debidamente justificados. En este caso, es necesario que haya una norma reguladora (un Real Decreto, en el caso de la Administración del Estado), que tiene el carácter de base reguladora y que debe incluir: la definición del objeto de las subvenciones, con indicación de su carácter singular y las razones que acreditan el interés público, social, económico o humanitario, así como la dificultad de su convocatoria pública; el régimen jurídico aplicable; los beneficiarios y modalidades de ayuda; y el procedimiento de concesión y régimen de justificación de aplicación a los beneficiarios.

Se han considerado razones que justifican el otorgamiento directo de subvenciones los desastres naturales (sequías extremas, inundaciones, incendios), así como otras situaciones que pueden calificarse de imprevisibles, como es el caso de la crisis sanitaria, económica y social provocada por el COVID-19, que ha dado lugar a la convocatoria d innumerables subvenciones que se otorgaban de forma directa, únicamente con acreditar el cumplimiento de los requisitos previstos en la respectiva norma reguladora.

Sin perjuicio de las especialidades en relación al régimen jurídico de cada uno de los supuestos de concesión directa, en todos ellos la nota común es que no hay concurrencia en la determinación del beneficiario. En este marco, durante el procedimiento de concesión, no se va a valorar las solicitudes presentadas para otorgarles un orden de prelación; sino que el beneficiario viene predeterminado por las circunstancias que justifican la concesión directa (la persona o entidad está consignada nominativamente en los presupuestos o en la Ley; o bien en ella concurren las razones de interés público, social, económico o humanitario que justifican su otorgamiento). Asimismo, en este tipo de procedimiento también puede dejar de resultar obligatorio el régimen de publicidad aplicable en materia subvencional.

4. Contenido y extinción de la subvención

Una vez finaliza el procedimiento de otorgamiento de la subvención, la regla es que el pago se realiza previa justificación por el beneficiario de la realización de la actividad, proyecto, objetivo o adopción del comportamiento para el cual se concedió (art. 34.3 LGS); si bien la LGS permite que, cuando la naturaleza de la subvención justifique, se realicen pagos a cuenta al ritmo de ejecución de las acciones subvencionadas, o incluso pagos anticipados con carácter previo a la justificación, que actuarán como financiación necesaria para llevar a cabo las actividades subvencionadas (art. 34.4 LGS).

Como hemos visto, una de las principales obligaciones de los beneficiarios es justificar el cumplimiento de las condiciones impuestos y la consecución de los objetivos que determinaron el otorgamiento de la subvención. El incumplimiento de esta obligación, o una justificación insuficiente, pueden dar lugar al reintegro de la subvención.

La justificación del cumplimiento de las condiciones y objetivos impuestos por la subvención debe llevarse a cabo documentalmente; cuestión que se lleva a cabo, normalmente, mediante una memoria económica justificativa en la que se detallan las actividades realizadas con indicación de su importe, los gastos que ha generado la ejecución y la procedencia y aplicación de los fondos. Los gastos efectuados por el beneficiario para el cumplimiento de la actividad o proyecto objeto de la subvención debe acreditarse mediante facturas o cualquier otro documento probatorio equivalente con validez en el tráfico mercantil o con eficacia administrativa (art. 30 LGS).

La adecuada justificación de todas estas cuestiones será comprobada por el órgano concedente de la subvención o, en su caso, por la entidad colaboradora (art. 32 LGS).

En cuanto al reintegro de la subvención, de conformidad con los arts. 36 y 37 LGS, éste puede producirse en tres supuestos:

a) Cuando se declare la validez de la resolución de concesión, de tal manera que el acto de otorgamiento sea anulado en vía administrativa o judicial, porque el mismo está viciado de una causa de nulidad de pleno derecho (art. 47 LPACAP) o de anulabilidad (art. 48 LPACAP).

Se trata, por ejemplo, de aquellos supuestos en los que el otorgamiento de la subvención es un acto administrativo contrario al ordenamiento jurídico por el que se adquieren facultades o derechos cuando se carezca de requisitos esenciales para su adquisición (art. 47.1.f LPACAP) porque el beneficiario incurre en alguna de las prohibiciones para tener esta condición; o cuando la subvención ha sido otorgada por un órgano manifiestamente incompetente (art. 47.1.a LPACAP).

b) Cuando la subvención se haya obtenido de forma fraudulenta, falseando las condiciones requeridas para su concesión.

En este caso, se descubre que el beneficiario no cumple con alguno de los requisitos para obtener la subvención; pero, a diferencia del supuesto anterior, ello se debe a una actitud culpable por su parte, por lo que, además del reintegro, también se pondrá en marcha el régimen sancionador que recoge la propia LGS, que tipifica esta infracción como muy grave (art. 58.a LGS).

c) Cuando se incumplan total o parcialmente las obligaciones esenciales de los beneficiarios, como son las relativas al objetivo, la actividad, el proyecto o el comportamiento que fundamenta el otorgamiento de la subvención; la justificación de la subvención; las medidas de difusión; la resistencia, excusa, obstrucción o negativa a las actuaciones de comprobación y control financiero; etc.

Para aquellos supuestos en los que, aun existiendo un incumplimiento parcial, el beneficiario se aproxime de modo significativo al cumplimiento total y se acredite por éstos una actuación inequívocamente tendente a la satisfacción de sus compromisos, el reintegro no será total, sino que se aplicarán los criterios de graduación que prevean las bases reguladoras (art. 37.2 LGS).

En relación al reintegro, debe señalarse que el mismo no es una sanción, sino simplemente una consecuencia lógica derivada de la invalidez del acto administrativo o de la no realización de la actividad subvencionada en la forma, plazos y condiciones establecidas en su otorgamiento.

Pese a lo anterior, la posibilidad de que la Administración exija el reintegro no es ilimitada en el tiempo; sino que está sometida a prescripción (art. 39 LGS). En concreto, el derecho de la Administración a reconocer o liquida el reintegro prescribe a los 4 años, a contar desde el momento de otorgamiento de la subvención o, en su caso, desde que finaliza el plazo para presentar la justificación o para cumplir las condiciones impuestas al beneficiario.

Este plazo de prescripción tan amplio puede tener efectos perniciosos para el beneficiario, si tenemos en cuenta que, además de devolver total o parcialmente el importe recibido por la subvención, también deberán satisfacerse los intereses de demora, que en este caso quedan fijados en el interés legal del dinero incrementado en un 25 por ciento (art. 38.3 LGS).

Un ejemplo de ello lo encontramos en la STS de 22 de diciembre de 2016 (Ar. 2017/71), que confirma la resolución de la Administración General del Estado que declara el incumplimiento parcial por parte del beneficiario de las condiciones establecidas en la subvención, con la obligación de reintegrar al Tesoro Público la subvención percibida que excede de la subvención procedente por importe de 35.290,96 €, junto con los intereses de demora que ascienden a

91.561,99 euros. En este caso, la Administración ejerció la acción de reintegro sólo 11 días antes de su prescripción.

Este plazo de prescripción se ve interrumpido cuando la Administración inicia las acciones dirigidas a determinar que concurre una causa de reintegro, o bien por la interposición de recursos de cualquier clase o por pactos fehacientes del beneficiario dirigidos a liquidar o reintegrar la subvención.

5. Infracciones y sanciones en materia de subvenciones

La LGS incorpora un régimen de infracciones y sanciones administrativas en materia de subvenciones que, como es habitual, se clasifican en leves, graves y muy graves, y castigan conductas muy diversas que pueden producirse por acción o por omisión, y que van desde el incumplimiento de obligaciones formales, hasta el desvío de fondos a finalidades distintas de las previstas.

En concreto, se tipifican las siguientes infracciones:

a) Infracciones leves (art. 56 LGS): La presentación fuera de plazo de las cuentas justificativas, así como su presentación de forma inexacta o incompleta; el incumplimiento de las obligaciones formales que sean asumidas como consecuencia de la concesión de la subvención; el incumplimiento de obligaciones de índole contable o registral; el incumplimiento de las obligaciones de conservación de justificantes o documentos equivalentes; la resistencia, obstrucción o negativa a las actuaciones de control financiero; el incumplimiento de la obligación de colaboración para permitir las actuaciones de control.

b) Infracciones graves (art. 57 LGS): El incumplimiento de la obligación de comunicar la obtención de subvenciones, ayudas, ingresos o recursos para la misma finalidad; el incumplimiento de las condiciones establecidas alterando sustancialmente los fines para los que la subvención fue concedida; la falta de justificación del empleo dado a los fondos públicos una vez transcurrido el plazo para su presentación; la obtención de la condición de entidad colaboradora falseando los requisitos requeridos; el incumplimiento por parte de la entidad colaboradora de la obligación de verificar el cumplimiento y efectividad de las condiciones o requisitos determinantes para el otorgamiento de subvenciones; la falta de suministro de información por parte de entidades obligadas a ello.

c) Infracciones muy graves (art. 58 LGS): La obtención de una subvención falseando las condiciones requeridas para su concesión u ocultando las que la hubiesen impedido o limitado; la no aplicación (en todo o en parte) de las cantidades recibidas a los fines para los que la subvención fue concedida; la resistencia, excusa obstrucción o negativa a las actuaciones de control cuando de ello se derive la imposibilidad de que la Administración lleve a cabo las funciones de verificación que tiene atribuidas; la falta de entrega, por parte de las entidades colaboradoras, a los beneficiarios de los fondos recibidos.

Los responsables de dichas infracciones pueden ser los beneficiarios de las subvenciones, las entidades colaboradoras, el representante legal de los beneficiarios en caso de que carezcan de capacidad de obrar y las personas o entidades relacionadas con el objeto de la subvención o su justificación obligadas a prestar colaboración y facilitar cuanta documentación sea requerida por las Administraciones Públicas en el ejercicio de las funciones de control que les corresponden (art. 53 LGS).

En cuanto a las sanciones, el art. 59 LGS prevé, por un lado, la posibilidad de imponer sanciones pecuniarias, esto es, el pago de una cantidad en concepto de multa, que puede ser fija o proporcional a la cantidad recibida, y que es independiente de la obligación de reintegro. Por otro lado, también contempla sanciones no pecuniarias, que se podrán imponer en caso de infracciones graves o muy graves y que pueden consistir en:

a) Pérdida durante un plazo de hasta cinco años de la posibilidad de obtener subvenciones, ayudas públicas y avales de las Administraciones públicas u otros entes públicos.
b) Pérdida durante un plazo de hasta cinco años de la posibilidad de actuar como entidad colaboradora en relación con las subvenciones reguladas en esta ley.
c) Prohibición durante un plazo de hasta cinco años para contratar con las Administraciones públicas.

La imposición de estas sanciones, como no puede ser de otro modo, debe ir precedida del correspondiente procedimiento sancionador, que se tramitará conforme a las previsiones de la LPACAP, de acuerdo con la remisión que efectúa el art. 67 LGS; el cual debe iniciarse, obviamente, antes de que se produzca la prescripción de la infracción. Sobre esta cuestión, hay que señalar que el art. 66 LGS contempla un único plazo de prescripción, de cuatro años, aplicable tanto a las infracciones y sanciones, y con independencia de su gravedad.

Finalmente, debemos indicar que, determinadas conductas dolosas en relación a las ayudas y subvenciones públicas pueden tener carácter delictivo; y que, en particular, el art. 308 CP tipifica como delito contra la Hacienda Pública y la Seguridad Social el fraude en las ayudas y subvenciones públicas.

PARA SABER MÁS

AAVV (Coords. M. GARCÉS SANAGUSTÍN - A. PALOMAR OLMEDA), *Derecho de las Subvenciones y Ayudas Públicas*, Thomson Reuters-Aranzadi, Navarra, 2018. En particular, de esta obra colectiva están citados en el texto los siguientes trabajos:

— CASTILLO BLANCO, F. A., «La actividad de fomento: Evolución histórica y tratamiento constitucional».

— PALOMAR OLMEDA, A., «Distribución constitucional de competencias en la materia. El concepto de poder de gasto subvencional en la doctrina del Tribunal Constitucional».

— ORDÓÑEZ SOLÍS, D., «El derecho de las subvenciones y ayudas públicas en la Unión europea. Principios inspiradores. El control y el régimen de responsabilidad derivado de la gestión de los fondos europeos».

AAVV (Coord. G. FERNÁNDEZ FARRERES), *Comentario a la Ley General de Subbenciones*, Civitas, Madrid, 2009.

AAVV (Coord. F. LÓPEZ RAMÓN), *Comentarios a la Ley General de Subvenciones (Ley 38/2003, de 17 de noviembre)*, Tirant lo Blanch, Valencia, 2005.

COSCULLUELA MONTANER, L., *Manual de Derecho Administrativo*, 30ª Edición, Civitas-Thomson Reuters, Navarra, 2019.

ESTEVE PARDO, J., *Lecciones de Derecho administrativo*, 9ª Edición, Marcial Pons, Barcelona, 2019.

GIMENO FELIU, J.Mª, «De las ideas a la acción en la gestión de los fondos europeos: reflexiones propositivas para el diseño de una adecuada gobernanza de ejecución», *Cuadernos de derecho local* núm. 55, 2021.

PARADA VÁZQUEZ, R., *Derecho administrativo. Parte General*, Marcial Pons, Madrid, 1999.

PASCUAL GARCÍA, J., *Las subvenciones públicas*, Boletín Oficial del Estado, Madrid, 2004.

SALVADOR ARMENDÁRIZ, M.A., «El reto de las administraciones españolas para gestionar los fondos europeos para la recuperación: análisis de urgencia de las reformas iniciadas», *Cuadernos de derecho local* núm. 55, 2021.

TEMA VIII
LA ACTIVIDAD DE PRESTACIÓN O DE SERVICIO PÚBLICO

Albert Lladó Martínez

SUMARIO:

I. EL SERVICIO PÚBLICO. 1. La teoría y los diversos conceptos de servicio público. 2. Evolución histórica de la actividad de servicio público. 3. El marco en la Unión Europea. Los servicios de interés general: económicos, no económicos y sociales. 4. Las bases constitucionales de la iniciativa pública en la actividad económica. 5. Los principios del servicio público. A) Principio de continuidad o de regularidad. B) Principios de igualdad, universalidad, no discriminación y accesibilidad. C) Principio de mutabilidad. D) Principio de calidad. E) Principio de asequibilidad y de suficiencia financiera. F) Principio de progreso tecnológico. G) Principio de responsabilidad. II. RÉGIMEN JURÍDICO DE LOS SERVICIOS PÚBLICOS. 1. La creación del servicio público y sus formas de gestión. 2. La gestión directa. Formas de gestión directa. A) Gestión por la propia Administración. B) Mediante organismo autónomo. C) Mediante entidad pública empresarial. D) Por sociedad mercantil sin aportación de capital privado. 3. La gestión indirecta. Formas de gestión indirecta. A) La concesión de servicios. B) El contrato de servicios. 4. Derechos y obligaciones de los usuarios. PARA SABER MÁS.

I. EL SERVICIO PÚBLICO

1. La teoría y los diversos conceptos de servicio público

Una de las primeras preguntas que necesariamente aparecen cuando se aborda el tema de los servicios públicos se refiere a la forma en que tal concepto debe ser abordado y definido. En una primera aproximación, se puede pensar que prácticamente toda actividad administrativa podría ser calificada de servicio público, puesto que en la naturaleza de la Administración pública se encuentra, como reza textualmente el artículo 103.1 de la Constitución, el servir con objetividad los intereses generales.

Y tal servicio a los intereses generales puede perfectamente interpretarse como una forma de referirse a servir al público, interpretación que puede ser cierta, pero que de llevarse al extremo nos escondería que existen formas de *«servir con objetividad los intereses generales»* que no se desarrollan en la práctica mediante el establecimiento de un servicio público. Ejemplos de tales actuaciones de la Administración son las actividades de limitación o intervención administrativa, que estudiamos en otro capítulo de esta obra, y que lejos de crear u ofrecer un servicio público tienen como objeto limitar determinadas actividades privadas de las personas. Sin embargo, y así lo entiende buena parte de la doctrina, se puede argumentar que tales limitaciones existen precisamente para defender y asegurar los intereses generales, cosa que es totalmente cierta.

La propia evolución y naturaleza cambiante del concepto del servicio público hace que no sea posible confluir en una única definición; no la encontramos en nuestra legislación y menos todavía en la doctrina donde, siendo un concepto tan directamente vinculado a la macroeconomía, el servicio público es objeto de acercamientos tan divergentes como lo puedan ser las diferentes opciones sociopolíticas sobre la economía y el gasto público. Sí que creemos factible ofrecer una idea de en qué consisten los servicios públicos a partir de su objetivo, es decir, de la función que llevan a cabo; en general esta función se encuentra dirigida a proporcionar diferentes prestaciones y servicios a los ciudadanos, servicios a los cuales éstos tienen derecho conforme a lo que en cada momento establece la legislación y en las condiciones que asimismo se prevean. Nótese que los servicios públicos estarán siempre orientados a las actividades de prestación hacia la ciudadanía, diferenciándose así de otras actividades de la Administración como las de policía o de fomento, que persiguen otras tipologías de objetivos, tal como se explica en los correspondientes capítulos a ellas dedicados.

Decíamos pues que existen distintas formas de referirse o de definir el servicio público. Aunque la opción de considerarlo desde el punto de vista más expansivo o amplio es perfectamente válida, optaremos aquí por hablar de servicio público de una forma relativamente más restringida que consideramos más adecuada para su estudio, de manera que nos referiremos como tal a las actividades que la Administración tiene encargadas de forma exclusiva para garantizar determinadas prestaciones a los ciudadanos, tal como las definiremos en el presente capítulo.

2. Evolución histórica de la actividad de servicio público

El concepto de servicio público surge durante la segunda mitad del siglo XIX, al igual que la mayor parte de nuestro Derecho administrativo actual, de forma elaborada a partir de la doctrina y jurisprudencia del Consejo de Estado de Francia. Anteriormente, los servicios en general que desde los poderes públicos se ofrecían a la ciudadanía eran más bien escasos, limitándose a actuaciones para garantizar una mínima salubridad pública o, más tarde y a partir del establecimiento del Estado liberal, algunos servicios de beneficencia y de enseñanza básica para los sectores sociales más desfavorecidos, en formulaciones todavía muy rudimentarias.

Continuando con la evolución de los llamados servicios públicos, el advenimiento del Estado social en Europa abrió la puerta a una nueva concepción acerca de la necesidad de intervención del Estado, especialmente en sectores en los que la actuación en solitario del mercado libre provocaba efectos no deseados. Así, y especialmente desde los municipios, se empiezan a ofrecer servicios a los ciudadanos, tales como mejoras en las condiciones de salubridad pública o de educación básica, ya existentes, o en forma de nuevas prestaciones, como el alumbrado de las calles o la canalización y distribución de agua potable y de electricidad hasta las viviendas del tejido urbano. Es en este entorno, a finales del siglo XIX, cuando en Francia se sientan las bases de una actividad que empieza a considerarse como un servicio a la ciudadanía, ejercido por servidores públicos, en el que empezaba a convertirse en el nuevo rol de aquellas personas que ejercen el poder público y que hasta entonces eran meros guardianes y ejecutores del poder, gobernantes todavía con la inercia de épocas previas, de gestión básicamente autoritaria dirigida principalmente al mantenimiento del orden.

Durante el siglo XX continúa en Europa la transformación socializadora de los modelos estatales, hasta configurarse el modelo de Estado social y democrático de Derecho, hoy habitual en la Unión Europea, y en el que se constituye el Estado español con la Constitución de 1978. La noción de Estado social se desarrolla a través de la creación de un sector público con un importante peso en la economía del país, dedicado fundamentalmente a la prestación de servicios a los ciudadanos, excediendo ya en mucho aquellos servicios mínimos y de supervivencia de sus inicios. Por otra parte, la fundamentación jurídica del Estado de Derecho proporcionará el orden necesario para el buen funcionamiento y el control de la enorme actividad generada, a través de la normativa que la regula y que parte en sus principios básicos del propio texto constitucional.

Bajo estas premisas, el servicio público se configuraba a partir de la atribución a la Administración de la prestación o el suministro de un servicio a la ciudadanía. Esta prestación quedaba entonces a cargo de la Administración, que podía gestionarla directamente o bien encargarla a una tercera persona, normalmente una empresa privada, que la llevaría a cabo bajo unas determinadas condiciones. Esta concepción que hemos dibujado de forma breve y esquematizada, experimenta una evolución notable a finales del siglo XX y principios del XXI a requerimiento de la normativa europea, que matiza el concepto de servicio público para entenderlo desde una visión más liberal que desplaza la gestión y prestación del servicio hacia los agentes privados, mientras que mantiene las responsabilidades y potestades de control en manos de la Administración. En palabras de GARCÍA DE ENTERRÍA y FERNÁNDEZ RODRÍGUEZ:

> El concepto orgánico de servicio público (...) ha dejado paso al concepto funcional de servicio universal, como «servicio de calidad a un precio asequible para todos», para cuya satisfacción efectiva basta con que las leyes reguladoras de los sectores liberalizados impongan a todos los operadores sin distinción unas concretas obligaciones de servicio público que la Administración, libre ya de responsabilidades prestacionales, se encargará de hacer cumplir utilizando cuando sea preciso sus poderes de inspección y control y, en último término, su potestad sancionadora y asegurando de este modo la infraestructura básica de la vida individual y colectiva en un contexto nuevo de libre competencia sin exclusivas, ni privilegios para nadie (GARCÍA DE ENTERRÍA Y FERNÁNDEZ RODRÍGUEZ, 2022).

3. El marco en la Unión Europea. Los servicios de interés general: económicos, no económicos y sociales

La Unión Europea ha diseñado un modelo que ha de ser aplicable a todos sus Estados miembros y que se fundamenta sobre la idea básica del servicio de interés general (art. 14 del Tratado de Funcionamiento de la Unión Europea), mientras que no entra en su normativa a concretar cuáles deben ser tales servicios, aspecto que se deja en manos del legislador de cada país:

> *«A la vista del lugar que los servicios de interés económico general ocupan entre los valores comunes de la Unión, así como de su papel en la promoción de la cohesión social y territorial, la Unión y los Estados miembros, con arreglo a sus competencias respectivas y en el ámbito de aplicación de los Tratados, velarán por que dichos servicios actúen con arreglo a principios y condiciones, en particular económicas y financieras, que les permitan cumplir su cometido» (art. 14 TFUE).*

Más allá de este posicionamiento genérico, la UE ha recogido en diferentes textos su perspectiva respecto a los servicios públicos, así lo hizo a través del Libro Verde de 2003 (COM 2003/270 final) y el Libro Blanco de 2004 (COM

2004/374 final), ambos sobre los servicios de interés general y como continuación y síntesis de comunicaciones previas. Especialmente en el Libro Blanco, se presentan los principios rectores que los Estados habrán de respetar, Hay que destacar, sin embargo, por su valor jurídico, el Protocolo sobre los Servicios de interés general añadido a la normativa fundacional europea por el Tratado de Lisboa, en el que clarifica qué supone la aplicación de los valores de la UE sobre la prestación de estos servicios:

— El papel esencial y la amplia capacidad de discreción de las autoridades nacionales, regionales y locales para prestar, encargar y organizar los servicios de interés económico general lo más cercanos posible a las necesidades de los usuarios;
— La diversidad de los servicios de interés económico general y la disparidad de las necesidades y preferencias de los usuarios que pueden resultar de las diferentes situaciones geográficas, sociales y culturales;
— Un alto nivel de calidad, seguridad y accesibilidad económica, la igualdad de trato y la promoción del acceso universal y de los derechos de los usuarios.

Veremos más adelante que aquí se introducen algunos de los principios generales que habrán de guiar la configuración de estos servicios, mientras que se mantiene en el mismo texto que *«las disposiciones de los Tratados no afectarán en modo alguno a la competencia de los Estados miembros para prestar, encargar y organizar servicios de interés general que no tengan carácter económico»*. Desde el punto de vista del usuario, el artículo 36 de la Carta de Derechos Fundamentales de la UE *«reconoce y respeta el acceso a los servicios de interés económico general»*, en la forma en que lo dispongan las legislaciones nacionales de conformidad con los Tratados. Se concluye pues, que tras el marco que configura la UE, serán los Estados miembros los que deberán, en uso de sus competencias, desarrollar la concreción de los servicios en su legislación.

Sí que se define desde la UE una tipología básica de los servicios de interés general. En la comunicación COM 2007/725 final, la Comisión, una vez identificados los principios generales a aplicar en toda la UE, establece una primera distinción entre los servicios de interés económico general (SIEG) y los servicios no económicos.

Los servicios de interés económico general son prestados a cambio de una remuneración, y se encuentran sujetos a las normas europeas del mercado interior y de la competencia. Sin embargo, se pueden autorizar excepciones a tales normas para garantizar el respeto del interés general. Algunos SIEG tienen una dimensión europea, sobre todo las grandes industrias de red (servicios postales, telecomunicaciones, transportes o suministro de gas y de electricidad) y están regulados por normas europeas específicas de sus ámbitos sectoriales. Además, se les aplican las normas europeas en materia de contratación pública, de protección del medioambiente y de los consumidores. Así, los SIEG no son servicios públicos en el sentido de que no han sido declarados como tales por una ley española, pero sí que quedan bajo la regulación de la Administración, como consecuencia de la consideración que se les otorga desde los Tratados de servicios esenciales para el funcionamiento de la economía,

Los servicios no económicos, como la policía, la justicia y los regímenes obligatorios de seguridad social, no están sometidos a una legislación europea específica, ni a las normas del Tratado sobre mercado interior y competencia. En la práctica, el funcionamiento de estos servicios no económicos difiere con frecuencia de un Estado miembro a otro, y la distinción entre unos y otros requiere un análisis específico para cada actividad.

Una tercera categoría, también definida en la COM 2007/725 final, son los servicios sociales de interés general (SSIG). En general, estos servicios sociales se prestan de forma personalizada con el fin de responder a las necesidades de usuarios vulnerables y se basan en el principio de solidaridad y de igualdad de acceso. Pueden ser de carácter económico o no, incluso prestarse desde organizaciones sin ánimo de lucro. De hecho, la calificación de actividad económica depende esencialmente de la forma en que se presta, organiza y financia la actividad, y no de la personalidad jurídica del agente prestatario.

Estos servicios incluyen principalmente los regímenes de seguridad social obligatoria y complementaria, que cubren los principales riesgos en el transcurso de la vida, como son la salud, el envejecimiento, los accidentes laborales, el desempleo, la jubilación o la incapacidad. También pueden serlo otros servicios sociales prestados directamente a la persona como los de asistencia social, servicios de empleo y formación, vivienda social o asistencia sanitaria de larga duración.

La Comisión Europea ha seguido trabajando en las líneas generales de aplicación de los servicios de interés general, y así, con la comunicación COM/2011/0900 final, *Un marco de calidad para los servicios de interés general en Europa*, se propuso aumentar la claridad y la seguridad jurídica sobre la forma en que se aplican las normas de la UE a los servicios de interés económico general (SIEG), así como la promoción de una revisión permanente de las normas estatales para garantizar que se tienen en cuenta las necesidades concretas. Asimismo, la Comisión asumió el compromiso de garantizar el acceso de todos los ciudadanos a los servicios esenciales en sectores específicos, concretamente sobre los sectores de servicios postales, servicios bancarios básicos, transporte, energía y comunicaciones electrónicas. En la misma comunicación se comprometió a fomentar la calidad en el ámbito de los servicios sociales y a utilizar los logros en este ámbito como modelo para otros servicios de interés general.

4. Las bases constitucionales de la iniciativa pública en la actividad económica

Para obtener la consideración de servicio público, es necesario que una norma con rango de ley distinga como tal a la actividad de que se trate (designación conocida habitualmente como *publicatio*), haciendo así que la Administración competente para ello quede obligada a su prestación bajo las condiciones que en la normativa se indiquen. En el caso de España, ya en la Constitución se prevé la existencia de determinados servicios públicos, algunos contenidos en la formulación de derechos y libertades genéricos, como el acceso a la enseñanza básica obligatoria y gratuita, garantizado por los poderes públicos (art. 27). Otras referencias constitucionales a servicios que deberán ser facilitados desde el poder público se encuentran contenidas en el capítulo de los principios rectores de la política social y económica, como la previsión de un régimen público de Seguridad Social (art. 41) o un sistema de pensiones y servicios sociales (art. 50) y, de forma más indirecta, la tutela de la salud pública, el fomento de la educación sanitaria, educación física y deporte (art. 43), la promoción y tutela del acceso a la cultura, así como a la ciencia y la investigación científica y técnica (art. 44), o la promoción de las condiciones necesarias para que los ciudadanos disfruten de una vivienda digna y adecuada (art. 47).

Desde un punto de vista económico, hay que tener en cuenta que la propia Constitución garantiza a los poderes públicos la posibilidad de intervenir en la actividad económica del mercado, que de forma general se reserva a la iniciativa privada, como garantía imprescindible para la prestación de servicios de interés económico general. Así, el artículo 128.2 reconoce la iniciativa pública en la actividad económica y especifica además que *«mediante ley se podrá reservar al sector público recursos o servicios esenciales, especialmente en caso de monopolio, y asimismo acordar la intervención de empresas cuando así lo exigiere el interés general»*. De esta forma, se podrán asignar de forma exclusiva determinados servicios al sector público, siempre que esta reserva se realice mediante ley.

Los Estatutos de Autonomía de las Comunidades Autónomas añaden en algunos casos previsiones que requieren de la prestación de servicios públicos adicionales. Es destacable en este sentido el Título I del Estatuto de Autonomía de Cataluña de 2006, en el cual se prevé una profusa lista de derechos en los ámbitos civil, social, político y lingüístico, así como una serie de principios rectores de la actuación de los poderes públicos catalanes, que deberán promover y adoptar las medidas necesarias para garantizar la plena eficacia de las políticas públicas allí recogidas.

Exista o no una previsión constitucional o estatutaria, y siempre dentro del marco que establece con cada vez mayor detalle la UE, cualquier servicio público habrá de basarse formalmente en la *publicatio* previamente mencionada; es decir, deberá existir a partir de su establecimiento por norma de rango legal.

A partir de esta obligación formal, la Administración se encuentra obligada a la prestación de tal servicio, con los requisitos que se establezcan en la propia legislación o en los reglamentos que la desarrollen.

De esta forma, en las correspondientes legislaciones de cada ámbito se encuentran las configuraciones de cada servicio público. Así, sin ánimo de exhaustividad, se regulan los servicios públicos del ámbito educativo en la Ley Orgánica 2/2023, de 22 de marzo, del Sistema Universitario, la Ley Orgánica 2/2006, de 3 de mayo, de Educación y la Ley Orgánica 8/1985, de 3 de julio, del Derecho a la Educación. La tutela de la salud pública se encuentra desarrollada por la Ley 14/1986, General de Sanidad y por la Ley 33/2011, de 4 de octubre, General de Salud Pública, mientras que los servicios públicos de transporte están regulados en la Ley 16/1987, de 30 de julio, de Ordenación de los Transportes Terrestres y la Ley 13/2022, de 7 de julio, General de Comunicación Audiovisual, establece los servicios públicos de las comunicaciones de radio, televisión y contenidos audiovisuales a través de plataforma.

Otro rango de servicios públicos, en mayor medida circunscritos al territorio, son más fácilmente englobables desde el punto de vista competencial, ya que en su mayoría son asignados a las Administraciones locales, que los habrán de prestar de forma obligatoria. Concretamente, la Ley 7/1985, de 2 de abril, de Bases del Régimen Local (en adelante LRBRL), en su artículo 26 establece que:

> *«1. Los Municipios deberán prestar, en todo caso, los servicios siguientes:*
>
> *a) En todos los Municipios: alumbrado público, cementerio, recogida de residuos, limpieza viaria, abastecimiento domiciliario de agua potable, alcantarillado, acceso a los núcleos de población y pavimentación de las vías públicas.*
>
> *b) En los Municipios con población superior a 5.000 habitantes, además: parque público, biblioteca pública y tratamiento de residuos.*
>
> *c) En los Municipios con población superior a 20.000 habitantes, además: protección civil, evaluación e información de situaciones de necesidad social y la atención inmediata a personas en situación o riesgo de exclusión social, prevención y extinción de incendios e instalaciones deportivas de uso público.*
>
> *d) En los Municipios con población superior a 50.000 habitantes, además: transporte colectivo urbano de viajeros y medio ambiente urbano».*

Además, al hilo de la previamente mencionada previsión del artículo 128.2 de la Constitución, la LRBRL atribuye a la Administración la exclusiva en la prestación de diversos servicios públicos, calificados de esenciales (art. 86.2): *«se declara la reserva en favor de las Entidades Locales de las siguientes actividades o servicios esenciales: abastecimiento domiciliario y depuración de aguas; recogida, tratamiento y aprovechamiento de residuos, y transporte público de viajeros, de conformidad con lo previsto en la legislación sectorial aplicable».*

5 Los principios del servicio público

A) Principio de continuidad o de regularidad

La propia consideración de esencialidad y de servicios considerados en muchos casos como básicos y de interés general hace imprescindible la condición de continuidad, entendida como la no interrupción en la prestación del servicio, así como la de regularidad, es decir, sin altibajos en su contenido y calidad. En los reglamentos que desarrollan las previsiones legales, la Administración prevé las garantías necesarias para que estos principios se respeten, fuera de casos excepcionales, y habitualmente en las cláusulas correspondientes se disponen sanciones o medidas preventivas para aquellos servicios prestados por agentes empresariales por vía de concesión o contrato.

Hay que hacer referencia necesariamente, al referirse a la exigencia de no interrumpir los servicios esenciales, al derecho de huelga que asiste a los trabajadores de forma universal. Para ello ya desde la Constitución, en la cual se garantiza este derecho, el artículo 28.2 puntualiza que *«la ley que regule el ejercicio de este derecho establecerá las garantías precisas para asegurar el mantenimiento de los servicios esenciales de la comunidad»*. En relación a estas garantías, los términos servicios esenciales, servicios básicos, y mucho menos servicios públicos, no son en absoluto equivalentes, y así las normativas concretas especifican para cada ámbito el alcance de los servicios mínimos que deberán garantizarse durante el ejercicio del derecho de huelga.

B) Principios de igualdad, universalidad, no discriminación y accesibilidad

El carácter universal y solidario del servicio público, en conjunción con el principio de igualdad consagrado por el artículo 14 de la Constitución, constituyen parte de la propia esencia de estos servicios. La misma construcción del concepto de servicio público incorpora de forma natural la necesidad de que sea ofrecido de forma igual a la ciudadanía, y sin discriminaciones injustificadas. Este último apunte es importante, ya que en algunos casos sí se justifican las llamadas discriminaciones positivas, encaminadas a la facilitación del acceso y uso de ciertos servicios a determinados colectivos, que por su situación de desventaja o vulnerabilidad la necesiten.

Tal como rige de forma general para el principio de igualdad, éste no se aplica en los servicios públicos de manera incondicional. De hecho, son los servicios que se pretenden prestar los que han de contribuir al incremento de la igualdad de la ciudadanía; así, para personas con diferentes condiciones, los servicios se pueden ofrecer de diferentes formas. Esto se hace más obvio en aquellas prestaciones que tienen carácter territorial, pero es aplicable también a las condiciones de acceso a los servicios, tanto económico como físico, siendo notables ejemplos las subvenciones o tarifas especiales en el transporte público para determinados colectivos (jubilados o estudiantes) o el acondicionamiento específico de los espacios públicos para personas con movilidad reducida.

C) Principio de mutabilidad

La prestación de servicios a la ciudadanía tiene en todos los casos como objetivo último el interés general. La persecución de este interés de la colectividad justifica que la Administración competente pueda realizar cambios en la prestación de los servicios, tanto si los presta de forma directa como si lo hace a través de un agente económico. Esta capacidad de modificación afecta incluso a aquellos servicios que no se encuentran en la actualidad incluidos bajo la consideración de públicos y que, aun siendo servicios de interés general, se encuentran regulados por el mercado libre. En este caso, la Administración se asegurará de su prestación y condiciones mínimas de calidad, en la línea de lo expresado en las previamente mencionadas Comunicaciones de la Comisión Europea y lo dispuesto en las diferentes Directivas y en la legislación estatal sectorial, de garantizar el acceso a los servicios esenciales.

D) Principio de calidad

En cierto modo, el principio de calidad ha representado un segundo escalón en la prestación de servicios públicos. Si se considera como el primer objetivo su constitución, prestación y la garantía de universalidad, la siguiente preocupación que aparece de forma natural es la de intentar garantizar una calidad óptima y del mejor nivel posible. Por supuesto, la calidad de cada servicio se define a partir de diferentes factores, que van desde las propiedades físicas del producto o servicio de que se trate (continuidad, suficiencia, cobertura), hasta la forma en que el usuario los recibe y percibe (inmediatez, precio absoluto y relativo, adaptabilidad, accesibilidad, etc.).

Estos factores que influyen y que evidencian la mesura de la calidad de los servicios son cambiantes en función del ámbito de que se trate, pero en todos los casos son perfectamente mesurables. Así, la Administración dispone de diversas formas de comprobar y asegurar unos niveles mínimos de calidad para cada servicio que, a su vez, se fijarán en la normativa correspondiente. Las evaluaciones de calidad son análisis basados en los estándares esperados en las prestaciones del sector correspondiente, o en los compromisos asumidos para el servicio público, que buscan cuantificar mediante indicadores la calidad del servicio o prestación. Un ejemplo bien conocido en el ámbito universitario son las evaluaciones que vehicula la Agencia Nacional de Evaluación de la Calidad y Acreditación (ANECA, prevista en la LOSU y creada en forma de fundación por el Acuerdo del Consejo de Ministros de 19 de julio de 2002), que asegura el cumplimiento de los estándares de producción científica y docente a nivel universitario. En base a las competencias asumidas, pueden existir agencias a nivel autonómico como es el caso de la también universitaria AQU (Agencia para la Calidad del sistema Universitario de Cataluña, prevista por la Ley catalana 1/2003, de 19 de febrero, de Universidades de Cataluña y desarrollada por el Decreto 315/2016, de 8 de noviembre, por el que se aprueban los Estatutos de la AQU), que analiza, evalúa y acredita la docencia y el profesorado de la enseñanza superior en el ámbito catalán.

Otra vía de control de cumplimiento de las expectativas o de los niveles requeridos para la prestación de los servicios públicos es la inclusión en los pliegos de los correspondientes contratos las condiciones que garanticen la calidad de los servicios que, en su caso, el contratista presta a la sociedad. Como se explica en el capítulo correspondiente a los contratos administrativos, la Administración dispone de una variedad de herramientas para comprobar y asegurar el cumplimiento de la totalidad de las condiciones del contrato y para modificarlo si es necesario.

Finalmente, la calidad y la información sobre las condiciones que deben reunir y mantener los servicios públicos que se ofrecen a los ciudadanos son detalladas por cada Administración, o por el órgano competente, en las Cartas de servicios. Estas cartas constituyen una relación de los servicios y de las condiciones en que estos se prestan, son publicadas para conocimiento de los ciudadanos que han de ser receptores y actúan también como instrumento de autoexigencia de las Administraciones. La adopción de esta herramienta es ya habitual en las distintas instancias administrativas. Así, en la Administración del Estado se encuentran reguladas en el Real Decreto 951/2005, que establece el marco general para la mejora de la calidad en la Administración General del Estado, de 29 de julio. En Cataluña, por su parte, la Ley 19/2014, de 29 de diciembre, de transparencia, acceso a la información pública y buen gobierno, obliga a las administraciones a *«incluir cartas de servicio en el marco regulador de los servicios públicos finalistas que gestiona directamente»* (art. 59.1). En el mismo sentido, la Ley 26/2010, de régimen jurídico y de procedimiento de las administraciones públicas de Cataluña, establece que *«las administraciones públicas de Cataluña deben tener cartas de servicios a disposición de los ciudadanos, empresas y profesionales, como instrumentos para la mejora de la calidad de los servicios, en los términos establecidos por la normativa vigente»* (art. 23.3).

E) Principio de asequibilidad y de suficiencia financiera

El principio de asequibilidad de los servicios públicos es también referido como principio de gratuidad o de precio político, en función de la carga económica que se traslade a los usuarios y que asuma la Administración para cada prestación concreta. La Constitución establece, por ejemplo, la gratuidad de la educación básica; sin embargo, la práctica habitual en un gran número de servicios públicos suele ser que la Administración cargue con una parte del coste real del servicio, habiendo el usuario de satisfacer una tarifa, comúnmente referida como precio político, que se establece a partir de variables que tengan en cuenta aspectos como la accesibilidad, la distribución territorial o la condición social del usuario concreto.

F) Principio de progreso tecnológico

El prestador del servicio público, sea la Administración o una empresa privada, debe adaptar tanto la prestación como sus infraestructuras al progreso tecnológico, de forma paralela a la implantación de mejoras o de nuevas tecnologías en el sector en que éste se base. La observación de este principio no solamente es beneficiosa para los usuarios, sino que el propio gestor del servicio se vería altamente perjudicado por la obsolescencia de sus recursos, quedando relegado frente a la competencia si se trata de una empresa privada, o habiendo de hacer frente a sus responsabilidades políticas ante la ciudadanía si el servicio fuera ofrecido desde el propio ente público.

G) Principio de responsabilidad

La Administración a la cual se otorga por vía legal la titularidad de un servicio público será responsable de su correcta prestación, en las condiciones previstas en la correspondiente normativa de desarrollo y bajo la observación de los principios básicos a que estamos haciendo referencia. Esta responsabilidad recae en la Administración titular, tanto si presta el servicio de forma directa como si la gestión se efectúa a través de un tercero por vía de concesión o de contrato de servicios.

Esta responsabilidad es intransferible, y así ha sido confirmado por la jurisprudencia; por ejemplo, por la STS de 2 de enero de 2013, RJ\2013\1191, ponente Enrique Lecumberri Martí, cuando el Gobierno de Aragón, mediante el Decreto 38/2004, de 24 de febrero, por el que se aprueba el Reglamento de los vertidos de aguas residuales a las redes municipales de alcantarillado, pretendía descargar de responsabilidad a la Administración en determinados supuestos:

> *«no podrá exigirse responsabilidad a la entidad que gestione el servicio de alcantarillado por la entrada de aguas procedentes de la red pública en la finca particular a través de la acometida de desagüe, debiendo el usuario tener instalados los sifones o mecanismos adecuados para impedir el retorno»* (art. 5).

La sentencia referenciada, aunque reconoce que la acometida que se menciona es una estructura privada no incluida en el servicio público del alcantarillado, puntualiza explícitamente:

> *«La necesidad de que sea la entidad local, bien por sí, bien mediante el sistema de gestión por tercero que pueda contratar, la que lleve a cabo las actuaciones que sean precisas para asegurar la corrección del funcionamiento del sistema de vertido», para explicitar de forma genérica posteriormente que «no es aceptable en el ordenamiento jurídico constitucional y legalmente aplicable es que a priori se exima de cualquier tipo de responsabilidad de la Administración e, incluso, de su posibilidad de reclamación ante los Tribunales a todo aquel que se considere perjudicado por una fuga de la conducción del vertido, que sólo a la propia Administración corresponde gestionar».*

II. RÉGIMEN JURÍDICO DE LOS SERVICIOS PÚBLICOS

1. La creación del servicio público y sus formas de gestión

Ya hemos comentado previamente que es la titularidad asignada mediante disposición legal la que consigna cada servicio público a una Administración pública, la cual será garante y responsable de su correcta prestación, aunque la decisión de su creación y de la norma que la configure puede discurrir por una variedad de caminos (REBOLLO PUIG Y VERA JURADO, 2019). Sin embargo, la titularidad no implica necesariamente que la Administración preste el servicio por sí misma, es decir, utilizando sus propios recursos técnicos y humanos. Hemos visto asimismo que algunos servicios públicos están previstos en la Constitución, y por tanto han de prestarse de forma obligatoria, y que en todo caso la declaración de servicio público debe venir impuesta formalmente a través de una disposición de rango legal.

Fuera de las previsiones constitucionales, el legislador puede crear o designar servicios públicos siempre que estos se consideren esenciales; recordemos el mencionado artículo 128.2 de la Constitución, que permite *«reservar al sector público recursos o servicios esenciales»*. La cuestión que surge inmediatamente, sobre qué servicios y en qué circunstancias se considerarán como esenciales, habrá de ser interpretada en última instancia por el Tribunal Constitucional para cada supuesto. Una interpretación de la noción de *esencialidad* en este contexto y de la necesidad de considerarla de forma individual, la encontramos en la STC 185/1995, de 14 diciembre, ponente Carles Viver Pi-Sunyer, cuando define tales prestaciones de forma vinculada al caso y al momento histórico concreto en que se deba definir su naturaleza:

«En las que el bien, la actividad o el servicio requerido es objetivamente indispensable para poder satisfacer las necesidades básicas de la vida personal o social de los particulares de acuerdo con las circunstancias sociales de cada momento y lugar o, dicho, con otras palabras, cuando la renuncia a estos bienes, servicios o actividades priva al particular de aspectos esenciales de su vida privada o social. La dilucidación de cuándo concurren estas circunstancias deberá atender a las características de cada caso concreto».

Una vez determinada la Administración titular del servicio, ésta asume la responsabilidad de su prestación efectiva y de que sea realizada bajo la observación de los principios previamente expuestos; en ningún caso la Administración puede renunciar a estas responsabilidades. Veremos que sin embargo algunos servicios son ofrecidos a la ciudadanía a través de empresas privadas: esto no significa en absoluto que cualquier empresa pueda ofrecer servicios públicos en base al principio de libre mercado, sino que esto sucede en aquellos casos en que la Administración opta por no prestar el servicio por sus propios medios y decide contratar a una empresa para que lo haga en su lugar, sin renunciar a la titularidad del servicio y mediante la celebración de un contrato administrativo en el cual se estipularan las condiciones de la prestación, como veremos más adelante. Hay que remarcar a este respecto que en ningún caso se podrán prestar a través de un tercero aquellos servicios públicos que impliquen ejercicio de autoridad.

La Administración titular puede, de esta forma, optar por la forma en que el servicio público se ofrecerá a la ciudadanía entre dos grandes categorías que, a su vez, engloban diferentes formas de formalización de la prestación. Una primera categoría es la conocida como gestión directa, en la cual es la propia Administración la que se encargará de facilitar y administrar el servicio. La segunda opción, conocida como gestión indirecta, pasa por encomendar la gestión de la prestación de que se trate a un operador de mercado, habitualmente una o diversas empresas, aunque en ocasiones puede encomendarse a otra Administración o entidad pública. Sin embargo, la opción mayoritaria en la forma de gestión indirecta será la de la prestación a través de empresas privadas puesto que, como resulta obvio, la Administración no dispone de los recursos, conocimientos y capacidades necesarias para hacer frente a la enormemente diversa tipología de servicios existentes actualmente. La atribución de la gestión indirecta se vehiculará a través de un contrato que se regirá por la legislación reguladora de la contratación del sector público, en la actualidad la Ley 9/2017, de 8 de noviembre, de Contratos del Sector Público (LCSP).

2. La gestión directa. Formas de gestión directa

El modelo de gestión directa supone que la propia Administración titular del servicio público lo gestione y lo preste, sea mediante su propia estructura o bien a través de un organismo público perteneciente o vinculado a ella. Precisamente el grado y la forma de vinculación del organismo gestor con la Administración titular será el que determinará la modalidad de prestación, siempre dentro del marco de la personalidad jurídica única de la propia Administración. Así, dentro de la gestión directa se distingue entre:

a) la prestación desde la propia Administración
b) mediante organismo autónomo
c) mediante entidad pública empresarial
d) por sociedad mercantil sin aportación de capital privado

La gestión directa en el ámbito de la Administración estatal se encuentra regulada en la Ley 40/2015, de 1 de octubre, de Régimen Jurídico del Sector Público (LRJSP), mientras que las previsiones para las administraciones locales lo están en los artículos 85 y 86 de la LRBRL y en los artículos 67 a 88 del Decreto de 17 de junio de 1955, por el que se aprueba el texto del Reglamento de Servicios de las Corporaciones Locales (en adelante RSCL). La normativa catalana configura con mayor detalle esta tipología, en los artículos 252 a 257 de la Ley Municipal y de Régimen Local de Cataluña, Decreto Legislativo 2/2003, de 28 abril (en adelante LMRLC), y en el Reglamento de obras, actividades y servicios de las Entidades Locales de Cataluña, Decreto 179/1995, de 13 junio, (en adelante ROAS), artículos 190 a 227.

Es necesario apuntar que la gestión directa de servicios públicos puede ser ejecutada por más de una Administración al mismo tiempo, esto es, a través de una mancomunidad, un consorcio, sociedad mercantil de capital público participada por varias administraciones o, en fin, mediante la firma de un convenio entre las administraciones implicadas.

A) Gestión por la propia Administración

En la gestión directa por la Administración que ostenta la titularidad del servicio, ésta asume y centraliza el servicio y ejerce de manera exclusiva las potestades de dirección y de gestión sobre la prestación, utiliza el personal directamente dependiente de la misma corporación y asume los riesgos derivados de la gestión. Los medios personales y materiales del servicio se adscriben y se integran en el presupuesto del ente, de acuerdo con el principio de unidad presupuestaria. La gestión económica de los servicios gestionados de manera centralizada queda sujeta a la función de intervención y del control interno financiero y de eficacia.

La dirección superior de los servicios corresponde al presidente de la corporación o al miembro de ésta en quien delegue o en quien se desconcentre mediante una disposición general a propuesta de aquel, sin perjuicio de la dirección técnica que corresponda al responsable del servicio respectivo.

Para la gestión del servicio se puede designar un administrador, las funciones del cual son simplemente de gestión, con exclusión de las de disposición de capitales y de carácter resolutorio. Se prevé también la posibilidad de estructurar la organización para la prestación del servicio mediante órgano especializado. Únicamente se podrán utilizar otras formas de gestión directa (a las que nos referiremos en los siguientes apartados) cuando quede acreditado mediante memoria justificativa que resultan más sostenibles y eficientes que la gestión desde el órgano o por organismo autónomo. Para ello se deberán tener en cuenta los criterios de rentabilidad económica y recuperación de la inversión.

Por otra parte, hay que subrayar que las funciones que impliquen ejercicio de autoridad habrán de ser prestadas obligatoriamente por gestión directa. Además, tal como establece el Estatuto Básico del Empleado Público, aprobado por el Real Decreto Legislativo 5/2015, en su artículo 9.2, *«el ejercicio de las funciones que impliquen la participación directa o indirecta en el ejercicio de las potestades públicas o en la salvaguardia de los intereses generales del Estado y de las Administraciones Públicas corresponden exclusivamente a los funcionarios públicos, en los términos que en la ley de desarrollo de cada Administración Pública se establezca»*.

La gestión directa de servicios por el ente local se puede realizar igualmente mediante órgano especializado, esto es, por medio de una organización especial, sin personalidad jurídica, compuesta por un consejo de administración y una gerencia, sin perjuicio de que la naturaleza del servicio exija la adopción de otra forma de organización, mediante la creación de otros órganos complementarios.

El acuerdo por el cual se establece que un servicio lo gestiona directamente el ente local por vía de un órgano especializado debe incluir los aspectos orgánicos y de funcionamiento y, si es el caso, la desconcentración de funciones, de acuerdo con su propia reglamentación.

B) Mediante organismo autónomo

Esta opción se encuentra regulada para la Administración local en los artículos 85 y 85 bis de la LRBRL y para la Administración General del Estado en los arts. 88 a 102 de la LRJSP. La normativa catalana recoge esta forma de gestión en el art. 254 de la LMRLC, y la despliega en los artículos 199 a 210 del ROAS.

Los entes locales pueden, para la gestión directa de los servicios públicos de su competencia, constituir organismos autónomos con personalidad jurídica propia, que tendrán plena capacidad para el cumplimiento de los fines que determinen su constitución. Su creación requiere de la dotación de un patrimonio independiente y comporta la imputación al organismo autónomo de derechos y obligaciones propias. Así, se dota al organismo autónomo de medios personales y económicos para la prestación del servicio público requerido.

Un organismo autónomo puede desarrollar actividades propias de la Administración Pública, tanto actividades de fomento como prestacionales, de gestión de servicios públicos o de producción de bienes de interés público. Le corresponde, en régimen de descentralización, la organización y la administración del servicio público, sin perjuicio de las facultades de tutela del ente creador. En cuanto a su régimen jurídico, los organismos autónomos locales se rigen por sus propios estatutos, que serán aprobados por el Pleno de la corporación, y por las normas contenidas en el reglamento del servicio que gestionan.

Los estatutos deberán contener obligatoriamente la configuración de sus órganos de gobierno y sus atribuciones, los recursos económicos que se le asignen, los bienes que le sean adscritos, las facultades de tutela del ente local titular del servicio, así como las funciones sobre su organización y la administración y las previsiones sobre la extinción del organismo y sus efectos.

Para su constitución se habrá de seguir un procedimiento que, en el ámbito local, da inicio con la aprobación inicial del Pleno de la corporación, tras la cual los estatutos se someterán a información pública por un período de treinta días durante los que se podrán presentar alegaciones; éstas se resolverán por el Pleno para proceder a su aprobación definitiva en el período máximo de tres meses desde la aprobación inicial. El texto de los estatutos se publicará íntegramente en el Boletín Oficial de la Provincia y se referenciarán en el BOE o en el correspondiente diario oficial de la Comunidad Autónoma.

Si en el futuro el servicio hubiera de ser gestionado por una modalidad diferente, el Pleno de la corporación deberá acordar la extinción del organismo autónomo. En este caso, los bienes, derechos y obligaciones se incorporarán al patrimonio del ente fundador.

C) Mediante entidad pública empresarial

Las entidades públicas empresariales (en adelante EPE), están previstas para las administraciones locales en el artículo 85 bis de la LRBRL. Por su parte, las impulsadas por la Administración General del Estado se rigen por los artículos 103 a 108 de la LRJSP.

La gestión directa de servicios públicos a través de EPE, se diferencia principalmente de la gestionada desde el propio ente o un organismo autónomo en que, en el caso de las EPE, su finalidad es la realización de actividades prestacionales de gestión de servicios o de bienes de interés público que serán susceptibles de contraprestación; es decir, el usuario deberá abonar un precio por ellos.

Las EPE, aunque son entidades públicas, se rigen por el Derecho privado excepto en la formación de voluntad de sus órganos, que nace del Derecho administrativo. Su personal estará vinculado a ellas por contrato laboral, excepto que el ente local adscriba a la EPE personal funcionario, en todo caso de forma temporal. Estas entidades se encuentran sometidas al control de eficacia y de actividad por parte del ente local, que tiene atribuidas facultades tuitivas sobre la EPE. Su creación, modificación y supresión corresponden al Pleno de la entidad local, que también aprueba sus estatutos. Deberán adscribirse a una Consejería, Área u Órgano equivalente (incluso un organismo autónomo) de la entidad local y el titular de su máximo órgano de dirección deberá ser un funcionario de carrera o personal laboral de las Administraciones públicas, o bien un profesional del sector privado, titulado superior en los dos primeros casos y con más de cinco años de ejercicio profesional en el segundo.

En las EPE habrá de existir un consejo de administración, cuya composición se determinará por sus estatutos. El secretario de este consejo deberá ser un funcionario público al que se exija para su ingreso una titulación superior; éste ejercerá las funciones de fe pública y asesoramiento legal de los órganos unipersonales y colegiados de estas entidades. Por otra parte, las EPE estarán sometidas a control de eficacia por el órgano al cual se encuentren adscritas.

Los estatutos deberán comprender la composición de los máximos órganos de dirección de la entidad, sean unipersonales o colegiados, así como su forma de designación. Igualmente incluirán las funciones y las competencias de los mismos, con la indicación de las potestades administrativas generales que puedan ejercer y a qué órganos se atribuyen. También relacionarán el patrimonio que se les asigne para el cumplimiento de sus fines, así como los recursos económicos y las vías previstas de financiación. Incluirán también el régimen relativo a sus recursos humanos, patrimonio y contratación, así como el régimen presupuestario, de contabilidad, intervención y control financiero, que serán conformes a la legislación de haciendas locales. Los estatutos deberán ser aprobados y publicados de forma previa a la entrada en funcionamiento efectivo de la EPE.

D) Por sociedad mercantil sin aportación de capital privado

También llamadas sociedades mercantiles de titularidad pública están previstas en el art. 85 ter de la LRBRL y desarrolladas por los artículos 89 a 94 del RSCL. En la legislación catalana por los artículos 255 a 257 de la LMRLC y desarrolladas reglamentariamente en los arts. 211 a 227 del ROAS.

Los servicios locales de carácter económico pueden ser gestionados directamente por medio de una sociedad mercantil; en este caso, el servicio se ejerce en régimen de empresa privada, aunque el capital social debe pertenecer en su totalidad al sector público. Son ejemplos de servicios que pueden ser prestados por esta vía el transporte público o el abastecimiento de aguas.

La sociedad deberá adoptar una de las formas previstas en la Ley de Sociedades y actuará sujetándose a las normas del Derecho mercantil, sin perjuicio de las materias que se exceptúen en el acuerdo de creación, así como las referentes a las funciones de dirección, vigilancia, coordinación y control que el ente local ejerza sobre ella y las de contratación y de carácter administrativo que se corresponden con el acuerdo previo de creación o de supresión.

El ROAS de las entidades locales de Cataluña detalla que estas sociedades pueden constituirse por tres vías. La primera es a través de la fundación simultánea por la entidad local, por acuerdo plenario en el cual manifiesta la voluntad de gestionar un servicio público mediante una sociedad, la dota de capital y aprueba sus estatutos. En segundo lugar, se puede constituir con la adquisición por parte del ente público de todas las acciones o participaciones de una sociedad preexistente. Finalmente, por la adquisición de todas las acciones o participaciones de titularidad privada de una sociedad mercantil con capital parcialmente privado, de la cual sea titular la entidad local.

La constitución de la sociedad tiene lugar mediante un acto previo de la entidad local, sometido al Derecho administrativo, que sigue el procedimiento descrito para la constitución y aprobación de estatutos de los organismos autónomos del artículo 201 del ROAS. Los bienes de dominio público adscritos por la entidad local a este tipo de sociedades para el cumplimiento de sus fines conservan la calificación jurídica originaria, y su adscripción no implica la transmisión del dominio ni su desafectación. Los bienes patrimoniales aportados se incorporan directamente al patrimonio de la sociedad, igual que lo harán los bienes que adquiera posteriormente durante el ejercicio de su actividad. De forma previa a la aportación de bienes patrimoniales, el Pleno de la corporación deberá dar cuenta al Departamento del Gobierno autonómico competente en materia de Administración pública, solicitando si es el caso su informe previo.

En cuanto al régimen jurídico, se regirán por las normas de Derecho administrativo el acto previo de la constitución de la sociedad, los de coordinación con la entidad local y eventualmente el de su supresión, así como la adquisición de patrimonio y la contratación de obras, que se someterán a un procedimiento que integre los principios de publicidad y de concurrencia, tal como se establecen en la LCSP. También serán actos administrativos los de aplicación de las normas reglamentarias del servicio y los derivados de la potestad expropiatoria y otras potestades de la Administración pública que ejerza el ente local con afectación en la sociedad. El resto de actos de la sociedad quedarán sujetos al ámbito del Derecho privado, aunque hay que remarcar que le serán de aplicación las normas generales de responsabilidad patrimonial derivada del funcionamiento de los servicios públicos.

La sociedad mercantil deberá regirse por los órganos siguientes: junta general, asumida por el Pleno de la entidad local, consejo de administración y gerencia. Sin perjuicio de las disposiciones de la legislación mercantil, la sociedad habrá de tener un secretario, que podrá ser el de la corporación, el cual tendrá entre otras funciones la de elaborar las actas de reunión de los órganos colegiados. El Pleno, cuando actúe como junta general de la sociedad se regirá en lo que afecte a la forma de las reuniones y la adopción de acuerdos, por la legislación de régimen local. Respecto a las cuestiones comprendidas en el objeto social de la sociedad, se regirá por la legislación mercantil y por sus estatutos.

Los estatutos pueden prever que la junta general tenga una composición inferior a la del Pleno de la corporación; en este caso, habrán de determinar el número de miembros y la ponderación del voto en función de los grupos políticos que la integren. La junta general, a su vez, nombrará a los miembros del consejo de administración en los términos que establezcan sus estatutos, que pueden prever la designación de uno o diversos administradores en representación de los usuarios. Al consejo de administración le es de aplicación el régimen de responsabilidad de la legislación de sociedades anónimas.

Finalmente, la gerencia es designada por la junta general. La vinculación de la persona que la ocupe será de carácter laboral y habrá de ser designada bajo los principios de igualdad, publicidad, mérito y capacidad. Las funciones de intervención y de control financiero y de eficacia de la sociedad se realizan de acuerdo con las previsiones de la legislación reguladora de las haciendas locales y de las normas mercantiles aplicables. Por otra parte, la sociedad estará sujeta a la programación, coordinación presupuestaria y financiera del ente local, por la vía de los planes y programas comunes que apruebe el Pleno de la corporación.

La disolución de la sociedad puede darse por las causas que establece la legislación societaria mercantil y por la supresión del servicio por el ente local titular. En caso de disolución de la sociedad, la entidad local deberá resolver sobre la continuidad y la forma de gestión del servicio.

3. La gestión indirecta. Formas de gestión indirecta

La Administración puede decidir no ofrecer el servicio por sus propios medios, y en su lugar encomendar su prestación a un agente externo, habitualmente una o varias empresas, a través de la formalización de un contrato administrativo. Hay que puntualizar de entrada que el hecho de contratar la prestación del servicio no implica ni puede implicar en absoluto una cesión de su titularidad, que continúa recayendo en todos los casos sobre la Administración designada por la *publicatio* en texto legal, a la que hemos hecho referencia previamente. Otro aspecto que destacar es el referente a la responsabilidad de la prestación correcta del servicio: la condición de titular del servicio que tiene atribuida la Administración hace que sea ésta la última responsable del cumplimiento del mandato legal consistente en la prestación del servicio público a los ciudadanos. Por supuesto que las posibles actuaciones incorrectas del contratista habrán de estar previstas en el contrato y habrán de acarrear consecuencias para éste, pero ante el ciudadano la responsable de un servicio público deficiente será siempre en último término la Administración que, si es el caso, no habrá gestionado correctamente su obligación de prestar el servicio de forma adecuada al haber escogido erróneamente al contratista o haber optado por una forma de gestión inadecuada.

Como hemos indicado, la Administración titular y la empresa prestadora concretarán en un contrato administrativo las condiciones de la prestación: resulta lógico que las normas reguladoras de las modalidades que puede adoptar esta gestión indirecta se encuentren especificadas en la legislación de contratos del sector público. Posteriormente, estas previsiones generales contenidas en la LCSP se desarrollan, en su caso, de forma más concreta en las normativas sectoriales correspondientes, así como en la específica del ámbito local.

Las formas de gestión de los servicios previstas en la LCSP son las siguientes:

a) La concesión de servicios
b) El contrato de servicios

Nos aclara en qué se basa esta primera distinción el preámbulo de la LCSP haciendo referencia a la Directiva 2014/23/UE, que esta ley transpone:

> Para esta Directiva el criterio delimitador del contrato de concesión de servicios respecto del contrato de servicios es, como se ha dicho antes, quién asume el riesgo operacional. En el caso de que lo asuma el contratista, el contrato será de concesión de servicios. Por el contrario, cuando el riesgo operacional lo asuma la Administración, estaremos ante un contrato de servicios.
>
> Por ello, determinados contratos que con arreglo al régimen jurídico hasta ahora vigente se calificaban como de gestión de servicios públicos, pero en los que el empresario no asumía el riesgo operacional, pasan ahora a ser contratos de servicios. Ahora bien, este cambio de calificación no supone una variación en la estructura de las relaciones jurídicas que resultan de este contrato: mediante el mismo el empresario pasa a gestionar un servicio de titularidad de una Administración Pública, estableciéndose las relaciones directamente entre el empresario y el usuario del servicio.

Y específicamente sobre la categoría de contratos de servicios de prestaciones directas a los ciudadanos:

Para identificar a estos contratos que con arreglo a la legislación anterior eran contratos de gestión de servicios públicos y en esta Ley pasan a ser contratos de servicios, se ha acudido a una de las características de los mismos: que la relación se establece directamente entre el empresario y el usuario del servicio, por ello se denominan contratos de servicios que conlleven prestaciones directas a favor de los ciudadanos.

La LCSP y su normativa de desarrollo regulan los aspectos formales de los contratos en general, tales como su preparación, modificación, ejecución y cumplimiento, así como sus efectos y resolución; en este sentido nos remitimos para su estudio al capítulo correspondiente a la contratación del sector público. En cuanto a los servicios susceptibles de gestión indirecta, una parte de ellos se engloba dentro del previamente mencionado concepto comunitario de los servicios de interés económico general (art. 14 del Tratado de Funcionamiento de la Unión Europea), que comprende entre otros los servicios postales, las telecomunicaciones, los transportes o los suministros de gas y de electricidad.

En cuanto a la duración de los contratos en general, el artículo 29 de la LCSP establece que de forma general deberá establecerse teniendo en cuenta la naturaleza de las prestaciones, las características de su financiación y la necesidad de someter periódicamente a concurrencia la relación de las mismas, debiendo ponderar al mismo tiempo que determinadas tipologías de contratos se encuentran sometidas a normas específicas o sectoriales.

A) La concesión de servicios

Para facilitar una mejor comprensión, hablamos aquí de concesión de servicios, mientras que la LCSP se refiere a esta técnica como contrato de concesión de servicios. Creemos que de esta forma facilitaremos la distinción entre la concesión y la segunda figura contemplada en la LCSP para la gestión indirecta, el contrato de servicios.

Uno de los primeros aspectos que debe llamarnos la atención en este capítulo, es que la LCSP se refiera a esta forma de gestión como «concesión de servicios», sin clarificar en ningún momento si existe o debe entenderse algún tratamiento diferenciado para los servicios públicos, frente a aquellos servicios que no posean la denominación de públicos, esto es, teniendo en cuenta la diferenciación a que hemos hecho referencia en el primer apartado de este capítulo y especialmente considerando que la Administración ostenta una serie de potestades sobre los servicios considerados públicos para asegurar el cumplimiento de los principios que allí hemos expuesto. Esta falta de claridad resulta evidentemente problemática para los operadores, tanto desde el punto de vista de la Administración como de la empresa privada que pretenda optar a una licitación, quedando en manos de los correspondientes pliegos la puntualización de cuestiones que deberían estar previstas a partir de su correcta definición en la norma legal.

Entrando a conocer las características de la concesión, hay que hacer mención de lo dispuesto en el artículo 284 de la LCSP respecto de la concesión, en que la reconoce como una de las formas de gestión indirecta de servicios de titularidad o competencia de la Administración, al mismo tiempo que prohíbe gestionar de esta forma aquellos servicios *«que impliquen ejercicio de la autoridad inherente a los poderes públicos»*. Otro aspecto importante es la obligación de haber establecido el régimen jurídico del servicio que será gestionado indirectamente, de forma previa a la concesión. Tal régimen deberá recoger la asunción de la actividad como propia de la Administración, las prestaciones a favor de los administrados y los aspectos jurídicos, económicos y administrativos de la prestación del servicio. Recordemos que la Administración conserva en todo caso la titularidad del servicio de que se trate, y la responsabilidad de que su prestación se efectúe dentro del respeto a los principios básicos que hemos estudiado previamente. Para ello, el ente público dispone de las atribuciones exorbitantes respecto de los sujetos privados que ya conocemos, además de la posibilidad de modular las condiciones de la concesión en las cláusulas del contrato y de las ya mencionadas previsiones de control que le atribuye la LCSP.

Así lo ejemplifica el Juzgado de lo Social 1 de Salamanca en su Sentencia 111/2020 de 13 de mayo, en la que concluye que no existe razón alguna para que la empresa de transporte que gestiona la prestación del servicio público urbano de transporte regular de viajeros de uso general por carretera, en virtud de contrato de concesión administrativa suscrito con el Ayuntamiento de Salamanca, no pueda plantear el ERTE por fuerza mayor, respecto de parte de los trabajadores por cuenta ajena que prestan servicios para ella, al haber acordado el Ayuntamiento la reducción del servicio público de transporte, objeto del contrato administrativo, en un 50% en atención a las necesidades de movilidad existentes tras la declaración del estado de alarma.

La definición genérica de la concesión se encuentra en el artículo 15, en el que se estipula que consistirá en la encomienda a título oneroso de la gestión de un servicio de titularidad o competencia de la Administración. Puntualiza además que la concesión puede venir adjudicada por más de un poder adjudicador y, al mismo tiempo, puede ser encomendada a una o a varias personas naturales o jurídicas. La contrapartida para el contratista consiste en el derecho a explotar los servicios objeto del contrato, pudiendo esta explotación estar acompañada de la percepción de un precio.

La característica diferencial clave a la hora de delimitar el uso de este tipo de contrato se encuentra en el segundo apartado del mismo artículo, que estipula que el derecho de explotación de los servicios implica la transferencia al concesionario del riesgo operacional. ¿Qué significa la asunción de este riesgo? De forma muy resumida, que las pérdidas o ganancias del contratista en la ejecución del contrato quedan a merced del mercado libre bajo condiciones normales de funcionamiento, sin que exista ninguna seguridad previa en este sentido para el contratista. Tal como lo dispone la LCSP:

> Se considerará que el concesionario asume un riesgo operacional cuando no esté garantizado que, en condiciones normales de funcionamiento, el mismo vaya a recuperar las inversiones realizadas ni a cubrir los costes en que hubiera incurrido como consecuencia de la explotación de las obras que sean objeto de la concesión. La parte de los riesgos transferidos al concesionario debe suponer una exposición real a las incertidumbres del mercado que implique que cualquier pérdida potencial estimada en que incurra el concesionario no es meramente nominal o desdeñable (LCSP, art. 14.4).

Y es que el riesgo operacional, como hemos comentado en el apartado anterior, es el eje sobre el cual se articulan los dos tipos de contrato para la gestión indirecta de servicios públicos: concesión cuando el riesgo es asumido por el empresario, contrato de servicios cuando la asunción corre a cargo de la Administración.

B) El contrato de servicios

Efectivamente, a diferencia de la concesión, el establecimiento de un contrato de servicios no implica el traspaso del riesgo operacional (ni de explotación, de demanda o de cualquier otro tipo) al adjudicatario del contrato.

Esta tipología se encuentra prevista en el artículo 17 de la LCSP, un artículo que tal como hemos señalado previamente no hace distinción alguna respecto de aquellos servicios considerados como públicos y, por tanto, establece una previsión genérica para todo tipo de contrato de servicios. Los describe como *«prestaciones de hacer»* que pueden consistir en el desarrollo de una actividad o estar dirigidas a obtener un resultado distinto de una obra o de un suministro, productos estos que disponen de sus herramientas de contratación propias. Igual que ocurre con la concesión, se excluyen de la posibilidad de ser contratados los servicios que impliquen ejercicio de autoridad atribuida a los poderes públicos.

El hecho de no introducir ninguna mención a diferentes tipos de servicios hace que este precepto abrigue tanto aquellos servicios que el contratista facilite a la Administración como destinataria (limpieza o recogida de residuos en los centros y edificios administrativos, por ejemplo), como aquellos servicios dirigidos a los ciudadanos. Y dentro de esta segunda tipología sí que parece que la LCSP hace una diferenciación: dedica el artículo 312 a establecer unas especialidades para los *«contratos de servicios que conlleven prestaciones directas a favor de la ciudadanía»*, quedando de facto establecida una diferente categorización respecto de, aparentemente, aquellos servicios cuyas prestaciones a la ciudadanía no sean directas. Parece que lo que tal vez pretendía ser una simplificación normativa alrededor de la asunción o no de riesgo operacional por el empresario (intención expresada en el preámbulo de la ley), ha provocado colateralmente la adopción de una nomenclatura confusa, bajo la cual no es posible discernir cuando la ley se está refiriendo a la gestión de servicios públicos o no. O si es que el propio concepto de servicios públicos ha sido substituido para este ámbito por el de «servicios que conlleven prestaciones directas a favor de la ciudadanía».

> Porque, una de dos: o se pretende que signifiquen lo mismo o integran conceptos diferentes. Si se emplea como sinónimo de servicios públicos hay que objetar su uso, tanto por la posible confusión que introduce, como por incumplir la máxima conceptista de la doble bondad de lo breve. (...) Porque la expresión servicios que conlleven prestaciones directas a favor de los ciudadanos/la ciudadanía, se quiera o no, incluye a los servicios públicos, sí, pero también a los servicios no públicos, esto es, los que integran actuaciones ya aludidas que, constituidas por utilidades y siendo recibidas por los ciudadanos, su prestación no responde a una obligación derivada de la competencia de la Administración (MARTÍNEZ-ALONSO CAMPS, 2018).

Aunque la duda sobre los servicios no públicos permanece, el hecho de que los servicios de prestaciones directas a la ciudadanía incluyen los servicios públicos se ve confirmado por la Junta Consultiva de Contratación Administrativa Estatal (Informe núm. 53/2018, de 10 de octubre):

> El artículo 312 de la LCSP recoge el régimen jurídico aplicable a un tipo de contratos que con arreglo a la legislación anterior a la LCSP (RCL 2017, 1303y RCL 2018, 809) habrían sido calificados como contratos de gestión de servicios públicos.
>
> Estos contratos de servicios tienen como objeto característico servicios públicos, por lo que es menester establecer el régimen propio de aquellos y prever las especialidades que pueda entrañar su gestión.

En todo caso, el mencionado artículo 312 dispone, igual que ocurre con la concesión, que para la contratación de servicios de esta naturaleza debe establecerse previamente su régimen jurídico, determinando las prestaciones a los administrados y la regulación de los aspectos jurídicos, económicos y administrativos de la prestación. Tal como lo recoge en sus conclusiones el citado Informe de la Junta Consultiva:

> El Ayuntamiento ha de establecer el régimen jurídico del servicio público propio del contrato de servicios con prestaciones a favor de la ciudadanía. La decisión de la Administración es la que configura la forma y condiciones de retribución del contratista y, en su caso, el régimen de las contraprestaciones a abonar por los usuarios del servicio dentro del marco de la LCSP.

Se establecen asimismo las obligaciones de prestación del servicio en condiciones de continuidad y con la contraprestación económica fijada, en su caso, así como la vigencia de las prerrogativas y poderes de policía de la Administración. La prestación de este tipo de servicios deberá realizarse en instalaciones diferenciadas de las de la Administración contratante; si ello no es posible, previa motivación, se intentará que trabajadores de la empresa y funcionarios no compartan espacios, especificando además la norma que los medios y trabajadores de la empresa contratista deberán identificarse de forma distintiva y diferenciada.

4. Derechos y obligaciones de los usuarios

Como ya se ha indicado, el servicio público se crea y se asume a través de su *publicatio*, y queda definido bajo los parámetros incorporados en la norma que la regula. Así, de forma general, los ciudadanos gozarán de los derechos que la normativa correspondiente prevea en relación tanto al acceso al servicio como a las prestaciones concretas que éste incluya. Por otro lado, el funcionamiento del servicio se regirá supletoriamente por las normas generales del derecho administrativo en aquellos aspectos no concretados en su norma reguladora, de forma que nos encontramos ante una relación jurídica compleja entre el ciudadano usuario y la Administración o, en su caso, la empresa gestora.

En los últimos años se ha impulsado normativa específica relativa a los derechos de los ciudadanos como usuarios de los servicios públicos, derivada en buena parte de la necesidad de encarar de forma decidida a la Administración hacia su función de servicio a los ciudadanos, convirtiéndola en una Administración más autoexigente, más proactiva y más comprometida con estos objetivos. Uno de los primeros y principales aspectos normativizados fue el de la calidad: al no funcionar los servicios públicos en régimen de mercado libre, el ciudadano no puede escoger bajo criterios de precio o de competencia; por ello, ha de ser la propia Administración la que dirija sus esfuerzos a la satisfacción plena de los destinatarios de sus servicios. En este sentido, a nivel estatal opera el Real Decreto 951/2005, de 29 de julio, por el que se establece el marco general para la mejora de la calidad en la Administración General del Estado.

En el marco autonómico existen un buen número de iniciativas de mejora y control de la calidad de los servicios, habitualmente recogidas en las respectivas leyes de transparencia y buen gobierno. En Cataluña destaca la obligación legal a las administraciones del territorio de contar con Cartas de Servicios, tal como hemos señalado en el apartado sobre el principio de calidad, una obligación que va en la línea expuesta de promover la autoexigencia de responsabilidad desde las propias entidades. Estas Cartas informan sobre los servicios que presta una unidad, los compromisos adquiridos en términos de eficacia y calidad de su prestación y los mecanismos de participación de la ciudadanía y usuarios para contribuir a su mejora.

En cuanto a las obligaciones de los ciudadanos, el planteamiento inicial se corresponde con lo anteriormente expuesto. La normativa configuradora del servicio será la que dispondrá las conductas que se esperan del usuario y las que se prohíben, así como la posible imposición de otro tipo de obligaciones, como puede ser la del pago de una tasa o de un precio por uso. En general, las obligaciones están vinculadas al uso de las prestaciones del servicio y nacen y mueren con ellas: por ejemplo, en un trayecto en bus urbano las obligaciones del usuario nacen con la entrada en el vehículo y compra del «billete» y terminan una vez se llega a destino y se desciende del bus. Sin embargo, existen las llamadas relaciones de sujeción especial, en las que las obligaciones —y los derechos— de los usuarios van más allá de la utilización concreta de una prestación (por ejemplo, los estudiantes universitarios, que han pagado la correspondiente matrícula y van a mantener el uso del servicio público de educación superior durante todo el curso), y se prolongan en el tiempo implicando unas relaciones más estrechas con la Administración prestadora del servicio.

PARA SABER MÁS

ALEMANY GARCÍAS, J., *La reinternalización de los servicios públicos locales en relación a las modalidades contractuales. Gabilex, 1*, 425-448, 2019.

AMOEDO SOUTO, C.A. Y CUTRÍN DOMÍNGUEZ, M., «El impacto de la Ley 9/2017, de contratos del sector público, en la gestión directa de servicios públicos locales a través de medios propios». *Revista de administración pública, 210*, 393-432, 2019.

CARRO FERNÁNDEZ-VALMAYOR, J.L, «Servicio público e intervención pública: una reflexión general sobre los servicios públicos de relevancia económica», en *Estudios de derecho público económico: libro homenaje al prof. Dr. D. Sebastián Martín-Retortillo*, (Coord. L. Cosculluela Montaner), Civitas, Madrid, págs. 585-610, 2003.

CHINCHILLA MARÍN, C., *La radio televisión como servicio público esencial*, Ed. Tecnos, Madrid, 1988.

COMISIÓN EUROPEA. (2003). *Libro Verde sobre los servicios de interés general.*

COMISIÓN EUROPEA. (2004). *Libro Blanco sobre los servicios de interés general.*

DÍAZ LEMA, J.M., *Los conciertos educativos en el contexto de nuestro derecho nacional, y en el derecho comparado,* Marcial Pons, Madrid, 1992.

DOMÍNGUEZ MARTÍN, M., «Formas de gestión indirecta de los servicios sanitarios y «privatización» de la sanidad pública (especial referencia al plan de medidas de la comunidad de Madrid», en *Revista Jurídica de la Universidad Autónoma de Madrid,* 27, 2013.

DOMÍNGUEZ MARTÍN, M., & CHINCHILLA PEINADO, J. A., «La acción concertada en la gestión de servicios sanitarios en la Ley 9/2017 de contratos del sector público», *DS: Derecho y salud, 29*(1), 186-193, 2019.

FUENTES GASÓ, J. R., «La pervivencia de la gestión indirecta de los servicios públicos locales tras la nueva Ley de Contratos del Sector Público: las sociedades de economía mixta», *Cuadernos de derecho local, 50,* 14-51, 2019.

GAMERO CASADO, E., «Criterios determinantes de la forma de gestión de los servicios públicos; especial referencia a la remunicipalización de servicios locales», *Revista General de Derecho Administrativo, 52,* 2019.

GARCÍA DE ENTERRÍA, E. y FERNÁNDEZ RODRÍGUEZ, T.R., *Curso de Derecho administrativo II,* Editorial Civitas, 2022.

GIMENO FELIÚ, J. M., «La nueva regulación de la contratación pública en España desde la óptica de la incorporación de las exigencias europeas: hacia un modelo estratégico, eficiente y transparente», en *Estudio sistemático de la ley de contratos del sector público* (1.ª ed., pp. 47-132). Aranzadi Thomson Reuters, Navara, 2018.

GIMENO FELIÚ, J. M., «El nuevo modelo concesional: hacia el necesario equilibrio entre lo público y lo privado. Las novedades de la Ley 9/2017, de Contratos del Sector Público», *El Cronista del Estado Social y Democrático de Derecho, 74,* 4-13, 2018.

GIMENO FELIÚ, J. M., Y AMOEDO SOUTO, C.A., *Estudio sistemático de la ley de contratos del sector público,* Thomson Reuters-Aranzadi, Navarra, 2018.

GONZÁLEZ RÍOS, I., «Servicios públicos digitales: naturaleza jurídica y garantías para el ciudadano», en *Revista de Administración Pública,* 221, 13-54, 2023.

LAGUNA DE PAZ, J.C., «Los contratos administrativos de concesión de servicios y de servicios a los ciudadanos», en *Revista de Administración Pública,* 204, 41-68, 2017.

LEÓN ACOSTA, M., «El procedimiento para la remunicipalización de servicios públicos. A propósito de los artículos 85 y 86 LRBRL», *Revista de Estudios de la Administración Local y Autonómica, 12,* 72-96, 2019.

MAGIDE HERRERO, M., «Algunas reflexiones a la luz de la nueva Ley de Contratos del Sector Público, en particular sobre los contratos de concesión», en *Actualidad Jurídica Uría Menéndez* núm. 46, págs. 40-55., 2017.

MARTÍN REBOLLO, L., «*De nuevo sobre el servicio público: planteamientos ideológicos y funcionalidad técnica*», Revista de Administración Pública núm. 100, 1983.

MARTÍN-RETORTILLO BAQUER, L., «El derecho de acceso a los servicios de interés económico general: (el artículo 36 de la carta de los Derechos Fundamentales de la Unión Europea)», en *Estudios de derecho público económico: libro homenaje al prof. Dr. D. Sebastián Martín-Retortillo,* (coord. L. Cosculluela Montaner), Civitas, Madrid, 2003.

MARTÍNEZ-ALONSO CAMPS, J.L., «La nueva configuración de la gestión indirecta de los servicios públicos de resultas de la Ley de contratos del sector público de 2017. Algunas consideraciones con especial incidencia en el subsistema local», en *La Administración al día,* 01/02/2018.

MARTÍNEZ FERNÁNDEZ, J. M., & SOSA WAGNER, F. *La gestión de los servicios públicos locales en el marco de la LCSP, la LRJSP y la LRSAL*, W. Kluwer, Madrid, 2019.

MARTÍNEZ PALLARÉS, P. L., «Servicios públicos y contratos de servicios», *Anuario aragonés del gobierno local, 11*, 113-133, 2019.

MEILÁN GIL, J.L., *Progreso tecnológico y servicios públicos*, Civitas, Madrid, 2006.

MUÑOZ MACHADO, S., *Servicio público y mercado,* vol. 1, Civitas, Madrid, 1998.

QUINTANA LÓPEZ, T., «Derecho de los vecinos a la prestación de los servicios públicos», *Cuadernos de derecho local,* Núm. 16, págs. 7-13, 2008.

RAMA, J., REYNAERS A.M., NAVARRO GÓMEZ, C. Y GONZÁLEZ MEDINA, M., «Los servicios públicos locales: calidad, externalización y control», *Anuario de Derecho Municipal, 13,* 231-253, 2019.

RAZQUIN LIZARRAGA, J.A., «La distinción entre contrato de servicios y concesión de servicios en la reciente jurisprudencia comunitaria y su incidencia en el ámbito interno», en *Revista Aranzadi Doctrinal,* núm. 3/2012.

REBOLLO PUIG, M. Y DE LA TORRE MARTÍNEZ, L. «Formas de gestión de los servicios públicos: los servicios de interés general», *Derecho administrativo* (1.ª ed., Vol. 3, pp. 163-196). Tecnos, Madrid, 2019.

REBOLLO PUIG, M. y VERA JURADO, D. J., *Derecho Administrativo III: modos y medios de la actividad administrativa,* Tecnos, Madrid, 2019.

SENDÍN GARCÍA, M.A. *Hacia un servicio público europeo: el nuevo derecho de los servicios públicos,* Comares, Sevilla, 2003.

SOSA WAGNER, F., *La gestión de los servicios públicos locales,* Civitas, Madrid, 2008.

TEMA IX
BIENES PÚBLICOS

Josep M. Aguirre i Font

I. BIENES Y ADMINISTRACIÓN

Las administraciones públicas en el ejercicio de sus funciones disponen de una serie de medios personales —el personal al servicio de las administraciones públicas—, económicos —recursos o derechos económicos y financieros— y materiales —bienes y derechos, como edificios, vehículos o programas informáticos— para dar cumplimiento a las competencias que tienen asignadas. Este último grupo, de bienes materiales, es el que denominados bienes públicos.

El concepto de bienes públicos agrupa un conjunto muy heterogéneo de bienes, algunos de uso público, como las aguas, el mar o las costas, con un régimen de protección especial que impedirá su apropiación privada, pero también otros derechos o bienes patrimoniales que ha adquirido la propia administración y que podrán ser enajenados si lo estima conveniente.

La principal característica de los bienes públicos es su titularidad, que debe corresponder siempre a la administración pública, así pues, el criterio para delimitar los bienes públicos es de naturaleza subjetiva. Aunque a esta característica, como apunta SÁNCHEZ MORÓN (1997), se debe añadir otra que diferencia los bienes públicos de los privados: a los bienes públicos se les aplica un régimen jurídico especial, que puede ser parcial o totalmente diferente al aplicable a los bienes privados.

El régimen jurídico especial de los bienes públicos, que estudiamos en este capítulo, tiene su justificación en el hecho que las administraciones públicas están al servicio del interés general. Por ello sus bienes están vinculados a este interés colectivo, lo que justifica que existan normas especiales de adquisición, uso, disfrute o enajenación de los bienes públicos.

Este régimen jurídico singular, lejos de ser homogéneo, también varia en función de las diferentes formas de titularidad o vínculos jurídicos de la administración con estos bienes —dominio público, bienes patrimoniales, bienes comunales y patrimonio nacional—.

El origen de este derecho público de los bienes se remonta, como apunta ESTEVE PARDO (2024), a las monarquías absolutas y la relación con sus bienes que configuran las estructuras de formación de los estados modernos e incorporan instituciones provenientes del Derecho romano. Originalmente todos los bienes del monarca —fueran por herencia, conquista o le perteneciesen como cabeza del Reino— se regulaban por el derecho común sin distinción. Los juristas fueron diferenciando los bienes que constituían el patrimonio personal del monarca de los bienes que eran domino de la corona, es decir, del conjunto del reino. Se incorpora así la diferenciación proveniente del Derecho romano entre las *res privatae*, la propiedad privada y las *res publicae*, propiedad indivisible del pueblo y fuera del comercio de los hombres. En relación con los primeros el rey los puede adquirir y gestionar como un particular más, en cambio con los segundos tienen un régimen singular de protección que limita su forma de disponer y singularmente se prohíbe su venda.

El régimen protector de los bienes del reino se articula como un mecanismo para proteger a estos frente al propio rey, que al ver limitadas sus capacidades de disposición, podía utilizarlos o cederlos a terceros, pero no podía vender los bienes de titularidad de la corona para financiarse. Entre los bienes de este grupo figuraban, entre otros, los recursos naturales —aguas, bosques, montes, minas, costas, ríos— o infraestructuras —caminos, puentes, puertos, fortalezas militares—. Una categoría que posteriormente se configuraría en el actual dominio público.

En cambio, en relación con los bienes privados del rey, el monarca podrá disponer libremente conforme a las normas del derecho común, lo que configura las bases del régimen jurídico de los actuales bienes patrimoniales.

Este doble régimen jurídico de los bienes de la corona se incorpora, a partir de la Revolución francesa, a la configuración del estado moderno. Así, con la tarea codificadora del siglo XIX, el Código Civil incorpora una regulación (art. 338 a 345) que mantiene la división entre los bienes de la administración:

— **Bienes de dominio público**, que se distinguen en función del destino:

- **Los que tienen un uso público:** como los caminos, canales, ríos, torrentes, puertos y puentes construidos por el Estado, las riberas, playas, radas y otros análogos.
- **Los que están destinados a algún servicio público o al fomento de la riqueza nacional**: como las murallas, fortalezas y demás obras de defensa del territorio, y las minas, mientras que no se otorgue su concesión.

— **Bienes patrimoniales:** todos los demás en que no concurran las características de los bienes de dominio público, tienen el carácter de propiedad privada.

Sobre estas bases se configura la regulación de los bienes de la administración pública hasta nuestros días. Actualmente el marco jurídico que regula los bienes públicos se encuentra configurado por el artículo 132 de la Constitución:

> *«1. La ley regulará el régimen jurídico de los bienes de dominio público y de los comunales, inspirándose en los principios de inalienabilidad, imprescriptibilidad e inembargabilidad, así como su desafectación.*
>
> *2. Son bienes de dominio público estatal los que determine la ley y, en todo caso, la zona marítimo-terrestre, las playas, el mar territorial y los recursos naturales de la zona económica y la plataforma continental.*
>
> *3. Por ley se regularán el Patrimonio del Estado y el Patrimonio Nacional, su administración, defensa y conservación».*

Un artículo que: 1) fija una reserva de ley en relación a la regulación de las diferentes tipologías de bienes —los bienes de dominio público, comunales, patrimoniales y Patrimonio Nacional—; 2) marca algunos principios para la regulación de los bienes de dominio público y de los comunales —inalienabilidad, imprescriptibilidad e inembargabilidad—, y 3) determina la titularidad estatal de determinados bienes de dominio público —la zona marítimo-terrestre, las playas, el mar territorial y los recursos naturales de la zona económica y la plataforma continental—.

II. RÉGIMEN JURÍDICO DE LOS BIENES DE LA ADMINISTRACIÓN PÚBLICA

En base al artículo 132 de la Constitución se ha ido desarrollando el régimen jurídico de los bienes de las administraciones públicas, que ha seguido distinguiendo el régimen dual entre bienes de dominio público o bienes patrimoniales, con las singularidades de los bienes comunales y el Patrimonio Nacional.

Fruto de la evolución histórica de la regulación de los bienes de dominio público su régimen jurídico no se configura en una única ley sino en diferentes legislaciones sectoriales que regulan el dominio público natural —Ley de Aguas, Ley de Costas, Ley de Montes, Ley de Minas, etc.— o las infraestructuras de dominio público —Ley de Carreteras, Ley del Sector Ferroviario, Ley de Puertos, etc.—.

A lo largo de las últimas décadas, tanto las comunidades autónomas como el propio Estado, han ido desarrollando sus respectivas leyes de patrimonio que regulan el régimen general de los bienes de dominio público y los patrimoniales.

1. Legislación estatal de patrimonio

A nivel estatal esta regulación se articula en la Ley 33/2003, de 3 de noviembre, del Patrimonio de las Administraciones Públicas (LPAP) que tiene un doble objeto:

- Establecer las bases del régimen patrimonial de las Administraciones públicas.
- Regular la administración, defensa y conservación del Patrimonio del Estado.

En relación con los **bienes de dominio público** el artículo 5.4 la LPAP prioriza la aplicación de las leyes o disposiciones especiales y en su defecto la LPAP, las disposiciones que la desarrollen o complementen, las normas generales del derecho administrativo y finalmente las normas del derecho privado, que se aplicarán como derecho supletorio. Por ello su aplicación es limitada, pues el dominio público estatal ha sido regulado pormenorizadamente mediante leyes sectoriales, y las comunidades autónomas y ayuntamientos disponen de sus propias normas.

Por lo que hace referencia a los **bienes patrimoniales** el artículo 7.3 de la LPAP, que en este caso no tiene carácter básico, dispone que «el régimen de adquisición, administración, defensa y enajenación de los bienes y derechos patrimoniales será el previsto en esta ley y en las disposiciones que la desarrollen o complementen. Supletoriamente, se aplicarán las normas del derecho administrativo, en todas las cuestiones relativas a la competencia para adoptar los correspondientes actos y al procedimiento que ha de seguirse para ello, y las normas del Derecho privado en lo que afecte a los restantes aspectos de su régimen jurídico».

A pesar de ello la LPAP configura un conjunto de reglas comunes aplicables a todos los bienes de las administraciones públicas con independencia de su definición como bienes de dominio público o patrimoniales, centrada especialmente en las definiciones de los bienes, adquisición, protección y defensa del patrimonio y uso y explotación, pero con un amplio margen para su desarrollo.

Además, una parte de la LPAP se configura como legislación básica estatal en base a diferentes títulos competenciales, tal y como se recoge en su preámbulo:

> *«Este régimen tiene su núcleo fundamental en las normas que se declaran básicas en ejercicio de la competencia atribuida al Estado por el artículo 149.1.18.ª de la Constitución para aprobar las «bases del régimen jurídico de las Administraciones Públicas», materia de la que el régimen patrimonial no constituye sino una parcela, y la «legislación básica sobre contratos y concesiones administrativas».*
>
> *(...)*
>
> *Además de estas normas básicas, otras disposiciones de la ley serán aplicables a todas las Administraciones públicas por tratarse de normas civiles (artículo 149.1.8.ª), normas procesales (artículo l49.1.6.ª), normas sobre régimen económico de la Seguridad Social (artículo 149.1.17.ª), o legislación sobre expropiación forzosa (artículo 149.1.18.ª).»*

En palabras del Tribunal Constitucional la legislación básica en materia de patrimonio, articulada en la LPAP, asegura un tratamiento uniforme de los ciudadanos en sus relaciones con las administraciones públicas:

> *«Pues bien, el apartado 5 de la disposición final segunda de la Ley 33/2003, en consonancia con su exposición de motivos, proclama el carácter básico, de acuerdo con lo preceptuado en el art. 149.1.18 CE, de diversas disposiciones de esta Ley (...). El establecimiento por el legislador estatal de esta norma, al amparo del art. 149.1.18 CE, responde a la vinculación de las bases estatales con las garantías de publicidad, igualdad, libre concurrencia y seguridad jurídica, que rigen la contratación pública, (SSTC 141/1993, de 22 de abril, FJ 5, y 331/1993, de 12 de noviembre, FJ 6), a fin de asegurar a los ciudadanos un tratamiento uniforme en sus relaciones con las Administraciones públicas» (FJ 4,STC 162/2009, de 29 de junio).*

2. Legislación autonómica de patrimonio

A nivel autonómico, la legislación básica estatal ha sido desarrollada por todas las comunidades, que han regulado legislativamente el régimen jurídico de su patrimonio de conformidad con las previsiones de sus respectivos estatutos de autonomía:

1) Decreto Legislativo 2/2007, de 6 de noviembre, de aprobación del Texto Refundido de la Ley del Patrimonio de Euskadi.
2) Decreto Legislativo 1/2002, de 24 de diciembre, por el que se aprueba el Texto refundido de la Ley de patrimonio de la Generalidad de Cataluña.
3) Ley 5/2011, de 30 de septiembre, del patrimonio de la Comunidad Autónoma de Galicia.
4) Ley 4/1986, de 5 de mayo, del Patrimonio de la Comunidad Autónoma de Andalucía.
5) Ley 1/1991, de 21 de febrero, de Patrimonio del Principado de Asturias.
6) Ley 3/2006, de 18 de abril, del Patrimonio de la Comunidad Autónoma de Cantabria.
7) Ley 11/2005, de 19 de octubre, de Patrimonio de la Comunidad Autónoma de La Rioja.
8) Ley 3/1992, de 30 de julio, de Patrimonio de la Comunidad Autónoma de la Región de Murcia.
9) Ley 14/2003, de 10 de abril, de Patrimonio de la Generalitat Valenciana.
10) Decreto Legislativo 1/2023, de 22 de febrero, por el que se aprueba el Texto Refundido de la Ley del Patrimonio de Aragón.
11) Ley 9/2020, de 6 de noviembre, de Patrimonio de la Junta de Comunidades de Castilla-La Mancha.
12) Ley 6/2006, de 17 de julio, del Patrimonio de la Comunidad Autónoma de Canarias.
13) Ley Foral 14/2007, de 4 de abril, del Patrimonio de Navarra.
14) Ley 2/2008, de 16 de junio, de Patrimonio de la Comunidad Autónoma de Extremadura.
15) Ley 6/2001, de 11 de abril, del Patrimonio de la Comunidad Autónoma de las Illes Balears.
16) Ley 3/2001, de 21 de junio, de Patrimonio de la Comunidad de Madrid.
17) Ley 11/2006, de 26 de octubre, del patrimonio de la Comunidad de Castilla y León.

Respetando la legislación básica estatal, las CCAA tienen competencias para regular la administración, defensa y conservación de sus bienes públicos y privados que configuran su patrimonio. También en el ámbito de sus competencias pueden regular los bienes de las entidades locales de sus respectivas comunidades.

3. Normativa local de patrimonio

A nivel local se ha desarrollado una legislación propia en materia patrimonial, conformada por algunas previsiones de la Ley 7/1985, de 2 de abril, Reguladora de las Bases del Régimen Local (LRBRL), artículos 79 a 83, desarrollados por el Real Decreto 1372/1986, de 13 de junio, por el que se aprueba el Reglamento de Bienes de las Entidades Locales. Esta legislación ha sido desarrollada, igualmente, por diferentes normativas autonómicas en materia de régimen local. El artículo 79 de la LRBRL configura las bases de este régimen jurídico:

> *«Artículo 79.*
> *1. El patrimonio de las entidades locales está constituido por el conjunto de bienes, derechos y acciones que les pertenezcan.*
> *2. Los bienes de las entidades locales son de dominio público o patrimoniales.*
> *3. Son bienes de dominio público los destinados a un uso o servicio público. Tienen la consideración de comunales aquellos cuyo aprovechamiento corresponda al común de los vecinos».*

Las entidades locales, respetando las previsiones de la legislación básica —y la autonómica si se ha dictado— pueden dictar ordenanzas sobre sus propios bienes, como reconoce el Tribunal Supremo:

> *«Es obvia asimismo la potestad reglamentaria municipal mas ceñida a los estrictos ámbitos de su competencia. Y, sin género de dudas, carece de atribuciones para adicionar nuevos bienes que constituyan dominio publico respecto de los enumerados en el art. 5 de la Ley 32/2003, de 3 de noviembre, del Patrimonio de las Administraciones Públicas, que expresamente declara que, además de los allí comprendidos, ostentarán tal naturaleza aquellos a los que una ley otorgue expresamente el carácter de demaniales»* (FJ 6, STS, 20 de junio de 2007).

III. Clasificación de los bienes públicos

La actual clasificación de los bienes públicos obedece, como hemos explicado, a motivos históricos que han ido configurando las singularidades de sus distintos regímenes jurídicos. A pesar de que el Código Civil, artículo 338, únicamente distingue entre bienes de dominio público y bienes de propiedad privada, la Constitución española de 1978, en su artículo 132, aplica la distinción hasta cuatro tipos de bienes públicos: bienes de dominio público; bienes comunales; bienes patrimoniales, y Patrimonio Nacional.

1. Bienes de dominio público

A la hora de definir y clasificar los bienes de dominio público, el artículo 5.1 de la LPAP afirma que «son bienes y derechos de dominio público los que, siendo de titularidad pública, se encuentren afectados al uso general o al servicio público, así como aquellos a los que una ley otorgue expresamente el carácter de demaniales». Es decir, los bienes de dominio público lo pueden ser por afectación al uso público o al servicio público, pero también aquellos que la Ley les otorgue este régimen por sus características.

Esta vinculación del dominio público al uso o servicio público también la encontramos en el artículo 339 del Código Civil que distingue entre bienes de dominio público destinados al uso público y los destinados al servicio público o al fomento de la riqueza nacional.

Ahora bien, dentro de los bienes de dominio público, se distinguen dos clases: los bienes demaniales por naturaleza —o demanio natural— y los bienes demaniales por afectación singular —o demanio artificial—:

— **Demanio natural:** aquellos bienes afectados a un uso o servicio público por sus características naturales. El artículo 132.2 de la CE define como bienes de dominio público natural de titularidad estatal «a la zona marítimo-terrestre, las playas, el mar territorial y los recursos naturales de la zona económica y la plataforma continental».

— **Demanio artificial:** aquellos bienes afectados a un uso o servicio público, no por sus características naturales, sino en virtud de una ley o de un acto administrativo singular.

> Como, por ejemplo, los edificios que albergan servicios públicos educativos o sanitarios. También formaran parte del demanio artificial las infraestructuras afectadas a un uso público como carreteras, vías de tren o puentes. En ambos casos, mientras mantengan la afectación al uso o servicio público, mantendrán la consideración de bienes de dominio público, en caso de perderla pasarían a ser bienes patrimoniales.

Otros autores, como Esteve Pardo (2024) distinguen también los bienes de dominio público entre los que son recursos naturales —aguas, costas, montes, etc.— de los que tienen naturaleza de infraestructuras —carreteras, puertos, ferrocarriles, equipamientos, etc.—.

Los bienes de dominio público tienen un régimen jurídico focalizado a protegerlos, por eso la Constitución en su artículo 132 los somete a los principios de inalienabilidad, imprescriptibilidad e inembargabilidad mientras mantengan la afectación al uso o servicio público. Su eventual desafectación los convierte en bienes patrimoniales.

En el siguiente capítulo desarrollaremos con mayor amplitud su régimen jurídico.

2. Bienes comunales

Los bienes comunales, anunciados en el artículo 132 de la CE y desarrollados por la normativa de bienes de las entidades locales, son una subcategoría de bienes de dominio público. Se trata de bienes de titularidad de entidades locales que, aunque son de dominio público, su aprovechamiento corresponde al común de los vecinos, tal y como los define artículo 2.3 del Real Decreto 1372/1986, de 13 de junio, por el que se aprueba el Reglamento de Bienes de las Entidades Locales.

Los bienes comunales pueden ser diversos: minas, caza, explotación agrícola, aprovechamiento forestal o aguas, por poner algunos ejemplos. Uno de los bienes comunales clásicos, en muchos municipios, son los bosques, que en muchos casos son explotados colectivamente a través del consistorio y de acuerdo con las Ordenanzas locales o normas consuetudinarias que rigen en aquel municipio.

Igual que los bienes de dominio público, los comunales se rigen por los principios de inalienabilidad, inembargabilidad e imprescriptibilidad y por el régimen de protección del dominio público. Si dejan de estar afectados se convierten en bienes patrimoniales.

3. Bienes patrimoniales

Los bienes patrimoniales, o de dominio privado, son aquellos que, siendo de titularidad de las Administraciones públicas, no tengan el carácter de demaniales (artículo 7.1 LPAP). Lo que significa que son bienes que no están destinados a un servicio o uso público. También forman parte de los bienes patrimoniales aquellos que han sido de dominio público o comunales, pero han dejado de estar destinados al uso o servicio público.

Así, por ejemplo, serían bienes patrimoniales los inmuebles titularidad de una administración que no estuvieran destinados a ningún uso o servició público, pero también aquellos que habiéndolo estado perdieran esa condición. Sobre estos bienes la administración puede operar libremente: arrendándolos o vendiéndolos de acuerdo con las normas de la LPAP.

Según la LPAP, para la Administración General del Estado y sus organismos públicos, tendrán la consideración de patrimoniales «los derechos de arrendamiento, los valores y títulos representativos de acciones y participaciones en el capital de sociedades mercantiles o de obligaciones emitidas por éstas, así como contratos de futuros y opciones cuyo activo subyacente esté constituido por acciones o participaciones en entidades mercantiles, los derechos de propiedad incorporal, y los derechos de cualquier naturaleza que se deriven de la titularidad de los bienes y derechos patrimoniales».

A diferencia de los bienes de dominio público o comunales el dominio privado no se encuentra limitado por los principios de inalienabilidad, inembargabilidad e imprescriptibilidad, por lo tanto, podrán ser enajenados.

4. Patrimonio Nacional

Según artículo dos, de la Ley 23/1982, de 16 de junio, reguladora del Patrimonio Nacional, «tienen la calificación jurídica de bienes del Patrimonio Nacional los de titularidad del Estado afectados al uso y servicio del Rey y de los miembros de la Real Familia para el ejercicio de la alta representación que la Constitución y las leyes les atribuyen». La descripción concreta de los bienes se define en el artículo 4 de la Ley:

«Integran el Patrimonio Nacional los siguientes bienes:

Uno. El Palacio Real de Oriente y el Parque de Campo del Moro.

Dos. El Palacio Real de Aranjuez y la Casita del Labrador, con sus jardines y edificios anexos.

Tres. El Palacio Real de San Lorenzo de El Escorial, el Palacete denominado la Casita del Príncipe, con su huerta y terrenos de labor, y la llamada «Casita de Arriba», con las Casas de Oficios de la Reina y de los Infantes.

Cuatro. Los Palacios Reales de la Granja y de Riofrío y sus terrenos anexos.

Cinco. El monte de El Pardo y el Palacio de El Pardo, con la Casita del Príncipe. El Palacio Real de la Zarzuela y el predio denominado «La Quinta», con su Palacio y edificaciones anexas; la Iglesia de Nuestra Señora del Carmen, el Convento de Cristo y edificios contiguos.

Seis. El Palacio de la Almudaina con sus jardines, sito en Palma de Mallorca.

Siete. Los bienes muebles de titularidad estatal, contenidos en los reales palacios o depositados en otros inmuebles de propiedad pública, enunciados en el inventario que se custodia por el Consejo de Administración del Patrimonio Nacional.

Ocho. Las donaciones hechas al Estado a través del Rey y los demás bienes y derechos que se afecten al uso y servicio de la Corona».

Talmente como los bienes de dominio público, el artículo 6 de la Ley 23/1982 afirma que los bienes y derechos del Patrimonio Nacional serán inalienables, imprescriptibles e inembargables, gozarán del mismo régimen de exenciones tributarias que los bienes de dominio público del Estado, y deberán ser inscritos en el Registro de la Propiedad como de titularidad estatal.

De hecho, el mismo artículo habilita a utilizar en relación con ellos, mediante el Ministerio de Hacienda, las prerrogativas de recuperación, investigación y deslinde que corresponden al Estado respecto de los bienes de dominio público.

Todo ello convierte al Patrimonio Nacional en una subcategoría de los bienes de dominio público de titularidad estatal. De hecho, la LPAP es de aplicación supletoria, tal y como se dispone en su disposición adicional cuarta de la citada Ley 23/1982.

IV. Adquisición de los bienes públicos

La LPAP, en su artículo 15, dispone que las Administraciones públicas podrán adquirir bienes y derechos por cualquiera de los modos previstos en el ordenamiento jurídico y singulariza las siguientes vías:

a) **Por atribución de la ley**: la adquisición por Ley se puede producir mediante diferentes tipologías de leyes, tanto las de naturaleza expropiatoria; como regulaciones generales que dispongan cesiones obligatorias —como las urbanísticas, en que se establece la obligación de ceder gratuitamente los sistemas— o también aquellas que califican bienes de dominio público —como la legislación de aguas o de costas—.

Así, por ejemplo, el artículo 18.1 del texto refundido del Real Decreto Legislativo 7/2015, de 30 de octubre, por el que se aprueba el texto refundido de la Ley de Suelo y Rehabilitación Urbana dispone la obligación del particular, en las actuaciones de urbanización, de entregar a la Administración competente el suelo reservado para viales, espacios libres, zonas verdes y restantes dotaciones públicas incluidas en la propia actuación o adscritas a ella para su obtención.

b) **A título oneroso sin ejercicio de la potestad de expropiación**: en la adquisición por título onerosa la administración, mediante un negocio jurídico, adquiere un bien o un derecho a cambio de un precio. La regulación es la prevista en la LPAP y supletoriamente las normas de derecho civil o mercantil, según corresponda.

Sería un título oneroso una compraventa en que la administración adquiriera una finca a cambio de un precio acordado con el vendedor.

c) **A título oneroso con ejercicio de la potestad de expropiación:** en este caso la adquisición se rige por la Ley de 16 de diciembre de 1954 sobre expropiación forzosa y el Real Decreto Legislativo 7/2015, de 30 de octubre, por el que se aprueba el texto refundido de la Ley de Suelo y Rehabilitación Urbana. En estos casos, según el artículo 24 de la LPAP, la afectación del bien o derecho al uso general, al servicio público, o a fines y funciones de carácter público se entenderá implícita en la expropiación.

La vía expropiatoria tiene límites, pues en el caso de no ejecutarse la obra o no establecerse el servicio que motivó la expropiación, el propietario original tiene derecho a la reversión expropiatoria con la devolución del bien expropiado a cambio de una indemnización.

d) **Por herencia, legado o donación:** en el caso de donación a título gratuito la administración sólo podrá aceptar las herencias, legados o donaciones que lleven aparejados gastos o estén sometidos a alguna condición o modo onerosos si el valor del gravamen impuesto no excede del valor de lo que se adquiere, según tasación pericial. Así mismo, si los bienes se hubieran adquirido bajo condición o modo de su afectación permanente a determinados destinos, se entenderá cumplida y consumada cuando durante 30 años hubieren servido a tales destinos. En el caso de las herencias, la aceptación se entenderá hecha siempre a beneficio de inventario, también las que se realicen como consecuencia de la declaración administrativa de heredero abintestato.

La Administración General del Estado o las Comunidades Autónomas también adquieren por la vía de la herencia en los supuestos de herencias sin testamento en que no haya otros herederos legítimos.

e) **Por prescripción o ocupación:** las administraciones públicas podrán adquirir bienes por prescripción o ocupación con arreglo a lo establecido en el Código Civil y en las leyes especiales.

El Código Civil, artículo 1957, dispone que el dominio y demás derechos reales sobre bienes inmuebles se prescriben por la posesión durante diez años entre presentes y veinte entre ausentes, con buena fe y justo título.

f) **Adquisición por resolución administrativa o judicial:** esta vía es la utilizada para las adquisiciones de bienes y derechos en virtud de adjudicaciones acordadas en procedimientos de apremio administrativo o para el pago de deudas en el marco de procedimientos judiciales. Ahora bien, también pueden existir otras adjudicaciones administrativas de bienes, como por ejemplo las realizadas en el marco de una trasferencia de competencias entre administraciones.

Los reales decretos de transferencia de competencias incorporan un apartado de bienes, derechos y obligaciones del Estado que se traspasan a la comunidad autónoma en las mismas condiciones jurídicas en las que pertenecían anteriormente al Estado.

Con carácter general, y salvo disposición legal en contra, los bienes y derechos se entienden adquiridos con el carácter de patrimoniales, sin perjuicio de su posterior afectación al uso general o al servicio público.

V. Gestión, transmisión y cesión

La **gestión de los bienes públicos** se encuentra absolutamente condicionada por la naturaleza jurídica des los mismos. En el caso de los bienes de domino público, y tal como abordaremos en el siguiente capítulo, la imposibilidad de transmitir su titularidad condiciona su gestión, aunque sus derechos de uso si que pueden ser objeto de tráfico jurídico mediante transmisiones, alienaciones o incluso constituyendo hipotecas en relación con los mismos.

A diferencia de los bienes de dominio público, los patrimoniales, al no encontrase afectados al uso o servicio público, se encuentran a disposición de la administración para gestionarlos como estime oportuno y con respeto a una serie de principios anunciados en el artículo 8 de la LPAP:

«a) Eficiencia y economía en su gestión.

b) Eficacia y rentabilidad en la explotación de estos bienes y derechos.

c) Publicidad, transparencia, concurrencia y objetividad en la adquisición, explotación y enajenación de estos bienes.

d) Identificación y control a través de inventarios o registros adecuados.

e) Colaboración y coordinación entre las diferentes Administraciones públicas, con el fin de optimizar la utilización y el rendimiento de sus bienes».

En cualquier caso, los bienes patrimoniales deben ayudar al desarrollo y ejecución de las distintas políticas públicas en vigor y, en particular, al de la política de vivienda, tal y como dispone el mismo artículo 8 de la LPAP.

Sobre la explotación de los bienes patrimoniales la LPAP (art. 106) dispone que podrá efectuarse a través de cualquier negocio jurídico, típico o atípico, lo que admite los regulados por el derecho civil y mercantil, como compraventas o arrendamientos, o cualquier otro. Con la única limitación —que no tiene carácter básico— que los contratos de explotación no tengan una duración superior a 20 años, salvo por causas excepcionales debidamente justificadas.

En relación con las formas de gestión, la LPAP dispone el principio de libertad de pactos de los contractos, convenios y demás negocios jurídicos sobre los bienes patrimoniales, lo que permite a la administración acordar las cláusulas y condiciones que estime oportunas, siempre que no sean contrarias al ordenamiento jurídico, o a los principios de buena administración.

Ahora bien, en la gestión de los bienes patrimoniales la LPAP distingue entre:

— Los actos de preparación y adjudicación, que se rigen por la misma LPAP y subsidiariamente por la legislación de contratos de las Administraciones públicas. En relación con esta última, su aplicación es limitada a los preceptos que la misma Ley de contratos del sector público declare de aplicación a los negocios patrimoniales.
— Los efectos y extinción que se regirán por la LPAP y las normas de derecho privado.

Sobre las formas de adjudicación de los contratos de explotación, como afirman Parada y Lora-Tamayo (2019), éstos se adjudican con un margen de peligrosa discrecionalidad. De hecho, a pesar de que la LPAP (art. 107) dispone que los contratos se adjudicarán por concurso, las excepciones que permiten una adjudicación directa son muchas: las peculiaridades del bien, la limitación de la demanda, la urgencia resultante de acontecimientos imprevisibles o la singularidad de la operación.

Dejando a un lado los contratos y negocios jurídicos de adquisición —ya analizados anteriormente— centrémonos ahora en las transmisiones y las cesiones.

En relación con las **transmisiones**, el artículo 131 de la LPAP dispone que con carácter general los bienes y derechos patrimoniales que no sean necesarios para el ejercicio de las competencias y funciones propias de la administración podrán ser enajenados. En este sentido la enajenación podrá efectuarse en virtud de cualquier negocio jurídico traslativo, típico o atípico, pero siempre de carácter oneroso (art. 132 LPAP) con la única excepción de la cesión gratuita regulada en los artículos 145 y siguientes de la LPAP.

En relación con la enajenación, la LPAP distingue entre bienes muebles o inmuebles. En la instrucción del procedimiento de enajenación de bienes inmuebles se exige con carácter previo justificar que el bien o derecho no es necesario para el uso general o el servicio público ni resulta conveniente su explotación. En el caso de bienes inmuebles el acuerdo de incoación del procedimiento llevará implícita la declaración de alienabilidad de los bienes a que se refiera, y en los bienes muebles el acuerdo de enajenación implicará la desafectación de los bienes y su baja en inventario.

En las transmisiones de bienes inmuebles la Ley distingue entre subasta —oferta más ventajosa económicamente—, concurso —tomando en consideración diversos criterios— o adjudicación directa —sin concurrencia—. Siendo el órgano competente para la adjudicación el responsable de decidir el procedimiento a seguir, excepto en la adjudicación directa donde los supuestos están tasados por Ley (art. 137.4 LPAL). En el caso de los bienes muebles la enajenación tendrá lugar por subasta, por bienes individualizados o por lotes, excepto cuando el órgano competente considere de forma razonada que se trata de bienes obsoletos, perecederos o deteriorados por el uso o concurra alguna de las mismas circunstancias previstas para la adjudicación directa de bienes inmuebles.

Como excepción a las transmisiones onerosas la LPAL contempla la **cesión gratuita de bienes o derechos** para la realización de fines de utilidad pública o interés social de competencia de las administraciones territoriales, fundaciones públicas y asociaciones declaradas de utilidad pública —en este último caso solo el uso, no la propiedad—. También se admite la cesión a Estados extranjeros y organizaciones internacionales en el marco de operaciones de mantenimiento de paz, cooperación policial o ayuda humanitaria. La cesión puede ser de la propiedad o derecho o bien solo de su uso. En cualquier caso, la cesión estará condicionada a la obligación del cesionario de destinar los bienes al fin acordado. Además, la cesión se puede sujetar a condición, término o modo de conformidad con la legislación civil. El incumplimiento del fin o cualquier otra condición comportará la reversión del bien cedido.

VI. PROTECCIÓN Y DEFENSA DE LOS BIENES PÚBLICOS

Los bienes públicos, patrimoniales o de dominio público, gozan todos ellos de un régimen exorbitante de protección que supera el régimen de defensa ordinario de los bienes de los particulares. Ciertamente dentro de este régimen se debe distinguir entre los bienes de dominio público, protegidos de forma singular por los principios de inalienabilidad, inembargabilidad e imprescriptibilidad, de los restantes bienes patrimoniales que sin llegar a este nivel de protección también cuentan con números recursos para garantizar su protección.

La protección y defensa de los bienes públicos no sólo es una prerrogativa de las administraciones públicas titulares de los mismos, sino que de conformidad con el artículo 28 de la LPAP, es una obligación de estas. Por ello la Ley dispone que las administraciones procurarán la inscripción registral de sus bienes, y ejercerán las potestades administrativas y acciones judiciales que sean procedentes para ello.

La LPAP distingue diferentes técnicas de protección de los bienes de la administración de aplicación indistintamente a bienes de dominio público y patrimoniales: inventarios y catálogos, inscripción registral, potestad de investigación, potestad de deslinde, recuperación de oficio y recuperación posesoria, y desahucio administrativo.

Además, en el ejercicio de las facultades y prerrogativas para la defensa del su patrimonio podrán adoptar las medidas cautelares previstas en la Ley 39/2015, de 1 de octubre, del Procedimiento Administrativo Común de las Administraciones Públicas y el control judicial de las mismas recaerá en la jurisdicción contenciosa-administrativa, sin perjuicio de las eventuales acciones civiles que puedan ejercer cuando entiendan perjudicado su derecho de propiedad y otros de naturaleza civil.

1. Inventarios y catálogos

Dispone el artículo 32.1 de la LPAP, de carácter básico para todas las administraciones, que «las Administraciones públicas están obligadas a inventariar los bienes y derechos que integran su patrimonio, haciendo constar, con el suficiente detalle, las menciones necesarias para su identificación y las que resulten precisas para reflejar su situación jurídica y el destino o uso a que están siendo dedicados». Partiendo de esta premisa el inventario general de bienes de las diferentes administraciones debe incluir todos bienes y derechos que integran el patrimonio, sean patrimoniales o de dominio público, y hacer constar en el mismo todos los datos que se consideren necesarios para su gestión. Además del inventario general de las administraciones, los diferentes departamentos y organismos públicos pueden disponer de un catálogo específico de sus bienes afectados o adscritos y de los arrendamientos que alojen sus órganos. Todo ello sin perjuicio de otros catálogos y registros de bienes previstos en la legislación sectorial.

En relación con el Inventario general, y en general a otros catálogos, la inscripción de los bienes no determina su condición de bien de dominio público —STS 2390/2008, núm. 28/2004—. De hecho, sobre el Inventarió General del Estado el artículo 33.4 dispone que sus datos «no surtirán efectos frente a terceros ni podrán ser utilizados para hacer valer derechos frente a la Administración General del Estado y sus organismos públicos», siendo mera información de apoyo para la gestión interna y la definición de políticas. A pesar de ello no es menos cierto que de acuerdo con el artículo 77.5 de la Ley 39/2015 los documentos formalizados por los funcionarios se les reconoce la presunción de veracidad, salvo que se acredite lo contrario.

Finalmente, en el caso de la Administración General del Estado, se impide realizar actos de gestión o disposición sobre los bienes y derechos del Patrimonio del Estado si éstos no se encuentran debidamente inscritos en el Inventario General.

2. La inscripción registral

La inscripción registral es una obligación de las administraciones públicas en relación con los bienes y derechos de su patrimonio que sean susceptibles de inscripción, con independencia de su carácter demanial o patrimonial. Únicamente la inscripción de arrendamientos es potestativa.

La inscripción en el Registro de la Propiedad se practicará de conformidad con lo dispuesto en la legislación hipotecaria y las particularidades de los artículos 36 a 40 de la LPAP. En relación con el procedimiento de inscripción, éste deberá solicitarse por el órgano que haya adquirido el bien o derecho o que haya dictado el acto o intervenido en el contrato. Ahora bien, los registradores de la propiedad, si tienen conocimiento de la existencia de bienes o derechos pertenecientes a las administraciones públicas que no es estuvieran inscritos debidamente, lo comunicarán a la administración. Así mismo cuando se inscriban excesos de cabida de fincas colindantes con otras pertenecientes a una administración, o en los supuestos de inmatriculación de fincas colindantes a las de administración, el Registrador deberá comunicarlo a la administración.

En relación a la cancelación o rectificación de inscripciones a favor de la administración, la certificación administrativa expedida por el órgano competente será título suficiente en los siguientes supuestos descritos en el artículo 37.4 de la LPAP:

> *«a) Cuando, previa la instrucción del correspondiente procedimiento en cuya tramitación será preceptivo un informe técnico, se acredite la inexistencia actual o la imposibilidad de localización física de la finca.*
>
> *b) Cuando se reconozca el mejor derecho o preferencia del título de un tercero sobre el de la Administración pública en caso de doble inmatriculación, previo informe de la Abogacía del Estado o del órgano asesor correspondiente de la Administración actuante.*
>
> *c) Cuando se reconozca la titularidad, mejor derecho o preferencia del título de un tercero sobre una finca que aparezca inscrita a favor de las Administraciones públicas, previo informe de la Abogacía del Estado o del órgano asesor correspondiente de la Administración actuante».*

3. La investigación de bienes y derechos

Entre las facultades y prerrogativas que la LPAP reconoce a las administraciones hay la de investigar la situación de los bienes y derechos que presumiblemente formen parte de su patrimonio, con el objetivo de determinar la titularidad de estos.

Sobre el procedimiento, éste se puede iniciar por iniciativa propia o por denuncia de particulares. En cualquier caso, el acuerdo de incoación se publica en el diario oficial y requerirá de un informe sobre la admisibilidad de las pruebas propuestas por los interesados. El expediente, cuando se considere suficientemente acreditada la titularidad pública, se declarará así en la resolución que lo finalizará, incorporando el bien en el Inventario General y inscribiéndolo en el Registro de la Propiedad. Si el expediente no se resuelve en un plazo de dos años las actuaciones se archivan.

Finalmente, sobre esta prerrogativa destaca que las personas que promuevan el procedimiento de investigación denunciando la existencia de bienes y derechos que sean de titularidad pública, se les abonará como premio el 10 % del valor de los bienes o derechos denunciados, siempre que los mismos terminen incorporándose al patrimonio público.

4. Deslinde

Una de las prerrogativas clásicas en la protección de los bienes inmuebles de titularidad pública es la capacidad de la administración de concretar sus límites mediante el procedimiento de deslinde. El requisito previo para ello es que los límites de estos sean imprecisos o existan indicios de usurpación.

> Así, por ejemplo, la Ley de costas dispone que para la determinación del dominio público marítimo-terrestre se practicarán por la Administración del Estado los oportunos deslindes, ateniéndose a las características de los bienes que lo integran. Posteriormente, una vez practicado el deslinde, la Administración del Estado deberá inscribir los bienes de dominio público marítimo-terrestre, de acuerdo con la Ley 33/2003, de 3 de noviembre de Patrimonio de las Administraciones Públicas.

El procedimiento se iniciará de oficio, por iniciativa propia o a petición de los colindantes. El acuerdo de inicio se comunicará al Registro de la Propiedad para que este practique una nota al margen de la inscripción de dominio haciendo constar la incoación del citado expediente. Como en la investigación de bienes, el inicio también se publica en el diario oficial y requiere un informe jurídico. La resolución que acuerde el deslinde deberá notificarse a los afectados por el procedimiento de deslinde y publicarse. Una vez el acuerdo sea firme se procederá al amojonamiento y se inscribirá en el Registro de la Propiedad. El plazo máximo para resolver el deslinde es de 18 meses.

5. Recuperación posesoria

A diferencia de los particulares, las administraciones tienen la prerrogativa de recuperar por sí mismas, sin intervención judicial, la posesión de los bienes y derechos de su patrimonio que haya sido indebidamente perdida (55.1 LPAP).

En el ejercicio de esta prerrogativa de recuperación posesoria la Ley distingue entre los bienes demaniales y los patrimoniales. En relación con los demaniales, la administración puede ejercer la acción de recuperación en cualquier momento. En cambio, la recuperación de los bienes patrimoniales, en vía administrativa, está limitada temporalmente a un plazo de un año, contado desde el día siguiente al de la usurpación. Dentro de este plazo, la administración debe haber notificado el inicio del procedimiento, en caso contrario la recuperación posesoria deberá ejercitarse por vía civil.

En relación con el procedimiento de recuperación posesoria hay dos fases. Una primera en que se da audiencia al interesado y se comprueba que se trata de una usurpación. En la segunda fase se ejecuta la recuperación posesoria, inicialmente de forma voluntaria por parte del ocupante durante un plazo no superior a ocho días, y posteriormente de forma forzosa mediante los instrumentos de ejecución forzosa de la Ley 39/2015.

6. Desahucio administrativo

El desahucio administrativo es la prerrogativa que permite a la administración recuperar en vía administrativa la posesión de sus bienes demaniales cuando decaigan o desaparezcan el título, las condiciones o las circunstancias que legitimaban su ocupación por terceros (58 LPAP).

El ejercicio del desahucio exige la previa declaración de extinción o caducidad del título que otorgaba el derecho de utilización de los bienes de dominio público, lo que comporta necesariamente que el desahuciado tuviera un título previo (59.1 LPAP).

La declaración de extinción o caducidad del título será ejecutiva sin perjuicio de los recursos que procedan, se notificará al detentador, y se le requerirá para que desocupe el bien, a cuyo fin se le concederá un plazo no superior a ocho días para que proceda a ello (59.3 LPAP). Si el detentador no atiende el requerimiento se pueden utilizar los mecanismos de ejecución forzosa de los actos administrativos —lanzamiento con el auxilio de las Fuerzas y Cuerpos de Seguridad o multas coercitivas— sin necesidad de recurrir al juez civil (59.4 LPAP).

VII. RÉGIMEN SANCIONADOR

Como en cualquier otro ordenamiento administrativo sectorial la legislación en materia de dominio público cuenta con un régimen sancionador propio. Esta regulación, que permite a la administración imponer directamente sanciones sin recurrir a los tribunales, se encuentra comprendida en las diferentes leyes sectoriales de bienes de dominio público —costas, aguas, minas, etc.— pero también en la propia LPAP que cuenta con una regulación genérica para defender los bienes de dominio público que será de aplicación supletoria.

Las infracciones muy graves, graves y leves se focalizan, esencialmente, a castigar conductas dañinas para los bienes de dominio público o usos no apropiados de los mismos. A pesar de ello también se concretan infracciones dirigidas al incumplimiento de los deberes de colaboración y cooperación o a la utilización de bienes indebida de bienes patrimoniales cedidos gratuitamente. Las infracciones se cierran con una infracción leve para «cualquier otro incumplimiento de las obligaciones establecidas en esta ley» que recoge de forma genérica cualquier incumplimiento no tipificado anteriormente.

En relación con las sanciones, éstas serán sancionadas con multa de hasta 10 millones de euros, las graves con multa de hasta un millón de euros, y las leves con multa de hasta cien mil euros. De forma singular el incumplimiento del deber de comunicar la existencia de saldos y depósitos abandonados se sancionará con una multa de hasta 10 euros por cada día de retraso en el cumplimiento del deber de comunicar la existencia de los saldos y depósitos abandonados, a contar desde el trigésimo día natural posterior a aquél en que nazca esa obligación.

Para graduar las sanciones se atenderá al importe de los daños causados, al valor de los bienes o derechos afectados, a la reiteración por parte del responsable, y al grado de culpabilidad de éste; se considerará circunstancia atenuante, que permitirá reducir la cuantía de la multa hasta la mitad, la corrección por el infractor de la situación creada por la comisión de la infracción en el plazo que se señale en el correspondiente requerimiento.

También se dispone la posibilidad de que en caso de reincidencia en infracciones graves o muy graves se pueda declarar la inhabilitación del infractor para ser titular de autorizaciones y concesiones por un plazo de uno a tres años.

En cualquier caso, con independencia de las sanciones que puedan imponérsele, el infractor estará obligado a la restitución y reposición de los bienes a su estado anterior, con la indemnización de los daños irreparables y perjuicios causados, en el plazo que en cada caso se fije en la resolución correspondiente.

Finalmente, en relación con la prescripción, las infracciones muy graves prescribirán a los tres años, las graves a los dos años y las leves a los seis meses. Por lo que hace referencias a las sanciones las muy graves prescribirán a los tres años, las impuestas por faltas graves a los dos años y las impuestas por faltas leves al año.

PARA SABER MÁS

CANO, T., *Lecciones y materiales para el estudio del Derecho Administrativo, Tomo V, Bienes e Infraestructuras Públicas*, Iustel, Madrid, 2009.

ESTEVE, J., *Lecciones de Derecho administrativo*, 11ª Edición, Marcial Pons, Barcelona, 2024.

FERNANDO, M.M. (et. al.), *Bienes Públicos. Cuadernos de Derecho Administrativo IV*, Ratio Legis, 2019.

FRANCH, M., «Imbricación del dominio público y privado», *Revista de Administración Pública*, núm. 139, 1996.

GONZÁLEZ, J.V. (Dir.), *Derecho de los bienes públicos*, Tirant lo Blanch, Valencia, 2015.

LÓPEZ, F., *Sistema jurídico de los bienes públicos*, Civitas, Madrid, 2012.

NIETO, A., «La nueva regulación de los bienes comunales», *Revista de estudios de la administración local y autonómica*, núm. 233, 1987.

PARADA, R. y LORA-TAMAYO, M. *Derecho Administrativo III. Bienes públicos. Derecho urbanístico*, Dykinson, Madrid, 2019.

SÁNCHEZ, M. (Dir.), *Los bienes públicos (Régimen jurídico)*, Tecnos, Madrid, 1997.

TEMA X
DOMINIO PÚBLICO

Josep M. Aguirre i Font

SUMARIO:
I. FORMACIÓN DEL CONCEPTO DE DOMINIO PÚBLICO II. COMPONENTES CONSTITUCIONALES DE LA REGULACIÓN DE LOS BIENES DE DOMINIO PÚBLICO. 1. La reserva de ley y la distribución de competencias. 2. El régimen jurídico del dominio público: inalienable, imprescriptible e inembargable. 3. La definición del dominio público estatal III. CLASIFICACIÓN DE LOS BIENES DE DOMINIO PÚBLICO. 1. Bienes afectados al uso público. 2. Bienes afectados a un servicio público. 3. Bienes afectados al fomento de la riqueza nacional. IV. INICIO Y CESE DE LA DEMANIALIDAD: AFECTACIÓN, DESAFECTACIÓN Y MUTACIÓN DEMANIAL. 1. Afectación. 2. Desafectación. 3. Mutación demanial. V. PROTECCIÓN DE LOS BIENES DE DOMINIO PÚBLICO. VI. UTILIZACIÓN DE LOS BIENES DE DOMINIO PÚBLICO. 1. Utilización de los bienes y derechos destinados a un servicio público. 2. Utilización de los bienes destinados al uso general. A) Uso común. B) Aprovechamiento especial. C) Uso privativo. 3. Títulos habilitantes para el uso del dominio público: la autorización, la concesión y la reserva demanial. A) La autorización. B) La concesión. C) La reserva demanial. PARA SABER MÁS

I. FORMACIÓN DEL CONCEPTO DE DOMINIO PÚBLICO

El concepto de dominio público tiene sus orígenes en el Derecho romano y en las *res publicae* —cosas públicas— que diferenciaba entre las propiedades que el Estado administraba, enajenándolas o arrendándolas, y los bienes que perteneciendo también al Estado se destinaban a un uso público. Estos últimos, conocidos como *res in uso publico*, eran dedicados al uso de la colectividad —calles, plazas, espacios públicos, etc.— y restaban *extra commercium* —fuera del comercio de los hombres—. En una categoría muy similar figuraban también *res communes ómnium*, cosas comunes a todos por derecho natural, entre las que figuran el aire, el agua o el mar.

Esta distinción clásica de bienes públicos, de dominio público y de dominio privado o patrimoniales, ira desapareciendo hasta la Revolución francesa que marca un punto de inflexión. El desarrollo legislativo posterior a la Revolución francesa recuperará la distinción entre bienes de dominio público y bienes de dominio privado de la administración. Ahora bien, el concepto de bienes de dominio público, limitado inicialmente a las cosas destinadas al uso de todos, se ampliará para incorporar los bienes afectados al servicio público —edificios, infraestructuras, etc.—.

Todo ello se trasladará a nuestro ordenamiento jurídico con la aprobación del Código Civil de 1889 que incorporará los mecanismos ya previstos en la legislación francesa, distinguiendo entre bienes de dominio público —por uso, servicio público o al fomento de la riqueza nacional— y bienes privados del estado que serán el resto en que no concurran las circunstancias para ser definidos como bienes de dominio público.

II. Componentes constitucionales de la regulación de los bienes de dominio público

Como hemos apuntado en el capítulo anterior la Constitución española definió en su artículo 132 una reserva de ley en relación a la regulación de las diferentes tipologías de bienes, marca algunos principios para la regulación de los bienes de dominio público y de los comunales y determina la titularidad estatal de determinados bienes de dominio público.

Se trata de una regulación sin precedentes en nuestra historia constitucional, tampoco en el derecho comparado —como expone Sainz Moreno (1998)—, y encuentra su justificación en los trabajos de redacción de la Constitución de 1978 que querían proteger especialmente algunos bienes de dominio público, en concreto las playas y la zona marítimo-terrestre.

1. La reserva de ley y la distribución de competencias

La reserva de ley, prevista en el artículo 132 de la Constitución, además de exigir la regulación del régimen jurídico de los bienes de dominio público por parte del legislador, conlleva la necesidad de determinar a quien corresponde el ejercicio de esta competencia.

En este sentido, es importante tener en cuenta que el artículo 132 no es una norma atributiva de competencias, como ha reconocido la jurisprudencia consolidada del Tribunal Constitucional, pero si que atribuye al Estado la determinación de los bienes que integran el dominio público natural:

«Es sabido que, según una doctrina que muy reiteradamente hemos sostenido [SSTC 77/1984, fundamento jurídico 3.º; 227/1988, fundamento jurídico 14, y 103/1989, fundamento jurídico 6.º a)] la titularidad del dominio público no es, en sí misma, un criterio de delimitación competencial y que, en consecuencia, la naturaleza demanial no aísla a la porción del territorio así caracterizado de su entorno, ni la sustrae de las competencias que sobre ese aspecto corresponden a otros entes públicos que no ostentan esa titularidad. Tal doctrina no significa, sin embargo, que la Constitución no establezca con absoluta precisión que es competencia propia del Estado la determinación de aquellas categorías de bienes que integran el dominio público natural y que atribuya al Estado la titularidad del mismo, como ya se declaró en la STC 227/1988 (fundamento jurídico 14)». (FJ 1.C STC 149/1991, de 4 de julio).

En relación a la distribución competencial, en materia de bienes públicos, debe tenerse en cuenta la distribución de competencias de los artículos 148 y 149 de la Constitución que atribuyen al Estado la competencia para aprobar las «bases del régimen jurídico de las Administraciones Públicas» (149.1.18.ª) de la que forma parte el régimen patrimonial; la «legislación básica sobre contratos y concesiones administrativas» (149.1.18.ª) o la legislación civil (artículo 149.1.8.ª) que establece los conceptos de dominio público y bienes patrimoniales. Por otro lado, los respectivos estatutos de autonomía reconocen a las comunidades autónomas la competencia de regular la administración, defensa y conservación de su propio patrimonio, lo que ha dado lugar a las diferentes legislaciones autonómicas apuntadas en el capítulo anterior.

2. El régimen jurídico del dominio público: inalienable, imprescriptible e inembargable

La Constitución delega a la ley la configuración del régimen jurídico del dominio público, pero incorpora en su artículo 132 los tres principios clásicos que configuran los bienes de dominio público y los definen como bienes indisponibles —inalienables, imprescriptibles e inembargables—.

«1. La ley regulará el régimen jurídico de los bienes de dominio público y de los comunales, inspirándose en los principios de inalienabilidad, imprescriptibilidad e inembargabilidad, así como su desafectación».

El texto constitucional no define el significado o contenido de los tres principios, lo que obliga necesariamente a interpretarlos conforme al vigente ordenamiento jurídico:

— **Inalienabilidad:** la regla de la inalienabilidad es inherente a los bienes de dominio público desde sus orígenes y se fundamenta en el carácter extracomercial del propio dominio. Su incorporación a la Constitución impide la venda de bienes de dominio público, sin previa desafectación, incluso mediante una norma con fuerza de ley. La consecuencia de una eventual infracción de este principio, con una eventual transmisión de un bien de dominio público a un particular, conllevaría la nulidad de pleno derecho de ese contrato.

Por ello, si una administración quiere vender un bien de dominio público, con carácter previo debe desafectarlo al uso o servicio público.

— **Imprescriptibilidad:** la imprescriptibilidad es la imposibilidad de adquirir la propiedad de un bien por la simple posesión durante un determinado periodo de tiemplo. A diferencia del derecho civil que reconoce este modo de adquisición de los bienes privados, los bienes de dominio público nunca pierden su condición, ni la administración su titularidad. Como reconoce el Tribunal Supremo:

«Por mucho tiempo que estos y sus causantes hayan usado esa vía como paso para los vehículos, ningún derecho adquirido pueden deducir de tal hecho, porque los bienes de dominio público son inmunes frente a la posesión continuada de los particulares, que en ningún caso puede originar para los poseedores la adquisición de derechos reales por usucapión» (FJ6, STS de 4 de junio de 1997).

— **Inembargabilidad:** la inembargabilidad es la tercera característica de los bienes de dominio público, que los distingue de los bienes privados, pues a diferencia de estos últimos los bienes de dominio público no son susceptibles de verse afectados por un mandamiento de ejecución o providencia de embargo.

Esta característica, como las anteriores, solamente se proyecta sobre los bienes de dominio público, por ello un posible mandamiento de ejecución o providencia de embargo solamente afectaría a los bienes patrimoniales de la administración afectada. El TC en la STC 166/1998, de 15 de julio, declaró inconstitucional un artículo de la Ley de Haciendas Locales que se refería a la inembargabilidad de todos los bienes de las corporaciones locales.

3. La definición del dominio público estatal

Además de establecer una reserva de ley, y configurar las bases del dominio público, la Constitución determina la titularidad estatal de determinados bienes demaniales:

«2. Son bienes de dominio público estatal los que determine la ley y, en todo caso, la zona marítimo-terrestre, las playas, el mar territorial y los recursos naturales de la zona económica y la plataforma continental».

El precepto prevé que mediante Ley pueda determinarse que ciertos bienes puedan tener la condición de demaniales, pero además dispone directamente el carácter demanial de algunos de ellos —zona marítimo-terrestre, las playas, el mar territorial y los recursos naturales de la zona económica y la plataforma continental—. Ahora bien, la Constitución no define el contenido concreto de estos bienes y su inclusión en el texto constitucional ha requerido de desarrollos legislativos posteriores para concretar su contenido:

a) **La zona marítimo-terrestre y las playas**. La zona marítimo-terrestre y las playas han formado parte históricamente, desde su calificación en el derecho romano como *res communes ómnium*, de las cosas comunes a todos por derecho natural. A pesar de ello, el escaso valor económico dado a la zona costera durante siglos —vista históricamente como problemática y insalubre— hizo que el ordenamiento jurídico prestara poca atención a su uso y incluso tolerara la apropiación de este espacio por parte de los particulares. La regulación moderna de las costas a partir de la segunda mitad del siglo XIX —mediante la legislación de aguas— y singularmente el cambio de valor económico de estos bienes a partir de medianos del siglo XX, supone un giro de 180 grados con la configuración del dominio público de las costas y su régimen de servidumbres.
A pesar que la Constitución no los define, en el momento de su entrada en vigor en 1978 ya lo hacía la Ley 28/1969, de 26 de abril, sobre costas y actualmente la Ley 22/1988, de 28 de julio, de Costas que ha incorporado ambos conceptos en la definición de la ribera del mar y los ha precisado en su artículo 3.1:

«1. La ribera del mar y de las rías, que incluye:

a) La zona marítimo-terrestre o espacio comprendido entre la línea de bajamar escorada o máxima viva equinoccial, y el límite hasta donde alcancen las olas en los mayores temporales conocidos, de acuerdo con los criterios técnicos que se establezcan reglamentariamente, o cuando lo supere, el de la línea de pleamar máxima viva equinoccial. Esta zona se extiende también por las márgenes de los ríos hasta el sitio donde se haga sensible el efecto de las mareas

Se consideran incluidas en esta zona las marismas, albuferas, marjales, esteros y, en general, las partes de los terrenos bajos que se inundan como consecuencia del flujo y reflujo de las mareas, de las olas o de la filtración del agua del mar.

No obstante, no pasarán a formar parte del dominio público marítimo-terrestre aquellos terrenos que sean inundados artificial y controladamente, como consecuencia de obras o instalaciones realizadas al efecto, siempre que antes de la inundación no fueran de dominio público.

b) Las playas o zonas de depósito de materiales sueltos, tales como arenas, gravas y guijarros, incluyendo escarpes, bermas y dunas, estas últimas se incluirán hasta el límite que resulte necesario para garantizar la estabilidad de la playa y la defensa de la costa».

Ahora bien, la aprobación del artículo 132.2 de la Constitución no sólo supuso la consolidación normativa de este régimen, sino que proyectó importantes consecuencias en relación a los enclaves privados preexistentes a la Constitución. En este sentido la Constitución eliminó las situaciones contrarias a la configuración demanial de la ribera del mar y dejó de reconocer enclaves privados en este espacio. Así de contundente se mostró el TC en relación a este extremo:

«La rotundidad de este enunciado [132.2], que utiliza sólo conceptos referidos a la realidad física y no categorías jurídicas, hace imposible otra determinación que no sea la de entender que, desde el momento mismo de la promulgación del texto constitucional, todos los espacios enumerados en el art. 132.2 se integran en el dominio público del Estado, aunque se encomiende al legislador el establecimiento de su régimen jurídico y, por supuesto, a actuaciones ulteriores de la Administración la delimitación de sus confines». (FJ 8.A STC 149/1991).

Unas consecuencias que se proyectan, pasados más de 40 años de su promulgación, aún sobre múltiples construcciones privadas en nuestras costas que, a pesar de ubicarse en dominio público, gozan del régimen transitorio previsto en la Ley 22/1988 de Costas que les permite permanecer allí.

b) **Mar territorial.** El mar territorial también formaba parte del dominio público existente antes de la promulgación de la Constitución, se citaba en el artículo 1.3 de la Ley de Costas de 1969. A pesar de ello la legislación sectorial existente era poco precisa en su delimitación.

La Ley 10/1977, de 4 de enero, sobre mar territorial, previa a la Constitución, precisó su concepto en su artículo 3 definiéndolo como aquél que se encuentra a una distancia de doce millas náuticas de la costa.

Posteriormente la Ley de Costas de 1988 se limitó a incorporar «el mar territorial y las aguas interiores, con su lecho y subsuelo» entre los bienes de dominio público y remitir la definición precisa de su contenido a la legislación específica.

El límite exterior del mar territorial estará determinado por una línea trazada de modo que los puntos que la constituyen se encuentren a una distancia de doce millas náuticas de los puntos más próximos de las líneas de base en tierra.

c) **Recursos naturales de la zona económica.** La zona económica viene definida en la Ley 15/1978, de 20 de febrero, sobre zona económica, que la configura como el espacio «que se extiende desde el límite exterior del mar territorial español hasta una distancia de doscientas millas náuticas» donde el Estado español tiene una soberanía limitada a «los efectos de la exploración y explotación de los recursos naturales del lecho y del subsuelo marinos y de las aguas suprayacentes» que comprende según el artículo 1.2 de la Ley:

«a) El derecho exclusivo sobre los recursos naturales de la zona.
b) La competencia de reglamentar la conservación, exploración y explotación de tales recursos, para lo que se cuidará la preservación del medio marino.
c) La jurisdicción exclusiva para hacer cumplir las disposiciones pertinentes.
d) Cualesquiera otras competencias que el Gobierno establezca, en conformidad con el Derecho internacional».

En esta zona económica, el ejercicio de la pesca queda reservado a los españoles y, previo acuerdo con los Gobiernos respectivos, a los nacionales de aquellos países cuyos buques de pesca la hayan ejercido de manera habitual (art. 3.1 Ley 15/1978). Los otros pescadores extranjeros únicamente podrán pescar cuando así se establezca en los tratados internacionales en los que España sea parte (art. 3.2 Ley 15/1978). En cambio, el establecimiento de la zona económica no afecta a las libertades de navegación, sobrevuelo y tendido de cables submarinos.
Ahora bien, el espacio regulado por Ley 15/1978 se limita, según la disposición final primera de la misma, a las costas españolas del Océano Atlántico, incluido el Mar Cantábrico, peninsulares e insulares, pero se facultaba al Gobierno para acordar su extensión a otras costas españolas. En 1997, mediante el Real Decreto 1315/1997, de 1 de agosto, por el que se establece una zona de protección pesquera en el mar Mediterráneo, el Gobierno estableció en el mar Mediterráneo una zona de protección pesquera, entre el cabo de Gata y la frontera francesa. En esta zona España tiene derechos soberanos a efectos de la conservación de los recursos marinos vivos, así como para la gestión y control de la actividad pesquera, sin perjuicio de las medidas que sobre protección y conservación de los recursos haya establecido, o pueda establecer, la Unión Europea.
La zona económica puede coincidir parcialmente con la plataforma continental, que también es un bien de domino público, ya que los recursos naturales de la zona económica no comprenden solamente los de sus aguas sino también los del lecho y el subsuelo marino que forman parte de la plataforma continental.

d) **Plataforma continental.** La plataforma continental viene regulada en el Convenio sobre la plataforma continental hecho en Ginebra el 29 de abril de 1958 (BOE 25 de diciembre de 1971) que la define como el espacio comprendido por:

— El lecho del mar y el subsuelo de las zonas submarinas adyacentes a las costas pero situadas fuera de la zona del mar territorial, hasta una profundidad de 200 metros o más allá de este límite, hasta donde la profundidad de las aguas subyacentes permita la explotación de los recursos naturales de dichas zonas
— El lecho del mar y el subsuelo de las regiones submarinas análogas adyacentes a las costas de islas.

Sobre este espacio, según el citado Convenio, el Estado ejerce derecho de soberanía sobre la plataforma continental a los efectos de su exploración y de la explotación de sus recursos naturales (art. 2). Ahora bien, estos derechos no afectan al régimen de las aguas suprayacentes como alta mar, ni al del espacio aéreo situado sobre dichas aguas (art. 3). Tampoco pueden impedir el tendido ni la conservación de cables o tuberías submarinos en la plataforma continental (art. 4) o causar un entorpecimiento injustificado de la navegación, la pesca o la conservación de los recursos vivos del mar, ni entorpecer las investigaciones (art. 5).

III. Clasificación de los bienes de dominio público

Las clasificaciones de bienes de dominio público pueden ser diversas y diferentes en función de su titularidad —bienes de dominio público estatales, autonómicos y locales—; las características del propio bien —dominio público natural o artificial— o bien su destino —el uso público, el servició público o el fomento de la riqueza nacional—.

En el anterior capítulo hemos distinguido los bienes por su titularidad o sus características. Analicemos ahora su clasificación en función de su destino de acuerdo con la distinción que incorpora el artículo 339 del Código Civil:

«Artículo 339.
Son bienes de dominio público:
1.º Los destinados al uso público, como los caminos, canales, ríos, torrentes, puertos y puentes construidos por el Estado, las riberas, playas, radas y otros análogos.
2.º Los que pertenecen privativamente al Estado, sin ser de uso común, y están destinados a algún servicio público o al fomento de la riqueza nacional, como las murallas, fortalezas y demás obras de defensa del territorio, y las minas, mientras que no se otorgue su concesión».

1. Bienes afectados al uso público

Esta categoría contiene los bienes que se encuentren afectados al uso general o al servicio público. El Código Civil nos incorpora una lista abierta de los mismos «como los caminos, canales, ríos, torrentes, puertos y puentes construidos por el Estado, las riberas, playas, radas y otros análogos». También encontramos, en el Real Decreto Legislativo 781/1986, de 18 de abril, por el que se aprueba el texto refundido de las disposiciones legales vigentes en materia de Régimen Local, otra enumeración de bienes de uso público:

> *«1. Son bienes de uso público local los caminos y carreteras, plazas, calles, paseos, parques, aguas, fuentes, canales, puentes y demás obras públicas de aprovechamiento o utilización generales cuya conservación y policía sean de la competencia de la Entidad local».*

En cualquier caso, ambas regulaciones, deben entenderse como una lista abierta y no cerrada, que ejemplifica las tipologías de bienes que pueden incorporarse en esta categoría que es más amplia, como el propio Código Civil reconoce con la expresión «otros análogos».

2. Bienes afectados a un servicio público

En relación a los bienes afectados a un servicio público, a pesar de que el artículo 339 del Código Civil parece limitarlos a aquellos que «pertenecen privativamente al Estado» y que tengan por finalidad la defensa nacional «murallas, fortalezas y demás obras de defensa del territorio» lo cierto es que la normativa local, mediante el citado Real Decreto Legislativo 781/1986, de 18 de abril, lo amplió a los edificios en que se alojan servicios públicos de cualquier naturaleza:

> *«2. Son bienes de servicio público los destinados al cumplimiento de fines públicos de responsabilidad de las Entidades locales, tales como Casas Consistoriales, Palacios Provinciales y, en general, edificios que sean sede de las mismas, mataderos, mercados, lonjas, hospitales, hospicios, museos, así como los montes catalogados de propiedad provincial».*

Y en términos muy similares las respectivas legislaciones de patrimonio, como ejemplo de ellas el artículo 5.3 de la LPAP que —sin carácter básico— incorpora también a los edificios entre los bienes de dominio público:

> *«Los inmuebles de titularidad de la Administración General del Estado o de los organismos públicos vinculados a ella o dependientes de la misma en que se alojen servicios, oficinas o dependencias de sus órganos o de los órganos constitucionales del Estado se considerarán, en todo caso, bienes de dominio público».*

Por ello en la actualidad se entiende que la calificación de bien como de dominio público se produce por la simple afectación o vinculación a un servicio público, sin requerir una determinada titularidad, finalidad o especial naturaleza del bien.

3. Bienes afectados al fomento de la riqueza nacional

Una última clasificación de los bienes de dominio público, incorporada en el artículo 339 del Código Civil, son aquellos que, sin ser de uso común están destinados al fomento de la riqueza nacional. En esta categoría el Código Civil menciona a «las minas, mientras que no se otorgue su concesión».

La calificación de las minas como bienes de dominio público se ha mantenido en la legislación sectorial de minas, como defiende el preámbulo de la Ley 22/1973, de 21 de julio, de Minas:

> *«En el Título I de la presente Ley se reafirma la naturaleza jurídica de los yacimientos minerales de origen natural y demás recursos geológicos como bienes de dominio público y se mantiene la concesión administrativa como institución tradicional y principio básico de nuestro ordenamiento minero».*

La definición de las minas como dominio público en la actualidad se mantiene con independencia de la existencia o no de concesión administrativa, tal y como se define en el artículo dos de la Ley de Minas:

> *«Todos los yacimientos de origen natural y demás recursos geológicos existentes en el territorio nacional, mar territorial y plataforma continental, son bienes de dominio público, cuya investigación y aprovechamiento el Estado podrá asumir directamente o ceder en la forma y condiciones que se establecen en la presente Ley y demás disposiciones vigentes en cada caso».*

En términos muy similares la Ley 34/1998, de 7 de octubre, del sector de hidrocarburos define como bienes de dominio público estatal a «los yacimientos de hidrocarburos y almacenamientos subterráneos existentes en el territorio del Estado y en el subsuelo del mar territorial y de los fondos marinos que estén bajo la soberanía del Reino de España».

Las aguas terrestres, además de a usos públicos, también se encuentran afectadas al fomento de la riqueza nacional y sus aprovechamientos se articulan de forma similar a las minas o los hidrocarburos mediante concesión administrativa. Como también forma parte de esta categoría, aunque incorporado más recientemente, el dominio público radioeléctrico.

IV. Inicio y cese de la demanialidad: afectación, desafectación y mutación demanial

Tal como hemos expuesto en el capítulo anterior, la LPAP dispone que las Administraciones públicas podrán adquirir bienes y derechos por diferentes vías y que, con carácter general, los bienes y derechos se entienden adquiridos con el carácter de patrimoniales, sin perjuicio de su posterior afectación al uso general o al servicio público.

Ahora bien, una vez adquiridos la administración puede incorporarlos al dominio público con su afectación a un uso o servicio público, o a la inversa desafectarlos. También es posible cambiar la afectación del bien sin que pierda su condición de demanial mediante la mutación.

1. Afectación

El artículo 65 de la LPAP dispone que la afectación determina la vinculación de los bienes y derechos a un uso general o a un servicio público, y su consiguiente integración en el dominio público.

La afectación comporta una vinculación real y efectiva a través de la cual un bien de naturaleza patrimonial pasa a formar parte de los bienes demaniales, proyectando sobre el mismo el régimen jurídico de estos últimos. En palabras del Tribunal Constitucional:

> *«La incorporación de un bien al dominio público supone «una técnica dirigida primordialmente a excluir el bien afectado del tráfico privado, protegiéndole de esta exclusión mediante una serie de reglas exorbitantes de las que son comunes en dicho tráfico iure privato». Y es la afectación del bien a un uso público o a la prestación de un servicio público, entre otras finalidades constitucionalmente legítimas, lo que justifica su especial protección por parte del ordenamiento jurídico y, correlativamente, el deber de las Administraciones Públicas de proceder a su defensa mediante unas concretas facultades administrativas, también excepcionales» (FJ, 11.B) STC 166/1998, de 15 de julio).*

Las formas de afectación de los bienes de dominio público son igual de diversas que sus diferentes regulaciones. Distingamos las principales formas de afectación:

1) **Afectación por ley:** es la forma de afectación del dominio público natural en que una ley determina la condición de bienes de dominio público a todo un género de bienes que comparten unas determinadas características físicas —como las costas, las aguas, las minas, los hidrocarburos, etc.—. En estos casos, normalmente, no es necesario ningún acto administrativo y únicamente se debe acreditar la existencia de

las características determinadas por ley, aunque en terminadas ocasiones es necesario delimitar o deslindar el bien demanial de las propiedades privadas limítrofes —como en la ribera del mar—. La perdida de la condición de bien demanial únicamente se produce por la modificación de la norma que lo calificó de bien de dominio público o alternativamente por la pérdida de las características físicas que definieron el bien como demanial.

Un ejemplo de afectación por Ley es el artículo 1.3 del Real Decreto Legislativo 1/2001, de 20 de julio, por el que se aprueba el texto refundido de la Ley de Aguas que dispone que *«las aguas continentales superficiales, así como las subterráneas renovables, integradas todas ellas en el ciclo hidrológico, constituyen un recurso unitario, subordinado al interés general, que forma parte del dominio público estatal como dominio público hidráulico»*.

2) **Afectación expresa**: con carácter general el dominio artificial se hace, de acuerdo con el artículo 66.1 LPAP, mediante acto expreso por el órgano competente, en el que se indicará el bien o derecho a que se refiera, el fin al que se destina, la circunstancia de quedar aquél integrado en el dominio público y el órgano al que corresponda el ejercicio de las competencias demaniales, incluidas las relativas a su administración, defensa y conservación. El acto expreso de afectación requiere seguir el procedimiento del artículo 68 de la LPAP.

Así, por ejemplo, la apertura de una nueva escuela, en un inmueble titularidad de la administración que tiene la condición de patrimonial, requeriría con carácter previo la afectación del mismo al servicio público educativo. Si el inmueble se encuentra afectado a otro servició público el procedimiento es el de mutación demanial.

3) **Afectación implícita:** en la afectación implícita a pesar de no existir un expediente específico de afectación, ésta deriva de otro acto administrativo que presupone la afectación del bien a un determinado uso o servicio público. Como por ejemplo la adquisición de bienes y derechos por expropiación forzosa, que presupone la afectación de los mismos al fin determinante de la declaración de utilidad pública o interés social, de conformidad con la Ley de expropiación forzosa —art. 66.2.c) LPAP—. O la aprobación por parte de la administración de planes o programas cuando de los mismos resulte la vinculación de bienes o derechos determinados a fines de uso o servicio público —art. 66.2.d) LPAP—.

La afectación implícita se manifiesta en aquellos casos en que existe una actividad previa de la administración de la que se deriva la afectación del bien, lo que hace innecesario una afectación expresa singular por cada uno de los bienes afectados.

4) **Afectación presunta:** la afectación presunta se puede producir por la utilización pública, notoria y continuada por la administración o sus organismos públicos de bienes y derechos de su titularidad para un servicio público o para un uso general —art. 66.2.a) LPAP— o bien por la adquisición de bienes o derechos por usucapión, cuando los actos posesorios que han determinado la prescripción adquisitiva hubiesen vinculado el bien o derecho al uso general o a un servicio público, sin perjuicio de los derechos adquiridos sobre ellos por terceras personas al amparo de las normas de derecho privado —art. 66.2.b) LPAP—. En ambos casos no hay ningún acto administrativo expreso del que se derive la afectación.

La afectación presunta es la vía más excepcional de afectación, pero permite resolver todos los casos en que sin existir una afectación formal —por ley, expresa o implícita—se aprecia su existencia por la utilización pública del bien a un determinado uso o servicio público.

2. Desafectación

La desafectación es el camino inverso a la afectación y en el caso de producirse los bienes y derechos demaniales pierden esta condición, adquiriendo la de patrimoniales por dejar de destinarse al uso general o al servicio público— art. 69 LPAP—. Por ello, según el Tribunal Supremo modifica su régimen jurídico que pasa a ser el mismo que el de la propiedad privada:

> «*La desafectación produce el efecto del cese de la demanialidad, de suerte que el régimen jurídico de los bienes desafectados (bienes patrimoniales) pasa a ser, en términos generales, el mismo que el Código Civil establece para la propiedad privada (art. 349 del Código Civil)*» (FJ 2, STS, 26 de Enero de 2000).

Con carácter general la desafectación exige seguir el procedimiento del artículo 70 de la LPAP, aunque talmente como la afectación existen diversas formas de desafectación:

1) **Desafectación por naturaleza:** esta forma de desafectación se produce cuando un bien pierde las características naturales que conllevaron su afectación —por ejemplo, por la desaparición de un determinado recur-

so natural, agua o hidrocarburos, que comportó su definición como dominio público—.

2) **Desafectación expresa:** es la forma ordinaria de desafectación en que un acto administrativo dispone explícitamente que un determinado bien ya no está afectado a un uso o servicio público y por ello pierde la condición de dominio público. En este caso se debe seguir el procedimiento del artículo 70 de la LPAP.
3) **Desafectación implícita:** se trata una desafectación de naturaleza más excepcional, regulada en los artículos 78 y 79 de la LPAP, que dispone que cuando los bienes o derechos adscritos dejen de ser necesarios para el cumplimiento de los fines que motivaron la adscripción, se procederá a su desadscripción. En estos casos, la desadscripción llevará implícita la desafectación.

A diferencia de la afectación no es posible la desafectación presunta, pues esta seria contraria al carácter imprescriptible de los bienes de dominio público que impide que éste pueda ser adquirido por usucapión.

3. Mutación demanial

La mutación demanial, regulada en el artículo 71 LPAP, es el acto en virtud del cual se efectúa la desafectación de un bien o derecho del patrimonio de la administración pública, con simultánea afectación a otro uso general, fin o servicio público de la administración o de los organismos públicos vinculados o dependientes de ella.

La mutación demanial puede alterar tanto la titularidad del bien, cuando cambia la administración titular —mutación demanial subjetiva—, como el destino o afectación del mismo, cuando se afecta a otro uso o servicio público —mutación demanial objetiva—. Incluso se puede producir una mutación subjetiva y objetiva simultánea, con cambio de destino y de titularidad del bien.

> La mutación demanial es una vía comúnmente utiliza entre administraciones, por ejemplo, para dar una nueva vida a inmuebles de titularidad pública que se vuelven obsoletos para la prestación de determinados servicios, pero que pueden seguir siendo útiles para otros: como una antigua prisión reconvertida en biblioteca o un viejo juzgado en una nueva sala de exposiciones.

Las mutaciones demaniales exigen que se efectúen de forma expresa, excepto en los casos de reestructuración de órganos en los términos previstos al artículo 71.3 de la LPAP.

V. Protección de los bienes de dominio público

El dominio público goza de los mismos instrumentos de protección que el dominio privado frente a eventuales ataques o usurpaciones de terceros. Por ello puede recurrir a los instrumentos de protección del derecho penal para proteger a muebles o inmuebles. En los mismos términos también puede recurrir a las normas civiles que protegen a los bienes privados.

Ahora bien, como pusimos de manifiesto en el capítulo anterior los bienes públicos, patrimoniales o de dominio público, gozan todos ellos de un régimen exorbitante de protección que supera el régimen de defensa ordinario de los bienes de los particulares. Y singularmente los bienes de dominio público que se encuentran protegidos por los principios de inalienabilidad, inembargabilidad e imprescriptibilidad.

Las diferentes técnicas de protección de los bienes de la administración de aplicación indistintamente a bienes de dominio público y patrimoniales fueron analizadas en el anterior capítulo por lo que nos limitamos a citarlas: inventarios y catálogos, inscripción registral, potestad de investigación, potestad de deslinde, recuperación de oficio y recuperación posesoria, y desahucio administrativo.

Finalmente recordar que, como apuntamos también en el anterior capítulo, la legislación en materia de dominio público cuenta con un régimen sancionador propio. Esta regulación, que permite a la administración imponer directamente sanciones sin recurrir a los tribunales, se encuentra comprendida en las diferentes leyes sectoriales de bienes de dominio público —costas, aguas, minas, etc.— pero también en la propia LPAP que cuenta con una regulación genérica para defender los bienes de dominio público, que será de aplicación supletoria.

VI. Utilización de los bienes de dominio público

La LPAP distingue la utilización de los bienes y derechos destinados a un servicio público y la utilización de los bienes destinados al uso general —diferenciando uso común, aprovechamiento especial y uso privativo—.

Más allá del uso común, cualquier ocupación o utilización del dominio público requiere de título que lo autorice otorgado por la autoridad competente. La LPAP regula tres títulos que permiten la ocupación o utilización del dominio público: las concesiones, las autorizaciones y las reservas demaniales sobre bienes de dominio público. Los tres títulos habilitantes se regirán, en primer término, por la legislación especial reguladora de aquéllas y, a falta de normas especiales o en caso de insuficiencia de éstas, por las disposiciones de la LPAP.

Analicemos las diferentes clases de utilización del dominio público y los títulos habilitantes necesarios para ello.

1. Utilización de los bienes y derechos destinados a un servicio público

Dispone, el artículo 87 de la LPAP, que la utilización de los bienes y derechos destinados a la prestación de un servicio público se supeditará a lo dispuesto en las normas reguladoras del mismo y, subsidiariamente, se regirá por esta ley.

Esta utilización directa de los bienes por parte de la administración es necesariamente compatible con el uso por parte de los administrados que se beneficien de los servicios públicos que se prestan en estos bienes.

> Así, por ejemplo, en los hospitales o escuelas es posible desarrollar un servicio público sanitario o educativo y al mismo tiempo que el espacio pueda ser libremente utilizado por parte de los administrados que gozan de estos servicios públicos.

La LPAP también prevé, en su artículo 89, que la ocupación de espacios —por terceros— en los edificios administrativos podrá admitirse, con carácter excepcional, cuando se efectúe para dar soporte a servicios dirigidos al personal destinado en ellos o al público visitante, como cafeterías, oficinas bancarias, cajeros automáticos, oficinas postales u otros análogos, o para la explotación marginal de espacios no necesarios para los servicios administrativos.

Se regula así mismo la posibilidad de autorizar su uso por personas físicas o jurídicas, públicas o privadas para el cumplimiento esporádico o temporal de fines o funciones públicas por un plazo de cuatro años, prorrogables por igual plazo. Finalmente, también se prevé la autorización de uso por plazo inferior a 30 días para la organización de conferencias, seminarios, presentaciones u otros eventos.

2. Utilización de los bienes destinados al uso general

El artículo 85 de la LPAP distingue tres formas de utilización de los bienes al uso general: uso común, aprovechamiento especial y uso privativo.

A) Uso común

Según el artículo 85.1 «se considera uso común de los bienes de dominio público el que corresponde por igual y de forma indistinta a todos los ciudadanos, de modo que el uso por unos no impide el de los demás interesados».

El uso común que se produce de forma indistinta y anónima por cualquier ciudadano no requiere de título habilitante —art. 86.1 LPAP—:

> *«El uso común de los bienes de dominio público podrá realizarse libremente, sin más limitaciones que las derivadas de su naturaleza, lo establecido en los actos de afectación o adscripción, y en las disposiciones que sean de aplicación».*

Se trata de uso regido por unos principios básicos: libertad, igualdad, y gratuidad. Vemos reproducido este régimen en diferentes legislaciones sectoriales como, por ejemplo, en el artículo 31.1 de la Ley de Costas:

> *«La utilización del dominio público marítimo-terrestre y, en todo caso, del mar y su ribera será libre, pública y gratuita para los usos comunes y acordes con la naturaleza de aquél, tales como pasear, estar, bañarse, navegar, embarcar y desembarcar, varar, pescar, coger plantas y mariscos y otros actos semejantes que no requieran obras e instalaciones de ningún tipo y que se realicen de acuerdo con las leyes y reglamentos o normas aprobadas conforme a esta Ley».*

Ahora bien, el concepto de libertad tiene en la actualidad muchos matices, pues la legislación ambiental ha ido limitando el uso indiscriminado del dominio público y sus eventuales aprovechamientos.

> Vemos, por ejemplo, que en muchas playas no es posible «embarcar y desembarcar, varar, pescar, coger plantas y mariscos» pues estos usos pueden en algunos casos poner en riesgo el propio espacio o resultar incompatibles con otros usos permitidos.

B) Aprovechamiento especial

El artículo 85.2 de la LPAP define el aprovechamiento especial del dominio público como el uso que, sin impedir el uso común, «supone la concurrencia de circunstancias tales como la peligrosidad o intensidad del mismo, preferencia en casos de escasez, la obtención de una rentabilidad singular u otras semejantes, que determinan un exceso de utilización sobre el uso que corresponde a todos o un menoscabo de éste».

Se trata de una categoría en la que concurren circunstancia de peligrosidad o intensidad que aconsejan una regulación para evitar un exceso de utilización o bien un menoscabo del propio bien.

Son ejemplos de usos comunes especiales los derechos de pesca o caza sobre bienes demaniales, la navegación, la utilización de amarres, el aparcamiento de vehículos o bien la exigencia de una licencia para conducir.

En todos los casos, se requiere de algún tipo de autorización administrativa que limita el ejercicio de este aprovechamiento especial a diferentes circunstancias: requiriendo que el usuario acredite ciertos conocimientos y pericias para navegar o conducir; limitando los aprovechamientos cinegéticos a determinadas épocas del año; o bien regulando el uso limitado de un determinado espacio físico, sea para amarrar o aparcar.

El artículo 86.2 de la LPAP dispone que el aprovechamiento especial de los bienes de dominio público estará sujeto a autorización o, si la duración del aprovechamiento o uso excede de cuatro años, a concesión.

C) Uso privativo

El uso privativo, a diferencia del uso común o el aprovechamiento especial al comportar una ocupación de dominio público sí que limita o excluye la utilización del mismo por otros interesados.

La LPAP, en los apartados dos y tres del artículo 86, distingue el título habilitante necesario para este uso privativo en función de la tipología de ocupación y la durada de la misma:

1) **Se requiere autorización:** para la ocupación efectuada únicamente con instalaciones desmontables o bienes muebles, y por un periodo inferior a cuatro años.

   Como ejemplo, la Ley de costas (art. 51), dispone que estarán sujetas a previa autorización administrativa las actividades en las que, aun sin requerir obras o instalaciones de ningún tipo, concurran circunstancias especiales de intensidad, peligrosidad o rentabilidad, y asimismo la ocupación del dominio público marítimo-terrestre con instalaciones desmontables o con bienes muebles

2) **Se requiere concesión:** para la ocupación con obras o instalaciones fijas con independencia del periodo, o bien con instalaciones desmontables o bienes muebles por periodos superiores a los cuatro años.

   También la Ley de costas (art. 64) dispone que toda ocupación de los bienes de dominio público marítimo-terrestre estatal con obras o instalaciones no desmontables estará sujeta a previa concesión otorgada por la Administración del Estado.

3. Títulos habilitantes para el uso del dominio público: la autorización, la concesión y la reserva demanial

La LPAP, y las legislaciones sectoriales en materia de dominio público, regulan tres títulos habilitantes clásicos para el uso del dominio público —más allá del uso común que corresponde a todos los ciudadanos— se trata de: la autorización, la concesión y la reserva demanial.

A) La autorización

Las autorizaciones, que permiten las ocupaciones con instalaciones desmontables o bienes muebles, y por un periodo inferior a cuatro años, se regulan en el artículo 92 de la LPAP. El artículo dispone que, con carácter general, se otorgarán directamente a los peticionarios que reúnan las condiciones requeridas, excepto cuando su número se encontrase limitado —en este último supuesto se aplicará un régimen de concurrencia y si no fuera posible un sorteo—.

> Un ejemplo clásico de autorización sería la ocupación del dominio público con elementos desmontables durante una jornada de feria. En la concesión de las ocupaciones, si el número autorizable fuera limitado, se debería garantizar la libre concurrencia o subsidiariamente otorgar los espacios disponibles mediante sorteo.

La Ley prevé que las autorizaciones sean transmisibles, excepto cuando para su otorgamiento deban tenerse en cuenta circunstancias personales del autorizado o cuyo número se encuentre limitado.

En cualquier caso, las autorizaciones habrán de otorgarse por tiempo determinado, y su plazo máximo de duración, incluidas las prórrogas, será de cuatro años. Ahora bien, se trata de títulos que pueden ser revocados unilateralmente por la Administración concedente en cualquier momento por razones de interés público, sin generar derecho a indemnización.

Sobre su régimen económico las autorizaciones podrán ser gratuitas, otorgarse con contraprestación o con condiciones, o estar sujetas a la tasa por utilización privativa o aprovechamiento especial de bienes del dominio público, excepto cuando no lleve aparejada una utilidad económica para la persona autorizada o sea irrelevante.

El acuerdo de autorización de uso de bienes y derechos demaniales, sin perjuicio de lo que dispongan las condiciones generales o particulares, incluirá, al menos: a) El régimen de uso del bien o derecho; b) El régimen económico a que queda sujeta la autorización; c) La garantía a prestar, en su caso; d) La asunción de los gastos de conservación y mantenimiento, impuestos, tasas y demás tributos, así como el compromiso de utilizar el bien según su naturaleza y de entregarlo en el estado en que se recibe; e) El compromiso de previa obtención a su costa de cuantas licencias y permisos requiera el uso del bien o la actividad a realizar sobre el mismo; f) La asunción de la responsabilidad derivada de la ocupación, con mención, en su caso, de la obligatoriedad de formalizar la oportuna póliza de seguro, aval bancario, u otra garantía suficiente; g) La aceptación de la revocación unilateral, sin derecho a indemnizaciones, por razones de interés público; h) La reserva por parte del organismo cedente de la facultad de inspeccionar el bien objeto de autorización, para garantizar que el mismo es usado de acuerdo con los términos de la autorización; i) El plazo y régimen de prórroga y subrogación que, en todo caso, requerirá la previa autorización, y j) Las causas de extinción.

B) La concesión

Las concesiones, permiten la ocupación con obras o instalaciones fijas con independencia del periodo, o por cualquier ocupación por periodos superiores a los cuatro años, se regulan en el articulo 93 de la LPAP. En relación a su otorgamiento, con carácter general, se dispone que se efectuará en régimen de concurrencia, excepto en los casos previstos para una adjudicación directa del artículo 137.4 LPAP.

> Un ejemplo de concesión sería la construcción de un quiosco fijo en la vía pública o un restaurante con obra en la playa. También la instalación de elementos desmontables pero que tuvieran una ocupación permanente superior a los cuatro años.

Las concesiones, talmente como las autorizaciones, también se otorgarán por tiempo determinado. Su plazo máximo de duración, incluidas las prórrogas, no podrá exceder de 75 años, salvo que se establezca otro menor en las normas especiales que sean de aplicación.

El régimen económico es el mismo que para las autorizaciones y el acuerdo de otorgamiento de la concesión, sin perjuicio de los demás extremos que puedan incluir las condiciones generales o particulares, incluirá la misma información que la anteriormente descrita para las autorizaciones.

Una vez otorgada la concesión deberá procederse a su formalización siempre en documento administrativo. Este documento será título suficiente para inscribir la concesión en el Registro de la Propiedad. Ahora bien, en las concesiones opera un límite importante, pues en ningún caso podrán ser titulares de concesiones sobre bienes y derechos demaniales las personas en quienes concurra alguna de las prohibiciones de contratar reguladas en el artículo 71 de la Ley 9/2017, de 8 de noviembre, de Contratos del Sector Público. Igualmente, si posteriormente al otorgamiento de la concesión, el titular incurre en alguna de las prohibiciones de contratación se producirá la extinción de la concesión.

El titular de una concesión dispone de un derecho real sobre las obras, construcciones e instalaciones fijas que haya construido para el ejercicio de la actividad autorizada por el título de la concesión, durante el plazo de validez de la concesión. Este derecho real puede ser cedido o transmitido por el plazo de duración de la concesión, a personas que cuenten con la previa conformidad de la autoridad competente para otorgar la concesión. También podrá ser hipotecado, durante el mismo plazo, previa autorización de la autoridad competente para el otorgamiento de la concesión.

Más allá del plazo las concesiones y autorizaciones demaniales se extinguirán por las siguientes causas —art. 100 LPAP—: a) Muerte o incapacidad sobrevenida del usuario o concesionario individual o extinción de la personalidad jurídica; b) Falta de autorización previa en los supuestos de transmisión o modificación, por fusión, absorción o escisión, de la personalidad jurídica del usuario o concesionario; c) Caducidad por vencimiento del plazo; d) Rescate de la concesión, previa indemnización, o revocación unilateral de la autorización; e) Mutuo acuerdo; f) Falta de pago del canon o cualquier otro incumplimiento grave de las obligaciones del titular de la concesión, declarados por el órgano que otorgó la concesión o autorización; g) Desaparición del bien o agotamiento del aprovechamiento; h) Desafectación del bien, en cuyo caso se procederá a su liquidación conforme a lo previsto en el artículo 102 de esta ley; i) Cualquier otra causa prevista en las condiciones generales o particulares por las que se rijan.

Finalmente, cuando se extinga la concesión, las obras, construcciones e instalaciones fijas existentes sobre el bien demanial deberán ser demolidas por el titular de la concesión o, por ejecución subsidiaria, por la administración a costa del concesionario, a menos que su mantenimiento hubiera sido previsto expresamente en el título concesional o que la autoridad competente para otorgar la concesión así lo decida.

C) La reserva demanial

El último título habilitante para ocupar el dominio público es la reserva demanial prevista en el artículo 104 de la LPAP. A diferencia de los dos anteriores que podían solicitar, indistintamente particulares y administraciones públicas, el uso de la reserva demanial queda restringido a la Administración General del Estado que podrá reservarse el uso exclusivo de bienes de su titularidad destinados al uso general para la realización de fines de su competencia, cuando existan razones de utilidad pública o interés general que lo justifiquen.

La ocupación de un tramo de costa por parte de una base militar o bien la utilización de un determinado espacio de dominio público para estudios e investigaciones de competencia estatal se puede articular mediante la reserva demanial.

La duración de la reserva se limitará al tiempo necesario para el cumplimiento de los fines para los que se acordó, lo que no implica ningún tiempo determinado.

Sobre el procedimiento la LPAP se limita a apuntar que la declaración de reserva se efectuará por acuerdo del Consejo de Ministros, que deberá publicarse en el «Boletín Oficial del Estado» e inscribirse en el Registro de la Propiedad.

En cualquier caso, la reserva prevalecerá frente a cualesquiera otros posibles usos de los bienes y llevará implícita la declaración de utilidad pública y la necesidad de ocupación, a efectos expropiatorios, de los derechos preexistentes que resulten incompatibles con ella.

Para saber más

Sobre la configuración del dominio público:

González, J.V., La titularidad de los bienes de dominio público, Marcial Pons, 1998.

Sainz, F., «Artículo 132: Dominio público, bienes comunales, Patrimonio del Estado y Patrimonio Nacional», en *Comentarios a la Constitución Española. Tomo X - Articulos 128 a 142 de la Constitucion Española de 1978,* Editorial Edersa, 1998.

Sobre algunos tipos de bienes de dominio público:

Aguirre, J.M., *El régimen jurídico del litoral catalán. Especial referencia a la reforma de la Ley de Costas operada por la Ley 2/2013, de 29 de mayo, de protección y uso sostenible del litoral y de modificación de la Ley 22/1988, de 28 de julio, de Costas,* Atelier, 2015.

Alenza, J.F., *Vías pecuniarias,* Civitas, 2001.

Bobes, M.J., *La teoría del dominio público y el derecho de carreteras,* Iustel, 2007.

Colom, E, *Los bienes comunales en la legislación de régimen local,* Departamento de Presidencia y Relaciones Institucionales, D.L. 1994.

Calvo, L., *La génesis histórica de los montes catalogados de utilidad pública: (1855-1901),* Organismo Autónomo Parques Nacionales, 2001

Gómez, M. *Derecho administrativo aeronáutico. Régimen de la aviación y el transporte aéreo,* Iustel, 2006.

MARTIN-RETORTILLO, S, *Derecho de aguas*, Civitas, 1997.
MOREU, E., *Minas: régimen jurídico de las actividades extractivas*, Tirant lo Blanch, 2001.
NOGUERA DE LA MUELA, B., *Servidumbres de la Ley de costas de 1988*, Marcial Pons, 1988.
PONS, F., *El régimen jurídico de la ordenación de los espacios portuarios*, Cedecs, 2001.
RIVAS, M.I., *Régimen jurídico de las infraestructuras ferroviarias*, Junta de Andalucía, Instituto Andaluz de Administración Pública, 2007.

TEMA XI
ADMINISTRACIÓN PÚBLICA Y VIVIENDA

Berta Bastús Ruiz

I. INTRODUCCIÓN

El derecho a la vivienda ha sido uno de los derechos más olvidados en el Estado Social y Democrático de Derecho. Todos los esfuerzos y recursos que los poderes públicos han destinado, durante décadas, a obtener una sanidad y educación públicas de calidad no se han dirigido a obtener un parque público de vivienda amplio y adecuado. Han sido años y años de silencio (y de omisión) los que han precedido a la situación de emergencia que vive nuestro país en relación con el sector de la vivienda.

Actualmente, España dispone de uno de los parques públicos más bajos de la Unión Europea (2,5% aproximadamente en contraposición a la media de los países miembros de la Unión Europea, que se sitúa alrededor del 9,3%). Sin embargo, los ciudadanos demandantes de vivienda no paran de aumentar. Además, muchas familias de nuestro país destinan más del 40% de sus ingresos a sufragar los gastos derivados de vivienda. Esto significa que mientras una parte de la población lucha por acceder a una vivienda pública, otra parte vive ahogada por préstamos hipotecarios o por los altos precios de los alquileres.

Todo ello ha ocurrido, además de por la falta de inversión y actuación por parte de las Administraciones Públicas, porque tradicionalmente la vivienda ha sido tratada como un bien de consumo, como algo que puede comprarse y venderse sin más, lo que ha dado lugar —en muchas ocasiones— a la especulación y al fraude económico. Y es que el derecho a la vivienda ni puede ni debe entenderse como una mercancía.

El acceso a la vivienda es un derecho básico y universal que ha de protegerse, fomentarse y garantizarse por parte de los poderes públicos. Así lo señala el artículo 47 de la Constitución que emite un mandato claro que la Administración Pública ha desacatado durante años. En suma, debemos tener en cuenta que el derecho a la vivienda tiene carácter poliédrico, es decir, incide de forma directa en un amplio abanico de derechos pues no podemos concebir el derecho a la intimidad o el derecho a la salud sin una vivienda.

Por todo lo anterior, en los últimos años y de forma abrupta y desordenada, las distintas Administraciones Públicas han ido aprobando normas para intentar remediar la situación. El resultado ha sido la promulgación de normas que han introducido medidas de dudosa constitucionalidad (prueba de ello son las Sentencias del Tribunal Constitucional núm. 16/2021, de 28 de enero o núm. 37/2022, de 10 de marzo) y con objetivos poco (o nada) realistas que no consiguen incrementar el parque público de vivienda.

Asimismo, y con el objetivo de garantizar el derecho a acceder a una vivienda digna y adecuada en todo el territorio estatal, el pasado 26 de mayo de 2023 entró en vigor la Ley 12/2023, de 24 de mayo, por el derecho a la vivienda. Se trata de la primera ley estatal sobre vivienda en la época de la democracia y que, como veremos a lo largo de este capítulo, supone un gran impacto tanto en el aspecto competencial como en las vertientes pública y privada del derecho a la vivienda.

Todo ello sin olvidar lo más importante: que no existe una medida única que resuelva el problema de la vivienda, sino que los poderes públicos deben implantar una política de actuación global, caracterizada especialmente por una fuerte y estable inversión económica y por la colaboración de la Administración Pública con el sector privado, que debe dejar a un lado sus intereses mercantiles en beneficio de la sociedad.

II. La regulación del derecho a la vivienda

1. Marco jurídico internacional del derecho a la vivienda.

A nivel internacional existen distintos documentos que persiguen la protección y la garantía de todo tipo de derechos y, en concreto, sobre el derecho a la vivienda.

El primer documento que debemos señalar es la Declaración Universal de los Derechos Humanos de 1948 que reconoce el derecho de toda persona a tener un nivel de vida adecuado que le asegure, junto a su familia, la vivienda (art. 25.1):

> «Toda persona tiene derecho a un nivel de vida adecuado que le asegure, así como a su familia, la salud y el bienestar, y en especial la alimentación, el vestido, la vivienda, la asistencia médica y los servicios sociales necesarios; tiene asimismo derecho a los seguros en caso de desempleo, enfermedad, invalidez, viudez, vejez y otros casos de pérdida de sus medios de subsistencia por circunstancias independientes de su voluntad»

A pesar de que esta Declaración constituye una resolución de la Asamblea General de las Naciones Unidas que carece de valor jurídico obligatorio, cabe tener presente que, en conjunto, la Declaración es uno de los primeros documentos que recoge un compendio de derechos económicos, sociales y culturales que inciden en la población mundial y, por lo tanto, su impacto y transcendencia es indiscutible.

En este punto, es imprescindible manifestar que la Declaración ya señala en su artículo 22 que toda persona tiene derecho a la satisfacción de los derechos económicos, sociales y culturales, siempre teniendo en cuenta la organización y los recursos de cada Estado. Por lo tanto, ya en el año 1948 se lanza un órdago internacional a los distintos estados, que deben proteger, fomentar y garantizar el cumplimiento de estos derechos, en la medida que les sea posible.

Posteriormente, en el año 1966, se aprueban el Pacto Internacional de Derechos Económicos, Sociales y Culturales (en adelante, PIDESC) y el Pacto Internacional de Derechos Civiles y Políticos (en adelante, PIDCP) que, junto con la Declaración de 1948, forman la Carta Internacional de Derechos Humanos vigente en la actualidad.

En concreto, el PIDESC recoge en su artículo 11.1 las previsiones necesarias para garantizar el nivel de vida adecuado, entre los que destaca el criterio de la vivienda. En relación con la obligación de los estados en asegurar ese nivel de calidad de vida, el art. 2.1 del PIDESC también establece que cada estado parte debe comprometerse a adoptar medidas, económicas y técnicas para garantizar la plena efectividad de los derechos sociales.

Posteriormente, a raíz de la creación en 1985 del Comité de Derechos Económicos, Sociales y Económicos (en adelante, el Comité), como órgano que controla el cumplimiento de los mencionados pactos, se han ido estableciendo recomendaciones u orientaciones sobre cada derecho que nos permiten interpretar correctamente el contenido y el sentido de estos.

En relación con el derecho a la vivienda, es imprescindible destacar dos Observaciones Generales del Comité:

1) Por un lado, la Observación General Nº4, de 13 de diciembre de 1991 (en adelante, OG Nº4), que recoge cuál debería ser la interpretación adecuada del derecho a la vivienda.
2) Y, por otro lado, la Observación General Nº7, de 20 de mayo de 1997 (en adelante, OG Nº7), que se emite, fundamentalmente, para priorizar la problemática de los desalojos forzosos.

Es la primera de las observaciones mencionadas, la OG Nº 4, la que aquí interesa para poder analizar el contenido del derecho a la vivienda. Así pues, la OG Nº4 pretende concretar «algunas de las principales cuestiones que el Comité considera importantes en relación con este derecho». Teniendo en cuenta las palabras del Comité, el derecho a la vivienda debe regularse en los diferentes Estados teniendo en cuenta tres notas características básicas:

a) Debe ser garantizado a todas las personas y sus familias, independientemente de su edad, de su situación económica, de su posición social o de cualquier otro tipo de factor discriminatorio;
b) debe relacionarse con «el derecho a vivir en seguridad, paz y dignidad en alguna parte»; y,
c) en relación con el concepto de «adecuación» de la vivienda, la OG Nº4 establece una serie de factores a tener en cuenta, entre los que destacan la seguridad jurídica de la tenencia; la disponibilidad de servicios, materiales, facilidades e infraestructuras para garantizar la salud, la seguridad, la comodidad y la nutrición; que los gastos personales o del hogar sean soportables o que la vivienda debe cumplir con una serie de requisitos relacionados con la habitabilidad.

Por lo tanto, la OG Nº4 de 1991 constituye uno de los documentos internacionales más completos en relación con la interpretación que los estados deberían dar al derecho a la vivienda para dotarlo de una protección segura y eficaz.

En el caso del Estado español, en el año 2006, el Relator Especial en materia de vivienda, Miloon Kothari, realizó una visita a España y examinó la situación del derecho a la vivienda. Tras su visita, emitió un informe donde, ya en el año 2006, identificaba los principales problemas en materia de vivienda que, desgraciadamente, siguen azotando a la sociedad española: aumento de precios (ya sea por subida de intereses hipotecarios o por el incremento de las rentas de los alquileres), preferencia del régimen de tenencia en propiedad sobre el régimen de alquiler y bajo porcentaje de vivienda pública. Así, el informe concluye señalando que «a pesar de que en las disposiciones de la Constitución se reconoce que la vivienda es un derecho básico, en la práctica es considerada un simple bien de consumo, que se compra y se vende».

2. Normativa europea en materia de vivienda y el concepto de vivienda social

A) Instrumentos europeos que regulan el derecho a la vivienda.

A pesar de que en el presente trabajo nos vamos a centrar en la política de vivienda desarrollada en el ordenamiento jurídico español, es importante también dejar constancia, aunque sea de forma breve, de aquellos instrumentos europeos que nos permiten articular el derecho a la vivienda y su configuración.

El 4 de noviembre de 1950 se adopta el Convenio para la Protección de los Derechos Humanos y las Libertades Fundamentales que guarda silencio en relación a los derechos económicos y sociales y, en consecuencia, no dice nada al respecto del derecho a la vivienda, aunque algunos autores señalan que en el art. 8 se recoge una especie de protección indirecta de esos derechos.

Más adelante, en 1961, la Carta Social Europea recoge la protección del derecho a la vivienda en sus artículos 16 y 31. En estos artículos, se reconoce la importancia de la vivienda para conseguir las condiciones de vida necesarias para el desarrollo de la familia y la obligación que tienen los estados europeos de garantizar este derecho adoptando las medidas necesarias.

Por su parte, el Comité Europeo de Derechos Sociales, que es el órgano encargado de vigilar el cumplimiento de la Carta Social Europea, adoptó en 5 de diciembre de 2007, una decisión que sentencia el incumplimiento del artículo 31 de la Carta por parte de los estados por la falta de progresos realizados en esta materia. Por tanto, en el origen de la Unión Europea, los derechos fundamentales no reciben un gran tratamiento por parte de los Tratados constitutivos y mucho menos los derechos sociales.

En 1989 se aprueba en Estrasburgo la Carta Comunitaria de los Derechos Sociales Fundamentales de los Trabajadores que ya hace una referencia expresa a la vivienda en su artículo 26, cuando recoge las previsiones para mejorar la vida de las personas discapacitadas.

Pero no es hasta el año 2001, con la aprobación en Niza de la Carta de los Derechos Fundamentales de la Unión Europea, que se obtiene un verdadero documento de derechos a este nivel. En concreto, el art. 7 de esta Carta señala una especie de protección al derecho de la vivienda cuando trata el respeto a la vida privada y familiar:

> ***«Respeto de la vida privada y familiar***
> *Toda persona tiene derecho al respeto de su vida privada y familiar, de su domicilio y de sus comunicaciones.»*

Además, en su art. 34.3 dispone la necesidad de que los estados reconozcan una ayuda social a la vivienda que garantice una existencia digna del ser humano:

> ***«Seguridad social y ayuda social***
> *3. Con el fin de combatir la exclusión social y la pobreza, la Unión reconoce y respeta el derecho a una ayuda social y a una ayuda de vivienda para garantizar una existencia digna a todos aquellos que no dispongan de recursos suficientes, según las modalidades establecidas por el Derecho comunitario y las legislaciones y prácticas nacionales.»*

Esta Carta de los Derechos Fundamentales de la Unión Europea adopta fuerza normativa con la aprobación de la reforma del Tratado de la Unión Europea aprobado en 2007 y que fue firmado por los estados miembros el 13 de diciembre de 2007. El artículo 6 de este texto definitivo otorga el mismo valor jurídico que los Tratados a los derechos, libertades y principios enunciados en la Carta del año 2001.

B) El concepto de vivienda social.

A pesar de lo anterior, los Estados miembros de la Unión Europea han seguido vías distintas para proteger y garantizar el derecho a la vivienda. A pesar de las diferentes maneras de enfocar un mismo problema, la «vivienda social» constituye un concepto clave en Europa.

Como decimos, a nivel jurídico, no existe ningún instrumento internacional ni europeo que defina, con precisión y detalle, qué debemos entender por vivienda social. Esto ocurre por un motivo y es que, especialmente a nivel europeo, no hay un consenso ni una línea de actuación marcada en política de vivienda. Por eso, «cada país enfoca su política de vivienda bajo diferentes criterios, donde no solo cambia la población o colectivos a atender sino también el régimen de tenencia, el tamaño de las viviendas, entre otros factores»

(Arends Morales, L.N., & Garcia-Almirall, M.P., 2014) y, en consecuencia, utiliza distintos conceptos para hacer referencia a situaciones más o menos parecidas.

Teniendo en cuenta lo anterior, el Observatorio Europeo de Vivienda Social (Housing Europe, 2022) señala que, en efecto, no existe una definición única para este concepto porque se utiliza como una palabra clave (*key word*) y permite a los gobiernos de los distintos estados miembros tener una flexibilidad mayor a la hora de gestionar su política de vivienda. No obstante, el Observatorio considera que es un tipo de vivienda que tiene como objetivo principal satisfacer la necesidad de esa clase de vivienda, financiada por el estado y adjudicada mediante procedimientos administrativos.

Por su parte, la OCDE relaciona la vivienda social con la política de bienestar social y con la oferta de vivienda asequible e indica que la misma representa más de 28 millones de viviendas (aproximadamente el 6% del stock total de viviendas en países que miembros y no miembros de la OCDE). La OCDE utiliza la definición de SALVI DEL PERO (2016) respecto a vivienda social e indica que se trata de aquel alojamiento residencial de alquiler proporcionado a precios inferiores al mercado que es focalizado y asignado de acuerdo a reglas específicas como, por ejemplo, las necesidades identificadas en la persona solicitante o las listas de espera. Ya en este mismo documento, la OCDE también apunta que, en los diferentes países europeos, la vivienda social dispone de distintas denominaciones.

El Observatorio Europeo de Sinhogarismo de FEANTSA también ha aportado su definición de vivienda social mediante un conjunto de características como, por ejemplo, que se trata de un tipo de vivienda destinado a la población con menos recursos o que se ofrece sin ánimo de lucro, entre otros. Veremos, en el siguiente apartado, cuáles son las características de la vivienda social.

En definitiva, se trata de una clase vivienda que, por un lado, debe ofertarse a precio asequible y, por tanto, va dirigida al sector de la población más desfavorecido que no puede acceder a una vivienda del mercado libre y que, por otro lado, se otorga siguiendo unas normas previamente fijadas en la legislación aplicable y mediante un procedimiento de adjudicación determinado. En efecto, en el caso de España, el concepto de vivienda social se asimila, como veremos, al de **vivienda protegida**.

3. El ordenamiento jurídico español en materia de vivienda.

A) La regulación del derecho a la vivienda y la distribución de competencias.

El Estado español, adherido a la Carta Social Europea y a los demás pactos internacionales mencionados, recoge el derecho a la vivienda en el artículo 47 de la Constitución:

«Todos los españoles tienen derecho a disfrutar de una ***vivienda digna y adecuada****. Los poderes públicos promoverán las condiciones necesarias y establecerán las normas pertinentes para hacer efectivo este derecho, regulando la utilización del suelo de acuerdo con el interés general para* ***impedir la especulación****. La comunidad participará en las plusvalías que genere la acción urbanística de los entes públicos».*

En la Constitución, el derecho a la vivienda se matiza con el adjetivo digno y adecuado. Nada se dice del concepto de asequibilidad, cuestión que se considera un «aspecto clave del derecho a una vivienda adecuada» (Comité de Derechos Económicos, Sociales y Culturales de las Naciones Unidas, 1991).

No obstante, respecto a la distribución de competencias en esta materia, el artículo 148.3 de la CE determina que la vivienda es una competencia autonómica. Así lo señalan también los distintos estatutos de autonomía. Así, por ejemplo, el Estatuto de Autonomía de Cataluña reconoce esta competencia en el artículo 137; el Estatuto de Autonomía Andaluz lo señala también en el artículo 56; el Estatuto de Autonomía de les Illes Balears en su artículo 30.3 o el Estatuto de Autonomía valenciano en su artículo 49.9.

Por lo tanto, nos encontramos ante un derecho de competencia exclusivamente autonómica que permite a las Comunidades Autónomas, en palabras del Tribunal Constitucional, *«desarrollar una política propia en dicha materia, incluido el fomento y promoción de la construcción de viviendas, que es, en buena medida, el tipo de actuaciones públicas mediante las que se concreta el desarrollo de aquella política»* (Sentencia del Tribunal Constitucional núm. 152/1988, de 20 de julio).

Sin embargo, que nos encontremos ante una competencia exclusiva autonómica, no quiere decir que la vivienda sea una materia que no pueda verse limitada por determinadas competencias del Estado.

Así lo reconoce el Tribunal Constitucional en distintas sentencias. Ya en Sentencia núm. 152/1988, de 20 de julio, en un litigio promovido por el Gobierno Vasco contra el Real Decreto 3280/1983, de 14 de diciembre de 1983, sobre tramitación de las actuaciones de financiación en materia de vivienda, el Alto Tribunal indicó que, a pesar de que *«es indiscutible que la Comunidad Autónoma del País Vasco ostenta la titularidad de la competencia en materia de vivienda (...) tanto el artículo 149 de la Constitución como los Estatutos de Autonomía dejan a salvo las facultades de dirección general de la economía y, por tanto, de cada uno de los sectores productivos, que han de quedar en poder de los órganos centrales del Estado».*

En concreto, respecto a la vivienda, la misma Sentencia manifiesta que *«este razonamiento es también aplicable al sector de la vivienda, y en particular, dentro del mismo, a la actividad promocional, dada su muy estrecha relación con la política económica general, en razón de la incidencia que el impulso de la construcción tiene como factor del desarrollo económico y, en especial, como elemento generador de empleo».*

Como veremos, al amparo de los títulos competenciales establecidos en el artículo 149.1.1, 8 y 13 CE el Estado aprobó la Ley 12/2023, de 24 de mayo, por el derecho a la vivienda. Dicha Ley ha sido avalada y declarada constitucional, excepto en algunos preceptos puntuales, por la Sentencia del Tribunal Constitucional 79/2024, de 21 de mayo, que señala, además, que el hecho de que el derecho a la vivienda quede constituido como un principio rector de la política social y económica por su ubicación constitucional (art. 47 CE), no excluye que pueda desarrollarse como un derecho constitucional, con las vertientes competenciales adecuadas.

En consecuencia, el Estado puede intervenir en algunos aspectos en materia de vivienda respaldándose en los títulos competenciales del artículo 149.1 CE, pero su actuación debe respetar la distribución de competencias establecida.

Así lo explica el Tribunal Constitucional en Sentencia núm. 36/2012, de 15 de marzo: «*dicha competencia estatal* (la del artículo 149.1.13 CE) *no puede extenderse hasta incluir cualquier acción de naturaleza económica, si no posee una incidencia directa y significativa sobre la actividad económica general, pues, de no ser así, se vaciaría de contenido una materia y un título competencial más específico*». Véase también Sentencias del Tribunal Constitucional núm. 186/1988, de 17 de octubre; núm. 133/1997, de 16 de julio o núm. 112/1995, de 6 de julio.

Por último, no podemos obviar el papel de la administración local. En efecto, los municipios también tienen competencia en materia de vivienda, tal y como se establece en la Ley 7/1985, de 2 de abril, Reguladora de las Bases de Régimen Local (en adelante, LBRL). El artículo 25.2.a) de la LBRL manifiesta:

2. El municipio ejercerá en todo caso como competencias propias, en los términos de la legislación del Estado y de las Comunidades Autónomas, en las siguientes materias:

a) Urbanismo: planeamiento, gestión, ejecución y disciplina urbanística. Protección y gestión del Patrimonio histórico. Promoción y gestión de la vivienda de protección pública con criterios de sostenibilidad financiera. Conservación y rehabilitación de la edificación.

Teniendo en cuenta que el artículo 25.2.d) de la LBRL hace referencia a la «promoción y gestión de la vivienda de protección pública con criterios de sostenibilidad financiera» podemos entender que los municipios reciben una atribución competencial en este sentido y que, por tanto, el ente local puede ejecutar actuaciones en esta materia. Ahora bien, las competencias atribuidas a los municipios responden a dos características básicas. En primer lugar, no se trata de competencias exclusivas, sino que son competencias híbridas que requieren de la colaboración entre las distintas administraciones territoriales para su correcto desarrollo. Así pasa exactamente con la competencia en materia de vivienda. Y, en segundo lugar, que este tipo de competencias deben ser desarrolladas por el legislador sectorial, estatal o autonómico y el municipio siempre deberá estar presente en la gestión de las materias reguladas en el art. 25.2 LBRL para asegurar, de esta forma, los intereses de los ciudadanos.

Además, en el caso del artículo 25.2.d) LBRL la competencia municipal en materia de vivienda queda limitada en dos sentidos. Desde un punto de vista objetivo, el artículo 25.2.d) LBRL solo permite a los municipios actuar en la «*promoción y gestión de vivienda de protección pública*». Y, desde un punto de vista ejecutivo, el precepto añade que esta promoción debe realizarse con «*criterios de sostenibilidad financiera*».

A pesar de ello, «se puede afirmar que las materias enumeradas en el art. 25.2 LBRL constituyen verdaderos títulos competenciales municipales para cuyo efectivo ejercicio no se precisa de desarrollo normativo estatal o autonómico» (Pérez Mira, J.M., & Bueso Guirao, E., 2016).

> Así lo ha indicado también el Tribunal Supremo (en adelante, TS) en varias de sus sentencias. Sirva a modo de ejemplo la Sentencia de 17 de junio de 1999 que indica en su Fundamento Jurídico 3º que: «*El artículo 25.2.d) de la Ley de Bases, de 2 de abril de 1985, hace figurar entre los temas de neta competencia municipal no solamente la gestión y disciplina urbanística, sino también la promoción y gestión de la vivienda, como servicio público que puede contribuir a satisfacer las aspiraciones generales de la comunidad vecinal, y el artículo 88.1 de la misma norma reconoce la facultad que corresponde a los Entes Locales para ejercer la iniciativa pública en materia de actividades privadas, previa la formación del correspondiente expediente, de acuerdo con el artículo 128 de la Constitución*».

En conclusión, tanto en la normativa como en la jurisprudencia del Tribunal Constitucional y del Tribunal Supremo, se configura la materia de vivienda como una competencia concurrente o híbrida. Bien es cierto que la vivienda es competencia exclusiva de las comunidades autónomas y, por tanto, son los entes autonómicos quienes deben regularla y gestionarla. No obstante, existen competencias transversales de titularidad estatal que permiten al Estado regular la materia de vivienda respaldando sus actuaciones en competencias propias. De igual forma, los entes locales también pueden promover y gestionar la vivienda sin saltarse, eso sí, los términos establecidos por la legislación estatal y autonómica.

B) El impacto de la Ley estatal 12/2023, de 24 de mayo, por el derecho a la vivienda.

En el año 2023, el Gobierno aprobó la Ley estatal 12/2023, de 24 de mayo, por el derecho a la vivienda (en adelante, LDV). Se trata de una Ley que tiene por objeto «*regular en el ámbito de competencias del Estado, las condiciones básicas que garantizan la igualdad en el ejercicio de los derechos y en el cumplimiento de los deberes constitucionales relacionados con la vivienda y, en particular, el derecho a acceder a una vivienda digna y adecuada y al disfrute de la misma en condiciones asequibles, atendiendo al cumplimiento de lo dispuesto en los instrumentos internacionales ratificados por España y respetando en todo caso las competencias de las comunidades autónomas y, específicamente, las que tienen atribuidas en materia de vivienda.»* (art. 1 LDV).

Para ello, la LDV se estructura de la siguiente manera:

— Dedica el **título preliminar** a establecer las disposiciones generales relativas al objeto de la Ley, sus finalidades, las definiciones y las diferentes políticas destinadas a desarrollar y satisfacer este derecho. Este título preliminar también prevé la figura de la acción pública para exigir el cumplimiento de la normativa en materia de vivienda.
— El **título I** recoge la función social y el régimen jurídico de la vivienda. En concreto, desarrolla los principios rectores y el estatuto básico del ciudadano en relación con el derecho de acceso a la vivienda (es decir, los derechos y deberes que deben cumplirse).
— El **título II** se centra en la acción de los poderes públicos en la materia y establece determinadas medidas sobre el derecho de acceso a la vivienda y la ordenación territorial y urbanística o sobre la calificación de las viviendas protegidas. Además, también señala la necesidad de la colaboración interadministrativa y la actuación estatal en la materia a través de los planes y programas correspondientes.
— El **título III** hace referencia a los parques públicos de vivienda y establece criterios orientadores para su gestión y destino.
— Por último, el **título IV** concreta distintas medidas para la protección y transparencia en las operaciones de compra y alquiler de vivienda.

La LDV cierra con una serie de disposiciones adicionales, transitorias, derogatoria y finales, entre las que podemos destacar la disposición final 1ª que modifica la LAU o la disposición final 3ª que modula el recargo de hasta el 50% en el Impuesto de Bienes Inmuebles destinados a viviendas de uso residencial que se encuentren desocupadas con carácter permanente.

Tal como hemos señalado, el Estado aprueba la LDV en base a los títulos competenciales establecidos en el artículo 149.1.1ª (desarrollo de las condiciones básicas que garanticen la igualdad), 8ª (legislación civil) y 13ª (bases y coordinación de la planificación económica), tal y como se señala en la disposición final séptima LDV.

De entre todas las medidas recogidas en la Ley estatal, podemos destacar:

1. Medidas destinadas a proteger e incrementar el parque público de vivienda

Para hacer frente a la falta de vivienda pública, la LDV establece una serie de mecanismos con el objetivo de incrementar el parque público de vivienda, a saber:

a) Establece la calificación permanente de las viviendas de protección oficial (en adelante, VPO), tal y como señala el artículo 15.1.c) LDV.
b) Impone el destino del 50% de las VPO construidas al régimen de alquiler (artículo 15.1.d) LDV).
c) Crea una nueva clasificación de las VPO (diferenciar entre vivienda social y vivienda protegida de precio limitado) y nuevos tipos de vivienda pública o social (vivienda asequible incentivada, artículos 3.g) y 17 LDV).
d) Aumenta el porcentaje de la reserva de suelo para la construcción de vivienda pública (disposición final cuarta LDV que modifica el artículo 20.1.b) del texto refundido de la Ley de Suelo y Rehabilitación Urbana, aprobada por Real Decreto Legislativo 7/2015, de 30 de octubre).

En este sentido, debemos tener en cuenta que la STC 79/2024, de 21 de mayo, ha declarado inconstitucional el artículo 16 y la disposición transitoria 1ª de la LDV, que regulaban el régimen jurídico de las viviendas protegidas. En síntesis, el Tribunal considera que la regulación realizada por el legislador estatal es excesiva y que, en realidad, se trata de un régimen de aplicación supletoria que el Estado no puede dictar en materias que son competencia exclusiva de las comunidades autónomas.

Con estas y otras medidas como, por ejemplo, el impulso de la colaboración público-privada y la creación de un fondo de vivienda asequible (artículo 25), la Ley estatal por el derecho a la vivienda pretende incrementar la oferta de vivienda pública, a precios asequibles, mediante la implicación de todos los agentes públicos y privados con tal de dar una solución a los problemas en la oferta de vivienda.

Finalmente, cabe señalar que el artículo 5 de la LDV por el derecho a la vivienda prevé la acción pública y permite que todos los actos y disposiciones dictados en aplicación de los Títulos II y III y del Capítulo III del Título IV de la LDV puedan impugnarse además de por quienes estén debidamente legitimados para ello, «*por las personas jurídicas sin ánimo de lucro que, mediante el ejercicio de esta acción, defiendan intereses generales vinculados con la protección de la vivienda*».

2. Las prórrogas contractuales o la limitación de los precios de los alquileres

Otro de los objetivos de la LDV es frenar el aumento de los precios de los alquileres y, a su vez, promover las viviendas en alquiler, bien sean del mercado libre o bien que se encuentren sujetas a algún régimen de protección.

Para ello, la LDV, además de fijar el procedimiento de la declaración de zonas de mercado residencial tensionado, la Ley estatal por el derecho a la vivienda modifica la Ley 29/1994, de 24 de noviembre, de Arrendamientos Urbanos (en adelante, LAU) en la **disposición final primera**, tal y como veremos a continuación.

Por un lado, establece un **sistema de prórrogas extraordinarias** para los contratos ya vigentes y sujetos a la LAU en los que finalice el período de prórroga obligatoria (artículo 9.1 LAU) o el período de prórroga tácita (artículo 10.1 LAU). En este sentido, debemos diferenciar dos casos distintos:

a) En los contratos sujetos a la LAU de 1994 en los que finalicen las prórrogas anteriormente señaladas, podrá aplicarse una **prórroga extraordinaria**, previa solicitud del arrendatario, por un período **máximo de un año.** La solicitud deberá ir acompañada de la acreditación de una **situación de vulnerabilidad social y económica** sobre la base de un informe emitido en el último año por servicios sociales. Esta solicitud deberá ser **aceptada obligatoriamente por el arrendador cuando este sea gran tenedor de vivienda**, de acuerdo con el concepto establecido en la Ley estatal por el derecho a la vivienda (art. 3.k). Esta prórroga queda recogida en el artículo 10.1. bis LAU.
b) En los contratos sujetos a la LAU de 1994 en los que el inmueble se sitúe en una **zona de mercado residencial tensionado** podrá prorrogarse de manera **extraordinaria** el contrato **por plazos anuales**, previa solicitud del arrendatario, por un período **máximo de tres años**. Esta solicitud de prórroga deberá ser aceptada **obligatoriamente por el arrendador**, salvo que se hayan fijado otros términos o condiciones, se haya suscrito un nuevo contrato o el arrendador haya comunicado la necesidad de ocupar la vivienda arrendada para destinarla a vivienda permanente para sí o para sus familiares en primer grado de consanguinidad o por adopción o para su cónyuge en los supuestos de sentencia firme de separación, divorcio o nulidad matrimonial. Esta prórroga queda recogida en el artículo 10.2 LAU.

Por otro lado, recoge el sistema para la **limitación de las rentas en los contratos de arrendamiento** y modifica los apartados 6 y 7 del artículo 17 LAU, diferenciando las siguientes situaciones:

a) En los contratos sujetos a la LAU de 1994 en los que el inmueble se ubique en una **zona de mercado residencial tensionado**, la renta pactada al inicio del nuevo contrato **no podrá exceder de la última renta de contrato de arrendamiento de vivienda habitual que hubiese estado vigente en los últimos cinco años en la misma vivienda, una vez aplicada la cláusula de actualización anual de la renta del contrato anterior, sin que se puedan fijar nuevas condiciones que establezcan la repercusión al arrendatario de cuotas o gastos que no estuviesen recogidas en el contrato anterior**. Únicamente podrá incrementarse (más allá de la actualización anual de la renta del contrato anterior), en un **máximo del 10% sobre la última renta del contrato**, cuando se **acredite** alguno de los supuestos fijados en la norma (por ejemplo, rehabilitación en la vivienda o actuaciones de mejora de la accesibilidad realizadas en los dos años anteriores).

b) En los contratos sujetos a la LAU de 1994 en los que el arrendador sea un **gran tenedor de vivienda** (de acuerdo con el artículo 3.k) de la Ley por el derecho a la vivienda) y en los que el inmueble se ubique en una **zona de mercado residencial tensionado**, la renta pactada al inicio del nuevo contrato **no podrá exceder del límite máximo del precio aplicable conforme al sistema de índices de precios de referencia**, atendiendo a las condiciones y características de la vivienda arrendada y del edificio en el que se ubique.

c) El límite máximo del precio conforme al sistema de índices de precios de referencia también se aplicará en los contratos en los que el inmueble se ubique en una **zona de mercado residencial tensionado** y sobre el que no hubiese estado vigente **en los últimos 5 años, ningún contrato** de arrendamiento de vivienda.

De esta forma, el legislador estatal configura el procedimiento de las declaraciones de zonas de mercado residencial tensionado (artículo 18 de la Ley por el derecho a la vivienda) y establece una serie de medidas (prórrogas y límite de las rentas) que intervienen en el mercado libre de vivienda y que habilitan a las Comunidades Autónomas, como órganos competentes, para declarar las zonas de mercado residencial tensionado e imponer la contención de las rentas en los contratos de arrendamiento de vivienda.

Por el momento, Cataluña ha sido la única comunidad autónoma que ha declarado diferentes municipios como zona de mercado residencial tensionado en base a las previsiones establecidas en la LDV y que puede, en consecuencia, utilizar las medidas aprobadas para frenar la subida de los precios de los alquileres.

3. Creación de un escenario fiscal favorable a la reducción de las rentas del alquiler

Asimismo, la LDV también configura la creación de un escenario fiscal que favorezca la reducción de las rentas de alquiler mediante dos previsiones distintas, a saber:

a) En primer lugar, la disposición final segunda modifica la Ley 35/2006, de 28 de noviembre, del Impuesto sobre la Renta de las Personas Físicas (en adelante, IRPF) para establecer una serie de beneficios fiscales en este impuesto para aquellos propietarios que pongan su vivienda en alquiler. La norma contempla diferentes tipos de reducciones que oscilan entre el 50 y el 90%. Para obtener la mayor reducción del IRPF, la del 90%, deberá formalizarse un nuevo contrato de arrendamiento en una vivienda ubicada en una zona de mercado residencial tensionado y rebajar la renta más de un 5%. Esta medida favorable a los propietarios no entrará en vigor hasta el 1 de enero del año siguiente a la publicación de la norma en el Boletín Oficial del Estado, de acuerdo con la disposición final novena. No obstante, como vemos, la aplicación de estos beneficios fiscales en el IRPF queda condicionada a la entrada en vigor de la norma y no se aplicará hasta el 1 de enero del año siguiente. Esto implica que los beneficios fiscales no se aplican hasta el 1 de enero de 2024 y, por tanto, no se ven reflejados hasta las declaraciones del año 2025.
b) Y, en segundo lugar, la disposición final tercera modifica el texto refundido de la Ley Reguladora de las Haciendas Locales, aprobada por el Real Decreto Legislativo 2/2004, de 5 de marzo para señalar que, en el caso de inmuebles de uso residencial desocupados con carácter permanente, los Ayuntamientos podrán exigir desde un 50% hasta un 150% de recargo en el IBI correspondiente.

En definitiva, la LDV es la primera norma estatal de la etapa democrática que regula el derecho a la vivienda que constituye, a su vez, una materia altamente relevante y sensible a nivel social, jurídico y político.

En este sentido, consideramos positiva la existencia de una norma a nivel estatal que disponga las líneas generales y las directrices a seguir por parte de las Comunidades Autónomas y que, por tanto, es una norma cuyo «*dictado es necesario y útil en un momento de carestía de vivienda en el que el acceso a la vivienda es uno de los problemas socio-económicos más acuciantes de nuestro país*» (Fuentes-Lojo Rius, 2022). Y, además, tras la STC 79/2024, de 21 de mayo, que únicamente declara inconstitucionales los artículos 16 (junto con la disposición transitoria primera), 19.3 (segundo inciso) y los apartados 1, párrafo 3, y apartado 3 del artículo 27, queda claro que la LDV ha venido para quedarse.

C) El derecho a la vivienda en el ámbito autonómico. El caso de Cataluña.

Como ya se ha dicho en repetidas ocasiones, las comunidades autónomas tienen competencia exclusiva en materia de vivienda. En el caso de la comunidad de Cataluña, esta exclusividad queda recogida en el artículo 137.1.c) del Estatuto de Autonomía Catalán (EAC). De igual forma, el artículo 26 EAC manifiesta una serie de derechos en el ámbito de la vivienda y, más concretamente, el artículo 47 EAC recoge un mandato a los poderes públicos para garantizar el derecho a la vivienda y facilitar el acceso a la misma.

Por ello, además de los Planes por el derecho a la vivienda que se han ido aprobando desde el año 2002, en el ordenamiento jurídico catalán existen diversas normas que inciden, de forma más o menos directa, en la configuración del derecho a la vivienda como, por ejemplo, la Ley 2/2004, de 4 de junio, de mejora de barrios, áreas urbanas y villas que requieren una atención especial, la Ley 4/2016, de 23 de diciembre, de medidas de protección del derecho a la vivienda de personas en riesgo de exclusión residencial o la Ley 11/2020, de 18 de setiembre, de medidas urgentes en materia de contención de rentas en los contratos de alquiler de viviendas. No obstante, el régimen jurídico de la vivienda en Cataluña se encuentra regulado en la **Ley 18/2007, de 28 de diciembre, del derecho a la vivienda** (en adelante, Ley 18/2007).

Se trata de una norma que, tal y como indica en su preámbulo, pretendía «transformar el mercado de la vivienda», a causa de los problemas que tenía la ciudadanía catalana para acceder a las viviendas teniendo en cuenta distintos factores como, por ejemplo, la crisis económica, el fracaso de las políticas de vivienda adoptadas tradicionalmente o la insuficiencia de la oferta de alquiler.

> El resto de Comunidades Autónomas también poseen una regulación específica en el ámbito de la vivienda. Sirva como ejemplo la Ley 3/2015, de 18 de junio, de vivienda de la Comunidad Autónoma del País Vasco que también regula el derecho a disfrutar de una vivienda como *«una necesidad vital para el ser humano»* o la Ley 1/2010, de 8 de marzo, reguladora del Derecho a la Vivienda en Andalucía que recoge el derecho a una vivienda digna y adecuada que satisfaga las necesidades habitacionales de sus titulares y que sea una edificación fija, habitable, accesible y de calidad (artículos 2 y 3).

La Ley 18/2007 realizó una apuesta clara y contundente: crear un parque específico de viviendas asequibles que permitiera atender las necesidades de la población que necesita un alojamiento. Para ello, es en este momento cuando se regula del modo más riguroso posible el régimen de VPO y otras formas de vivienda asequible (como la vivienda de inserción o el alojamiento dotacional).

Además de lo anterior, la Ley 18/2007 marca un objetivo de solidaridad urbana firme y claro en su artículo 73: en el plazo de 20 años (hasta el 2027) el 15% de las viviendas principales existentes en los municipios incluidos en áreas declaradas por el Plan territorial sectorial de vivienda como ámbitos de demanda residencial fuerte y acreditada deben ser viviendas destinadas a políticas sociales. Este objetivo se repite, de forma insistente, en las últimas normas aprobadas en la materia y, en especial, en el Decreto Ley 17/2019, de 23 de diciembre. Actualmente, las viviendas destinadas a políticas sociales ostentan, aproximadamente, el 2% de las viviendas principales, tal como señala la Generalitat de Catalunya en la exposición de motivos de muchas de sus normas (entre ellas, la Ley 1/2022, de 3 de marzo, de modificación de la Ley 18/2007, la Ley 24/2015 y la Ley 4/2016 para hacer frente a la emergencia en el ámbito de la vivienda).

Sin embargo, con la modificación introducida por la Ley 9/2011, de 29 de diciembre, de promoción de la actividad económica, el objetivo de solidaridad urbana quedó vinculado a la aprobación del Plan Territorial Sectorial de la Vivienda pues hace referencia a los municipios incluidos en áreas declaradas como ámbitos de demanda residencial fuerte y acreditada por este plan.

En términos generales, la Ley 18/2007 recoge las competencias entre las distintas Administraciones Públicas en materia de vivienda, los conceptos a tener en cuenta en la materia, la planificación y programación de la misma, la calidad del parque de viviendas (concepto de calidad, deber legal de conservación y rehabilitación e instrumentos para conseguir que las viviendas desocupadas se incorporen al mercado), la igualdad en el acceso y la ocupación de la vivienda, la protección pública de la vivienda (con políticas orientadas a la obtención de VPO para conseguir, como decimos, el 15% en 20 años), los derechos de adquisición preferente de las Administraciones Públicas catalanas en relación a las VPO y sus garantías y, finalmente, un régimen sancionador que ofrece medidas de inspección, medidas provisionales y medidas sancionadoras ante infracciones en esta materia.

La Ley 18/2007 es, por tanto, la norma de cabecera en materia de vivienda en el ámbito de Cataluña y, en especial, en todo lo que hace referencia a la VPO pues, en los artículos 77 y siguientes de la misma Ley, se recoge el régimen jurídico general de la VPO en Cataluña, aunque existen otras normas que regulan aspectos más específicos de este tipo de viviendas.

Así, por un lado, el Decreto 257/2006, de 6 de junio, por el que se establece las condiciones para la venta de viviendas calificadas de protección oficial de promoción pública, cuyo objetivo es asentar las bases del precio y del procedimiento para regular las operaciones de compraventa del parque de viviendas de promoción pública de Cataluña, tanto en los casos de venta de viviendas de propiedad, como en los casos de venta de viviendas en alquiler, partiendo de la premisa que en ambas circunstancias es prioritario para el Gobierno catalán preservar los parques públicos como parques sociales. Esta norma regula, entonces, el régimen de tenencia de las viviendas de protección pública arrendadas, el de las viviendas de protección públicas en disposición de adjudicación y el de las segundas transmisiones de las VPO calificadas de promoción pública. Por otro lado, el Decreto 106/2009, de 19 de mayo, por el que se regula el Registro de Solicitantes de VPO de Cataluña y los procedimientos de adjudicación de las VPO. Este Decreto regula la estructura y el funcionamiento del Registro de Solicitantes de VPO, por mandato indicado en el artículo 92 de la Ley 18/2007, de 28 de diciembre, del derecho a la vivienda.

D) Los planes de vivienda.

Además de las normas anteriores, debemos señalar la importancia de los planes de vivienda en el desarrollo y en la gestión de este derecho. Los planes de vivienda constituyen el instrumento que articula el derecho a la vivienda en nuestro ordenamiento jurídico. Constituyen, en consecuencia, un *«instrumento fundamental en el que se hacen efectivas las políticas públicas al servicio del derecho a la vivienda [...] existentes a un triple nivel (estatal, autonómico y local) y de alguna manera coordinados en sentido descendente»* (Souvirón Morenilla, 2018).

En este sentido, es necesario examinar la naturaleza jurídica de los planes de vivienda, puesto que son un elemento que, en correcta coordinación con los planes urbanísticos, pueden contribuir a mejorar la política de vivienda actual y a incrementar el parque público de vivienda.

De acuerdo con Vaquer Caballería (2017), los planes de vivienda disponen las siguientes características:

1) Son normas de carácter reglamentario, *«ya no espaciales sino abstractas»*.
2) El contenido de estos planes de vivienda es determinar *«tipologías de vivienda protegida y ayudas públicas»*.
3) La competencia para aprobar los planes autonómicos recae, fundamentalmente, en las Comunidades Autónomas. Sin embargo, y como ya hemos señalado anteriormente, el Estado dispone de una serie de títulos competenciales que le permiten *«aprobar sus propios planes y destinar sus propios recursos financieros»*. En cualquier caso, *«el desarrollo y la ejecución de los planes estatales corresponde a las Comunidades Autónomas»* (artículo 21.1 y 21.2 del Real Decreto 42/2022, de 18 de enero, por el que se regula el Bono Alquiler Joven y el Plan Estatal para el acceso a la vivienda 2022-2025).
4) Los planes de vivienda *«tienen vigencia temporal, tradicionalmente cuatrienal»*.

Así, por ejemplo, del Real Decreto 42/2022, de 18 de enero, por el que se regula el Bono Alquiler Joven y el Plan Estatal para el acceso a la vivienda 2022-2025 (en adelante, Plan estatal 2022-2025), se desprenden las siguientes notas:

a) El Plan estatal 2022-2025 es una norma jurídica de rango reglamentario. Formalmente, se aprueba mediante Real Decreto, disposición adoptada en virtud de la potestad reglamentaria del Gobierno establecida en el artículo 97 CE. En el ámbito material, se trata de una norma que genera derechos y obligaciones para sus destinatarios. Así, por ejemplo, en el programa de ayuda al alquiler de vivienda regulado en los artículos 26 y siguientes, los destinatarios obtienen el derecho de acceder a este programa y beneficiarse de esta ayuda económica, pero tienen la obligación de cumplir con los requisitos establecidos en la norma.
b) En efecto, el Plan estatal 2022-2025 dirige todos sus programas de ayudas a una multiplicidad de destinatarios, no a una única persona en concreto. En este sentido, se trata de una norma que pretende facilitar el acceso a la vivienda a todos los ciudadanos, tal y como dispone en su propia exposición de motivos, aunque otorga especial atención a la población con menos recursos.
c) La duración del Plan estatal es de cuatro años (2022-2025). No se aprueba, entonces, para tener una duración indefinida. Sin embargo, es una norma que no agota su eficacia en un solo acto, sino que se mantiene vigente en el tiempo y que, incluso, puede prorrogarse.

Además de lo anterior, es necesario añadir que el Plan estatal 2022-2025 no constituye, únicamente, un *desiderátum*, sino que se aprueba con intención de ser ejecutado y de cumplir, de forma efectiva, con los programas que en él se detallan. Así se desprende de la disposición adicional primera del Plan que dice:

> *«Disposición adicional primera. Efectividad de las ayudas.*
> *Las ayudas que se otorguen en aplicación de este real decreto podrán reconocerse con efectos del 1 de enero de 2022 aunque la fecha del reconocimiento fuere posterior. No podrán reconocerse con efectos anteriores al 1 de enero de 2022.»*

En definitiva, los Planes de Vivienda constituyen (y así debe interpretarse) verdaderas normas de rango reglamentario, que crean derechos y obligaciones —tanto a la Administración Pública como a los ciudadanos— y que pueden ser, en consecuencia, exigibles ante nuestros Tribunales.

III. Mecanismos administrativos para garantizar el derecho a la vivienda.

1. El derecho urbanístico.

El derecho urbanístico constituye una rama del ordenamiento jurídico administrativo que permite a las Administraciones configurar el modelo urbanístico de la ciudad.

> De acuerdo con la jurisprudencia del Tribunal Supremo, el urbanismo «constituye una función pública y no una expectativa privada» (Sentencias del Tribunal Supremo de 1 de julio de 1964, de 2 de mayo de 1973 y de 29 de noviembre de 1989, entre otras), puesto que se despliega y ejercita a través de los planes urbanísticos correspondientes y «posee la virtud de establecer y definir el estatuto del derecho de propiedad y ostenta la cualidad innovativa, constituyendo [...] un gradual y coordinado sistema normativo, al que debe ajustarse el ejercicio de las facultades dominicales» (Sentencia del Tribunal Supremo de 21 de noviembre de 1969).

A través de la figura del plan, que constituye una norma de rango reglamentario, y junto con la participación de los propietarios y el resto de los operadores implicados, la Administración clasifica y califica el suelo del territorio.

La conexión entre el derecho urbanístico y la vivienda en nuestro ordenamiento jurídico es evidente, pues el propio artículo 47 CE —que recoge el derecho a una vivienda digna y adecuada— señala que los poderes públicos deben hacer efectivo este derecho, «regulando la utilización del suelo de acuerdo con el interés general para impedir la especulación».

La regulación urbanística se encuentra recogida en el Real Decreto Legislativo 7/2015, de 30 de octubre, por el que se aprueba el texto refundido de la Ley de Suelo y Rehabilitación Urbana (en adelante, TRLS) y, para el territorio de Cataluña, en el Decreto Legislativo 1/2010, de 3 de agosto, por el que se aprueba el texto refundido de la Ley de urbanismo (en adelante, TRLUC) y en el Decreto 305/2006, de 18 de julio, por el que se aprueba el Reglamento de la Ley de urbanismo (en adelante, RLUC). Y, en relación con los planes urbanísticos —y con la figura de la reserva de suelo— debemos tener en cuenta, especialmente, los Planes de Ordenación Urbanística Municipal (en adelante, POUM) que, de acuerdo con el artículo 57.3 TRLUC son los encargados de concretar las reservas de suelo destinados a VPO y los Programas de Actuación Urbanística Municipal (artículo 60 TRLUC) que recogen las políticas de suelo y vivienda de uno o varios municipios.

En este sentido, debemos tener en cuenta que el legislador estatal en la LDV estatal por el derecho a la vivienda prevé una serie de actuaciones en el ámbito de la ordenación territorial y urbanística en su artículo 15. En concreto, de este artículo, interesa destacar especialmente la **reserva de suelo** establecida en el artículo 15.1.c) puesto que señala que la reserva fijada en el artículo 20.1.b) del TRLS no podrá modificarse, salvo en los casos excepcionales en los que el instrumento de ordenación urbanística justifique la innecesariedad de este tipo de viviendas o la imposibilidad sobrevenida de dicho destino.

En este sentido, la disposición final cuarta de la Ley estatal modifica el artículo 20.1.b) del TRLS y señala que la reserva comprenderá los terrenos necesarios para «realizar el 40% de la edificabilidad residencial prevista por la ordenación urbanística en suelo rural y el 20% en el suelo urbanizado que deba someterse a actuaciones de reforma o renovación de la urbanización».

A pesar de lo anterior, no podemos olvidar que, igual que ocurre en el ámbito de la vivienda, el urbanismo se configura como una materia de competencia autonómica, tal y como se indica en los artículos 137.1.a) y 149 del EAC y, en consecuencia, la Generalitat de Catalunya es la encargada de ordenar y urbanizar las ciudades, respetando en todo momento, tanto los principios generales del derecho aplicables al derecho administrativo puesto que *«son la atmósfera en que se desarrolla la vida jurídica, el oxígeno que respiran las normas»* (Trayter Jiménez, 2023) y que actúan como doble garantía: por un lado, suponen un límite al legislador urbanístico que debe respetar los principios al elaborar los planes y, por otro lado, constituyen una guía a la Administración urbanística que aplica las normas. Y, además de estos principios generales, el derecho urbanístico se rige por dos principios esenciales: el derecho de propiedad como un derecho estatutario y el reparto equitativo de beneficios y cargas.

Así lo indica el Tribunal Supremo en varias de sus sentencias como, por ejemplo, la Sentencia de Tribunal Supremo, de 19 de octubre de 1982 que señala «la presencia de las dos ideas maestras de nuestro ordenamiento urbanístico: una que viene a configurar el derecho de propiedad como un derecho estatutario, considerando las limitaciones impuestas como definidoras del contenido normal del dominio, y por ello, no legitimadora de pretensiones indemnizatorias; y otra, en compensación a la primera, atributiva a los afectados por la ordenación de un derecho a la distribución equitativa de los beneficios y cargas del planeamiento en los términos previstos en dicha Ley (Art. 87.1), instrumentando las indemnizaciones en los supuestos de restricciones o privaciones del aprovechamiento sólo cuando... no pueda ser objeto de distribución equitativa entre los interesados». O también la Sentencia del Tribunal Supremo de 24 de abril de 1989 que reconoce, de igual manera, ambos principios: «como tiene declarado el Tribunal Supremo [...] el ordenamiento urbanístico se rige por dos principios esenciales: a) la configuración del derecho de propiedad como un derecho estatutario, y b) el reparto equitativo de los beneficios y cargas del planeamiento; principios que se desprenden de los arts. 14 y 33 de la Constitución».

Y, por último, además de estos principios, el planeador debe tener en cuenta una serie de límites a la hora de elaborar y aprobar los distintos planes urbanísticos que, de acuerdo con ROMERO (2004) pueden clasificarse en tres categorías: límites externos (como la atribución de competencias para la elaboración del plan y el procedimiento legalmente establecido, so pena de nulidad del plan), límites internos (en base al principio de racionalidad o proporcionalidad) y, por último, límites heterogéneos (el principio de jerarquía entre los planes, la teoría de la fuerza normativa de lo fáctico o los estándares mínimos urbanísticos como, por ejemplo, la reserva de suelo para la construcción de VPO, así como las normas que resultan de directa aplicación).

Por lo tanto, en lo que a este trabajo interesa, podemos definir el derecho urbanístico como una de las **herramientas de actuación más potentes y necesarias en el ámbito de la vivienda**. Veamos qué mecanismos urbanísticos podrían resultar útiles para mejorar el acceso a una vivienda digna y adecuada.

A. La reserva de suelo

Una de las medidas urbanísticas que, tradicionalmente, el legislador ha tenido en cuenta a la hora de promover e impulsar la construcción de VPO es la **reserva de suelo** que actúa como un estándar mínimo urbanístico que obliga al planeador a proteger determinados suelos y reservarlos a este fin. Es importante señalar que, actualmente, en el ordenamiento jurídico catalán podemos distinguir dos tipos de reserva de suelo:

a) Por un lado, la reserva de suelo tradicional que se recoge en las leyes urbanísticas y obliga al planeador a reservar un porcentaje del suelo destinado a uso residencial para destinarlo a la construcción de VPO y que se establecían en suelo urbano no consolidado y en suelo urbanizable.
En concreto, este tipo de reservas hacen referencia a un porcentaje de edificabilidad de viviendas y suelen responder a una limitación de precios, tanto en las rentas de alquiler como en el precio de venta. Para materializar estas reservas de utiliza la técnica del estándar mínimo urbanístico, que tienen la función de limitar «la capacidad de decisión del planificador, al reservar una cierta cantidad de suelo para zonas verdes, aparcamientos y dotaciones públicas» (Fernández Rodríguez, 2001). Así lo indica también el Tribunal Supremo en varias de sus sentencias al señalar que estos estándares constituyen un «tope mínimo legal, un límite frente a los poderes planificadores de la administración» (entre otras, Sentencias del Tribunal Supremo de 15 de febrero de 1983 y 7 de diciembre de 1987).

b) Y, por otro lado, la reserva de suelo en suelo urbano consolidado que afecta a edificios plurifamiliares de nueva construcción, aunque conserven algún elemento arquitectónico de una edificación anterior y a los edificios plurifamiliares existentes ubicados en suelo urbano consolidado en que se pretenda llevar a cabo obras de ampliación, de reforma general o de gran rehabilitación u obras de ampliación o de incremento de viviendas, cuando dichas actuaciones tengan por finalidad alojar mayoritariamente a nuevos residentes.
La reserva en suelo urbano consolidado se encuentra recogida en el artículo 57.3 TRLUC que señala que el POUM de cada municipio deberá reservar para la construcción de viviendas de protección pública, como mínimo, el suelo correspondiente al 30% del techo que se califique para el uso residencial de nueva implantación. De esta reserva del 30% quedan excluidos los municipios que, por su escasa complejidad urbanística, solo distinguen entre suelo urbano y suelo no urbanizable y los municipios de menos de 5.000 habitantes que no son capitales de comarca y que cumplen con dos requisitos: que en los dos años anteriores a la aprobación inicial del plan, la dinámica de otorgamiento de licencias haya sido inferior a cinco viviendas por cada mil habitantes y año y que el plan no permita más de 200 viviendas de nueva implantación para el conjunto de los ámbitos de actuación urbanística en suelo urbano no consolidado y en suelo urbanizable (artículo 57.3 a) y b) TRLUC).
Sin embargo, en los municipios integrados en el área metropolitana de Barcelona, la disposición adicional sexta del Decreto Ley 17/2019 de 23 de diciembre, de medidas urgentes para mejorar el acceso a la vivienda establece que los porcentajes mínimos del techo que se califique para el uso residencial de nueva implantación será del 40% en suelo urbanizable delimitado y en sectores de suelo urbano no consolidado que tengan por objeto la transformación global de los usos principales al uso residencial, salvo cuando no se pueda garantizar la viabilidad económico-financiera de las actuaciones a realizar.

B. El derecho de superficie y la cesión de suelo

Por un lado, el **derecho de superficie** ha sido regulado tradicionalmente a través de la legislación civil. Actualmente, en Cataluña, el artículo 564 del Código Civil Catalán (en adelante, CCC) aprobado por Ley 5/2006, de 10 de mayo, del libro quinto del CCC, relativo a los derechos reales recoge todas las previsiones relativas a este derecho.

Se trata de un «*derecho real limitado sobre una finca ajena que atribuye temporalmente la propiedad separada de las construcciones o de las plantaciones que estén incluidas en la misma*» (artículo 564-1 CCC). En consecuencia, el derecho de superficie permite la separación de la propiedad entre lo que se construye y el terreno o suelo sobre el que se erige la construcción, que puede ser anterior o posterior a la constitución del derecho de superficie.

De acuerdo con el artículo 564-3 CCC pueden constituir este derecho los propietarios y titulares de derechos reales posesorios que dispongan libremente de la finca / terreno afectado. La constitución debe realizarse mediante escritura pública que debe concretar la duración del derecho (nunca superior a 99 años), las características de la construcción existente o futura (y el plazo para realizar las obras, en este caso), la extensión del derecho de superficie (es decir, si comprende toda la finca o no y, en su caso, la delimitación concreta de la parte del terreno afectado) y, finalmente, el precio o entrada y canon que deben satisfacer los superficiarios, en caso de que proceda (por lo tanto, entendemos que el derecho de superficie podría constituirse de forma gratuita).

Los superficiarios y los propietarios de la finca pueden establecer el régimen jurídico de los derechos y obligaciones respectivos (artículo 564-4 CCC) y la extinción del derecho de superficie queda sujeto a las causas generales de extinción de los derechos reales establecidas en el artículo 532 CCC (esto es, pérdida del bien, consolidación de las titularidades o renuncia).

Finalmente, cabe señalar que la LDV estatal promueve el otorgamiento de derechos de superficie «*a terceros para que edifiquen, rehabiliten y/o gestionen viviendas de parque público, siempre que quede garantizada la titularidad pública del suelo, mediante los correspondientes procedimientos que garanticen la transparencia y pública concurrencia en la concesión de estos derechos*» (artículo 28.1.b).

En el ámbito urbanístico catalán, el derecho de superficie se encuentra previsto en el artículo 171 TRLUC que señala lo siguiente:

> *Artículo 171. Derecho de superficie.*
>
> *1. La Administración de la Generalidad, los entes locales, las entidades urbanísticas especiales y las otras personas jurídicas de derecho público, en el ámbito de las competencias respectivas, y también las personas particulares, pueden constituir el derecho de superficie en terrenos de que sean propietarios o propietarias para destinarlos a construir viviendas, establecer servicios complementarios o hacer instalaciones industriales, logísticas y comerciales u otras edificaciones determinadas en los planes urbanísticos.*

En consecuencia, la regulación urbanística permite a los poderes públicos constituir el derecho de superficie en suelos de su titularidad, es decir, en suelo público y vincula su regulación a la legislación civil catalana y al título constitutivo de derecho. En este sentido, la Administración Pública puede constituir el derecho de superficie sobre suelos de su titularidad y sobre suelos que integren el patrimonio público de suelo y de vivienda respetando los requisitos que, en cada caso, establezca la normativa aplicable.

A pesar de lo anterior, en la actual legislación de vivienda, el derecho de superficie únicamente está previsto para la modalidad de equipamientos comunitarios de alojamiento dotacional, en el que la Administración titular del terreno puede otorgar este derecho real (o una concesión administrativa) a terceros para que los «construyan y gestionen» (artículo 18 Ley 18/2007).

Este tipo de alojamiento, el denominado alojamiento dotacional, está destinado a «satisfacer las necesidades temporales de habitación de las personas, en régimen de uso compartido de todos o una parte de los elementos del alojamiento con otros usuarios o en régimen de uso privativo de una vivienda completa», de acuerdo con la definición establecida en el artículo 3.j) Ley 18/2007, de 28 de diciembre, del derecho a la vivienda.

Por lo tanto, la legislación en materia de vivienda limita el uso del derecho de superficie a una modalidad de vivienda de carácter temporal y sujeta a unas determinadas condiciones. Sin embargo, cuando el artículo 77.3 Ley 18/2007, de 28 de diciembre, del derecho a la vivienda hace referencia a la calificación genérica de las VPO admite como regímenes posibles la propiedad, el arrendamiento u otro régimen de cesión del uso sin transmisión de la propiedad, entre los que podría encajar el derecho de superficie.

Por otro lado, además del derecho de superficie, otro derecho de carácter real que podría fomentarse en materia de vivienda es el **derecho de uso** regulado en el artículo 562 CCC. En este sentido, la legislación civil catalana señala que el mismo se regula por lo establece el título de constitución, el capítulo II del CCC y, subsidiariamente, la regulación del usufructo. Además, se presume el carácter vitalicio del derecho de uso constituido (artículo 562-2 CCC).

Se trata, por tanto, de un derecho real que permite a los usuarios *«poseer y utilizar un bien ajeno en la forma establecida por el título de constitución o, en su defecto, de modo suficiente para atender sus necesidades y las de quienes convivan con ellos»* (artículo 562-6 CCC). Además, el propio CCC permite vincular el derecho de uso a la vivienda cuando, en su artículo 562-7, señala que «el uso de una vivienda se extiende a la totalidad de esta y comprende el de las dependencias y los derechos anexos».

También regula el CCC el derecho de habitación que permite «ocupar las dependencias y anexos de una vivienda» indicados en el título de constitución. Es decir, no hacer uso de toda la vivienda sino de una determinada parte de esta como, por ejemplo, una habitación.

La legislación catalana en materia de vivienda ya prevé la posibilidad de acceder a las VPO en régimen de cesión de uso y, en especial, cuando se trata de viviendas promovidas en régimen de propiedad compartida (*cohousing*, a través de cooperativas de vivienda, que obtienen el derecho de superficie por parte de la Administración y ceden el uso a los usuarios de las viviendas).

Estas son, únicamente, dos de las técnicas que la legislación en materia de urbanismo y vivienda podría fomentar y promover en el ámbito de la vivienda.

Así lo están haciendo distintas ciudades de nuestro territorio como, por ejemplo, Barcelona o Madrid mediante sus correspondientes planes de vivienda.

En el caso de Barcelona, con el Plan por el derecho a la vivienda 2016-2025 se preveía desarrollar y construir, por parte del Instituto Municipal de Vivienda de Barcelona, un total de 8.854 viviendas, de las cuales un 20% serán adjudicadas mediante derecho de superficie (Ajuntament de Barcelona, 2018). Por lo tanto, el Ayuntamiento barcelonés ya ha impulsado la oferta de este tipo de VPO.

Y, en relación con el régimen de cesión de uso, en el año 2020 el Ayuntamiento de Barcelona había conseguido incrementar el parque público de vivienda en 250 mediante acciones realizadas con cooperativas de viviendas que adjudican el uso de esta a los solicitantes de vivienda (Ajuntament de Barcelona, 2016).

Lo mismo ocurre en Madrid donde, en los últimos años, el Ayuntamiento ha impulsado distintos programas de cesión de suelo en régimen del derecho de superficie con destino a la promoción de viviendas en alquiler asequible (Ayuntamiento de Madrid, 2021).

2. La colaboración público-privada.

La colaboración público-privada (en adelante, CPP) no responde a una definición concreta o fija. Se trata de un concepto elástico que ha ido evolucionando con el paso de los años y que, en la actualidad, tiene un papel muy relevante en las relaciones Estado-sociedad, con el fin de proteger y garantizar el interés público.

A nivel global, las fórmulas de CPP pueden denominarse como *Public Private Partnership (PPP)* en el ámbito británico, asociaciones público-privadas o acuerdos de colaboración público-privada, como hace referencia la Unión Europea en algunos de sus documentos. Todas estas denominaciones responden a una sola idea: «aquella cooperación entre actores públicos y privados, de carácter duradero, en los que los actores desarrollan conjuntamente productos y/o servicios, y donde se comparten riesgos, costes y beneficios» (Klijn & Teisman, 2003).

Si bien existen, como decimos, muchas formas distintas de definir el concepto de CPP, existen una serie de características comunes a todas las fórmulas de CPP posibles y que, siguiendo a García Solana (2017), debemos destacar. Así pues, en toda herramienta de CPP han de conjugarse los siguientes elementos, a saber:

1) Deben existir dos tipos distintos de autores: privados y públicos. En determinados mecanismos de CPP, pueden operar más de dos autores a la vez, pero, al menos uno de ellos, siempre tendrá carácter público.

2) Los autores, tanto públicos como privados, que participan en la CPP deben hacerlo a través de una participación voluntaria y autónoma. En otras palabras, deben poder tomar la decisión individual de participar en el proyecto y de aceptar las responsabilidades que del mismo se deriven.
3) El mecanismo de CPP debe realizarse para la consecución de un objetivo común: la protección del interés público o la mejora de determinados aspectos de la vida pública. En este sentido, los autores participantes en el proyecto deben priorizar el interés público por encima de los suyos propios.
4) Respecto al plazo de duración de la CPP, la mayoría de las definiciones recogen que debe tratarse de una relación formal y duradera.
5) Ligado con lo anterior, la CPP debería poder reflejarse y formalizarse en una figura contractual que protegiera a los autores participantes, tanto públicos como privados, y que concretara los derechos y obligaciones de ambas partes y la actividad que se va a llevar a cabo.
6) Uno de los aspectos clave de la CPP pasa por compartir el riesgo existente en el proyecto compartido. Así lo señala NOGUERA DE LA MUELA (2021) cuando dice que la CPP se caracteriza, en esencia, por «la diversificación, el reparto efectivo de los riesgos inherentes a los proyectos que se articulen a través de estas técnicas entre la Administración Pública y el operador privado».
7) Finalmente, la CPP debe caracterizarse, en efecto, por un clima de negociación, interacción y colaboración entre los autores públicos y privados participantes.

Siguiendo estas notas definitorias, y teniendo en cuenta que no existe una definición concreta acuñada por nuestro ordenamiento jurídico, las distintas instituciones y organizaciones internacionales han establecido el concepto de CPP en algunos de sus documentos.

Así, por ejemplo, la Comisión Europea en su libro verde sobre la colaboración público-privada del año 2004 indica que la figura de la CPP «carece de definición en el ámbito comunitario. En general, se refiere a las diferentes formas de cooperación entre las autoridades y el mundo empresarial, cuyo objetivo es garantizar la financiación, construcción, renovación, gestión o el mantenimiento de una infraestructura o la prestación de un servicio». De la misma manera, la Comisión Europea señala que las herramientas de CPP se caracterizan por la duración relativamente larga de la relación, el modo de financiación del proyecto (garantizado, en mayor parte, por el sector privado) y por el reparto de riesgos entre el socio público y el privado, aspectos también señalados por la doctrina anteriormente mencionada. A su vez, el Banco Mundial (2019) señaló que los mecanismos de CPP pueden ser «un instrumento para satisfacer las necesidades de servicios de infraestructura» pero que, para ello, es necesario diseñar de forma correcta y adecuada unos «entornos regulatorios equilibrados que puedan aportar mayor eficacia y sostenibilidad a la prestación de servicios públicos».

Además de lo anterior, debemos tener en cuenta que los distintos instrumentos de CPP pueden clasificarse en dos grandes grupos: CPP contractual y CPP institucional. Por un lado, los mecanismos de CPP contractuales, son aquellos que se caracterizan por vincular a ambas partes de la colaboración (pública y privada) mediante una fórmula contractual prevista en el ordenamiento jurídico, esto es, mediante la concesión de obra o de servicio público.

Y, por otro lado, existen los instrumentos de CPP institucionales que consiguen la vinculación de las partes mediante la constitución de una institución que persigue el interés común de ambas partes de la colaboración. Así lo señala BERNAL BLAY (2010) cuando dice que la CPP institucionalizada implica «la cooperación entre los sectores públicos y privado en el seno de una entidad diferente» que puede instrumentar la colaboración ya sea mediante «una entidad en la que participan, de manera conjunta, los sectores públicos y privado, o bien a través de la toma del control de una empresa pública existente por parte del sector privado».

En el ámbito del acceso a una vivienda, y especialmente tras la aprobación de los Fondos Next Generation UE y el Plan de Recuperación, Transformación y Resiliencia (aprobado por Real Decreto-ley 36/2020, de 30 de diciembre) se puso de relieve la necesidad de fomentar la colaboración público-privada.

En este sentido, la colaboración público-privada constituye el pilar fundamental para incrementar el parque público de vivienda y, en base a esta cooperación entre Administración Pública y sector privado, podemos destacar dos fórmulas clave:

a) La adjudicación del contrato de concesión de obra pública al sector privado, en especial a sociedades de economía mixta.

Respecto a la **adjudicación de contratos concesión de obra pública** a entidades del sector privado y, en especial, a sociedades de economía mixta, debemos señalar que se trata de una medida óptima y adecuada para incrementar el parque público de vivienda pues supone un *win-win* para sector público y sector privado.

En este sentido, la Administración Pública saca a concurso la concesión de un contrato de obra sobre suelo público (que puede adjudicarse de forma gratuita) y se adjudica a la mejor oferta presentada, garantizando así los principios previstos en la normativa de contratos. Posteriormente, el concesionario construye la vivienda (respetando todas las condiciones establecidas por la

Administración en los pliegos: régimen de protección, requisitos residentes de las viviendas, duración de la concesión, etc.) y tiene el derecho a gestionar y explotar esa obra para recuperar la inversión económica realizada al inicio (menor si la Administración cede el suelo de forma gratuita).

Por tanto, los beneficios se reparten entre ambas partes. Por un lado, la Administración Pública consigue incrementar el parque público de vivienda, ampliar la oferta de VPO en régimen de alquiler, equilibrar los precios de renta y venta de las viviendas y garantizar el cumplimiento de los requisitos técnicos, medioambientales, de habitabilidad y de seguridad. Todo ello, si se trata de una sociedad de economía mixta, sin perder el control de las actuaciones llevadas a cabo por el concesionario. Y, por otro lado, el concesionario asume el riesgo operacional de la concesión pero también dispone de una serie de ventajas: la concesión le otorga la construcción y el derecho a explotar y gestionar esa obra durante un plazo de tiempo largo, mediante la explotación de la obra puede amortizar y recuperar la inversión económica realizada inicialmente y podría acogerse a los beneficios administrativos (permisos y licencias) y fiscales fijados por la normativa de aplicación.

b) El impulso de la covivienda (cohousing) a través del otorgamiento del derecho de superficie a las sociedades cooperativas de vivienda que, posteriormente, ceden el uso del suelo a los socios o usuarios.

En relación con el **impulso de la covivienda**, se trata de que la Administración fomente la obtención de este tipo de viviendas a través de las sociedades cooperativas de viviendas para obtener más cantidad de vivienda y de forma más rápida, tal y como ha ocurrido en los países de la Unión Europea que disponen de los mayores parques públicos de vivienda.

En este sentido, la Administración cede el suelo público (también mediante concurso y con todas sus garantías) en régimen de superficie a una sociedad cooperativa de vivienda y esta otorga la cesión de uso a los socios o usuarios, cobrando una cuota inicial y otra cuota mensual.

La covivienda supone un cambio de las formas tradicionales de tenencia de la vivienda pues implica disponer de una serie de espacios privados pero, a la vez, compartir unas zonas comunes con el resto de residentes. Se fomentan, por tanto, los valores de comunidad, el trabajo en equipo y la lucha por unos objetivos comunes. Este tipo de viviendas, en un principio, podrían ir dirigidos a determinados sectores de la sociedad como, por ejemplo, los jóvenes que quieran emanciparse o las personas mayores que quieran compartir ciertas aficiones.

En definitiva, dado que no existe una medida única y milagrosa que resuelva el problema de la vivienda, es necesario que los poderes públicos implanten una política de actuación global y que utilicen todos los recursos y potestades que tienen a su disposición. Esta política debe caracterizarse, especialmente, por una fuerte y estable inversión económica, por la configuración de un marco jurídico claro y seguro y por la implantación de medidas de colaboración de la Administración con el sector privado, velando ambos por la protección y la garantía de un interés social y común: el derecho de acceso a la vivienda digna, adecuada y asequible.

Para saber más

Sobre el derecho a la vivienda

Ajuntament de Barcelona. (2016). *El cohabitatge.* https://www.habitatge.barcelona/es/acceso-a-vivienda/covivienda

Ajuntament de Barcelona. (2018). Plan por el derecho a la vivienda de Barcelona, 2016-2025. Qüestions d'Habitatge, n. 21, [archivo PDF] Recuperado de https://www.habitatge.barcelona/sites/default/files/qh21_h_esp.pdf

Arends Morales, L.N., & Garcia-Almirall, M.P. (2014). Una visión comparada de la vivienda social en Europa. El caso de Barcelona y Londres. *ACE: architecture city and environment,* Vol. 26, núm. 9, p. 179

Arias Martínez, M. A. (2019). Las competencias autonómicas en materia de vivienda frente a las competencias estatales de carácter transversal en la reciente jurisprudencia constitucional. *Revista de Estudios de la Administración Local y Autonómica*, núm. 11, pp. 106-121.

Ayuntamiento de Madrid. (2021). *Programa de cesión de suelo en régimen de derecho de superficie con destino a la promoción de viviendas en alquiler asequible* [archivo PDF]. Recuperado de https://www.madrid.es/UnidadesDescentralizadas/UrbanismoyVivienda/Urbanismo/UrbanismoNuevo/Alquiler%20Asequible/Ficheros/Programa%20Vivienda%20Alquiler%20y%20diligencia%20firmados%20anonimizado.pdf

Bassols Coma, M. (1983). Consideraciones sobre el derecho a la vivienda en la Constitución Española de 1978. *Revista de Derecho Urbanístico,* núm. 85, pp. 13-42.

Bastús Ruiz, B. (2023). Mecanismos para la ampliación del parque público de vivienda. Editorial Atelier.

Bastús Ruiz, B. (2024). La importancia de las actuaciones municipales en la garantía del derecho a la vivienda. Entre el urbanismo y la colaboración público-privada. Revista De Estudios De La Administración Local Y Autonómica, (21), 160-184. https://doi.org/10.24965/reala.11298

Cano Bueso, J. (2014). El derecho constitucional a una vivienda digna, *Revista de Derecho Urbanístico y Medio Ambiente*, núm. 291, pp. 143-171.

Comité de Derechos Económicos, Sociales y Culturales. (1991). *El derecho a una vivienda adecuada (art. 11, párr.1): 13/12/91, Observación general Nº 4* [archivo PDF]. Recuperado de: https://www.acnur.org/fileadmin/Documentos/BDL/2005/3594.pdf

FERNÁNDEZ RODRÍGUEZ, T.R. (2001). *Estudios de derecho ambiental y urbanístico,* Ed. Aranzadi.

FUENTES-LOJO RIUS, A. (2022). El Proyecto de Ley estatal por el Derecho a la Vivienda y el control de las políticas de vivienda. *LEFEBVRE, Revista de Urbanismo. https://elderecho.com/proyecto-de-ley-estatal-derecho-a-vivienda*

Housing Europe. (2022). *Observatorio de la vivienda. https://www.housingeurope.eu/section-135/housing-observatory* El Observatorio Europeo de Vivienda Social forma parte de la Federación Europea de vivienda social (*Housing Europe).*

JARIA MANZANO, J. (2011). El derecho a una vivienda digna en el contexto del estado social. En Simón Moreno, H. & Nasarre Aznar, S. (Coord.), *El acceso a la vivienda en un contexto de crisis* (pp. 53-88). Edisofer

LÓPEZ RAMÓN, F. (2014). El derecho subjetivo a la vivienda. *Revista Española de Derecho Constitucional,* núm. 102, pp. 49-91

LÓPEZ RAMÓN, F. (2020). El reconocimiento legal del derecho a disfrutar de una vivienda. *Revista de Administración Pública,* núm. 212, pp. 297-308.

MARTÍN-RETORTILLO BAQUER, S. (1966), Presupuestos políticos y fundamentación constitucional de la planificación administrativa, *Revista de Administración Pública,* núm. 50, pp. 111-146

MARTÍN-RETORTILLO BAQUER, S. (1988), Reflexiones sobre la regulación constitucional de la planificación económica, *Revista de Administración Pública,* núm. 117, pp. 23-50.

OCDE. (2020). *Social housing: a key part of past and future housing policy* [archivo PDF]. Recuperado de https://www.oecd.org/social/social-housing-policy-brief-2020.pdf

PÉREZ MIRA, J.M., & BUESO GUIRAO, E. (2016). *Efectos en el sector público local de la Ley para la Racionalización y Sostenibilidad de la Administración Local (LRSAL).* Dykinson.

PLEACE, N., TELLER, N., & Quilgars, D. (2011). *Social Housing Allocation and Homelessness. EOH Comparative Studies on Homelessness,* p. 16 [archivo PDF]. Recuperado de https://eprints.whiterose.ac.uk/75093/1/

PONCE SOLÉ, J. (2008). La competencia en materia de vivienda a la luz del nuevo Estatuto de Autonomía de Cataluña y de la ley catalana 18/2007, de 28 de diciembre, del derecho a la vivienda. *Revista d'estudis autonòmics i federals,* núm. 7, pp. 145-195

PONCE SOLÉ, J. (2024). La llei estatal 12/2023, de 24 de maig, por el derecho a la vivienda: les novetats més destacades i la seva incidencia sobre el lloguer d'habitatges a Catalunya. *Papers: Regió Metropolitana de Barcelona,* núm. 66, pp. 137-161

ROMERO REY, C. (2004). Los límites a la potestad del planeamiento urbanístico. *Revista de Derecho Urbanístico y Medio Ambiente*, Año núm. 38, núm. 210, pp. 11-48

SALVI DEL PERO, A., ADEMA, W., FERRARO, V. et al. (2016). Policies to promote acces to Good-quality affordable housing in OECD countries. *OECD Social, Employment and Migration Working Papers,* núm. 176, OECD Publishing, Parías, p. 36

SOUVIRÓN MORENILLA, J. M. (2018). El derecho a la vivienda y su garantía pública: entre el servicio público y la protección social. En González Ríos, I. (Dir.*), Servicios de interés general y protección de los usuarios: educación, sanidad, servicios sociales, vivienda, energía, transportes y comunicaciones electrónicas* (pp. 181-224). Dykinson

TRAYTER JIMÉNEZ, J.M. (2023). *Derecho Urbanístico de Cataluña*. 12ª edición. Editorial Atelier.

VAQUER CABALLERÍA, M. (2017). Planes urbanísticos y planes de vivienda: la extraña pareja, *Revista de Estudios de la Administración Local,* núm. 7, p. 70.

SOBRE COLABORACIÓN PÚBLICO-PRIVADA

ALEMANY GARCÍAS, J. (2019). Los encargos a sociedades mixtas en la actual Ley de Contratos del Sector Público. *Revista de Estudios de la Administración Local y Autonómica*, núm. 12, pp. 111-125.

ÁLVAREZ RUBIO, B. (2021). La colaboración público-privada, palanca del Plan de Recuperación, Transformación y Resiliencia. *Economía Industrial. Ejemplar dedicado a: Geoeconomía industrial*, núm. 420, pp. 153-159.

Banco Mundial. (2019). *Infraestructuras y alianzas público-privadas.* https://www.bancomundial.org/es/topic/publicprivatepartnerships/overview#1

BERNAL BLAY, M. Á. (2010). La colaboración público-privada institucional. *Revista Aragonesa de Administración Pública*, núm. 37, pp. 93-138.

Comisión Europea. (2004). *Libro verde sobre la colaboración público-privada y el Derecho comunitario en materia de contratación pública y concesiones* [archivo PDF]. Recuperado de https://op.europa.eu/es/publication-detail/-/publication/94a3f02f-ab6a-47ed-b6b2-7de60830625e

CONCHA-JARAVA, M. (2007). La participación público-privada en la ejecución de las infraestructuras, *Revista de Obras Públicas, Transporte y Ordenación Territorial,* núm. Extra 0, Ejemplar dedicado a Reflexiones sobre el contrato de concesión de obra pública, pp. 49-68

DONAHUE, J. D., & ZECKHAUSER, R. J. (2011). *Collaborative governance: private roles for public goals in turbulent times*. Princeton University Press,

ETXEZARRETA ETXARRI, A., Cano Fuentes, G., & Merino, S. (2018). Las cooperativas de viviendas de cesión de uso: experiencias emergentes en España. *Revista de economía pública, social y cooperativa*, núm. 92, pp. 61-86

ETXEZARRETA, A. & MERINO, S. (2013). Las cooperativas de vivienda como alternativa al problema de la vivienda en la actual crisis económica. *Revista de Estudios Cooperativos*, núm. 113, pp. 92-119

GALLEGO CÓRCOLES, I. (2011). La gestión de los servicios públicos locales mediante sociedades de economía mixta en la jurisprudencia europea (I). *Contratación administrativa práctica: revista de la contratación administrativa y de los contratistas*, núm. 105, pp. 66-73

GARCÍA SOLANA, M. J. (2017). La colaboración público-privada: capacidades públicas para la gestión del modelo desarrollado por el Servicio Público de Empleo Estatal y las Agencias privadas de colocación. *Cuadernos de Gobierno y Administración Pública*, Vol. 4, núm. 2, pp. 135-168.

JUAN LOZANO, A.M., & RODRÍGUEZ, J. (2006). *La colaboración público-privada en la financiación de las infraestructuras y servicios públicos. Una aproximación desde los principios jurídico-financieros*. Instituto de Estudios Fiscales, Madrid

KLIJN, E. H., & TEISMAN, G. R. (2003). Institutional and strategic barriers to public-private partnership: An analysis of Dutch cases. *Public money and Management*, Vol. 23, núm. 3, pp. 137-146.

MORAN, M., REIN, M., & GOODIN, R.E. (2006). Public-private collaboration. *The Oxford handbook of public policy*, pp.496-525

NOGUERA DE LA MUELA, B. (2021). La colaboración público-privada a propósito de los fondos europeos Next Generation (NG-EU): PERTE, agrupaciones, consorcios y sociedades de economía mixta. En Gimeno Feliu, J.M. (Dir.), *Observatorio de los contratos públicos 2020* (pp. 407-447). Aranzadi

NOGUERA DE LA MUELA, B. (2012). Las sociedades de economía mixta como técnica institucional de colaboración público-privada en el Texto refundido de la Ley de contratos del Sector Público, https://www.obcp.es/opiniones/las-sociedades-de-economia-mixta-como-tecnica-institucional-de-colaboracion-publica

SANTIAGO IGLESIAS, D. (2021). ¿Es posible crear sociedades de economía mixta para la gestión de servicios públicos locales en el marco de contratos de servicios y de concesión de servicios?. *Revista De Estudios de la Administración Local y Autonómica*, Núm. 16, pp. 98-117.